国家传统文化典籍整理工程之“一带一路”文献整理与研究项目

中国国家图书馆藏西域文书
藏文卷

国家图书馆　主编

萨尔吉　王建海　萨仁高娃　编著

學苑出版社

图书在版编目（CIP）数据

中国国家图书馆藏西域文书．藏文卷 / 国家图书馆主编；萨尔吉，王建海，萨仁高娃编著．-- 北京：学苑出版社，2020.7

ISBN 978-7-5077-5964-8

Ⅰ．①中… Ⅱ．①国… ②萨… ③王… ④萨… Ⅲ．①西域－地方文献－藏语 Ⅳ．① Z122.45

中国版本图书馆 CIP 数据核字 (2020) 第 117378 号

责任编辑：战葆红
出版发行：学苑出版社
社　　址：北京市丰台区南方庄 2 号院 1 号楼
邮政编码：100079
网　　址：www.book001.com
电子信箱：xueyuanpress@163.com
联系电话：010-67601101（销售部）　67603091（总编室）
印 刷 厂：河北赛文印刷有限公司
开本尺寸：889×1194　1/16
印　　张：29
字　　数：478 千字
版　　次：2020 年 8 月第 1 版
印　　次：2020 年 8 月第 1 次印刷
定　　价：980.00 元

本册编委

陈红彦　萨仁高娃　谢冬荣　刘　波　萨尔吉
王建海　王姿怡　乌心怡　刘　婷　常荩心
刘毅超　胡　泊　田婷婷　宋　晖

总 序

书籍是文明得以积累习得和历久不绝的有形物质。中华民族引以为豪的四大发明，就有两项与书籍密切相关，造纸术和印刷术的领先，让中国的文化生产和积累在很长一段时间居于世界前列。世界四大文明中，唯有中华文明五千年来一脉相承从未中断，一个重要的原因就是中华民族有用文字记载历史，通过不断整理著述传承文化的优良传统。

这些祖先留给我们的书籍，浩如烟海。据初步统计，目前仅全国3000余家收藏机构收藏的汉文古籍就超过20万种，逾3000万册件。这些文献典籍镌刻着五千年来中华民族的精神追求、精神特质和精神脉络，形成中华民族历经磨难而绵延发展的精神密码。它们维系着中华文明的薪火相传，跨越时空、超越国度，富有永恒的魅力和持久的价值。

中国的大多数朝代都较为重视对这些传统文化典籍的保存和整理，特别是在政治清明、经济繁荣和文化发展的时期，都曾由官方组织对国家藏书进行大规模整理，编纂大型典籍。所谓“盛世修典”，征诸史书，历历可见。如唐代玄宗朝编纂《大唐开元礼》《初学记》和《唐六典》；北宋太宗、真宗朝编纂《太平御览》《太平广记》《文苑英华》和《册府元龟》；明成祖朝编纂《永乐大典》；清康熙朝编纂《古今图书集成》，乾隆朝编纂《四库全书》等。这些典籍的编纂和整理，对继承和弘扬中华民族优秀文明成果，推动文化的繁荣发展起到了积极作用。

中华人民共和国成立后，特别是改革开放以来，党和政府对古籍整理事业给予高度重视，古籍整理和出版工作成绩斐然。据统计，仅1949—2003年间整理出版的古籍就有约15000余种，其中“二十四史”与《清史稿》点校本、《资治通鉴》等史学巨著，《全唐诗》《全宋词》《全清词》等文学总集，《中华大藏经》等宗教经典，《大中华文库》（汉英对照）等外译工程，都可称为新中国文化事业的盛事。这些文献典籍的整理成果，不仅成为人们了解、学习和认同中华优秀传统文化的重要载体，也使中华优秀传统文化得以为今天所用，为现实服务，在怡情养志、涵育文明方面焕发出新的生命力。

国家图书馆是国家古籍保护中心，馆藏宏富，撷英集萃，近4000万册件馆藏文献中，古籍收藏逾160万册件。自1909年京师图书馆初创，百余年来，历代国图人始终秉承“传承文明，服务社会”的宗旨，不遗余力地多方搜采、细致整理、精心保护文献典籍。近年来，在党和政府的大力支持下，国家图书馆组织实施了“中华再造善本工程”“中华古籍保护计划”“民国时期文献保护计划”等多个大型典籍整理出版项目，在中华优秀传统文化的保存保护、挖掘阐发、传播推广和展示利用方面积累了海量数据和丰富经验。

根据习近平总书记关于系统梳理传统文化资源，让书写在古籍里的文字活起来，推动中华优秀传统文化创造性转化、创新性发展的要求，国家图书馆依托文献收藏优势和文献整理专业能力，从坚定中华优秀传统文化自信、坚守中国特色社会主义文化立场、坚持社会主义核心价值观引领的高度，于2016年7月策划启动“国家传统文化典籍整理工程”，得到文化和旅游部、财政部的大力支持。

“国家传统文化典籍整理工程”将联合全国各级各类图书馆、博物馆等文献收藏机构和高校、科研院所等研究机构，根据已有文献积累及其整理情况，选择国家内政外交重大关切或与百姓民生联系紧密的选题，对有关领域文献典籍进行全面调查收集和系统梳理。在此基础上，编制专题典籍联合目录、整理出版典籍丛书、组织开展典籍整理研究，以期为研究人员利用文献典籍，开展学术研究提供便利，同时也为中华优秀传统文化的传承和发展奠定丰厚的文献基础，为解决现实问题提供历史借鉴。

在选题参与单位和专家学者黾勉从事、不辞劳苦的努力下，项目成果将陆续出版。借此机会，对参与单位的大力支持和专家学者的无私指导表示感谢！由于项目选题涉及领域广泛，在文献的搜集整理过程中，难免有疏漏、不妥之处，敬请方家批评指正，也欢迎广大读者提出宝贵意见。我们真心希望，能够有更多机构参与到这一工程中来，与我们携手，让经过数千年岁月洗礼的中华优秀传统文化在典籍保护与整理工作中绵延不坠、发扬光大。

2018年秋于北京

前 言

西域文献是20世纪初西北考察活动中的一大发现，具备与敦煌遗书、吐鲁番文书同等重要的学术价值，众多宝贵资料为学术界带来了新的课题与线索。

2005年以来，中国国家图书馆陆续征集入藏了六批新疆和田等地发现的文献，总计800余号（有的1号内包含多件）上千件。这些文献均产生于4至10世纪，相当于中原王朝的两晋至宋初，时间跨度大、内容丰富、形态多样。从文种看，有汉文、于阗文、藏文、梵文、粟特文、焉耆—龟兹文、波斯文等，有的文献为双语书写，甚至还有多件于阗文—汉文对照文书，对西域古语言研究极富参考价值；从内容看，不仅有大量宗教文献，其中主要是佛教文献，还有四部典籍、官文书、书信等世俗文献；从载体形态看，包括木简、函牍、纸质文书、绢质文书、桦树皮文书等类型，还有带有封泥的书信与笔盒作为古丝绸之路上各民族间交往而遗落的实物，时代特色浓重。其中，藏文文献共计290号，包括纸质文献21号、木质文献269号。虽数量不多，但反映吐蕃占领西域之后文化影响深远，即使其统治退出了该地域，但文化基因仍延续，历史意义重大；所发现的藏文古籍保留有古藏文部分特征，是继敦煌藏经洞后发现的古藏文文献，反映藏文的发展演变过程。

此次借助"国家传统文化典籍整理工程"的"'一带一路'文献整理与研究项目"，将国家图书馆藏西域文献中的藏文部分呈现给学界，共计290号：因多数残片和简牍所存文字极少或模糊难辨，故不做录文释读研究，仅提供照片供学者参考；录文释读研究的有22种，编为二十三号（其中两个编号的写本可以缀合）。所释读的文献中，从材质而言，除了一件文献为简牍外，其余均为纸质；从形制而言，纸质文献中既有传统的梵夹装，也有规格不一的纸页；文献的保存状况不一，既有完整的叶面，也有残篇断简。

通过释读比定，发现这批文献涵盖的主要内容有《大乘无量寿经》《大般涅槃经》《十万颂般若经》《二万五千颂般若经》《佛顶大白伞盖陀罗尼经》等大乘佛教经典，也有密教仪轨文献，以及内容无法准确释读的世俗文书。写本中频繁出现反写的元音符号 ྀ (i)，以及再后加字 ད (da)，反映出吐蕃时期藏文写本的拼写特征。部分文献与传世文献有一定的差异，可以弥补传世文献之不足。

正文中，对于每件文献进行了藏文原文的录入、拉丁字母转写、同时指明内容出处，以及对应的古代汉译或现代翻译，并予以简短的说明。在转写部分，还参校德格版《甘珠尔》，对写本进行了简单的校勘。为使学界利用方便，纸本文献附原件高清图版的同时，还附原纸张纤维图，以体现西域地区藏文古籍所用纸概貌。写本的排序综合考虑了材质、字体、形制、数量、内容等因素。

中国国家图书馆在收藏、整理这批文献的同时，为了让更多的学者利用和研究，决定将其予以刊布。此整理和研究成果的问世，得益于“国家传统文化典籍整理工程”的资助和国家图书馆古籍修复师们的精心修复，使原残破严重的西域文献能够呈现给专业人士以供研究，学苑出版社为此成果的出版也给予了大力支持，我们一并致谢！

编者

2019年2月

凡 例

1. 每条的组成

（1）每条标题为馆藏索书号和题名，过残无法定名的和简牍，只写了“残片”和“简牍”，无题名。

（2）标题下为客观描述，纸本文献含材质、装帧、叶数、书写行数、残损程度、尺寸（高 × 长厘米）、纸张性质。

（3）释文为原文录入和拉丁字母转写、汉文翻译、说明；正背书写者，正面在前背面其后；一件有多叶者，以（1）（2）来排序；原文的录入完全遵从原件，汉文翻译采用繁体。

（4）纸质文献每条附原件的高清图和纸张纤维分析图；原件高清图均为藏品修复后图。

（5）附件所列简牍为第三批、第四批入藏中所涉藏文部分，仅提供索书号、原件尺寸（长 × 高厘米）和图片。

2. 缩略语

（1）D 德格版（sde dge）《甘珠尔》。目录见：宇井伯壽、鈴木宗忠、金倉圓照、多田等觀编：《西藏大藏經總目録》，仙台：東北帝國大學，1934 年（東京：名著出版社，1970 年重印）

（2）MRBL A. F. Rudolf Hoernle, *Manuscript Remains of Buddhist Literature Found in Eastern Turkestan*, Oxford: 1916

（3）《大正藏》《大正新修大藏经》，依据 CBETA 电子版，2016 年

3、转写符号

[ ] 受损严重，据《甘珠尔》补全的部分

《 》抄手插入的字

( ) 抄手遗漏的字

〈 〉抄手删除的字

+ 一个缺失的字

.. 一个无法辨识的字

⊙ 装饰性的穿绳孔

/// 残片断裂处的字的起止

目 录

BH2-1
《大乘无量寿经》

磁青纸，梵夹装，1 叶，泥金写本，单面书写，4 行，9×24.2 厘米。所用纸张为皮纸。

BH2-1 100 倍纸张纤维图

BH2-1 正面

BH2-1 背面

原文

1 | ... | དཔལ་གཞོ་ནུར་གྱུརད་པ་དང་། ལྷ་དང་མྱི་དང་།

2 ལྷ་མ་ཡིན་དང་། དྲི་ཟར་བཅས་པའི་འཇིག་རྟེན་ཡིད་རངས་སྟེ་བཅོཾ

3 ལྡན་འདས་ཀྱིས་གསུངས་པ་ལ་མངོན་པར་སྟོད་དོ། །ཚེ་དང་ཡེ་ཤེས

4 དཔག་ཏུ་མྱེད་པ་ཞེས་བྱ་བའི་གཟུངས་རྫོགས་སྭོ། །དགེའོ། དག་གོ།།

转写

1 | ... | dpal gzho nur gyurd pa dang | lha dang myi dang |

2 lha ma yin dang | dri zar bcas pa’i ’jig rten yid rangs ste bcoṃ

3 ldan ’das kyis gsungs pa la mngon par stod do || tshe dang ye shes

4 dpag tu myed pa zhes bya ba’i gzungs rdzogs SHo || dge’o | dag go ||

《佛说大乘圣无量寿决定光明王如来陀罗尼经》(《大正藏》第 19 册，经号：937，第 86 页下栏第 8 行)

(佛說是經已，)諸大苾芻眾及諸菩薩，一切世間天、人、阿素囉、彥闥嚩等，聞佛所說，皆大歡喜，信受奉行。

说明

1．此为《大乘无量寿经》(འཕགས་པ་ཚེ་དང་ཡེ་ཤེས་དཔག་ཏུ་མེད་པ་ཞེས་བྱ་བ་ཐེག་པ་ཆེན་པོའི་མདོ།།) 的结尾部分，藏译见德格版《甘珠尔》，十万续部 (རྒྱུད་འབུམ།)，ཝ 函，经号：675，第 220 叶背面第 4—5 行。汉译参见〔宋〕法天译《佛说大乘圣无量寿决定光明王如来陀罗尼经》，见《大正藏》第 19 册，经号：937。

2．德格版《甘珠尔》传本在 ལྷ་དང་མྱི་དང་ 前多出一句 ཐམས་ཅད་དང་ལྡན་པའི་འཁོར་དེ་དག་དང་。

3．西域发现的《大乘无量寿经》梵语、于阗语、藏语三文的校勘本参见 MRBI (1916：289—329)。

BH3-1
《大般涅槃经》

纸质，梵夹装，2叶，单面墨书，每叶8行，14.4×61厘米。其中1叶左侧边框外标有藏文页码136，右侧部分残损，有火炙痕迹；另1叶右上端部分残损，有火炙痕迹。2叶背面汉文内容均为后人所抄。所用纸张为构皮纸。

BH3-1 100倍纸张纤维图

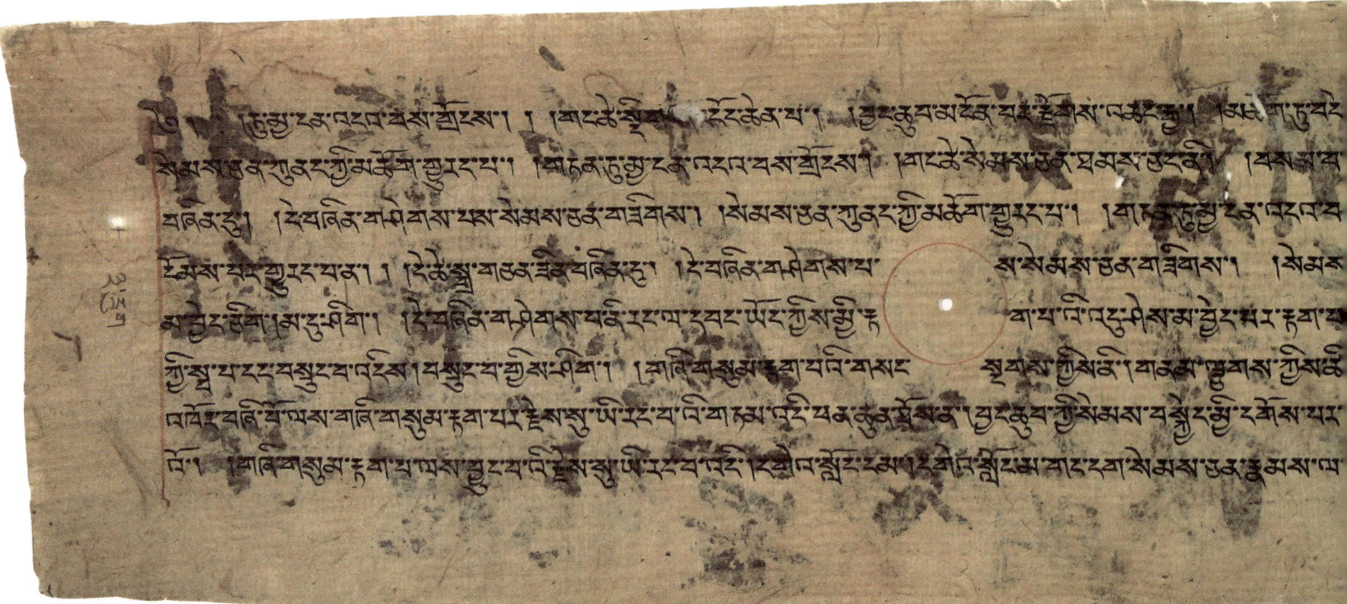

BH3-1（1）正面

BH3-1（1）

原文

页码： + ३ དྒུ = 136

1 ༄༅:།ཏུ་སྨྱ་ངན་འདའ་བས་གྲོངས། ། །གང་ཚེ་སྡིག་[ཅན་འ]རྩོད་ཆེན་པ། །བྱང་ཆུབ་མངོན་པར་རྫོགས་འཚང་རྒྱ། །མཆོག་ཏུ་བདེའ་བ་ཐོབ་ནས་ཀྱང་། །ཉེས་པ་ཐམས་ཅད་རྣམ་སྤངས་པ། ། །དེ་ཚེ་སྐྲ་གཙན་ཟེན་བཞིན་དུ། །དེ་བཞིན་གཤེགས་པས་སེམས་ཅན་གཟིགས་

2 སེམས་ཅན་ཀུནད་ཀྱི་མཆོག་གྱུརད་པ། །གཏན་ཏུ་སྨྱ་ངན་འདའ་བས་གྲོངས། །གང་ཚེ་སེམས་ཅན་ཐམས་ཅད་ནི། །བསམ་པ་འཐུན་པར་གནས་གྱུརད་ཏེ། །བྱང་ཆུབ་མཆོག་ཏུ་རྫོགས་སངས་རྒྱས། །ཉེས་པ་ཐམས་ཆད་རྣམ་སྤངས་པ། ། །དེ་ཚེ་སྐྲ་གཙན་ཟེནད་

3 བཞིན་དུ། །དེ་བཞིན་གཤེགས་པས་སེམས་ཅན་གཟིགས། །སེམས་ཅན་ཀུནད་ཀྱི་མཆོག་གྱུརད་པ། །གཏན་ཏུ་སྨྱ་ངན་འདའ་བས་གྲོངས། །གང་ཚེ་སྣང་བུ་འི་གཙིན་ཙམ་གྱིས། །རྒྱ་མཚོ་བཞི་འི་མཐས་ཀླས་པ། །ནགས་ཚལ་རི་རྣམས་བཅས་པ་ཡི། །ས་གཞི་

4 རྫོམས་པར་གྱུརད་པ་ན། ། །དེ་ཚེ་སྐྲ་གཙན་ཟེན་བཞིན་དུ། །དེ་བཞིན་གཤེགས་པ⊙ས་སེམས་ཅན་གཟིགས། །སེམས་ཅན་ཀུནད་ཀྱི་མཆོག་གྱུརད་པ། །གཏན་ཏུ་⊙སྨྱ་ངན་《འདའ》བས་གྲོངས། ། །དེ་བས་ན་ཆོས་དང་ལྡན་པ། ཆོས་ལ་གུས་པ་ཁྱེད་སྨྱ་ངན་

5 མ་བྱེད་ཅིག། མ་དུ་ཤིག། །དེ་བཞིན་གཤེགས་པ་ནི་རང་ལ་དབང་ཡོད་ཀྱིས་མྱི་རྟ⊙ག་པ་འི་འདུ་ཤེས་མ་བྱེད་པར་རྟག་པ་དང་།
ཐེར་ཟུག་པ་དང་། མཆོག་ཏུ་བརྟན་པ་⊙ཡིན་པར་ཡང་དག་པར་ལྟོས་ཤིག། །གཞི་གསུམ་རྟག་པ་འི་གསང་སྔགས་
6 ཀྱི་སྨྲ་བ་དང་བསྲུང་བ་འདིས། བསྲུང་བ་གྱིས་ཤིག། །གཞི་གསུམ་རྟག་པའི་གསང་⊙སྔགས་ཀྱིས་ནི། གནམ་ལྷགས་ཀྱིས་
ཚིག་པ་འི་ཤིང་རྣམས་ཀྱང་སྐྱེ་བར་འགྱུར་ཏེ། ཡལ་⊙ག་ཐྲེ་ཙ་དང་སྨལ་མྱིག་བྱེ་བ་དང་། ལོ་མ་[ཁ་འབུ]ས་པ་དང་། ལྡན་
པར་འགྱུར་རོ། །
7 འཁོར་བཞི་པོ་ལས་གཞི་གསུམ་རྟག་པར་རྗེས་སུ་ཡི་རང་བ་འི་གཏམ་འདི་ཕན་ཚུན་ཐོས་ན། བྱང་ཆུབ་ཀྱི་སེམས་བསྐྱེད་
མྱི་དགོས་པར་འཛིན་ཀྱང་། གཞིའ་གསུམ་མཆོག་ཏུ་རྟག་པ་འི་རྒྱུས་ན། བྱང་ཆུབ་ཀྱི་རྒྱུ་སྐྱེ་བར་འགྱུར་ཏེ། འདི་ནི་སངས་
རྒྱས་ཀྱི་རྗེས་སུ་ཡི་རང་བ་ཞེས་བྱ་
8 འོ། །གཞི་གསུམ་རྟག་པ་ལས་བྱུང་བ་འི་རྗེས་སུ་ཡི་རང་བ་འདི། དགེའ་སློང་དམ། དགེའ་སློང་མ་གང་དག་སེམས་ཅན་རྣམས་
ལ། སྟོན་པར་བྱེད་པ་དེ་དག་ནི། ཡུལ་འཁོར་ཀྱི་བསོད་སྙོམས་ཟ་བར་འོས་པ་ཡིན་ནོ། །གཅིག་ཤོས་དག་ནི་འོས་པ་མ་ཡིན་
ནོ[། །དེ་]ལྟར་

转写

页码：+ 3 drug = 136

1 tu mya ngan ’da’ bas grongs ||| gang tshe sdig [can ’]dod chen pa || byang chub mngon par rdzogs ’tshang rgya || mchog tu bde’ ba thob nas kyang || nyes pa thams cad rnam spangs pa ||| de tshe sgra gcan zin bzhin du || de bzhin gshegs pas sems can gzigs

2 sems can kund kyi mchog gyurd pa || gtan tu mya ngan ’da’ bas grongs || gang tshe sems can thams cad ni || bsam pa ’thun par gnas gyurd te || byang chub mchog tu rdzogs sangs rgyas || nyes pa thams chad rnam spangs pa ||| de tshe sgra gcan zind

3 bzhin du || de bzhin gshegs pas sems can gzigs || sems can kund kyi mchog gyurd pa || gtan tu mya ngan ’da’ bas grongs || gang tshe sbrang bu ’i gcin tsam gyis || rgya mtsho bzhi ’i mthas klas pa || nags tshal ri rnams bcas pa yi || sa gzhi

4 ngoms par gyurd pa na ||| de tshe sgra gcan zin bzhin du || de bzhin gshegs pa⊙s sems can gzigs || sems can kund kyi mchog gyurd pa || gtan tu ⊙ mya ngan «’da’» bas grongs ||| de bas na chos dang ldan pa | chos la gus pa khyed mya ngan

5 ma byed cig | ma ngu shig || de bzhin gshegs pa ni rang la dbang yod kyis myi rta⊙g pa ’i ’du shes ma byed par rtag pa dang | ther zug pa dang | mchog tu brtan pa ⊙ yin par yang dag par ltos shig || gzhi gsum rtag pa ’i gsang sngags

6 kyi sba ba dang bsrung ba ’dis | bsrung ba gyis shig || gzhi gsum rtag pa’i gsang ⊙ sngags kyis ni | gnam lcags kyis tshig pa ’i shing rnams kyang skye bar ’gyur te | yal ⊙ ga phre ’u dang sbal myig bye ba dang | lo ma [kha ’bu]s pa dang | ldan par ’gyur ro ||

7 ’khor bzhi po las gzhi gsum rtag par rjes su yi rang ba ’i gtam ’di phan tshun thos na | byang chub kyi sems bskyed myi dgos par ’dzind kyang | gzhi’ gsum mchog tu rtag pa ’i rgyus na | byang chub kyi rgyu skye bar ’gyur te | ’di ni sangs rgyas kyi rjes su yi rang ba zhes bya

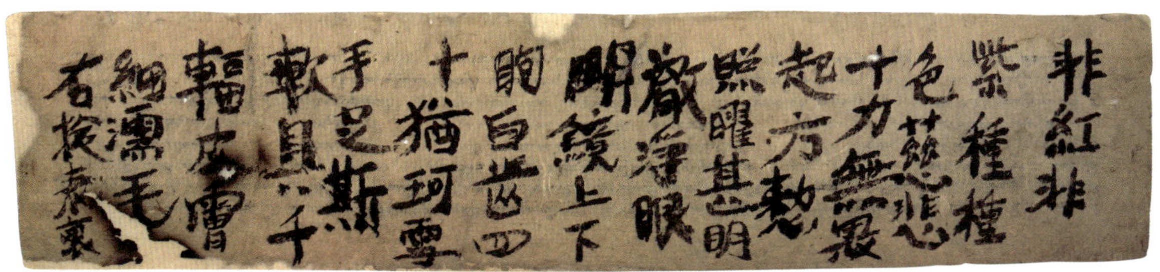

BH3—1（1）背面

8 ’o || gzhi gsum rtag pa las byung ba ’i rjes su yi rang ba ’di | dge’ slong ngam | dge’ slong ma gang dag sems can rnams la | stond par byed pa de dag ni | yul ’khor kyi bsod snyoms za bar ’os pa yin no || gcig shos dag ni ’os pa ma yin no [|| ji] ltar

背面后人抄汉文内容：

非紅非　紫種種　色慈悲　十力無畏　起方慦　照曜甚明　澈淨眼

明鏡上下　眴白齒四　十猶珂雪　手足斯　軟具千　輻皮膚　細濡毛

右旋表裏

说明

背面该段文句抄自〔萧齐〕昙摩伽陀耶舍译《无量义经》，对应文句参见《大正藏》第9册，经号：276，第385页上栏第9行至第20行，当前写本并未完全依次抄录，估计应该还有另外的页面。其全文如下：

非紅非紫種種色。戒定慧解知見生，三明六通道品發，

慈悲十力無畏起，衆生善業因緣出。示為丈六紫金暉，

方整照曜甚明徹，毫相月旋項日光，旋髮紺青頂肉髻，

淨眼明照上下眴，眉睫紺舒方口頰，脣舌赤好若丹菓，

白齒四十猶珂雪，額廣鼻脩面門開，胸表卍字師子臆，

手足柔軟具千輻，腋掌合縵內外握，臂脩肘長指直纖，

皮膚細軟毛右旋，踝膝不現陰馬藏，細筋鎖骨鹿膊腸，

表裏映徹淨無垢，淨水莫染不受塵。

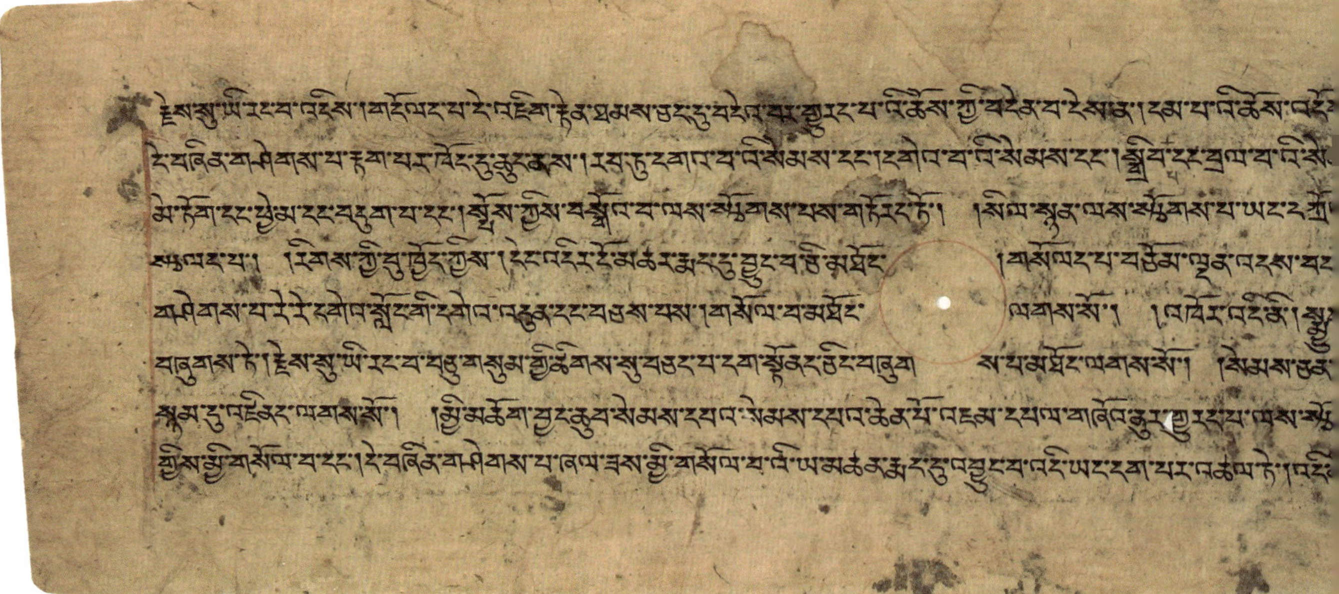

BH3–1（2）正面

BH3–1（2）

原文

1 ཇེས་སུ་ཡི་རང་བ་འདིས། གདོལད་པ་དེ་འཇིག་རྟེན་ཐམས་ཅད་དུ་བདེའ་བར་གྱུརད་པའི་ཆོས་ཀྱི་བདེན་པ་དེས་ན། དམ་པའི་ཆོས་
འདོད་པ་རྣམས་ལ་བགེགས་མྱེད་པ་དང་། གནོད་པ་མྱེད་པར་གྱུརད་ཅིག། །དེ་ནས་ལྷ་དང་ལྷ་མ་ཡིན་དང་། མྱི་དང་བཅས་པ
འི་[འཇིག་]རྟེན་གྱིས་

2 དེ་བཞིན་གཤེགས་པ་རྟག་པར་ཁོང་དུ་ཆུད་ནས། རབ་ཏུ་དགའ་བའི་སེམས་དང་། དགེའ་བའི་སེམས་དང་། སྒྲིབ《པ་》དང་
བྲལ་བའི་སེམས་དང་གཞོལ་བ་མྱེད་པའི་སེམས་དང་། པད་མ་ཁ་བྱེ་བ་ལྟ་བུའི་བཞིན་དང་། ལྡན་པར་གྱུརད་ནས། ལྷའི་
མཆོད་པ་ཆེན་པོའི་ལས་བྱས་ཏེ་

3 མེ་ཏོག་དང་ཕྱེ་མ་དང་བདུག་པ་དང་། སྤོས་ཀྱིས་བསྒྲོའ་བ་ལས་སྤོགས་པས་གཏོརད་ཏོ། །སིལ་སྙན་ལས་སྤོགས་པ་ཡང་
དགྲོལད་ཏོ། །དེ་ནས་བཅོམ་ལྡན་འདས་ཀྱིས། བྱང་ཆུབ་སེམས་དཔའ་སེམས་དཔའ་ཆེན་པོ་འོད་སྲུང་ཆེན་པོ་དང་ཏུས་གཅིག་
པ་ལ་བཀའ་

4 སྨྲལད་པ། །རིགས་ཀྱི་བུ་ཁྱོད་ཀྱིས། དེང་འདིར་ངོ་མཚར་རྨད་དུ་བྱུང་བ་ཅི་མཐོང་ ⊙། གསོལད་པ་བཅོམ་ལྡན་འདས་བདག་
གིས། སྔོན་ལས་འགའ་ཡང་མ་མཐོང་བ་⊙འི་ངོ་མཚརད་རྨད་དུ་བྱུང་བ་མཐོང་སྟེ། འཁོར་རེ་རེས་ཕུལ་བའི་ཞལ་ཟས་དེ་

བཞིན་
5 གཤེགས་པ་རེ་རེ་དགེའ་སློང་གི་དགེའ་འདུན་དང་བཅས་པས། གསོལ་བ་མཐོང་ ⊙ ལགས་སོ། །འཁོར་འདི་ནི། སྤྱང་ཁྱུའི་རྗེ་
མོ་ཙམ་གྱིས་ཁྲོན་དག་ལ་ཡང་ཇི་ལྟར་ ⊙ བཉམས་པའི་གདན་དག་ལ། དེ་བཞིན་གཤེགས་པ་སྐུ་ཆེན་པོ་དུ་མ་བདེའ་བར་
6 བཞུགས་ཏེ། རྗེས་སུ་ཡི་རང་བ་བཅུ་གསུམ་གྱི་ཚིགས་སུ་བཅད་པ་དག་སྨོནད་ཅིང་བཞུག ⊙ ས་པ་མཐོང་ལགས་སོ། །སེམས་
ཙན་ཐམས་ཅད་ཀྱིས་ནི། སྤྲུ་འཕྲུལ་འདི་མ་འཚལ་ཏེ། ⊙ བཅོམ་ལྡན་འདས་ནི། བདག་གིས་ཕྱུལ་བའི་ཞལ་ཟས་གསོལ་
ཞིང་། བཞུགས་པ་
7 སྙམ་དུ་འཛིནད་ལགས་སོ། །ཀྱི་མཆོག་བྱང་ཆུབ་སེམས་དཔའ་སེམས་དཔའ་ཆེན་པོ་འཇམ་དཔལ་གཞོན་ནུར་གྱུརད་པ་ལས་
སྐོགས་པས་ནི། ཙུན་དས་དེ་ལྟར་འབྲས་ས་ལུ་ཡུལ་མ་ག་ད་འི་ན་ལི་ཀ་བརྒྱུད་ལས་ཞལ་ཟས་སྦྱརད་བ་ཡང་། རྟུལ་ཙམ་ཡང་
དགེ་སློང་གི་དགེ་འདུན་
8 ཀྱིས་ཀྱི་གསོལ་བ་དང་། དེ་བཞིན་གཤེགས་པ་ཞལ་ཟས་ཀྱི་གསོལ་བའི་ཡ་མཚན་རྨད་དུ་བྱུང་བ་འདི་ཡང་དག་པར་འཚལ་
ཏེ། འདི་ནི་ཐབས་ཙམ་དུ་མཛད་པར་བས་སོ་སྙམ་དུ་སེམས་ལགས་སོ། །ཉན་ཐོས་ཀྱི་ཚོགས་རྣམས་ཀྱིས་ནི། ཀྱི་མ་དེ་བཞིན་
གཤེགས་པ་ནི་དཔག

转写

1 rjes su yi rang ba ’dis | gdold pa[1] de ’jig rten thams cad du bde’ bar gyurd pa ’i chos kyi bden pa des na |[2] dam pa ’i chos ’dod pa rnams la bgegs myed pa dang | gnod pa myed par gyurd cig || de nas lha dang lha ma yin dang | myi dang bcas pa ’i [’jig] rten gyis

2 de bzhin gshegs pa rtag par khong du chud nas | rab tu dga’ ba ’i sems dang | dge’ ba ’i sems dang | sgrib «pa» dang bral ba ’i sems dang gzhol ba myed pa ’i sems dang | pad ma kha bye ba lta bu ’i bzhin dang | ldan par gyurd nas | lha ’i mchod pa chen po ’i las byas te

3 me tog dang phye ma dang bdug pa dang | spos kyis bsgo’ ba las stsogs pas gtord[3] to || sil snyan las stsogs pa[4] yang dkrold to || de nas bcom ldan ’das kyis | byang chub sems dpa’ sems dpa’ chen po ’od sru[ng chen] po dang rus gcig pa la bka’

4 stsald pa || rigs kyi bu khyod kyis | deng ’dir ngo mtshar rmad du byung ba ci mthong⊙| gsold pa bcom ldan ’das bdag gis | sngon las[5] ’ga’ yang ma mthong ba⊙’i ngo mtshard rmad du byung ba mthong ste | ’khor re res phul ba ’i zhal zas de bzhin

5 gshegs pa re re dge’ slong gi dge’ ’dun dang bcas pas | gsol ba mthong[6] ⊙ lags so || ’khor ’di ni[7] | smyung[8] bu’i rtse mo tsam gyis khyon dag la yang ji ltar ⊙ bshams pa ’i gdan dag la | de bzhin gshegs pa sku chen po du ma bde’ bar

6 bzhugs te | rjes su yi rang ba bcu gsum gyi tshigs su bcad pa dag stond cing bzhug⊙s pa mthong lags so || sems can thams cad kyis ni | sgyu ’phrul ’di ma

---

1 *gdold pa:* D *gtol ba.*

2 *na |:* D *ni.*

3 *las stsogs pas gtord:* D *la sogs pa gtor.*

4 *las stsogs pa:* D *la sogs pa.*

5 *las:* D *lan.*

6 *mthong: D mthong ba.*

7 *ni:* D *na.*

8 *smyung:* D *snyung.*

'tshal te | ⊙ bcom ldan 'das ni | bdag gis phul ba 'i zhal zas gsol zhing | bzhugs pa[1]
7 snyam du 'dzind lags so || myi mchog byang chub sems dpa' sems dpa' chen po 'jam dpal gzho'[2] nur gyurd pa las stsogs pas[3] ni | tsun das de ltar 'bras sa lu yul ma ga da 'i na li ka brgyad las zhal zas sbyard ba yang | rdul tsam yang dge slong gi dge 'dun
8 gyis myi gsol ba dang | de bzhin gshegs pa zhal zas myi gsol ba 'i ya mtshan rmad du byung ba 'di yang dag par 'tshal te | 'di ni thabs tsam du mdzad par bas so snyam du sems lags so || nyan thos kyi tshogs rnams kyis ni | kye ma de bzhin gshegs pa ni dpag

背面后人抄汉文内容：

大智度初品中念佛品弟时四釋論

念佛、念法、念僧、念戒、念捨、念天、念入出息、念死。

問曰：何以故以九相次弟有八念?

曰：佛弟子於阿蘭若處，空舍、冢間，山林、曠野，善着修九相，內、外不淨觀，厭患其身，而作是念："我云何擔是底下不淨屎尿囊？" 自隨惛然驚怖；及為惡魔廣作種種惡事來恐怖之，欲令其退。以是故，佛次弟為說八念。如經中說："佛告諸比丘：'若於阿蘭

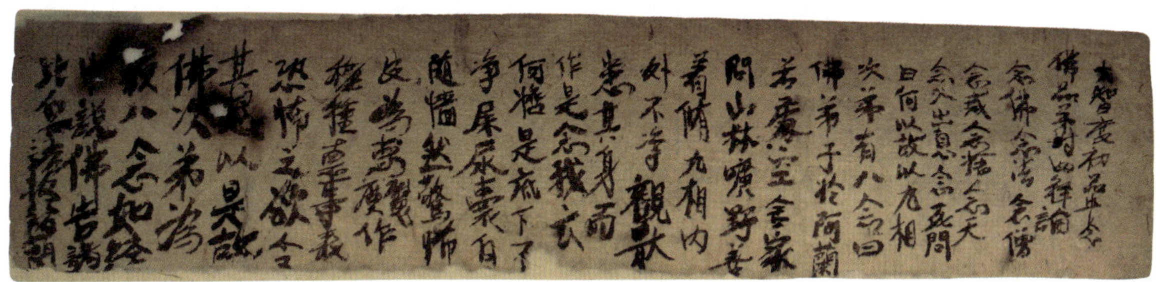

BH3—1（2）背面

1 *pa:* D *so.*

2 *gzho':* D *gzhon.*

3 *las stsogs pas:* D *la sogs pas.*

说明：所抄汉文参见〔后秦〕鸠摩罗什译《大智度论》第二十一卷，《大正藏》第 25 册，经号：1509，第 218 页下栏第 21 行至第 28 行

藏文抄经汉译参见《佛说大般泥洹经》（《大正藏》第 12 册，经号：376，第 896 页下栏第 4 行至第 897 页上栏第 12 行）

能令一闡提，悉成平等覺，如來捨慈悲，永入於泥洹。

若一切眾生，一時成佛道，如來捨慈悲，永入於泥洹。

假使蚊蚋水，浸壞此大地，百川皆流溢，大海悉盈滿，

如來捨慈悲，永入於泥洹。

汝等諸眾生，深樂正法故，謂如來永滅，憂悲而愁歎；

從今於如來，莫念非常想，當知如來性，長存不變易；

法僧亦復然，皆非磨滅法。

如是，善男子！此三法者，常住不變真諦之言，一切眾生遭諸恐怖，此真諦說能令安隱；欲度一切險難曠野，此真諦說能令得度；此真諦說能令枯樹更生華葉。若此四眾聞是三法常住，隨喜說者，設未發意不樂向者，斯等皆為菩提之因。三法常住，是為如來最妙隨喜誠諦之說。若比丘、比丘尼能為一切眾生解說三法常住，當知是等堪受一切羅漢供養；若異此者，則不堪受。乃至一切旃陀羅等，樂聞如來隨喜說者，亦復得離諸憂恐怖。

爾時天人阿修羅等，聞說如來為常住法，心得歡喜，心得柔軟，心得真實，心離陰蓋，心得清淨，顏貌怡悅，如蓮華敷，散諸天華，燒眾名香，鼓天伎樂，供養如來及比丘僧。

爾時世尊告迦葉言：“善男子！汝見何等希有之事？”

迦葉菩薩白佛言：“唯然，世尊！我見奇特未曾有事，見一切諸天、人民、阿修羅等設供具者，各得如來與諸大眾受其飲食；又見是中其地狹小，容諸如來大眾床座，一針鋒處乃有無量諸佛眷屬，而受供食，說隨喜偈，彼諸眾生各不相知，而謂如來獨受我請；而今世尊與諸大眾哀愍純陀，受彼最後檀波羅蜜，佛神力故令此大眾皆得滿足，然其世尊實不揣食；唯諸菩薩摩訶薩，文殊師利法王子等人中之雄，能知如來方便現化，為此奇特未曾有事，聲聞緣覺所不能知。

说明

1．此为《大般涅槃经》(འཕགས་པ་ཡོངས་སུ་མྱ་ངན་ལས་འདས་པ་ཆེན་པོ་ཐེག་པ་ཆེན་པོའི་མདོ།།)，藏译见德格版《甘珠尔》，经部（མདོ་སྡེ།），ཐ 函，经号：120，第 142 叶背面第 1 行至第 143 叶背面第 1 行。汉译参见〔东晋〕法显译《佛说大般泥洹经》第六卷，《大正藏》第 12 册，经号：376，第 896 页下栏第 4 行至第 897 页上栏第 12 行。

2．该叶写本与编号为 BH2—13 的写本当是同一部写本，且页码连贯。原来的写本被剥离为两叶，又分别抄写了不同的汉译佛典，说明汉译佛典当为后来所抄。

BH2-13《大般涅槃经》

纸质，梵夹装，1 叶，双面墨书，每面 8 行，14.5×61.9 厘米。首尾完整，右侧中部稍有火炙痕迹，左侧有页码 137。所用纸张为皮纸。

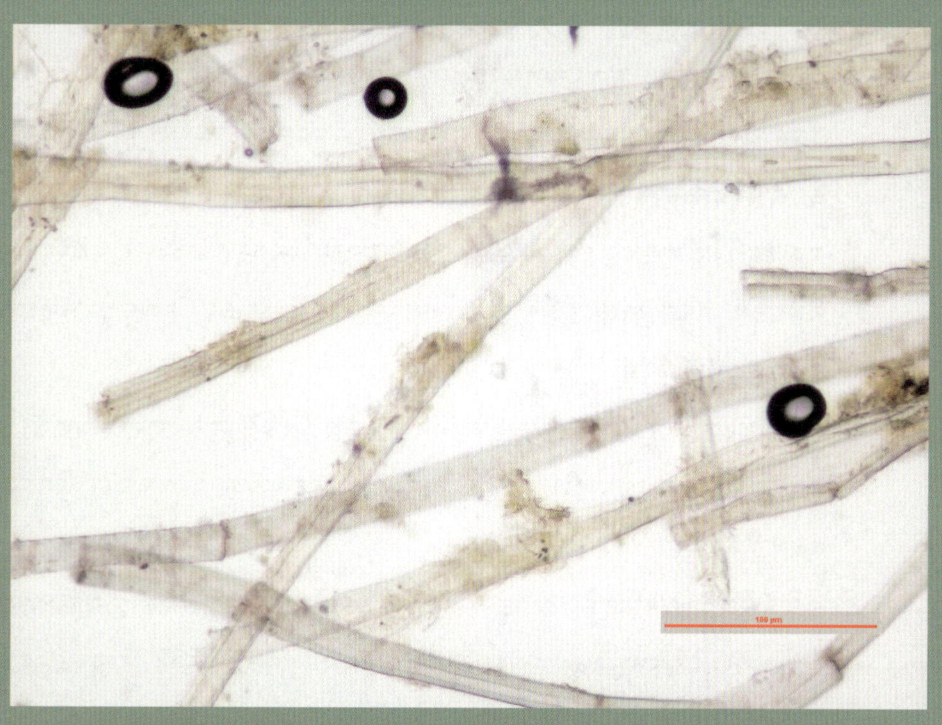

BH2-13 200 倍纸张纤维图

BH2–13 正面

原文

正面，页码 +ༀ་བདུན = 137

1 ༄༅ཿ།ཏུ་སྨྱེད་པ་དང་། རྟག་པ་ལགས་སོ་སྙམ་དུ་མ་འཚལ་ལགས་སོ། །དེ་ནས་བཅོམ་ལྡན་འདས་ཀྱིས། མགར་པ་འི་བུ་
ཙུན་ད་ལ་བཀའ་སྩལད་པ། །ཙུན་ད་ཧྲོད་ཀྱིས་ངོ་མཚར་རྨད་དུ་འབྱུང་བ་ཅི་མཐོང་། ། །གསོལད་པ། བཅོམ་ལྡན་འདས་སྔར་
ནི། དེ་བཞིན་གཤེགས་

2 པ་མཚན་ཀྱི་མཆོག་སུམ་ཅུ་རྩ་གཉིས་དང་། དཔེའ་བྱད་བཟང་པོ་བརྒྱད་ཅུ་མདངའ་བ་དུ་མ་མཐོང་བ་ལས། དགེ་རང་རང་གིས་
བསྒྱུར་ནས། འདི་ན་བྱང་ཆུབ་སེམས་དཔའ་སེམས་དཔའ་ཆེན་པོ་ལུས་ཆེན་པོ་དག་ཏུ་སྣང་ལགས་སོ། །དེ་བཞིན་གཤེགས་པ་
ནི་དུག་སྨན་གྱི་སྡོང་པོ་ལྟ་

3 བུའི་སྐུ་གཅིག་པུར་གྱུརད་དེ། བྱང་ཆུབ་སེམས་དཔའ་རྣམས་ཀྱིས་བསྐོརད་པར་གདའ་ལགས་སོ། །བཀའ་སྩལད་པ། སངས་
རྒྱས་སྔ་མ་གང་ཡིན་པ་དེ་དག་ནི། སེམས་ཅན་ཐམས་ཅད་ལ་ཕན་པ་དང་། བདེའ་བ་དང་། ཡིད་དགའ་བར་བྱ་བ་དང་། བསོད་
ནམས་ཀྱི་ཟད་པར་

4 བྱ་བའི་ཕྱིར་སྤྲུལད་པ་ཡིན་ཏེ། སྤྲུ་འཕྲུལ་འདི་ནི་བྱང་ཆུབ་སེམས་དཔའ་རྣམས་མ་⊙གཏོགས་པར་སེམས་ཅན་རྣམས་ཀྱིས་
མྱི་ཤེས་སོ། །དེ་ལྟར་ན་བྱང་ཆུབ་སེམས་⊙དཔའ་འི་སྤྱོད་པ་ནི་དཔག་ཏུ་མེད་དོ། །དེ་ལྟར་ན་བྱང་ཆུབ་སེམས་དཔའ་སེམས་

5 དཔའ་ཆེན་པོ་རྣམས་ནི་དཔག་ཏུ་མེད་དོ། །བྱང་ཆུབ་སེམས་དཔའ་མི་མཆོག ⊙ རྣམས་ལ་ནི། སངས་རྒྱས་ཀྱི་རྣམ་པར་
འཕྲུལ་བ་འི་མཐུའ་ཡོད་དོ། །མགར་བ ⊙ འི་བུ་ཙུན་ད་ཡང་། བྱང་ཆུབ་སེམས་དཔའ་སེམས་དཔའ་ཆེན་པོས་བཅུ་ཐོབ་པ་
6 ཡིན་ཏེ། བྱང་ཆུབ་སེམས་དཔའ་རྣམས་ཀྱི་མཆོག་གི་མཐར་ཐུག་པ་ནི་དེ་ལྟ་བུ་ཡིན་ ⊙ ནོ། །འོད་སྲུང་ཆེན་པོ་དང་ཟུས་
གཅིག་པས་གསོལ་ད་པ། །བཅོམ་ལྡན་འདས་དེ་ནི་ ⊙ དེ་ལགས་ཏེ། བྱང་ཆུབ་སེམས་དཔའ་རྣམས་ཀྱི་ནང་ན། མི་མཆོག་
ཙུན་ད་ལ་བདག་
7 རྗེས་སུ་ཡི་རང་ལགས་སོ། །བཅོམ་ལྡན་འདས་ད་ནི། མདོའ་སྡེ་རྣམས་བཤད་པ་འི་སྐད་དུ་སྣང་བ་མཛད་པ་འི་རིགས་
སོ། །བཅོམ་ལྡན་འདས་ཅི་ལགས། །མདོ་སྡེ་ཐམས་ཅད་ལྷག་མ་མཆིས་པ་འི་དོན་ལགས་སམ། འོན་ཏེ་ལྷག་མ་མ་མཆིས་པའི་
དོན་ལགས། །བཀྲ་
8 སྨྲད་པ། །ལྷག་མ་ཡོད་པ་འི་དོན་ཀྱང་ཡིན། ལྷག་མ་མེད་པ་འི་དོན་ཀྱང་ཡིན་ནོ། །གསོལ་ད་པ། །སྦྱིན་པ་ཀུན་དུ་བསྔགས་པ
ཡིན། །སྦྱིན་པ་གང་ཏུ་འང་སྨྲད་པ་མེད།།ཅེས་བགྱིའ་བ་འདིར་ལྷག་མ་མ་མཆིས་པ་འི་དོན་དུ་ཇི་ལྟར་བཤད་ལགས། །ཚིགས་
སུ་

BH2-13 背面

背面

1 བཅད་པ་འི་དོན་ནི་གང་ལགས། ཚུལ་ཁྲིམས་དང་ལྡན་པ་དང་། ཚུལ་ཁྲིམས་འཆལད་པ་འི་བྲེ་བྲག་ནི་ཅི་མཆིས། །བཀའ་སྩལད་
པ། གཅིག་མ་གཏོགས་པར་སྦྱིན་པ་ནི་ཐམས་ཅད་དུ་བསྔགས་སོ། །གསོལད་པ། མ་གཏོགས་པ་གང་ལགས། །བཀའ་སྩལད་
པ། མདོའ་
2 འདི་ལས་ཚུལ་ཁྲིམས་འཆལད་པར་བརྗེའ་བ་གང་ཡིན་པ་འོ། །གསོལད་པ། བཅོམ་ལྡན་འདས། བཅོམ་ལྡན་འདས་ལ། དེང་
བདག་འདི་ཁོ་ན་ཞུ་ལགས་ན། སྨྲུརད་ཏུ་བཀའ་སྩལད་ཏུ་གསོལད། །བཀའ་སྩལད་པ་འདོད་ཅེ་ན་《པ》མ་གཏོགས་པར་སྦྱིན་
པ་ནི་ཐམས་ཅད་དུ།
3 བསྔགས་པ་ཡིན་ནོ། །གསོལད་པ། འདོད་ཆེན་པ་ཇི་ལྟ་བུ་ལགས། །བཀའ་སྩལད་པ། དགེའ་སློང་འམ། དགེའ་སློང་མ་
འམ། དགེའ་བསྙེནད་ནམ། དགེའ་བསྙེནད་མ་ཡང་རུང་སྟེ། ཚིག་ངན་པས་མདོའ་སྡེ་སྤྱངས་ནས། ཕྱིས་བཟོད་པ་གསོལ་བར་
ཡང་མི་བྱེད་པ་དེ་ལྟ་
4 བུ་གང་ཡིན་པ་དེ་ནི། འདོད་ཆེན་པ་འི་ལམ་དུ་ཞུགས་པ་ཡིན་ནོ། །ཕམ་པ་བཞི་⊙བྱུང་བ་རྣམས་དང་། མཚམས་མེད་པ་ལྔ་
བྱེད་བྱེད་པ་གང་ཡིན་པ་དེ་དག་ནི། བདག་ཅ⊙ག་འཇིགས་པ་འི་གནས་སུ་ཞུགས་སོ་སྙམ་དུ་ཤེས་ཀྱང་། འཇིགས་པར་མི་ལྟ་
ལ་

5 དམ་པ་འི་ཆོས་ཀྱི་ཕྱོགས་ཀྱང་སྨྱི་འཛིནད། དམ་པ་འི་ཆོས་དབྱུང་ངོ་སྙམ་འབད་པར་⊙ཡང་སྨྱི་བྱེད་ལ། དེ་ཉིད་ཀྱི་བསྔགས་
པ་མ་ཡིན་པ་ཡང་རྗོད་པར་བྱེད་པ་དེ་དག་ཀྱང་⊙འདོད་ཅེན་པ་འི་ལམ་དུ་ཞུགས་པ་ཡིན་ནོ། །སངས་རྒྱས་སྨྱེད་དོ། ཆོས་
སྨྱེད་དོ།

6 དགེའ་འདུན་སྨྱེད་དོ་ཞེས་ཟེར་བ་གང་ཡིན་པ་དེ་དག་ཀྱང་། འདོད་ཆེན་པ་འི་ལམ་དུ་ཞུག⊙ས་པ་ཡིན་ནོ་ཞེས་ང་ཟེར་ཏེ།
འདོད་ཅེན་པ་དེ་དག་མ་གཏོགས་པར་སྦྱིན་པ་ཐམས་ཅད་དུ་བ⊙སྔགས་སོ། །གསོལད་པ། དེ་ལ་ཚུལ་ཁྲིམས་འཆལད་པ་ཞེས་
བགྱིའ་བ་གང་དག་

7 ལགས། །བཀའ་སྩལད་པ། ཕམ་པ་བཞི་བྱེད་བྱེད་པ་རྣམས་དང་། མཚམས་སྨྱེད་པ་ལྔ་བྱེད་བྱེད་པ་རྣམས་དང་། མདོའ་སྡེ་
སྤོང་བར་བྱེད་པ་དེ་དག་ཉིད་དོ། །གསོལད་པ། བཅོམ་ལྡན་འདས་ཅི་ལགས། །དེ་དག་རྟག་ཏུ་ཚུལ་ཁྲིམས་འཆལད་པ་ཁོ་ན་
ལགས་སམ། །བཀའ་

8 སྩལད་པ། འདི་ལ་རྒྱུ་ཡོད་དེ། དེས་ན་ཡེ་རྟག་པ་ཡང་ཡོད་དོ། ཡེ་སྨྱི་རྟག་པ་ཡང་ཡོད་དེ། གང་དག་གོས་ཆོན་ཅན་ཀྱི་རྟགས་
ཅན་རྣམས་དང་ལྷན་ཅིག་ཏུ་སྨྱི་གནས་ཤིང་། ཀྱེ་མ་བདག་ཅག་ནི་ཕམ་པ་འབྱུང་བ་ཡིན་ཏེ། བདག་ཅག་གིས་ཉེས་པ་བྱས་
སོ། །སྨྲམ་ནས་

转写

正面，页码 + 3 bdun = 137

1 tu myed pa dang | rtag pa lags so snyam du ma ’tshal lags so || de nas bcom ldan ’das kyis | mgar pa ’i bu tsun da la bka’ stsald pa || tsun da khyod kyis ngo mtshar rmad du ’byung ba ci mthong ||| gsold pa | bcom ldan ’das sngar ni | de bzhin gshegs

2 pa mtshan kyi[1] mchog sum cu rtsa gnyis dang | dpe’ byad bzang po brgyad cu mnga’ ba du ma mthong ba las | da ni rang rang gis bsgyur nas | ’di na byang chub sems dpa’ sems dpa’ chen po lus chen po dag tu snang lags so || de bzhin gshegs pa ni dug sman gyi sdong po lta

3 bu ’i sku gcig pur gyurd te | byang chub sems dpa’ rnams kyis bskord par gda’ lags so || bka’ stsald pa | sangs rgyas snga ma gang yin pa de dag ni | sems can thams cad la phan pa dang | bde’ a ba dang | yid dga’ bar bya ba dang | bsod nams myi zad par

4 bya ba ’i phyir spruld pa yin te | sgyu ’phrul ’di ni byang chub sems dpa’ rnams ma ⊙ gtogs par sems can rnams kyis myi shes so || de ltar na byang chub sems ⊙ dpa’ ’i spyod pa ni dpag tu myed do || de ltar na byang chub sems dpa’ sems

5 dpa’ chen po rnams ni dpag tu myed do|| byang chub sems dpa’ myi mchog ⊙ rnams la ni | sangs rgyas kyi rnam par ’phrul ba ’i mthu’ yod do || mgar ba⊙’i bu tsun da yang | byang chub sems dpa’ sems dpa’ chen pos bcu thob pa

6 yin te | byang chub sems dpa’ rnams kyi mchog gi mthar thug pa ni de lta bu yin ⊙ no || ’od srung chen po dang rus gcig pas gsold pa || bcom ldan ’das de ni ⊙ de lags te | byang chub sems dpa’ rnams kyi nang na | myi mchog tsun da la bdag

7 rjes su yi rang lags so || bcom ldan ’das da ni | mdo’ sde rnams bshad pa ’i slad du snang ba mdzad pa ’i rigs so || bcom ldan ’das ci lags || mdo sde thams cad lhag ma mchis pa ’i don lags sam | ’on te lhag ma ma mchis pa’i don lags || bka’

8 stsald pa || lhag ma yod pa ’i don kyang yin | lhag ma myed pa ’i don kyang yin no || gsold pa || sbyin pa kun tu bsngags pa yin || sbyin pa gang tu ’ang smad pa myed ||

---

1 *mtshan kyi:* D *ya mtshan gyi.*

ces bgyi' ba 'dir lhag ma ma mchis pa 'i[1] don tu ji ltar bshad lags | tshigs su

背面

1 bcad pa 'i don ni gang lags | tshul khrims dang ldan pa dang | tshul khrims 'chald pa 'i bye brag ni ci mchis || bka' stsald pa | gcig ma gtogs par sbyin pa ni thams cad du bsngags so || gsold pa | ma gtogs pa gang lags || bka' stsald pa | mdo'

2 'di las tshul khrims 'chald par brtsi' ba gang yin pa 'o || gsold pa | bcom ldan 'das | bcom ldan 'das la | deng bdag 'di kho na zhu lags na | myurd tu bka' stsald tu gsold || bka' stsald pa 'dod ce na «pa» ma gtogs par sbyin pa ni thams cad du |

3 bsngags pa yin no || gsold pa | 'dod chen pa ji lta bu lags || bka' stsald pa | dge' slong 'am | dge' slong ma 'am | dge' bsnyend nam | dge' bsnyend ma yang rung ste | tshig ngan pas mdo' sde spangs nas | phyis bzod pa gsol bar yang myi byed pa de lta

4 bu gang yin pa de ni | 'dod chen pa 'i lam du zhugs pa yin no || pham pa bzhi ⊙ byung ba rnams dang | mtshams myed pa lnga byed byed pa gang yin pa de dag ni | bdag ca⊙g 'jigs pa 'i gnas su zhugs so snyam du shes kyang | 'jigs par myi lta la

5 dam pa 'i chos kyi phyogs kyang myi 'dzind | dam pa 'i chos dbyung ngo snyam[2] 'bad par ⊙ yang myi byed la | de nyid kyi bsngags pa ma yin pa[3] yang rjod par byed pa de dag kyang ⊙ 'dod cen pa 'i lam du zhugs pa yin no || sangs rgyas myed do | chos myed do |

6 dge' 'dun myed do zhes zer ba gang yin pa de dag kyang | 'dod chen pa 'i lam du zhug⊙s pa yin no zhes nga zer te[4]| 'dod cen pa de dag ma gtogs par sbyin pa thams cad du b⊙sngags so || gsold pa | de la tshul khrims 'chald pa zhes bgyi' ba gang dag

7 lags || bka' stsald pa | pham pa bzhi byed byed pa rnams dang | mtshams myed pa lnga byed byed pa rnams dang | mdo' sde spong bar byed pa de dag nyid do || gsold

---

1 *lhag ma ma mchis pa 'i:* D *lhag ma mchis pa'i.*

2 *'di:* D *sde 'di.*

3 *snyam:* D *snyam du.*

4 *yin pa:* D *yin par.*

pa | bcom ldan ’das ci lags[1]|| de dag rtag tu tshul khrims ’chald pa kho na lags sam || bka’

8 stsald pa | ’di la rgyu yod de | des na ye rtag pa yang yod do[2] ye myi rtag pa yang yod de | gang dag gos tshon can gyi rtags can rnams dang lhan cig tu myi gnas shing | kye ma bdag cag ni pham pa ’ byung ba yin te | bdag cag gis[3] nyes pa byas so || snyam nas

《佛说大般泥洹经》(《大正藏》第 12 册，经号：376，第 897 页上栏第 12 行至中栏第 18 行)

甚奇，世尊！無數無量如來常法。

爾時世尊告純陀言：“汝見奇特未曾有不？”

純陀白佛：“唯然已見，向見如來三十二相、八十種好莊嚴其身。如是如來無量無數，與諸菩薩眷屬圍繞，今見世尊真實之身，獨處大眾猶如藥樹，與諸菩薩前後圍繞。”

佛告純陀：“向者諸佛皆是現化，哀愍安樂一切眾生開其意故，令彼功德不可得盡作此現化，而諸眾生悉不能知。唯諸菩薩成就無量菩薩功德，人中之雄，能知如來方便現化。汝今純陀，亦復成就菩薩功德十地之行。”

純陀白佛：“如是，世尊！我等皆當修習菩薩一切隨喜。”

佛告純陀：“莫隨貪果如餘契經。”

純陀白佛：“諸餘契經為非經耶？”

佛告純陀：“彼說有餘。”

純陀白佛言：“其義云何？”

佛告純陀：“如我所說：

一切歎布施，無有呵施者；

施犯戒福少，施持戒福增。

我說是契經，雖歎一切施而施有差降，施犯戒者無毫氂福，布施持戒獲其大果

1 *te:* D *ro.*

2 *ci lags:* D *ci lags sam.*

3 *gis:* D *gi.*

不必悉同。”

純陀白佛：“云何世尊，而說斯偈一切讚歎布施功德？”

佛告純陀：“除一種人歎一切施。”

純陀白佛：“除何等人歎一切施？”

佛告純陀：“除一闡提犯戒謗法，歎一切施。”

純陀白佛：“何等名為一闡提？”

佛告純陀：“若比丘、比丘尼、優婆塞、優婆夷，誹謗經法口說惡言永不改悔，於諸經法心無歸依，如是等人向一闡提道。若復眾生犯四重禁、作無間罪，不自改悔而無慚恥，彼於正法永無護惜，不與護法之人以為知識，於諸善事未曾讚歎。若復邪見無佛法僧，我說斯等向一闡提道。除斯等類，歎一切施。”

純陀白佛：“何名犯戒？”

佛告純陀：“犯四重禁、五無間業、誹謗正法。”

純陀白佛言：“如此重罪有差降耶？”

佛言：“有差降，彼雖犯戒尚服法衣而生慚愧：‘咄哉！我今犯斯重罪，何其怪哉造斯大苦。’”

说明

1. 此为《大般涅槃经》(འཕགས་པ་ཡོངས་སུ་མྱ་ངན་ལས་འདས་པ་ཆེན་པོ་ཐེག་པ་ཆེན་པོའི་མདོ།།)，藏译见德格版《甘珠尔》，经部（མདོ་སྡེ།），ཐ 函，经号：120，第 143 叶背面第 1 行至第 144 叶背面第 1 行。汉译参见〔东晋〕法显译《佛说大般泥洹经》第六卷，《大正藏》第 12 册，经号：376，第 897 页上栏第 12 行至中栏第 18 行。

2. 该叶写本与上述编号为 BH3—1 的写本为同一部写本。

BH2−3+BH2−5
《十万颂般若经》

BH2−3 与 BH2−5 可缀合成 1 叶，纸质，梵夹装，双面墨书，每面 11 行，页面残损严重。BH2−3 左右皆损，仅余中间部分约三分之一的内容，19.2×22.8 厘米；BH2−5 残损亦严重，有火炙痕迹，19×35.7 厘米。所用纸张为皮纸。

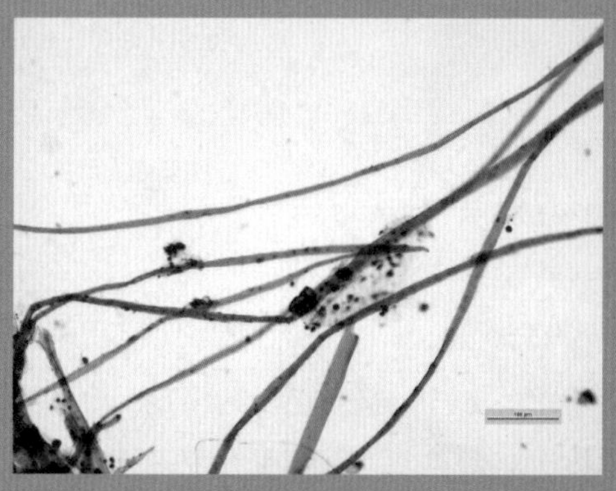

BH2−3 100 纸张纤维图

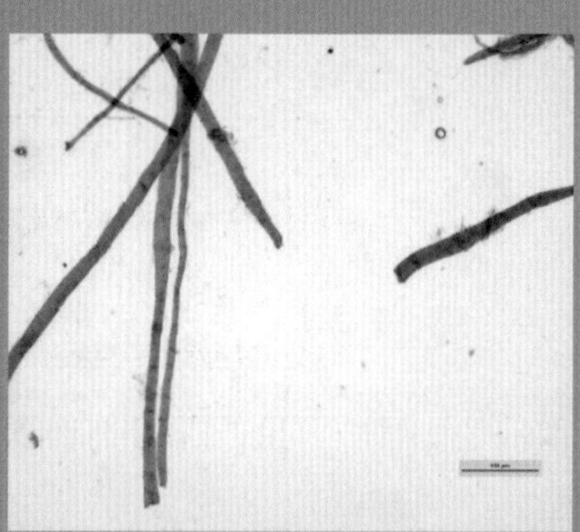

BH2−5 100 纸张纤维图

原文

正面

1 [བདེན་པ་རྣམས་མ་ཡིན། སྟོང་]པ་ཉིད་ལས་གུད་ན་འང་འཕགས་པའི་བདེན་[པ་རྣམས་མེད། འཕགས་པའི་བདེན་པ་རྣམས་ལས་གུད་ན་འང་]སྟོང་པ་ཉིད་མེད་དེ། སྟོང་པ་ཉི[ད་ཀྱང་འཕགས་པའི་བདེན་པ། འ]ཕགས་པའི་བདེན་པ་ཉིད་ཀྱང་སྟོང་པ་ཉིད་

2 [དོ། །བསམ་གཏན་རྣམས་ཀྱི་སྟོང་]པ་ཉིད་གང་ཡིན་པ་དེ་ཡང་བསམ་གཏན་རྣམས་མ་[ཡིན། སྟོང་པ་ཉིད་ལས་གུད་ན་འང་བསམ་གཏན་]རྣམས་མེད། བསམ་གཏན་རྣམས་ལས་གུད་ན་འང་[སྟོང་པ་ཉིད་མེད་དེ།] སྟོང་པ་ཉིད་ཀྱང་བསམ་གཏན། བསམ་གཏན་འ

3 [ཉིད་ཀྱང་སྟོང་པ་ཉིད་དོ།] །ཚད་མེད་པ་བཞིའི་སྟོང་པ་ཉིད་གང་ཡིན་པ་དེ་ཡང་ཚད་[མེད་པ་རྣམས་མ་ཡིན། སྟོང་]པ་ཉིད་ལས་གུད་ན་འང་ཚད་མེད་པ་རྣམས་མེད། ཚད་མེད་པ་རྣམས་ལས་གུད་ན་འང་སྟོང་པ་ཉིད་མེད་དེ། སྟོང་པ་ཉིད་ཀྱང་ཚད་མེད་པ། ཚད་འ

4 [མེད་པ་ཉིད་ཀྱང་སྟོང་པ་ཉིད་དོ]། །གཟུགས་མེད་པའི་སྙོམས་པར་འཇུ[ག་པ་བཞིའི་སྟོང་པ་ཉིད་གང་ཡིན་]པ་དེ་ཡང་གཟུགས་མེད་པའི་སྙོམས་པར་འཇུག་པ་རྣམས་མ་ཡིན། སྟོང་པ་ཉིད་ལས་གུད་ན་འང་གཟུགས་མེད་པའི་སྙོམས་པར་འཇུག་པ་རྣམསའ་

BH2–3 正面

5 [མེད། གཟུགས་མེད་པའི་]སྙོམས་པར་འཇུག་པ་རྣམས་ལས་གུད་[ན་འདང་སྟོང་]⊙པ་ཉིད་མེད་དེ། [སྟོང་]པ་ཉིད་ཀྱང་
གཟུགས་མེད་པའི་སྙོམས་པར་འཇུག་པའ། ⊙ གཟུགས་མེད་པའི་སྙོམས་པར་འཇུག་པ་ཉིད་ཀྱང་སྟོང་པ་ཉིད་དོ། །རྣམ་
6 [པར་ཐརད་པ་བརྒྱད་ཀྱི་སྟོང་པ་ཉིད་]གང་ཡིན་པ་དེ་ཡང་རྣམ་པར་ཐར[ད་པ་མ་]⊙ཡིན། སྟོང་པ་ཉིད་ལས་གུད་ན་འདང་རྣམ་
པར་ཐརད་པ་མེད། རྣམ་པར་ཐརད་⊙པ་ལས་གུད་ན་འདང་སྟོང་པ་ཉིད་མེད་དེ། སྟོང་པ་ཉིད་ཀྱང་རྣམ་པར་ཐརད་པ་
7 [རྣམ་པར་ཐརད་པ་ཉིད་ཀྱང་སྟོང་]པ་ཉིད་དོ། །མཐརད་ཀྱིས་གནས་པའི་⊙སྙོམས་པར་འཇུག་པ་དགུའི་སྟོང་པ་ཉིད་གང་
ཡིན་པ་དེ་ཡང་མཐརད་ཀྱིས་གན⊙ས་པའི་སྙོམས་པར་འཇུག་པ་རྣམས་མ་ཡིན། སྟོང་པ་ཉིད་ལས་གུད་ན་
8 [འདང་། མཐརད་ཀྱིས་གནས་]པའི་སྙོམས་པར་འཇུག་པ་རྣམས་མེད། མཐརད་ཀྱིས་གནས་པའི་སྙོམས་པར་འཇུག་པ་རྣམས་
ལས་གུད་ན་འདང་སྟོང་པ་ཉིད་མེད་དེ། སྟོང་པ་ཉིད་ཀྱང་མཐརད་ཀྱིས་གནས་པའི་སྙོམས་པར་འཇུག་པ་རྣམས། མཐརད་ཀྱིས་
9 [གནས་པའི་སྙོམས་པར་འཇུ]ག་པ་རྣམས་ཉིད་ཀྱང་སྟོང་པ་ཉིད་དོ། །རྣམ་པར་ཐརད་པའི་སྒོ་སྟོང་པ་ཉིད་དང་མཚན་མ་མེད་
པ་དང་སྨོན་པ་མེད་པའི་སྟོང་པ་ཉིད་གང་ཡིན་པ་དེ་ཡང་། རྣམ་པར་ཐརད་པའི་སྒོ་སྟོང་པ་ཉིད་དང་མཚ[ན་མ་མེད་པ་དང་
སྨོན་པ་]
10 [མེད་པ་མ་ཡིན། སྟོང་པ་]ཉིད་ལས་གུད་ན་འདང་རྣམ་པར་ཐརད་པའི་སྒོ་སྟོང་པ་ཉིད་དང་མཚན་མ་མེད་པ་དང་སྨོན་པ་མེད་པ་
མེད། རྣམ་པར་ཐརད་པའི་སྒོ་སྟོང་པ་ཉིད་དང་མཚན་མ་མེད་པ་དང་སྨོན་པ་མེད་པ་ལས་གུད་ན་འདང་[སྟོང་པ་ཉིད་མེད་དེ། སྟོང་]
11 [པ་ཉིད་ཀྱང་རྣམ་པར་ཐ]རད་པའི་སྒོ་སྟོང་པ་ཉིད་དང་མཚན་མ་མེད་པ་དང་སྨོན་པ་མེད་པ་། རྣམ་པར་ཐརད་པའི་སྒོ་སྟོང་པ་
ཉིད་དང་མཚན་མ་མེད་པ་དང་སྨོན་པ་མེད་པ་ཉིད་ཀྱང་སྟོང་པ་ཉིད་དོ། [།མངོན་པར་ཤེས་པ་དྲུག་གི་]

BH2—5 正面

背面

1 [སྟོང་པ་ཉིད་གང་ཡིན་པ་དེ་ཡ]ང་མངོན་པར་ཤེས་པ་རྣམས་མ་ཡིན། སྟོང་པ་ཉིད་ལས་གུད་ན་འང་མངོན་པར་ཤེས་པ་རྣམས་མྱེད། མངོན་པར་ཤེས་པ་རྣམས་ལས་གུད་ན་འང་སྟོང་པ་ཉིད་མྱེད་དེ། སྟོང་པ་ཉིད་ཀྱང་[མངོན་པར་ཤེས་པ་རྣམས། མངོན་པར་]

2 [ཤེས་པ་རྣམས་ཉིད་ཀྱང་]སྟོང་པ་ཉིད་དོ། །ཏིང་ངེ་འཛིནད་རྣམས་ཀྱི་སྟོང་པ་ཉིད་གང་ཡིན་པ་དེ་ཡང་ཏིང་ངེ་འཛིནད་རྣམས་མ་ཡིན། སྟོང་པ་ཉིད་ལས་གུད་ན་འང་ཏིང་ངེ་འཛིནད་རྣམས་མྱེད། ཏིང་ངེ་འཛིནད་རྣམས་[ལས་གུད་ན་འང་སྟོང་པ་]

3 [ཉིད་མྱེད་དེ། སྟོང་པ་ཉིད་]ཀྱང་ཏིང་ངེ་འཛིནད་རྣམས། ཏིང་ངེ་འཛིནད་རྣམས་ཉིད་ཀྱང་སྟོང་པ་ཉིད་དོ། །གཟུངས་ཀྱི་སྒོ་རྣམས་ཀྱི་སྟོང་པ་ཉིད་གང་ཡིན་པ་དེ་ཡང་གཟུངས་ཀྱི་སྒོ་རྣམས་མ་ཡིན། སྟོང་པ་ཉིད་ལས་གུད་[ན་འང་གཟུངས་ཀྱི་]

4 [སྒོ་རྣམས་མྱེད། གཟུངས་]ཀྱི་སྒོ་རྣམས་ལས་གུད་ན་འང་སྟོང་པ་ཉིད་མྱེད་དེ། སྟོང་པ་ཉིད་ཀྱང་གཟུངས་ཀྱི་སྒོ་རྣམས། གཟུངས་ཀྱི་སྒོ་རྣམས་ཉིད་ཀྱང་སྟོང་པ་ཉིད་དོ། །དེ་བཞིན་གཤེགས་པའི་སྟོབས་བཅུའི་སྟོང་པ་ཉིད་གང་ཡིན་པ་[དེ་]

5 [ཡང་དེ་བཞིན་གཤེགས་པའི་སྟོབ]ས་རྣམས་མ་ཡིན། སྟོང་པ་ཉིད་ལས་གུད་ན་⊙འང་དེ་བཞིན་གཤེགས་པའི་སྟོབས་རྣམས་མྱེད། དེ་བཞིན་གཤེགས་པའི་སྟོབ⊙ས་རྣམས་ལས་གུད་ན་འང་སྟོང་པ་ཉིད་མྱེད་དེ། སྟོང་པ་ཉིད་ཀྱང་དེ་བཞིན་

6 [གཤེགས་པའི་སྟོབས། དེ་བ]ཞིན་གཤེགས་པའི་སྟོབས་ཉིད་ཀྱང་སྟོང་པ་⊙ཉིད་དོ། །མྱི་འཛིགས་པ་བཞིའི་སྟོང་པ་ཉིད་གང་ཡིན་པ་དེ་ཡང་མྱི་⊙འཛིགས་པ་རྣམས་མ་ཡིན། སྟོང་པ་ཉིད་ལས་གུད་ན་འང་མྱི་འཛིགྶ

BH2-3 背面

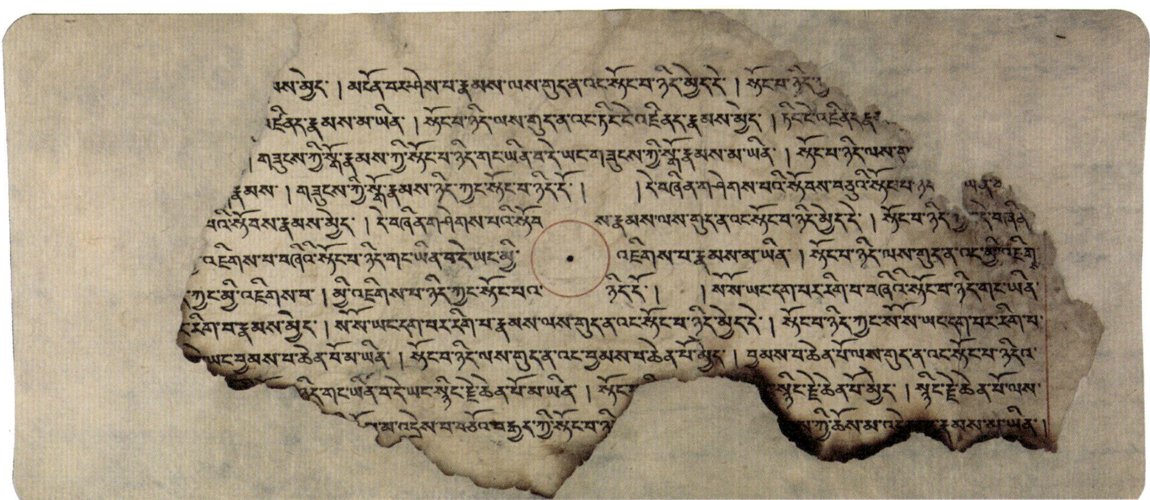

BH2－5 背面

7 [པ་རྣམས་མྱེད། སྐྱེ་འཇིགས་]པ་རྣམས་ལས་གུད་ན་འང་སྟོང་པ་[ཉིད་མྱེད་]⊙དེ། སྟོང་པ་ཉིད་ཀྱང་སྐྱེ་འཇིགས་པ།
སྐྱེ་འཇིགས་པ་ཉིད་ཀྱང་སྟོང་པའ་⊙ཉིད་དོ། །སོ་སོ་ཡང་དག་པར་རིག་པ་བཞིའི་སྟོང་པ་ཉིད་གང་ཡིན་
8 [པ་དེ་ཡང་སོ་སོ་ཡང་དག་པར་]རིག་པ་རྣམས་མ་ཡིན། སྟོང་པ་ཉིད་ལ[ས་གུད་ན་འང་]སོ་[སོ་ཡང་དག་པ]ར་རིག་པ་རྣམས་
མྱེད། སོ་སོ་ཡང་དག་པར་རིག་པ་རྣམས་ལས་གུད་ན་འང་སྟོང་པ་ཉིད་མྱེད་དེ། སྟོང་པ་ཉིད་ཀྱང་སོ་སོ་ཡང་དག་པར་རིག་པ
9 [སོ་སོ་ཡང་དག་པར་རིག་པ་]ཉིད་ཀྱང་སྟོང་པ་ཉིད་དོ། །བྱམས་པ་ཆེན་[པོའི་སྟོང་པ་ཉིད་གང་ཡིན་པ་]དེ་ཡང་བྱམས་པ་ཆེན་
པོ་མ་ཡིན། སྟོང་པ་ཉིད་ལས་གུད་ན་འང་བྱམས་པ་ཆེན་པོ་མྱེད། བྱམས་པ་ཆེན་པོ་ལས་གུད་ན་འང་སྟོང་པ་ཉིདའ
10 [མྱེད་དེ། སྟོང་པ་ཉིད་ཀྱང་བྱ]མས་པ་ཆེན་པོ། བྱམས་པ་ཆེན་པོ་ཉིད་ཀྱང་སྟོང་[པ་ཉིད་དོ། །སྙིང་རྗེ་ཆེན་པོའི་སྟོང་པ་]ཉིད་
གང་ཡིན་པ་དེ་ཡང་སྙིང་རྗེ་ཆེན་པོ་མ་ཡིན། སྟོང་པ་[ཉིད་ལས་གུད་ན་འ]ང་སྙིང་རྗེ་ཆེན་པོ་མྱེད། སྙིང་རྗེ་ཆེན་པོ་ལས་
11 [གུད་ན་འང་སྟོང་པ་ཉིད་མྱེད་དེ།།] སྟོང་པ་ཉིད་ཀྱང་སྙིང་རྗེ་ཆེན་པོ། སྙིང་རྗེ་ཆེན་[པོ་ཉིད་ཀྱང་སྟོང་པ་ཉིད་དོ། །སངས་
རྒྱས་ཀྱི་ཆོས་]མ་འདྲེས་པ་བཅོའ་བརྒྱད་ཀྱི་སྟོང་པ་ཉི[ད་གང་ཡིན་པ་དེ་ཡང་སངས་རྒྱ]ས་ཀྱི་ཆོས་མ་འདྲེས་པ་རྣམས་མ་ཡིན།

转写

正面

1 [bden pa rnams ma yin | stong] pa nyid las gud na ’ang ’phags pa’i bden [pa rnams
myed | ’phags pa’i bden pa rnams las gud na ’ang] stong pa nyid myed de | stong pa
nyi[d kyang ’phags pa’i bden pa | ’]phags pa’i bden pa nyid kyang stong pa nyid
2 [do || bsam gtan rnams kyi stong] pa nyid gang yin pa de yang bsam gtan rnams ma

[yin | stong pa nyid las gud na ’ang bsam gtan] rnams myed | bsam gtan rnams las gud na ’ang [stong pa nyid myed de |] stong pa nyid kyang bsam gtan | bsam gtan’a

3 [nyid kyang stong pa nyid do |]| tshad myed pa bzhi’i stong pa nyid gang yin pa de yang tshad [myed pa rnams ma yin | stong] pa nyid las gud na ’ang tshad myed pa rnams myed | tshad myed pa rnams las gud na ’ang stong pa nyid myed de | stong pa nyid kyang tshad myed pa | tshad’a

4 [myed pa nyid kyang stong pa nyid do] || gzugs myed pa’i snyoms par ’ju[g pa bzhi’i stong pa nyid gang yin] pa de yang gzugs myed pa’i snyoms par ’jug pa rnams ma yin | stong pa nyid las gud na ’ang gzugs myed pa’i snyoms par ’jug pa rnams’a

5 [myed | gzugs myed pa’i] snyoms par ’jug pa rnams las gud [na ’ang stong] ⊙ pa nyid myed de | [stong] pa nyid kyang gzugs myed pa’i snyoms par ’jug pa’a | ⊙ gzugs myed pa’i snyoms par ’jug pa nyid kyang stong pa nyid do || rnam

6 [par thard pa brgyad kyi stong pa nyid] gang yin pa de yang rnam par thar[d pa ma] ⊙ yin | stong pa nyid las gud na ’ang rnam par thard pa myed | rnam par thard ⊙ pa las gud na ’ang stong pa nyid myed de | stong pa nyid kyang rnam par thard pa

7 [rnam par thard pa nyid kyang stong] pa nyid do || mthard kyis gnas pa’i ⊙ snyoms par ’jug pa dgu’i stong pa nyid gang yin pa de yang mthard kyis gna⊙s pa’i snyoms par ’jug pa rnams ma yin | stong pa nyid las gud na

8 [’ang | mthard kyis gnas] pa’i snyoms par ’jug pa rnams myed | mthard kyis gnas pa’i snyoms par ’jug pa rnams las gud na ’ang stong pa nyid myed de | stong pa nyid kyang mthard kyis gnas pa’i snyoms par ’jug pa rnams | mthard kyis

9 [gnas pa’i snyoms par ’ju]g pa rnams nyid kyang stong pa nyid do || rnam par thard pa’i sgo stong pa nyid dang mtshan ma myed pa dang smond pa myed pa’i stong pa nyid gang yin pa de yang | rnam par thard pa’i sgo stong pa nyid dang mtsha[n ma myed pa dang | smond pa]

10 [myed pa ma yin | stong pa] nyid las gud na ’ang rnam par thard pa’i sgo stong pa nyid dang mtshan ma myed pa dang smond pa myed pa myed | rnam par thard pa’i

sgo stong pa nyid dang mtshan ma myed pa dang smond pa myed pa las gud na 'ang [stong pa nyid myed de | stong]

11 [pa nyid kyang rnam par tha]rd pa'i sgo stong pa nyid dang mtshan ma myed pa dang smond pa myed pa dang | rnam par thard pa'i sgo stong pa nyid dang | mtshan ma myed pa dang | smond pa myed pa nyid kyang stong pa nyid do |[| mngon par shes pa drug gi]

背面

1 [stong pa nyid gang yin pa de ya]ng mngon par shes pa rnams ma yin | stong pa nyid las gud na 'ang mngon par shes pa rnams myed | mngon par shes pa rnams las gud na 'ang stong pa nyid myed de | stong pa nyid kyang [mngon par shes pa rnams | mngon par]

2 [shes pa rnams nyid kyang] stong pa nyid do || ting nge 'dzind rnams kyi stong pa nyid gang yin pa de yang ting nge 'dzind rnams ma yin | stong pa nyid las gud na 'ang ting nge 'dzind rnams myed | ting nge 'dzind rnams [las gud na 'ang stong pa]

3 [nyid myed de | stong pa nyid] kyang ting nge 'dzind rnams | ting nge 'dzind rnams nyid kyang stong pa nyid do || gzungs kyi sgo rnams kyi stong pa nyid gang yin pa de yang gzungs kyi sgo rnams ma yin | stong pa nyid las gud [na 'ang gzungs kyi]

4 [sgo rnams myed | gzungs] kyi sgo rnams las gud na 'ang stong pa nyid myed de | stong pa nyid kyang gzungs kyi sgo rnams | gzungs kyi sgo rnams nyid kyang stong pa nyid do || de bzhin gshegs pa'i stobs bcu'i stong pa nyid gang yin pa de yang [de]

5 [bzhin gshegs pa'i stob]s rnams ma yin | stong pa nyid las gud na ⊙ 'ang de bzhin gshegs pa'i stobs rnams myed | de bzhin gshegs pa'i stob⊙s rnams las gud na 'ang stong pa nyid myed de | stong pa nyid kyang de bzhin

6 [gshegs pa'i stobs | de b]zhin gshegs pa'i stobs nyid kyang stong pa ⊙ nyid do || myi 'jigs pa bzhi'i stong pa nyid gang yin pa de yang myi ⊙ 'jigs pa rnams ma yin | stong pa nyid las gud na 'ang myi 'jigs

7 [pa rnams myed | myi 'jigs] pa rnams las gud na 'ang stong pa [nyid myed] ⊙ de |

stong pa nyid kyang myi 'jigs pa dang | myi 'jigs pa nyid kyang stong pa'a ⊙ nyid do || so so yang dag par rig pa bzhi'i stong pa nyid gang yin

8 [pa de yang so so yang dag par] rig pa rnams ma yin | stong pa nyid la[s gud na 'ang] so [so yang dag pa]r rig pa rnams myed | so so yang dag par rig pa rnams las gud na 'ang stong pa nyid myed de | stong pa nyid kyang so so yang dag par rig pa

9 [so so yang dag par rig pa] nyid kyang stong pa nyid do || byams pa chen [po'i stong pa nyid gang yin pa] de yang byams pa chen po ma yin | stong pa nyid las gud na 'ang byams pa chen po myed | byams pa chen po las gud na 'ang stong pa nyid'a

10 [myed de | stong pa nyid kyang by]ams pa chen po | byams pa chen po nyid kyang [stong pa nyid do || snying rje chen po'i stong pa] nyid gang yin pa de yang snying rje chen po ma yin | stong pa [nyid las gud na 'a]ng snying rje chen po myed | snying rje chen po las

11 [gud na 'ang stong pa nyid myed de |] stong pa nyid kyang snying rje chen po | snying rje chen [po nyid kyang stong pa nyid do || sangs rgyas kyi chos] ma 'dres pa bco'a brgyad kyi stong pa nyi[d gang yin pa de yang sangs rgya]s kyi chos ma 'dres pa rnams ma yin |

《大般若波罗蜜多经》(《大正藏》第 5 册，经号：220，第 206 页中栏第 10 行至第 207 页上栏第 17 行)

世尊！修行般若波羅蜜多諸菩薩摩訶薩，不應住苦聖諦，不應住集、滅、道聖諦。何以故？世尊！苦聖諦苦聖諦性空，集、滅、道聖諦集、滅、道聖諦性空。世尊！是苦聖諦非苦聖諦空，是苦聖諦空非苦聖諦，苦聖諦不離空，空不離苦聖諦，苦聖諦即是空，空即是苦聖諦，集、滅、道聖諦亦復如是。是故，世尊！修行般若波羅蜜多諸菩薩摩訶薩，不應住苦聖諦，不應住集、滅、道聖諦。

世尊！修行般若波羅蜜多諸菩薩摩訶薩，不應住無明，不應住行、識、名色、六處、觸、受、愛、取、有、生、老死愁歎苦憂惱。何以故？世尊！無明無明性空，乃至老死愁歎苦憂惱老死愁歎苦憂惱性空。世尊！是無明非無明空，是無明空非無明，無明不離空，空不離無明，無明即是空，空即是無明，行乃至老死愁歎苦憂惱亦復如是。是故，世尊！修行般若波羅蜜多諸菩薩摩訶薩，不應住無明，乃至不應住老死愁歎苦憂惱。

世尊！修行般若波羅蜜多諸菩薩摩訶薩，不應住四靜慮，不應住四無量、四無色定。何以故？世尊！四靜慮、四靜慮性空，四無量、四無色定四無量、四無色定性空。世尊！是四靜慮非四靜慮空，是四靜慮空非四靜慮，四靜慮不離空，空不離四靜慮，四靜慮即是空，空即是四靜慮，四無量、四無色定亦復如是。是故，世尊！修行般若波羅蜜多諸菩薩摩訶薩，不應住四靜慮，不應住四無量、四無色定。

世尊！修行般若波羅蜜多諸菩薩摩訶薩，不應住五眼，不應住六神通。何以故？世尊！五眼五眼性空，六神通六神通性空。世尊！是五眼非五眼空，是五眼空非五眼，五眼不離空，空不離五眼，五眼即是空，空即是五眼，六神通亦復如是。是故，世尊！修行般若波羅蜜多諸菩薩摩訶薩，不應住五眼，不應住六神通。

世尊！修行般若波羅蜜多諸菩薩摩訶薩，不應住布施波羅蜜多，不應住淨戒、安忍、精進、靜慮、般若波羅蜜多。何以故？世尊！布施波羅蜜多布施波羅蜜多性空，乃至般若波羅蜜多般若波羅蜜多性空。世尊！是布施波羅蜜多非布施波羅蜜多空，是布施波羅蜜多空非布施波羅蜜多，布施波羅蜜多不離空，空不離布施波羅蜜多，布施波羅蜜多即是空，空即是布施波羅蜜多，淨戒乃至般若波羅蜜多亦復如是。是故，世尊！修行般若波羅蜜多諸菩薩摩訶薩，不應住布施波羅蜜多，乃至不應住般若波羅蜜多。

世尊！修行般若波羅蜜多諸菩薩摩訶薩，不應住四念住，不應住四正斷、四神足、五根、五力、七等覺支、八聖道支。何以故？世尊！四念住四念住性空，乃至八聖道支八聖道支性空。世尊！是四念住非四念住空，是四念住空非四念住，四念住不離空，空不離四念住，四念住即是空，空即是四念住，四正斷乃至八聖道支亦復如是。是故，世尊！修行般若波羅蜜多諸菩薩摩訶薩，不應住四念住，乃至不應住八聖道支。

世尊！修行般若波羅蜜多諸菩薩摩訶薩，不應住佛十力，不應住四無所畏、四無礙解、大慈、大悲、大喜、大捨、十八佛不共法、一切智、道相智、一切相智。何以故？世尊！佛十力佛十力性空，乃至一切相智一切相智性空。世尊！是佛十力非佛十力空，是佛十力空非佛十力，佛十力不離空，空不離佛十力，佛十力即是空，空即是佛十力，四無所畏乃至一切相智亦復如是。是故，世尊！修行般若波羅蜜多諸菩薩摩訶薩，不應住佛十力，乃至不應住一切相智。

说明

此为《十万颂般若经》(ཤེས་རབ་ཀྱི་ཕ་རོལ་ཏུ་ཕྱིན་པ་སྟོང་ཕྲག་བརྒྱ་པ།།)，藏译见德格版《甘珠尔》，般若部（ཤེས་ཕྱིན།།），ཀ函，经号：8，第172叶背面第3行至第174叶正面第2行。汉译参考〔唐〕玄奘译《大般若波罗蜜多经》第三十七卷，《大正藏》第5册，经号：220，第206页中栏第10行至第207页上栏第17行。

BH2-15
《十万颂般若经》

纸质，梵夹装，1 叶，双面墨书，每面 8 行，20.1×65 厘米。正面左侧有红色标记ཁ，右下角稍有残损，有火炙痕迹，左边框外侧写有页码 257。所用纸张为皮纸。

BH2-15 200 倍纸张纤维图

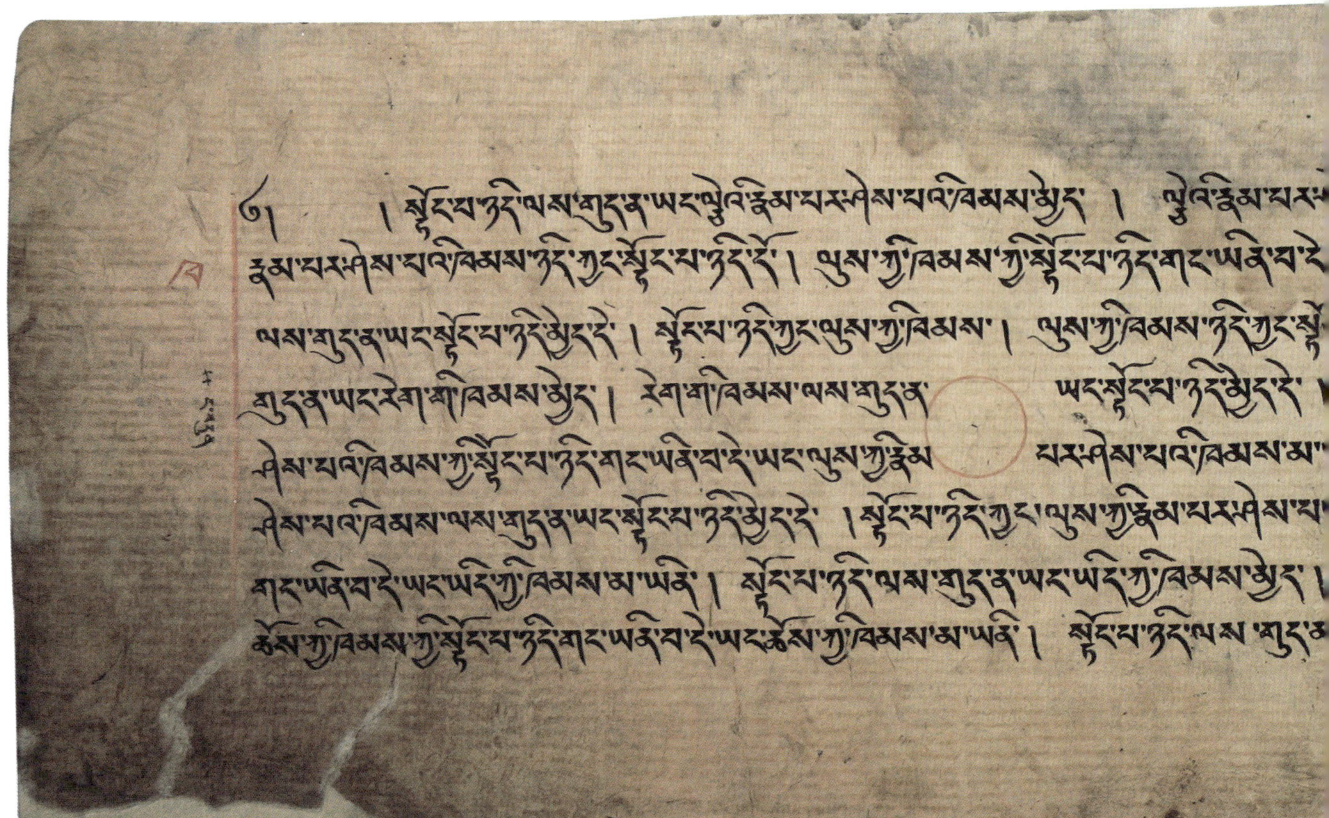

BH2–15 正面

原文

正面，页码：++ ང་བདུན =257

1 ༄༅།།སྟོང་པ་ཉིད་ལས་གྱུད་ན་ཡང་ལྗེའི་རྣམ་པར་ཤེས་པའི་ཁམས་སྐྱེད། ལྗེའི་རྣམ་པར་ཤེས་པའི་ཁམས་ལས་གྱུད་ན་ཡང་
སྟོང་པ་ཉིད་སྐྱེད་དེ། སྟོང་པ་ཉིད་ཀྱང་《ལྗེའི》རྣམ་པར་ཤེས་པའི་ཁམས། ལྗེའི་

2 རྣམ་པར་ཤེས་པའི་ཁམས་ཉིད་ཀྱང་སྟོང་པ་ཉིད་དོ། ལུས་ཀྱི་ཁམས་ཀྱི་སྟོང་པ་ཉིད་གང་ཡིན་པ་དེ་ཡང་ལུས་ཀྱི་ཁམས་མ་
ཡིན། སྟོང་པ་ཉིད་ལས་གྱུད་ན་ཡང་ལུས་ཀྱི་ཁམས་སྐྱེད། ལུས་ཀྱི་ཁམས་

3 ལས་གྱུད་ན་ཡང་སྟོང་པ་ཉིད་སྐྱེད་དེ། སྟོང་པ་ཉིད་ཀྱང་ལུས་ཀྱི་ཁམས། ལུས་ཀྱི་ཁམས་ཉིད་ཀྱང་སྟོང་པ་ཉིད་དོ། རེག་གི་
ཁམས་ཀྱི་སྟོང་པ་ཉིད་གང་ཡིན་པ་དེ་ཡང་རེག་གི་ཁམས་མ་ཡིན། སྟོང་པ་ཉིད་ལས་

4 གྱུད་ན་ཡང་རེག་གི་ཁམས་སྐྱེད། རེག་གི་ཁམས་ལས་གྱུད་ན་⊙ཡང་སྟོང་པ་ཉིད་སྐྱེད་དེ། སྟོང་པ་ཉིད་ཀྱང་རེག་གི་
ཁམས། རེ⊙ག་གི་ཁམས་ཉིད་ཀྱང་སྟོང་པ་ཉིད་དོ། ལུས་ཀྱི་རྣམ་པར་

5 ཤེས་པའི་ཁམས་ཀྱི་སྟོང་པ་ཉིད་གང་ཡིན་པ་དེ་ཡང་ལུས་ཀྱི་རྣམ་⊙པར་ཤེས་པའི་ཁམས་མ་ཡིན། སྟོང་པ་ཉིད་ལས་གུད་ན་
ཡང་ལུ⊙ས་ཀྱི་རྣམ་པར་ཤེས་པའི་ཁམས་མེད། ལུས་ཀྱི་རྣམ་པར་
6 ཤེས་པའི་ཁམས་ལས་གུད་ན་ཡང་སྟོང་པ་ཉིད་མེད་དེ། སྟོང་པ་ཉིད་ཀྱང་ལུས་ཀྱི་རྣམ་པར་ཤེས་པའི་ཁམས། ལུས་ཀྱི་རྣམ་
པར་ཤེས་པའི་ཁམས་ཉིད་ཀྱང་སྟོང་པ་ཉིད་དོ། ཡིད་ཀྱི་ཁམས་ཀྱི་སྟོང་པ་ཉིད་
7 གང་ཡིན་པ་དེ་ཡང་ཡིད་ཀྱི་ཁམས་མ་ཡིན། སྟོང་པ་ཉིད་ལས་གུད་ན་ཡང་ཡིད་ཀྱི་ཁམས་མེད། ཡིད་ཁམས་ལས་གུད་ན་ཡང་
སྟོང་པ་ཉིད་མེད་དེ། སྟོང་པ་ཉིད་ཀྱང་ཡིད་ཀྱི་ཁམས་ཡིད་《ཀྱི་ཁམས་ཡིད་ཀྱི་ཁམས་ཉི》ཀྱང་སྟོང་པ་ཉིད་དོ།
8 ཆོས་ཀྱི་ཁམས་ཀྱི་སྟོང་པ་ཉིད་གང་ཡིན་པ་དེ་ཡང་ཆོས་ཀྱི་ཁམས་མ་ཡིན། སྟོང་པ་ཉིད་ལས་གུད་ན་ཡང་ཆོས་ཀྱི་ཁམས་
མེད། ཆོས་ཀྱི་ཁམས་ལས་གུད་ན་ཡང་སྟོང་པ་ཉིད་མེད་དེ། སྟོང་པ་ཉིད་ཀྱང་ཆོས་

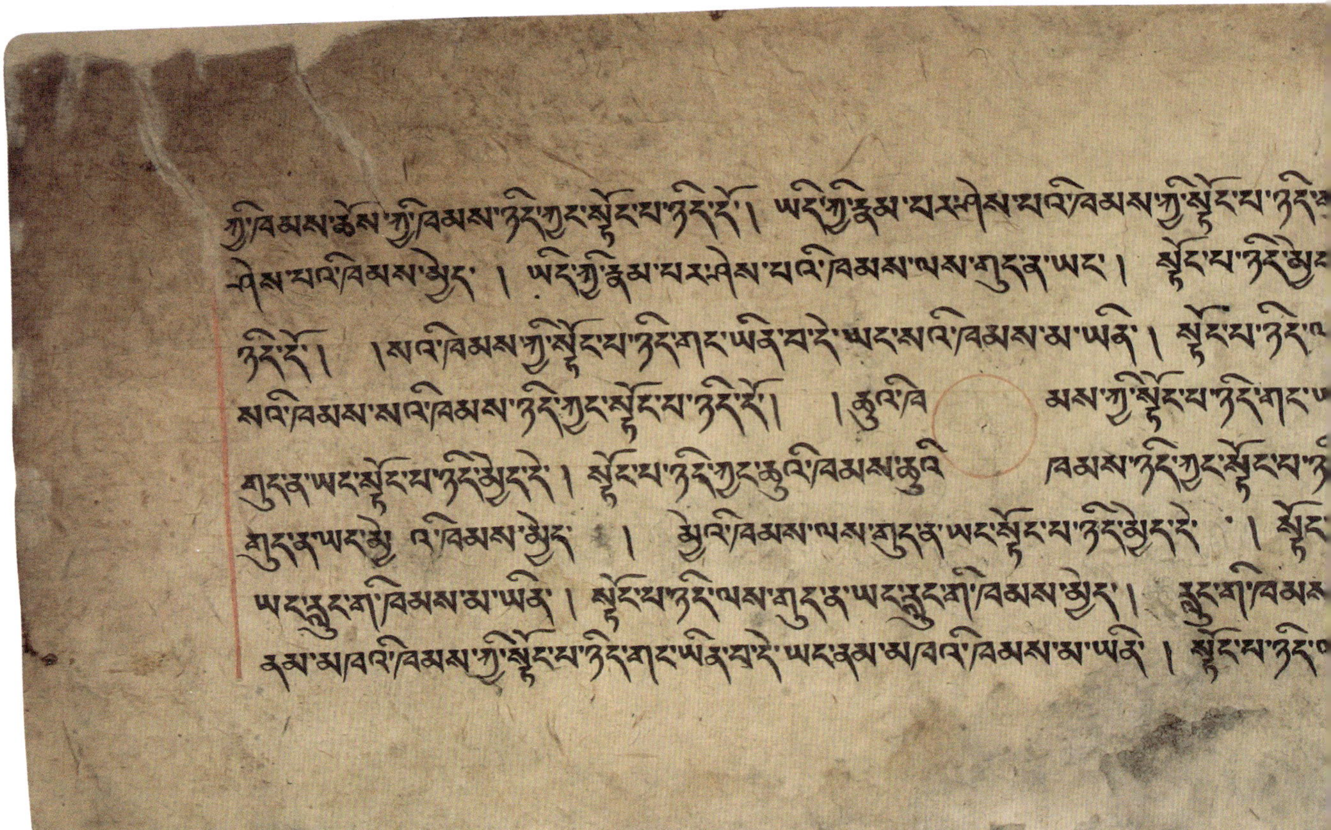

BH2–15 背面

背面

1 ཀྱི་ཁམས་ཆོས་ཀྱི་ཁམས་ཉིད་ཀྱང་སྟོང་པ་ཉིད་དོ། ཡིད་ཀྱི་རྣམ་པར་ཤེས་པའི་ཁམས་ཀྱི་སྟོང་པ་ཉིད་གང་ཡིན་པ་དེ་ཡང་ཡིད་
ཀྱི་རྣམ་པར་ཤེས་པའི་ཁམས་མ་ཡིན། སྟོང་པ་ཉིད་ལས་གུད་ན་ཡང་ཡིད་ཀྱི་རྣམ་པར་

2 ཤེས་པའི་ཁམས་མྱེད། ཡིད་ཀྱི་རྣམ་པར་ཤེས་པའི་ཁམས་ལས་གུད་ན་ཡང་། སྟོང་པ་ཉིད་མྱེད་དེ། སྟོང་པ་ཉིད་ཀྱང་ཡིད་ཀྱི་
རྣམ་པར་ཤེས་པའི་ཁམས་ཡིད་ཀྱི་རྣམ་པར་ཤེས་པའི་ཁམས་ཉིད་ཀྱང་སྟོང་པ

3 ཉིད་དོ། །སའི་ཁམས་ཀྱི་སྟོང་པ་ཉིད་གང་ཡིན་པ་དེ་ཡང་སའི་ཁམས་མ་ཡིན། སྟོང་པ་ཉིད་ལས་གུད་ན་ཡང་སའི་ཁམས་
མྱེད། སའི་ཁམས་ལས་གུད་ན་ཡང་སྟོང་པ་ཉིད་མྱེད་དེ། སྟོང་པ་ཉིད་ཀྱང་

4 སའི་ཁམས་སའི་ཁམས་ཉིད་ཀྱང་སྟོང་པ་ཉིད་དོ། །ཆུའི་ཁ⊙མས་ཀྱི་སྟོང་པ་ཉིད་གང་ཡིན་པ་དེ་ཡང་ཆུའི་ཁམས་མ་
ཡིན། སྟོང་⊙པ་ཉིད་ལས་གུད་ན་ཡང་ཆུའི་ཁམས་མྱེད། ཆུའི་ཁམས་ལས་

5 གུད་ན་ཡང་སྟོང་པ་ཉིད་མྱེད་དེ། སྟོང་པ་ཉིད་ཀྱང་ཚུའི་ཁམས་ཚུའི་⊙ཁམས་ཉིད་ཀྱང་སྟོང་པ་ཉིད་དོ། མྱེའི་ཁམས་ཀྱི་སྟོང་
པ་ཉིད་གང་⊙ཡན་པ་དེ་ཡང་མྱེའི་ཁམས་མ་ཡིན། སྟོང་པ་ཉིད་ལས་

6 གུད་ན་ཡང་མྱེའི་ཁམས་མྱེད། མྱེའི་ཁམས་ལས་གུད་ན་ཡང་སྟོང་པ་ཉིད་མྱེད་དེ། སྟོང་པ་ཉིད་ཀྱང་མྱེའི་ཁམས་མྱེའི་ཁམས་
ཉིད་ཀྱང་སྟོང་པ་ཉིད་དོ། རླུང་གི་ཁམས་ཀྱི་སྟོང་པ་ཉིད་གང་ཡིན་པ་དེ་

7 ཡང་རླུང་གི་ཁམས་མ་ཡིན། སྟོང་པ་ཉིད་ལས་གུད་ན་ཡང་རླུང་གི་ཁམས་མྱེད། རླུང་གི་ཁམས་ལས་གུད་ན་ཡང་སྟོང་པ་ཉིད་
མྱེད་དེ། སྟོང་པ་ཉིད་ཀྱང་རླུང་གི་ཁམས་རླུང་གི་ཁམས་ཉིད་ཀྱང་སྟོང་པ་ཉིད་དོ།

8 ནམ་མཁའི་ཁམས་ཀྱི་སྟོང་པ་ཉིད་གང་ཡིན་པ་དེ་ཡང་ནམ་མཁའི་ཁམས་མ་ཡིན། སྟོང་པ་ཉིད་ལས་གུད་ན་ཡང་ནམ་མཁའི་
ཁམས་མྱེད། ནམ་མཁའི་ཁམས་ལས་གུད་ན་ཡང་སྟོང་པ་ཉིད་མྱེད་དེ། སྟོང་པ་ཉི་

转写

正面，页码：+ + nga bdun = 257

1 stong pa nyid las gud na yang lce'i rnam par shes pa'i khams myed | lce'i rnam par shes pa'i khams las gud na yang stong pa nyid myed de | stong pa nyid kyang «lce'i» rnam par shes pa'i khams | lce'i

2 rnam par shes pa'i khams nyid kyang stong pa nyid do | lus kyi khams kyi stong pa nyid gang yin pa de yang lus kyi khams ma yin | stong pa nyid las gud na yang lus kyi khams myed | lus kyi khams

3 las gud na yang stong pa nyid myed de | stong pa nyid kyang lus kyi khams | lus kyi khams nyid kyang stong pa nyid do | reg gi khams kyi stong pa nyid gang yin pa de yang reg gi khams ma yin | stong pa nyid las

4 gud na yang reg gi khams myed | reg gi khams las gud na ☉ yang stong pa nyid myed de | stong pa nyid kyang reg gi khams | re☉g gi khams nyid kyang stong pa nyid do | lus kyi rnam par

5 shes pa'i khams kyi stong pa nyid gang yin pa de yang lus kyi rnam ☉ par shes pa'i khams ma yin | stong pa nyid las gud na yang lu☉s kyi rnam par shes pa'i khams myed | lus kyi rnam par

6 shes pa'i khams las gud na yang stong pa nyid myed de | stong pa nyid kyang lus kyi rnam par shes pa'i khams | lus kyi rnam par shes pa'i khams nyid kyang stong pa nyid do | yid kyi khams kyi stong pa nyid

7 gang yin pa de yang yid kyi khams ma yin | stong pa nyid las gud na yang yid kyi khams myed | yid khams[1] las gud na yang stong pa nyid myed de | stong pa nyid kyang yid kyi khams yid «kyi khaṃs yid kyi khaṃs nyi»[2] kyang stong pa nyid do |

8 chos kyi khams kyi stong pa nyid gang yin pa de yang chos kyi khams ma yin | stong pa nyid las gud na yang chos kyi khams myed | chos kyi khams las gud na

---

1 *yid khams:* D *yid kyi khams.*

2 *kyi khaṃs yid kyi khaṃs nyi:* 抄手抄在两行间的空白处，据德格版，应该只是漏抄了 *kyi khaṃs nyid*，估计抄手第一次补抄了 *kyi khaṃs yid*，但不慎把 *nyid* 抄成了 *yid*，遂在紧接着的地方又把漏抄的词再次抄写了一遍，即 *kyi khaṃs nyi*。需要说明的是，第二次的抄写还是漏抄了 *nyid* 的后加字 *d*。

yang stong pa nyid myed de | stong pa nyid kyang chos

背面

1 kyi khams chos kyi khams nyid kyang stong pa nyid do | yid kyi rnam par shes pa'i khams kyi stong pa nyid gang yin pa de yang yid kyi rnam par shes pa'i khams ma yin | stong pa nyid las gud na yang yid kyi rnam par

2 shes pa'i khams myed | yid kyi rnam par shes pa'i khams las gud na yang | stong pa nyid myed de | stong pa nyid kyang yid kyi rnam par shes pa'i khams yid kyi rnam par shes pa'i khams nyid kyang stong pa

3 nyid do || sa'i khams kyi stong pa nyid gang yin pa de yang sa'i khams ma yin | stong pa nyid las gud na yang sa'i khams myed | sa'i khams las gud na yang stong pa nyid myed de | stong pa nyid kyang

4 sa'i khams sa'i khams nyid kyang stong pa nyid do || chu'i kha⊙ms kyi stong pa nyid gang yin pa de yang chu'i khams ma yin | stong ⊙ pa nyid las gud na yang chu'i khams myed | chu'i khams las

5 gud na yang stong pa nyid myed de | stong pa nyid kyang chu'i khams chu'i ⊙ khams nyid kyang stong pa nyid do | mye'i khams kyi stong pa nyid gang ⊙ yan[1] pa de yang mye'i khams ma yin | stong pa nyid las

6 gud na yang mye'i khams myed | mye'i khams las gud na yang stong pa nyid myed de | stong pa nyid kyang mye'i khams mye'i khams nyid kyang stong pa nyid do | rlung gi khams kyi stong pa nyid gang yin pa de

7 yang rlung gi khams ma yin | stong pa nyid las gud na yang rlung gi khams myed | rlung gi khams las gud na yang stong pa nyid myed de | stong pa nyid kyang rlung gi khams rlung gi khams nyid kyang stong pa nyid do |

8 nam mkha'i khams kyi stong pa nyid gang yin pa de yang nam mkha'i khams ma yin | stong pa nyid las gud na yang nam mkha'i khams myed | nam mkha'i khams las gud na yang stong pa nyid myed de | stong pa nyid

1 *yan:* 写本漏抄了元音符号 *i*。

《大般若波罗蜜多经》(《大正藏》第 5 册，经号：220，第 241 页下栏第 6 行至第 14 行)

非空舌界故舌界空，舌界即是空，空即是舌界，味界、舌識界及舌觸、舌觸為緣所生諸受亦復如是。

非空身界故身界空，身界即是空，空即是身界，觸界、身識界及身觸、身觸為緣所生諸受亦復如是。

非空意界故意界空，意界即是空，空即是意界，法界、意識界及意觸、意觸為緣所生諸受亦復如是。

非空地界故地界空，地界即是空，空即是地界，水、火、風、空、識界亦復如是。

说明

此为《十万颂般若经》(ཤེས་རབ་ཀྱི་ཕ་རོལ་ཏུ་ཕྱིན་པ་སྟོང་ཕྲག་བརྒྱ་པ།།)，藏译见德格版《甘珠尔》，般若部（ཤེས་ཕྱིན།།)，ཁ 函，经号：8，第 167 叶背面第 7 行至第 168 叶背面第 6 行。汉译参见〔唐〕玄奘译《大般若波罗蜜多经》第四十三卷，《大正藏》第 5 册，经号：220，第 241 页下栏第 6 行至第 14 行。

BH2–14
《十万颂般若经》

纸质，梵夹装，5叶，双面墨书，每面11行，17.7×58.7厘米。正面左侧有红色标记ཤ，左下角稍有残损，左边框外侧写有页码，页码连贯，分别为272至276叶。所用纸张为皮纸。

BH2–14 100倍纸张纤维图

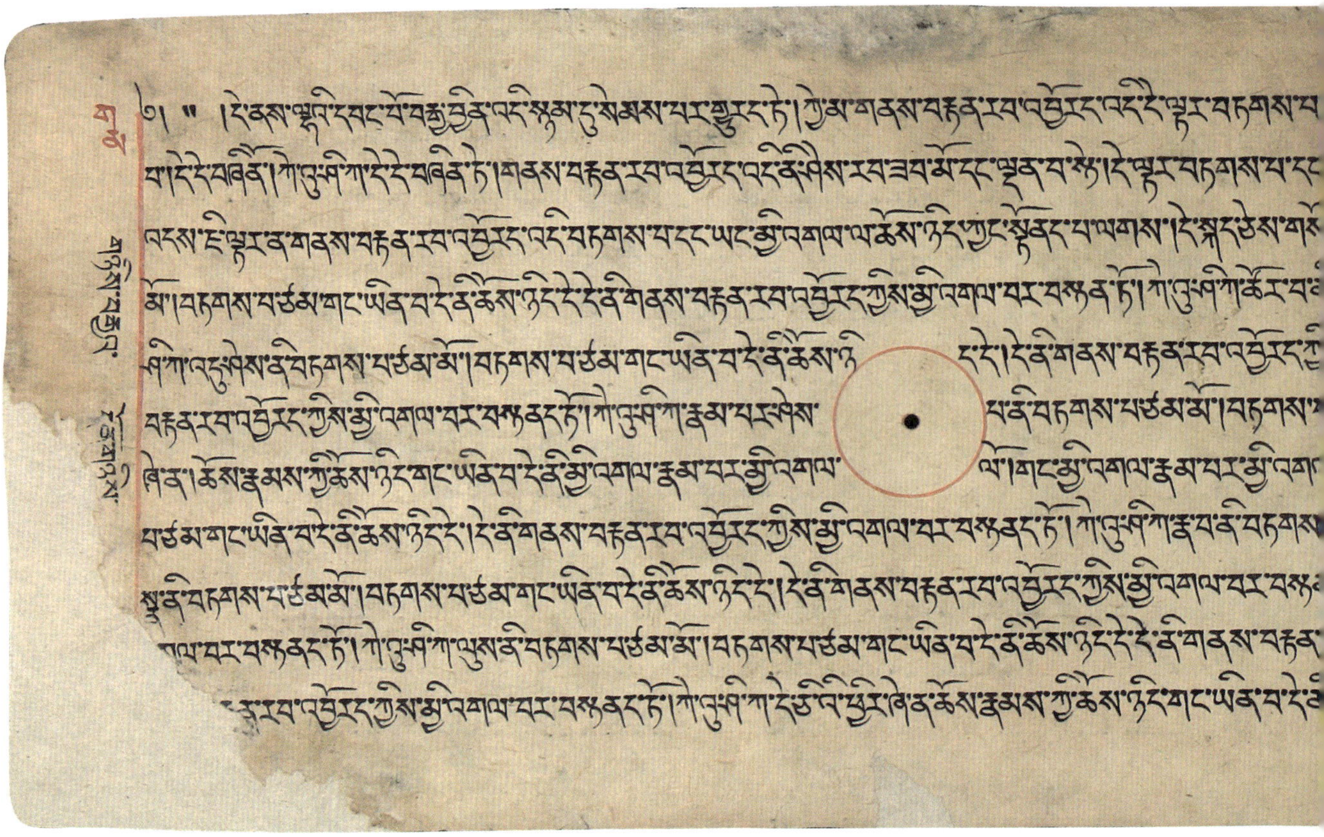

BH2-14（1）正面

BH2-14（1）

原文

正面，页码：གཉིས་བརྒྱའ་དོན་གཉིས=272

1 ༄༅།།དེ་ནས་ལྷའི་དབང་པོ་བརྒྱ་བྱིན་འདི་སྙམ་དུ་སེམས་པར་གྱུརད་ཏེ། ཀྱེ་མ་གནས་བརྟན་རབ་འབྱོརད་འདི་དེ་ལྟར་བཏགས་
པ་དང་ཡང་སྒྲི་འགལ་ལ་ཆོས་ཉིད་ཀྱང་སྟོནད་པ་ནི་ཤེས་རབ་ཟབ་པོ། དེ་ནས་བཅོམ་ལྡན་འདས་ཀྱིས་ལྷའི་དབང་པོ་བརྒྱ་བྱིན་
ལ་བཀའ་སྩལད་
2 པ། དེ་དེ་བཞིནོ། ཀེ་ཨུ་ཤི་ཀ་དེ་དེ་བཞིན་ཏེ། གནས་བརྟན་རབ་འབྱོརད་འདི་ནི་ཤེས་རབ་ཟབ་མོ་དང་ལྡན་པ་སྟེ། དེ་ལྟར་
བཏགས་པ་དང་ཡང་སྒྲི་འགལ་ལ། ཆོས་ཉིད་ཀྱང་སྟོནད་ཏོ། དེ་ནས་ལྷའི་དབང་པོ་བརྒྱ་བྱིན་གྱིས་བཅོམ་ལྡན་འདས་ལ་འདི་
སྐད་ཅེས་གསོལད་ཏོ། བཅོམ་ལྡན་
3 འདས་ཇི་ལྟར་ན་གནས་བརྟན་རབ་འབྱོརད་འདི་བཏགས་པ་དང་ཡང་སྒྲི་འགལ་ལ་ཆོས་ཉིད་ཀྱང་སྟོནད་པ་ལགས། དེ་སྐད་
ཅེས་གསོལད་པ་དང་། བཅོམ་ལྡན་འདས་ཀྱིས་ལྷའི་དབང་པོ་བརྒྱ་བྱིན་ལ་འདི་སྐད་ཅེས་བཀའ་སྩལད་ཏོ། །ཀེ་ཨུ་ཤི་ཀ་

གཟུགས་ནི་བཏགས་པ་ཙམ་
4 སོ། བཏགས་པ་ཙམ་གང་ཡིན་པ་དེ་ནི་ཆོས་ཉིད་དེ་དེ་ནི་གནས་བརྟན་རབ་འབྱོར་ད་ཀྱིས་སྨྲི་འགལ་བར་བསྟན་ཏོ། ཀེ་ཨུ་ཤི་
ཀ་ཚོར་བ་ནི་བཏགས་པ་ཙམ་སོ། བཏགས་པ་ཙམ་གང་ཡིན་པ་དེ་ནི་ཆོས་ཉིད་དེ། དེ་ནི་གནས་བརྟན་རབ་འབྱོར་ད་ཀྱིས་སྨྲི་
འགལ་བར་བསྟནད་ཏོ། ཀེ་ཨུ་
5 ཤི་ཀ་འདུ་ཤེས་ནི་བཏགས་པ་ཙམ་སོ། བཏགས་པ་ཙམ་གང་ཡིན་པ་དེ་ནི་ཆོས་ཉི ⊙ ད་དེ། དེ་ནི་གནས་བརྟན་རབ་འབྱོར་ད་
ཀྱིས་སྨྲི་འགལ་བར་བསྟནད་ཏོ། ཀེ་ཨུ་ཤི་ཀ་འདུ་བྱེད་ ⊙ ནི་བཏགས་པ་ཙམ་སོ། བཏགས་པ་ཙམ་གང་ཡིན་པ་དེ་ནི་ཆོས་ཉིད་
དེ། དེ་ནི་གནས་
6 བརྟན་རབ་འབྱོར་ད་ཀྱིས་སྨྲི་འགལ་བར་བསྟནད་ཏོ། ཀེ་ཨུ་ཤི་ཀ་རྣམ་པར་ཤེས་ ⊙ པ་ནི་བཏགས་པ་ཙམ་སོ། བཏགས་པ་ཙམ་
གང་ཡིན་པ་དེ་ནི་ཆོས་ཉིད་དེ། དེ་ནི་གན ⊙ ས་བརྟན་རབ་འབྱོར་ད་ཀྱིས་སྨྲི་འགལ་བར་བསྟནད་ཏོ། ཀེ་ཨུ་ཤི་ཀ་དེ་ཅིའི་ཕྱིར་
7 ཞེ་ན། ཆོས་རྣམས་ཀྱི་ཆོས་ཉིད་གང་ཡིན་པ་དེ་ནི་སྨྲི་འགལ་རྣམ་པར་སྨྲི་འགལ་ ⊙ ལོ། གང་སྨྲི་འགལ་རྣམ་པར་སྨྲི་འགལ་བ་
དེ་གནས་བརྟན་རབ་འབྱོར་ད་ཀྱིས་བསྟན ⊙ ད་ཏེ་འགལ་བ་སྨེད་དོ། །ཀེ་ཨུ་ཤི་ཀ་སྨིག་ནི་བཏགས་པ་ཙམ་སོ། བཏགས་

8 པ་ཙམ་གང་ཡིན་པ་དེ་ནི་ཆོས་ཉིད་དེ། དེ་ནི་གནས་བརྟན་རབ་འབྱོར་དད་ཀྱིས་མི་འགལ་བར་བསྟན་ཏོ། །ཀེ་ཨུ་ཤི་ཀ་རྐ་བ
ནི་བཏགས་པ་ཙམ་མོ། བཏགས་པ་ཙམ་གང་ཡིན་པ་དེ་ནི་ཆོས་ཉིད་དེ། དེ་ནི་གནས་བརྟན་རབ་འབྱོར་དད་ཀྱིས་མི་འགལ་བར་
བསྟན་ཏོ། ཀེ་ཨུ་ཤི་ཀ་

9 ལྔ་ནི་བཏགས་པ་ཙམ་མོ། བཏགས་པ་ཙམ་གང་ཡིན་པ་དེ་ནི་ཆོས་ཉིད་དེ། དེ་ནི་གནས་བརྟན་རབ་འབྱོར་དད་ཀྱིས་མི་འགལ་བར་
བསྟན་ཏོ། །ཀེ་ཨུ་ཤི་ཀ་ལྔེ་ནི་བཏགས་པ་ཙམ་མོ། བཏགས་པ་ཙམ་གང་ཡིན་པ་དེ་ནི་ཆོས་ཉིད་དེ། དེ་ནི་གནས་བརྟན་རབ་
འབྱོར་དད་ཀྱིས་མི་

10 འགལ་བར་བསྟན་ཏོ། ཀེ་ཨུ་ཤི་ཀ་ལུས་ནི་བཏགས་པ་ཙམ་མོ། བཏགས་པ་ཙམ་གང་ཡིན་པ་དེ་ནི་ཆོས་ཉིད་དེ་དེ་ནི་གནས་
བརྟན་རབ་འབྱོར་དད་ཀྱིས་མི་འགལ་བར་བསྟན་ཏོ། །ཀེ་ཨུ་ཤི་ཀ་ཡིད་ནི་བཏགས་པ་ཙམ་མོ། བཏགས་པ་ཙམ་གང་ཡིན་པ་དེ་
ནི་ཆོས་ཉིད་དེ་དེ་ནི་

11 [གནས་བརྟ]ན་རབ་འབྱོར་དད་ཀྱིས་མི་འགལ་བར་བསྟན་ཏོ། ཀེ་ཨུ་ཤི་ཀ་དེ་ཅི་འི་ཕྱིར་ཞེ་ན་ཆོས་རྣམས་ཀྱི་ཆོས་ཉིད་གང་
ཡིན་པ་དེ་ནི་མི་འགལ་རྣམ་པར་མི་འགལ་ལོ། །གང་མི་འགལ་རྣམ་པར་མི་འགལ་བ་དེ་གནས་བརྟན་རབ་འབྱོར་དད་ཀྱིས་བསྟན
ཏེ་འགལ་བ་མེད་དོ། །

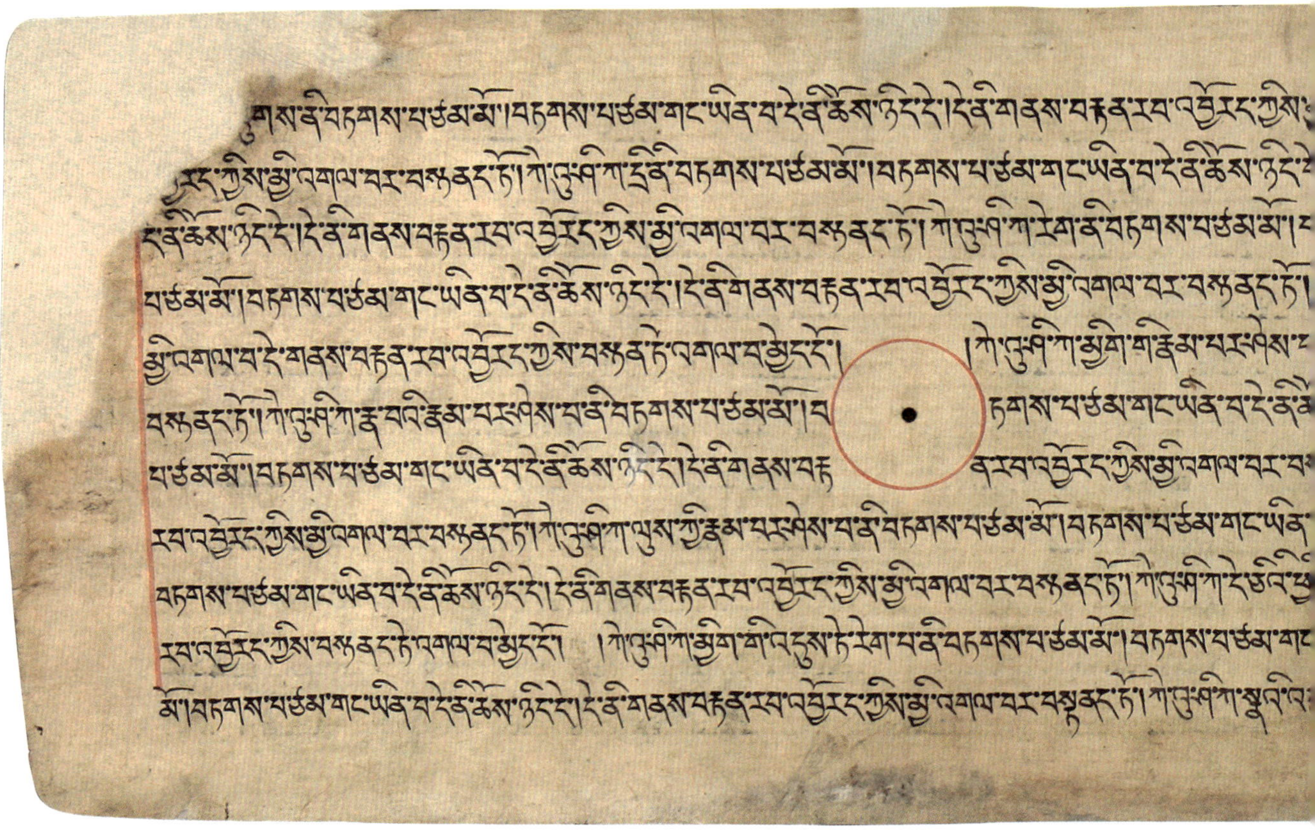

BH2–14（1）背面

背面

1 [ཀེ་ཙུ་ཤི་ཀ་གཟུ]གས་ནི་བཏགས་པ་ཙམ་མོ། བཏགས་པ་ཙམ་གང་ཡིན་པ་དེ་ནི་ཆོས་ཉིད་དེ། དེ་ནི་གནས་བརྟན་རབ་འབྱོརད་ཀྱིས་ཀྱི་འགལ་བར་བསྟན་ཏོ། ཀེ་ཙུ་ཤི་ཀ་སྒྲ་ནི་བཏགས་པ་ཙམ་མོ། བཏགས་པ་ཙམ་གང་ཡིན་པ་དེ་ནི་ཆོས་ཉིད་དེ། དེ་ནི་གནས་བརྟན་རབ་

2 [འབྱོ]རད་ཀྱིས་ཀྱི་འགལ་བར་བསྟན་ཏོ། ཀེ་ཙུ་ཤི་ཀ་དྲི་ནི་བཏགས་པ་ཙམ་མོ། བཏགས་པ་ཙམ་གང་ཡིན་པ་དེ་ནི་ཆོས་ཉིད་དེ། དེ་ནི་གནས་བརྟན་རབ་འབྱོརད་ཀྱིས་ཀྱི་འགལ་བར་བསྟན་ཏོ། ཀེ་ཙུ་ཤི་ཀ་རོ་ནི་བཏགས་པ་ཙམ་མོ། བཏགས་པ་ཙམ་གང་ཡིན་པ་

3 དེ་ནི་ཆོས་ཉིད་དེ། དེ་ནི་གནས་བརྟན་རབ་འབྱོརད་ཀྱིས་ཀྱི་འགལ་བར་བསྟན་ཏོ། །ཀེ་ཙུ་ཤི་ཀ་རེག་ནི་བཏགས་པ་ཙམ་མོ། བཏགས་པ་ཙམ་གང་ཡིན་པ་དེ་ནི་ཆོས་ཉིད་དེ། དེ་ནི་གནས་བརྟན་རབ་འབྱོརད་ཀྱིས་ཀྱི་འགལ་བར་བསྟན་ཏོ། ཀེ་ཙུ་ཤི་ཀ་ཆོས་ནི་བཏགས་

4 པ་ཙམ་མོ། བཏགས་པ་ཙམ་གང་ཡིན་པ་དེ་ནི་ཆོས་ཉིད་དེ། དེ་ནི་གནས་བརྟན་རབ་འབྱོརད་ཀྱིས་ཀྱི་འགལ་བར་བསྟན་

ཏོ། །ཀེ་ཨུ་ཤི་ཀ་དེ་ཅིའི་ཕྱིར་ཞེ་ན་ཆོས་རྣམས་ཀྱི་ཆོས་ཉིད་གང་ཡིན་པ་དེ་ནི་སྐྱེ་འགག་རྣམ་པར་སྐྱེ་འགག་ལོ། །གང་སྐྱེ་
འགག་རྣམ་པར་

5 སྐྱེ་འགག་པ་དེ་གནས་བརྟན་རབ་འབྱོརད་ཀྱིས་བསྟན་ཏེ་འགག་བ་སྐྱེད་དོ།⊙།ཀེ་ཨུ་ཤི་ཀ་མྱིག་གི་རྣམ་པར་ཤེས་པ་ནི་
བཏགས་པ་ཙམ་མོ། བཏགས་པ་ཙམ་གང་ཡི⊙ན་པ་དེ་ནི་ཆོས་ཉིད་དེ། དེ་ནི་གནས་བརྟན་རབ་འབྱོརད་ཀྱིས་སྐྱེ་འགག་བར་

6 བསྟནད་ཏོ། །ཀེ་ཨུ་ཤི་ཀ་རྣ་བའི་རྣམ་པར་ཤེས་པ་ནི་བཏགས་པ་ཙམ་མོ། བ⊙ཏགས་པ་ཙམ་གང་ཡིན་པ་དེ་ནི་ཆོས་ཉིད་
དེ། དེ་ནི་གནས་བརྟན་རབ་འབྱོརད་ཀྱི⊙ས་སྐྱེ་འགག་བར་བསྟནད་ཏོ། ཀེ་ཨུ་ཤི་ཀ་སྣའི་རྣམ་པར་ཤེས་པ་ནི་བཏགས་

7 པ་ཙམ་མོ། བཏགས་པ་ཙམ་གང་ཡིན་པ་དེ་ནི་ཆོས་ཉིད་དེ། དེ་ནི་གནས་བརྟ⊙ན་རབ་འབྱོརད་ཀྱིས་སྐྱེ་འགག་བར་བསྟནད་
ཏོ། ཀེ་ཨུ་ཤི་ཀ་ལྕེའི་རྣམ་པར་ཤེས་པ་ནི་བཏག⊙ས་པ་ཙམ་མོ། བཏགས་པ་ཙམ་གང་ཡིན་པ་དེ་ནི་ཆོས་ཉིད་དེ། དེ་ནི་
གནས་བརྟན་

8 རབ་འབྱོརད་ཀྱིས་སྐྱེ་འགག་བར་བསྟནད་ཏོ། ཀེ་ཨུ་ཤི་ཀ་ལུས་ཀྱི་རྣམ་པར་ཤེས་པ་ནི་བཏགས་པ་ཙམ་མོ། བཏགས་པ་ཙམ་
གང་ཡིན་པ་དེ་ནི་ཆོས་ཉིད་དེ། དེ་ནི་གནས་བརྟན་རབ་འབྱོརད་ཀྱིས་སྐྱེ་འགག་བར་བསྟནད་ཏོ། ཀེ་ཨུ་ཤི་ཀ་ཡིད་ཀྱི་རྣམ་པར་
ཤེས་པ་ནི་བཏགས་པ་ཙམ་མོ།

9 བཏགས་པ་ཙམ་གང་ཡིན་པ་དེ་ནི་ཆོས་ཉིད་དེ། དེ་ནི་གནས་བརྟན་རབ་འབྱོརད་ཀྱིས་སྐྱེ་འགག་བར་བསྟནད་ཏོ། ཀེ་ཨུ་ཤི་ཀ་
དེ་ཅིའི་ཕྱིར་ཞེ་ན། ཆོས་རྣམས་ཀྱི་ཆོས་ཉིད་གང་ཡིན་པ་དེ་ནི་སྐྱེ་འགག་རྣམ་པར་སྐྱེ་འགག་ལོ། གང་སྐྱེ་འགག་རྣམ་པར་སྐྱེ་
འགག་པ་དེ་གནས་བརྟན་

10 རབ་འབྱོརད་ཀྱིས་བསྟནད་ཏེ་འགག་བ་སྐྱེད་དོ། །ཀེ་ཨུ་ཤི་ཀ་མྱིག་གི་འདུས་ཏེ་རེག་པ་ནི་བཏགས་པ་ཙམ་མོ། བཏགས་པ་ཙམ་
གང་ཡིན་པ་དེ་ནི་ཆོས་ཉིད་དེ། དེ་ནི་གནས་བརྟན་རབ་འབྱོརད་ཀྱིས་སྐྱེ་འགག་བར་བསྟནད་ཏོ། ཀེ་ཨུ་ཤི་ཀ་རྣ་བའི་འདུས་ཏེ་
རེག་པ་ནི་བཏགས་པ་ཙམ་

11 མོ། བཏགས་པ་ཙམ་གང་ཡིན་པ་དེ་ནི་ཆོས་ཉིད་དེ། དེ་ནི་གནས་བརྟན་རབ་འབྱོརད་ཀྱིས་སྐྱེ་འགག་བར་བསྟནད་ཏོ། ཀེ་ཨུ་ཤི་
ཀ་སྣའི་འདུས་ཏེ་རེག་པ་ནི་བཏགས་པ་ཙམ་མོ། བཏགས་པ་ཙམ་གང་ཡིན་པ་དེ་ནི་ཆོས་ཉིད་དེ་དེ་ནི་གནས་བརྟན་རབ་འབྱོརད་
ཀྱིས་སྐྱེ་འགག་བར་བསྟནད་

转写

正面，页码: gnyis brgya' don gnyis =272

1 de nas lha'i dbang po brgya byin 'di snyam du sems par gyurd te | kye ma gnas brtan rab 'byord 'di de ltar btags pa dang yang myi 'gal la chos nyid kyang stond[1]

1 *stond:* 写本有的带有上加字 *s* 的基字 *ta* 写得特别像基字 *nya*，以下不再一一注明。但本叶正面第 3 行的 *stond*，以及背面第 11 行的第一个 *bstand* 则明显显示出基字是 *ta*。

pa ni shes rab zab bo | de nas bcom ldan 'das kyis lha'i dbang po brgya byin la bka' stsald
2 pa | de de bzhino | ke 'u shi ka de de bzhin te | gnas brtan rab 'byord 'di ni shes rab zab mo dang ldan pa ste | de ltar btags pa dang yang myi 'gal la | chos nyid kyang stond to | de nas lha'i dbang po brgya byin gyis bcom ldan 'das la 'di skad ces gsold to | bcom ldan
3 'das ji ltar na gnas brtan rab 'byord 'di btags pa dang yang myi 'gal la chos nyid kyang stond pa lags | de skad ces gsold pa dang | bcom ldan 'das kyis lha'i dbang po brgya byin la 'di skad ces bka' stsald to || ke 'u shi ka gzugs ni btags pa tsam
4 mo | btags pa tsam gang yin pa de ni chos nyid de de ni gnas brtan rab 'byord kyis[1] myi 'gal bar bstan to | ke 'u shi ka tshor ba ni btags pa tsam mo | btags pa tsam gang yin pa de ni chos nyid de | de ni gnas brtan rab 'byord kyis myi 'gal bar bstand to | ke 'u
5 shi ka 'du shes ni btags pa tsam mo | btags pa tsam gang yin pa de ni chos nyi⊙d de | de ni gnas brtan rab 'byord kyis myi 'gal bar bstand to | ke 'u shi ka 'du byed ⊙ ni btags pa tsam mo | btags pa tsam gang yin pa de ni chos nyid de | de ni gnas
6 brtan rab 'byord kyis myi 'gal bar bstand to | ke 'u shi ka rnam par shes ⊙ pa ni btags pa tsam mo | btags pa tsam gang yin pa de ni chos nyid de | de ni gna⊙s brtan rab 'byord kyis myi 'gal bar bstand to | ke 'u shi ka de ci'i phyir
7 zhe na | chos rnams kyi chos nyid gang yin pa de ni myi 'gal rnam par myi 'gal ⊙ lo | gang myi 'gal rnam par myi 'gal ba de gnas brtan rab 'byord kyis bstan⊙d te 'gal ba myed do || ke 'u shi ka myig ni btags pa tsam mo | btags
8 pa tsam gang yin pa de ni chos nyid de | de ni gnas brtan rab 'byord kyis myi 'gal bar bstand to || ke 'u shi ka rna ba ni btags pa tsam mo | btags pa tsam gang yin pa de ni chos nyid de | de ni gnas brtan rab 'byord kyis myi 'gal bar bstand to | ke 'u shi ka
9 sna ni btags pa tsam mo | btags pa tsam gang yin pa de ni chos nyid de | de ni gnas

1 *rab 'byord kyis:* D *rab 'byor gyis*，写本将 *rab 'byor gyis* 均写作 *rab 'byord kyis*，以下不再一一注明。

brtan rab ’byord kyis myi ’gal bar bstand to || ke ’u shi ka lce ni btags pa tsam mo | btags pa tsam gang yin pa de ni chos nyid de | de ni gnas brtan rab ’byord kyis myi

10 ’gal bar bstand to | ke ’u shi ka lus ni btags pa tsam mo | btags pa tsam gang yin pa de ni chos nyid de de ni gnas brtan rab ’byord kyis myi ’gal bar bstand to || ke ’u shi ka yid ni btags pa tsam mo | btags pa tsam gang yin pa de ni chos nyid de de ni

11 [gnas brta]n rab ’byord kyis myi ’gal bar bstand to | ke ’u shi ka de ci ’i phyir zhe na chos rnams kyi chos nyid gang yin pa de ni myi ’gal rnam par myi ’gal lo || gang myi ’gal rnam par myi ’gal ba de gnas brtan rab ’byord kyis bstan te ’gal ba myed do ||

背面

1 [ke ’u shi ka gz]ugs ni btags pa tsam mo | btags pa tsam gang yin pa de ni chos nyid de | de ni gnas brtan rab ’byord kyis myi ’gal bar bstand to | ke ’u shi ka sgra ni btags pa tsam mo | btags pa tsam gang yin pa de ni chos nyid de | de ni gnas brtan rab

2 [’byo]rd kyis myi ’gal bar bstand to | ke ’u shi ka dri ni btags pa tsam mo | btags pa tsam gang yin pa de ni chos nyid de | de ni gnas brtan rab ’byord kyis myi ’gal bar bstand to | ke ’u shi ka ro ni btags pa tsam mo | btags pa tsam gang yin pa

3 de ni chos nyid de | de ni gnas brtan rab ’byord kyis myi ’gal bar bstand to || ke ’u shi ka reg ni btags pa tsam mo | btags pa tsam gang yin pa de ni chos nyid de | de ni gnas brtan rab ’byord kyis myi ’gal bar bstand to | ke ’u shi ka chos ni btags

4 pa tsam mo | btags pa tsam gang yin pa de ni chos nyid de | de ni gnas brtan rab ’byord kyis myi ’gal par bstand to || ke ’u shi ka de ci’i phyir zhe na chos rnams kyi chos nyid gang yin pa de ni myi ’gal rnam par myi ’gal lo || gang myi ’gal rnam par

5 myi ’gal ba de gnas brtan rab ’byord kyis bstan te ’gal ba myed do |⊙| ke ’u shi ka myig gi rnam par shes pa ni btags pa tsam mo | btags pa tsam gang yi⊙n pa de ni chos nyid de | de ni gnas brtan rab ’byord kyis myi ’gal bar

6 bstand to || ke ’u shi ka rna ba’i rnam par shes pa ni btags pa tsam mo | b⊙tags pa

tsam gang yin pa de ni chos nyid de | de ni gnas brtan rab 'byord kyi⊙s myi 'gal bar bstand to | ke 'u shi ka sna'i rnam par shes pa ni btags
7 pa tsam mo | btags pa tsam gang yin pa de ni chos nyid de | de ni gnas brta⊙n rab 'byord kyis myi 'gal bar bstand to | ke 'u shi ka lce'i rnam par shes pa ni btag⊙s pa tsam mo | btags pa tsam gang yin pa de nI chos nyid de | de ni gnas brtan
8 rab 'byord kyis myi 'gal bar bstand to | ke 'u shi ka lus kyi rnam par shes pa ni btags pa tsam mo | btags pa tsam gang yin pa de ni chos nyid de | de ni gnas brtan rab 'byord kyis myi 'gal bar bstand to | ke 'u shi ka yid kyi rnam par shes pa ni btags pa tsam mo |
9 btags pa tsam gang yin pa de ni chos nyid de | de ni gnas brtan rab 'byord kyis myi 'gal bar bstand to | ke 'u shi ka de ci'i phyir zhe na | chos rnams kyi chos nyid gang yin pa de ni myi 'gal rnam par myi 'gal lo | gang myi 'gal rnam par myi 'gal ba de gnas brtan
10 rab 'byord kyis bstand te 'gal ba myed do || ke 'u shi ka myig gi 'dus te reg pa ni btags pa tsam mo | btags pa tsam gang yin pa de ni chos nyid de | de ni gnas brtan rab 'byord kyis myi 'gal bar bstand to | ke 'u shi ka rna ba'i 'dus te reg pa ni btags pa tsam
11 mo | btags pa tsam gang yin pa de ni chos nyid de | de ni gnas brtan rab 'byord kyis myi 'gal bar bstand to | ke 'u shi ka sna'i 'dus te reg pa ni btags pa tsam mo | btags pa tsam gang yin pa de ni chos nyid de de ni gnas brtan rab 'byord kyis myi 'gal bar bstand

《大般若波罗蜜多经》(《大正藏》第 5 册，经号：220，第 473 页中栏第 7 行至下栏第 9 行)

時，天帝釋心生是念："尊者善現智慧甚深，不壞假名而說法性。"

佛知其意，便印彼言："如憍尸迦心之所念，具壽善現智慧甚深，不壞假名而說法性。"

時，天帝釋即白佛言："尊者善現於何等法不壞假名而說法性？"

佛告憍尸迦："色但假名，受、想、行、識但假名，如是假名不離法性，具壽善現不壞如是色等假名而說色等法性。所以者何？色等法性無壞無不壞，是故善現所說亦無壞無不壞。

憍尸迦！眼處但假名，耳、鼻、舌、身、意處但假名，如是假名不離法性，具壽善現不壞如是眼處等假名而說眼處等法性。所以者何？眼處等法性無壞無不壞，是故善現所說亦無壞無不壞。

憍尸迦！色處但假名，聲、香、味、觸、法處但假名，如是假名不離法性，具壽善現不壞如是色處等假名而說色處等法性。所以者何？色處等法性無壞無不壞，是故善現所說亦無壞無不壞。

憍尸迦！眼界但假名，色界、眼識界及眼觸、眼觸為緣所生諸受但假名，如是假名不離法性，具壽善現不壞如是眼界等假名而說眼界等法性。所以者何？眼界等法性無壞無不壞，是故善現所說亦無壞無不壞。

憍尸迦！耳界但假名，聲界、耳識界及耳觸、耳觸為緣所生諸受但假名，如是假名不離法性，具壽善現不壞如是耳界等假名而說耳界等法性。所以者何？耳界等法性無壞無不壞，是故善現所說亦無壞無不壞。

憍尸迦！鼻界但假名，香界、鼻識界及鼻觸、鼻觸為緣所生諸受但假名，如是假名不離法性，具壽善現不壞如是鼻界等假名而說鼻界等法性。所以者何？鼻界等法性無壞無不壞，是故善現所說亦無壞無不壞。

BH2—14（2）正面

BH2-14（2）

原文

正面，页码：གཉིས་བརྒྱའ་དོན་གསུམ =273

1 ༄༅༎ཏོ། ཀེ་ཨུ་ཤི་ཀ་ལྟེ་འི་འདུས་ཏེ་རེག་པ་ནི་བཏགས་པ་ཙམ་མོ། བཏགས་པ་ཙམ་གང་ཡིན་པ་དེ་ནི་ཆོས་ཉིད་དེ་དེ་ནི་གནས་བརྟན་རབ་འབྱོརད་ཀྱིས་མི་འགལ་བར་བསྟནད་ཏོ། ཀེ་ཨུ་ཤི་ཀ་ལུས་ཀྱི་འདུས་ཏེ་རེག་པ་ནི་བཏགས་པ་ཙམ་མོ། བཏགས་པ་ཙམ་གང་ཡིན་པ་དེ་ནི་ཆོས་ཉིད་དེ།

2 དེ་ནི་གནས་བརྟན་རབ་འབྱོརད་ཀྱིས་མི་འགལ་བར་བསྟནད་ཏོ། ཀེ་ཨུ་ཤི་ཀ་ཡིད་ཀྱི་འདུས་ཏེ་རེག་པ་ནི་བཏགས་པ་ཙམ་མོ། བཏགས་པ་ཙམ་གང་ཡིན་པ་དེ་ནི་ཆོས་ཉིད་དེ། དེ་ནི་གནས་བརྟན་རབ་འབྱོརད་ཀྱིས་མི་འགལ་བར་བསྟནད་ཏོ། ཀེ་ཨུ་ཤི་ཀ་དེ་ཙི་འི་ཕྱིར་ཞེ་ན་ཆོས་རྣམས་ཀྱི་ཆོས་

3 ཉིད་གང་ཡིན་པ་དེ་ནི་མི་འགལ་རྣམ་པར་མི་འགལ་ལོ། གང་མི་འགལ་རྣམ་པར་མི་འགལ་བ་དེ་གནས་བརྟན་རབ་འབྱོརད་ཀྱིས་བསྟནད་ཏེ་འགལ་བ་མེད་དོ། ཀེ་ཨུ་ཤི་ཀ་མིག་གི་འདུས་ཏེ་རེག་པའི་རྐྱེན་ཀྱིས་ཚོར་བ་ནི་བཏགས་པ་ཙམ་

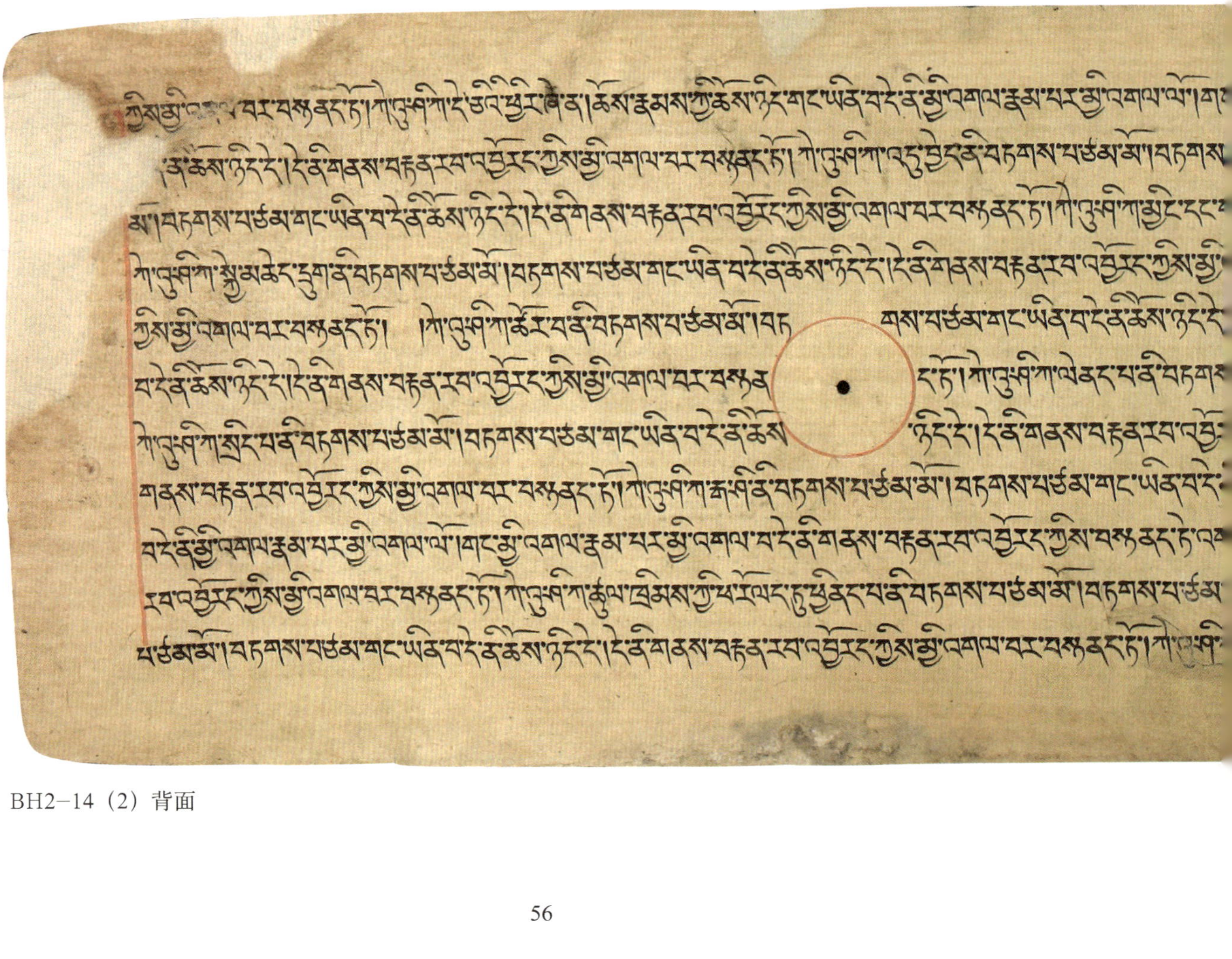

BH2-14（2）背面

མོ། བཏགས་པ་ཙམ་གང་ཡིན་པ་དེ་ནི་ཆོས་ཉིད་དེ།

4 དེ་ནི་གནས་བརྟན་རབ་འབྱོརད་ཀྱིས་མྱི་འགལ་བར་བསྟནད་ཏོ། ཀེ་ཨུ་ཤི་ཀ་རྣ་བའི་འདུས་ཏེ་རེག་པའི་རྐྱེནད་ཀྱིས་ཚོར་བ
ནི་བཏགས་པ་ཙམ་མོ། བཏགས་པ་ཙམ་གང་ཡིན་པ་དེ་ནི་ཆོས་ཉིད་དེ། དེ་ནི་གནས་བརྟན་རབ་འབྱོརད་ཀྱིས་མྱི་འགལ་བར་
བསྟནད་ཏོ། ཀེ་ཨུ་ཤི་ཀ་སྣའི་འདུས་ཏེ་རེག་པའི་

5 རྐྱེནད་ཀྱིས་ཚོར་བ་ནི་བཏགས་པ་ཙམ་མོ། བཏགས་པ་ཙམ་གང་ཡིན་པ་དེ་ནི་ཆོས་ཉི⊙ད་དེ། དེ་ནི་གནས་བརྟན་རབ་
འབྱོརད་ཀྱིས་མྱི་འགལ་བར་བསྟནད་ཏོ། །ཀེ་ཨུ་ཤི་ཀ་ལྕེའི་འདུ⊙ས་ཏེ་རེག་པའི་རྐྱེནད་ཀྱིས་ཚོར་བ་ནི་བཏགས་པ་ཙམ་
མོ། བཏགས་པ་ཙམ་གང་ཡིན་

6 པ་དེ་ནི་ཆོས་ཉིད་དེ། དེ་ནི་གནས་བརྟན་རབ་འབྱོརད་ཀྱིས་མྱི་འགལ་བར་བསྟནད་⊙ཏོ། ཀེ་ཨུ་ཤི་ཀ་ལུས་ཀྱི་འདུས་ཏེ་རེག
པའི་རྐྱེནད་ཀྱིས་ཚོར་བ་ནི་བཏགས་པ་ཙམ་མོ། བ⊙ཏགས་པ་ཙམ་གང་ཡིན་པ་དེ་ནི་ཆོས་ཉིད་དེ། དེ་ནི་གནས་བརྟན་རབ་
འབྱོརད་

7 ཀྱིས་མྱི་འགལ་བར་བསྟནད་ཏོ། ཀེ་ཨུ་ཤི་ཀ་ཡིད་ཀྱི་འདུས་ཏེ་རེག་པའི་རྐྱེནད་ཀྱིས་⊙ཚོར་བ་ནི་བཏགས་པ་ཙམ་
མོ། བཏགས་པ་ཙམ་གང་ཡིན་པ་དེ་ནི་ཆོས་ཉིད་དེ། དེ་ནི་གནས་⊙བརྟན་རབ་འབྱོརད་ཀྱིས་མྱི་འགལ་བར་བསྟནད་ཏོ། ཀེ་

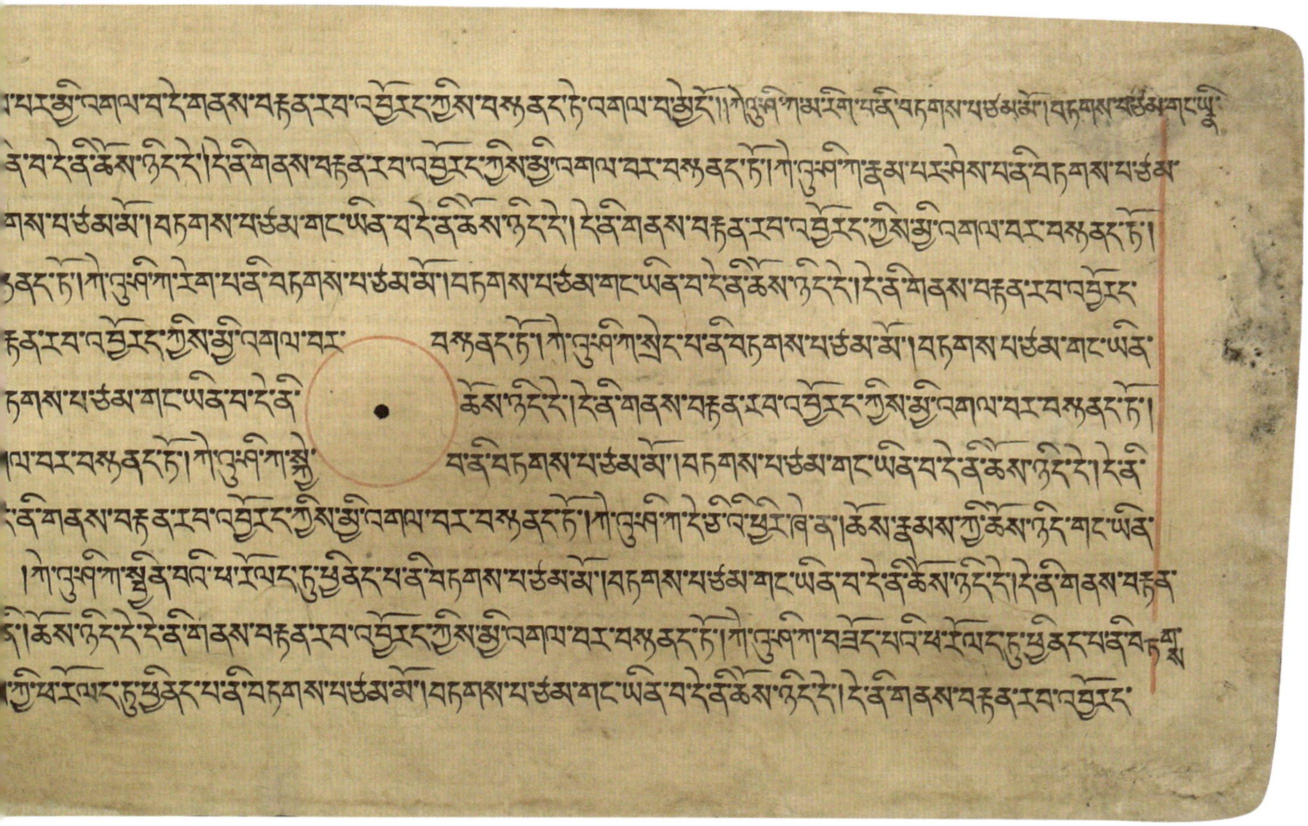

ཨུ་ཤི་ཀ་དེ་ཅི་འི་ཕྱིར་ཞེ་ན།

8 ཆོས་རྣམས་ཀྱི་ཆོས་ཉིད་གང་ཡིན་པ་དེ་ནི་མྱི་འགལ་རྣམ་པར་མྱི་འགལ་ལོ། གང་མྱི་འགལ་རྣམ་པར་མྱི་འགལ་བ་དེ་ནི་གནས་བརྟན་རབ་འབྱོརརད་ཀྱིས་བསྟནད་ཏེ་འགལ་བ་མྱེད་དོ། །ཀེ་ཨུ་ཤི་ཀ་སའི་ཁམས་ནི་བཏགས་པ་ཙམ་མོ། བཏགས་པ་ཙམ་གང་ཡིན་པ་དེ་ནི་ཆོས་ཉིད་དེ། དེ་ནི་

9 གནས་བརྟན་རབ་འབྱོརརད་ཀྱིས་མྱི་འགལ་བར་བསྟནད་ཏོ། །ཀེ་ཨུ་ཤི་ཀ་ཆུའི་ཁམས་ནི་བཏགས་པ་ཙམ་མོ། བཏགས་པ་ཙམ་གང་ཡིན་པ་དེ་ནི་ཆོས་ཉིད་དེ། དེ་ནི་གནས་བརྟན་རབ་འབྱོརརད་ཀྱིས་མྱི་འགལ་བར་བསྟནད་ཏོ། ཀེ་ཨུ་ཤི་ཀ་མྱེའི་ཁམས་ནི་བཏགས་པ་ཙམ་མོ། བཏགས་པ་ཙམ་

10 [གང]་ཡིན་པ་དེ་ནི་ཆོས་ཉིད་དེ། དེ་ནི་གནས་བརྟན་རབ་འབྱོརརད་ཀྱིས་མྱི་འགལ་བར་བསྟནད་ཏོ། ཀེ་ཨུ་ཤི་ཀ་རླུང་གི་ཁམས་ནི་བཏགས་པ་ཙམ་མོ། བཏགས་པ་ཙམ་གང་ཡིན་པ་དེ་ནི་ཆོས་ཉིད་དེ། དེ་ནི་གནས་བརྟན་རབ་འབྱོརརད་ཀྱིས་མྱི་འགལ་བར་བསྟནད་ཏོ། ཀེ་ཨུ་ཤི་ཀ་ནམ་མཁའི་

11 ཁམས་ནི་བཏགས་པ་ཙམ་མོ། བཏགས་པ་ཙམ་གང་ཡིན་པ་དེ་ནི་ཆོས་ཉིད་དེ། དེ་ནི་གནས་བརྟན་རབ་འབྱོརརད་ཀྱིས་མྱི་འགལ་བར་བསྟནད་ཏོ། ཀེ་ཨུ་ཤི་ཀ་རྣམ་པར་ཤེས་པ་འི་ཁམས་ནི་བཏགས་པ་ཙམ་མོ། བཏགས་པ་ཙམ་གང་ཡིན་པ་དེ་ནི་ཆོས་ཉིད་དེ། དེ་ནི་གནས་བརྟན་རབ་འབྱོརརད་

背面

1 ཀྱིས་མྱི་འགལ་བར་བསྟནད་ཏོ། ཀེ་ཨུ་ཤི་ཀ་དེ་ཅིའི་ཕྱིར་ཞེ་ན། ཆོས་རྣམས་ཀྱི་ཆོས་ཉིད་གང་ཡིན་པ་དེ་ནི་མྱི་འགལ་རྣམ་པར་མྱི་འགལ་ལོ། །གང་མྱི་འགལ་རྣམ་པར་མྱི་འགལ་བ་དེ་གནས་བརྟན་རབ་འབྱོརརད་ཀྱིས་བསྟནད་ཏེ་འགལ་བ་མྱེདོ། །ཀེཨུ་ཤི་ཀ་མ་རིག་པ་ནི་བཏགས་པ་ཙམ་མོ། བཏགས་པ་ཙམ་གང་ཡི

2 [པ་དེ]་ནི་ཆོས་ཉིད་དེ། དེ་ནི་གནས་བརྟན་རབ་འབྱོརརད་ཀྱིས་མྱི་འགལ་བར་བསྟནད་ཏོ། ཀེ་ཨུ་ཤི་ཀ་འདུ་བྱེད་ནི་བཏགས་པ་ཙམ་མོ། བཏགས་པ་ཙམ་གང་ཡིན་པ་དེ་ནི་ཆོས་ཉིད་དེ། དེ་ནི་གནས་བརྟན་རབ་འབྱོརརད་ཀྱིས་མྱི་འགལ་བར་བསྟནད་ཏོ། ཀེ་ཨུ་ཤི་ཀ་རྣམ་པར་ཤེས་པ་ནི་བཏགས་པ་ཙམ་

3 མོ། བཏགས་པ་ཙམ་གང་ཡིན་པ་དེ་ནི་ཆོས་ཉིད་དེ། དེ་ནི་གནས་བརྟན་རབ་འབྱོརརད་ཀྱིས་མྱི་འགལ་བར་བསྟནད་ཏོ། ཀེ་ཨུ་ཤི་ཀ་མྱིང་དང་གཟུགས་ནི་བཏགས་པ་ཙམ་མོ། བཏགས་པ་ཙམ་གང་ཡིན་པ་དེ་ནི་ཆོས་ཉིད་དེ། དེ་ནི་གནས་བརྟན་རབ་འབྱོརརད་ཀྱིས་མྱི་འགལ་བར་བསྟནད་ཏོ།

4 ཀེ་ཨུ་ཤི་ཀ་སྐྱེ་མཆེད་དྲུག་ནི་བཏགས་པ་ཙམ་མོ། བཏགས་པ་ཙམ་གང་ཡིན་པ་དེ་ནི་ཆོས་ཉིད་དེ། དེ་ནི་གནས་བརྟན་རབ་འབྱོརརད་ཀྱིས་མྱི་འགལ་བར་བསྟནད་ཏོ། ཀེ་ཨུ་ཤི་ཀ་རེག་པ་ནི་བཏགས་པ་ཙམ་མོ། བཏགས་པ་ཙམ་གང་ཡིན་པ་དེ་ནི་ཆོས་ཉིད་དེ། དེ་ནི་གནས་བརྟན་རབ་འབྱོརརད་

5 ཀྱིས་མྱི་འགལ་བར་བསྟནད་ཏོ། །ཀེ་ཨུ་ཤི་ཀ་ཚོར་བ་ནི་བཏགས་པ་ཙམ་མོ། བཏ⊙གས་པ་ཙམ་གང་ཡིན་པ་དེ་ནི་ཆོས་ཉིད་

དེ། དེ་ནི་གནས་བརྟན་རབ་འབྱོརད་ཀྱིས་མྱི་འགལ་བར་⊙བསྟནད་ཏོ། ཀེ་འུ་ཤི་ཀ་སྣེད་པ་ནི་བཏགས་པ་ཙམ་མོ། བཏགས་
པ་ཙམ་གང་ཡིན་
6 པ་དེ་ནི་ཆོས་ཉིད་དེ། དེ་ནི་གནས་བརྟན་རབ་འབྱོརད་ཀྱིས་མྱི་འགལ་བར་བསྟན⊙ད་ཏོ། ཀེ་འུ་ཤི་ཀ་ལེནད་པ་ནི་བཏགས་པ་
ཙམ་མོ། བཏགས་པ་ཙམ་གང་ཡིན་པ་དེ་ནི་⊙ཆོས་ཉིད་དེ། དེ་ནི་གནས་བརྟན་རབ་འབྱོརད་ཀྱིས་མྱི་འགལ་བར་བསྟནད་ཏོ།
7 ཀེ་འུ་ཤི་ཀ་སྲིད་པ་ནི་བཏགས་པ་ཙམ་མོ། བཏགས་པ་ཙམ་གང་ཡིན་པ་དེ་ནི་ཆོས་⊙ཉིད་དེ། དེ་ནི་གནས་བརྟན་རབ་
འབྱོརད་ཀྱིས་མྱི་འགལ་བར་བསྟནད་ཏོ། ཀེ་འུ་ཤི་ཀ་སྐྱེ་⊙བ་ནི་བཏགས་པ་ཙམ་མོ། བཏགས་པ་ཙམ་གང་ཡིན་པ་དེ་ནི་ཆོས་
ཉིད་དེ། དེ་ནི་
8 གནས་བརྟན་རབ་འབྱོརད་ཀྱིས་མྱི་འགལ་བར་བསྟནད་ཏོ། ཀེ་འུ་ཤི་ཀ་རྒ་ཤི་ནི་བཏགས་པ་ཙམ་མོ། བཏགས་པ་ཙམ་གང་
ཡིན་པ་དེ་ནི་ཆོས་ཉིད་དེ། དེ་ནི་གནས་བརྟན་རབ་འབྱོརད་ཀྱིས་མྱི་འགལ་བར་བསྟནད་ཏོ། ཀེ་འུ་ཤི་ཀ་དེ་ཅི་འི་ཕྱིར་ཞེ་
ན། ཆོས་རྣམས་ཀྱི་ཆོས་ཉིད་གང་ཡིན་
9 པ་དེ་ནི་མྱི་འགལ་རྣམ་པར་མྱི་འགལ་ལོ། གང་མྱི་འགལ་རྣམ་པར་མྱི་འགལ་བ་དེ་ནི་གནས་བརྟན་རབ་འབྱོརད་ཀྱིས་བསྟནད་
ཏེ་འགལ་བ་མྱེད་དོ། །ཀེ་འུ་ཤི་ཀ་སྦྱིན་པའི་ཕ་རོལ་ཏུ་ཕྱིནད་པ་ནི་བཏགས་པ་ཙམ་མོ། བཏགས་པ་ཙམ་གང་ཡིན་པ་དེ་ནི་
ཆོས་ཉིད་དེ། དེ་ནི་གནས་བརྟན་
10 རབ་འབྱོརད་ཀྱིས་མྱི་འགལ་བར་བསྟནད་ཏོ། ཀེ་འུ་ཤི་ཀ་ཚུལ་ཁྲིམས་ཀྱི་ཕ་རོལ་ཏུ་ཕྱིནད་པ་ནི་བཏགས་པ་ཙམ་
མོ། བཏགས་པ་ཙམ་གང་ཡིན་པ་དེ་ནི། ཆོས་ཉིད་དེ་དེ་ནི་གནས་བརྟན་རབ་འབྱོརད་ཀྱིས་མྱི་འགལ་བར་བསྟནད་ཏོ། ཀེ་འུ་
ཤི་ཀ་བཟོད་པའི་ཕ་རོལ་ཏུ་ཕྱིནད་པ་ནི་བཏྒྶ་
11 པ་ཙམ་མོ། བཏགས་པ་ཙམ་གང་ཡིན་པ་དེ་ནི་ཆོས་ཉིད་དེ། དེ་ནི་གནས་བརྟན་རབ་འབྱོརད་ཀྱིས་མྱི་འགལ་བར་བསྟནད་
ཏོ། ཀེ་འུ་ཤི་ཀ་བརྩོན་འགྲུས་ཀྱི་ཕ་རོལ་ཏུ་ཕྱིནད་པ་ནི་བཏགས་པ་ཙམ་མོ། བཏགས་པ་ཙམ་གང་ཡིན་པ་དེ་ནི་ཆོས་ཉིད་
དེ། དེ་ནི་གནས་བརྟན་རབ་འབྱོརད་

转写

正面，页码: gnyis brgya' don gsum =273

1 to | ke 'u shi ka lce 'i 'dus te reg pa ni btags pa tsam mo | btags pa tsam gang yin pa de ni chos nyid de de ni gnas brtan rab 'byord kyis myi 'gal bar bstand to | ke 'u shi ka lus kyi 'dus te reg pa ni btags pa tsam mo | btags pa tsam gang yin pa de ni chos nyid de |

2 de ni gnas brtan rab 'byord kyis myi 'gal bar bstand to | ke 'u shi ka yid kyi 'dus te reg pa ni btags pa tsam mo | btags pa tsam gang yin pa de ni chos nyid de | de ni

gnas brtan rab 'byord kyis myi 'gal bar bstand to | ke 'u shi ka de ci 'i phyir zhe na chos rnams kyi chos

3 nyid gang yin pa de ni myi 'gal rnam par myi 'gal lo | gang myi 'gal rnam par myi 'gal ba de gnas brtan rab 'byord kyis bstand te 'gal ba myed do | ke 'u shi ka myig gi 'dus te reg pa'i rkyend kyis tshor ba ni btags pa tsam mo | btags pa tsam gang yin pa de ni chos nyid de |

4 de ni gnas brtan rab 'byord kyis myi 'gal bar bstand to | ke 'u shi ka rna ba'i 'dus te reg pa'i rkyend kyis tshor ba ni btags pa tsam mo | btags pa tsam gang yin pa de ni chos nyid de | de ni gnas brtan rab 'byor kyis myi 'gal bar bstand to | ke 'u shi ka sna'i 'dus te reg pa'i

5 rkyend kyis tshor ba ni btags pa tsam mo | btags pa tsam gang yin pa de ni chos nyi⊙d de | de ni gnas brtan rab 'byord kyis myi 'gal bar bstand to || ke 'u shi ka lce'i 'du⊙s te reg pa'i rkyend kyis tshor ba ni btags pa tsam mo | btags pa tsam gang yin

6 pa de ni chos nyid de | de ni gnas brtan rab 'byord kyis myi 'gal bar bstand ⊙ to | ke 'u shi ka lus kyi 'dus te reg pa'i rkyend kyis tshor ba ni btags pa tsam mo | b⊙tags pa tsam gang yin pa de ni chos nyid de | de ni gnas brtan rab 'byord

7 kyis myi 'gal bar bstand to | ke 'u shi ka yid kyi 'dus te reg pa'i rkyend kyis ⊙ tshor ba ni btags pa tsam mo | btags pa tsam gang yin pa de ni chos nyid de | de ni gnas ⊙ brtan rab 'byord kyis myi 'gal bar bstand to | ke 'u shi ka de ci 'i phyir zhe na |

8 chos rnams kyi chos nyid gang yin pa de ni myi 'gal rnam par myi 'gal lo | gang myi 'gal rnam par myi 'gal ba de ni[1] gnas brtan rab 'byord kyis bstand te 'gal ba myed do || ke 'u shi ka sa'i khams ni btags pa tsam mo | btags pa tsam gang yin pa de ni chos nyid de | de ni

9 gnas brtan rab 'byord kyis myi 'gal bar bstand to || ke 'u shi ka chu'i khams ni btags pa tsam mo | btags pa tsam gang yin pa de ni chos nyid de | de ni gnas brtan

---

1 *de ni:* D de |.

rab 'byord kyis myi 'gal bar bstand to | ke 'u shi ka mye'i khams ni btags pa tsam mo | btags pa tsam

10 [gang] yin pa de ni chos nyid de | de ni gnas brtan rab 'byord kyis myi 'gal bar bstand to | ke 'u shi ka rlung gi khams ni btags pa tsam mo | btags pa tsam gang yin pa de ni chos nyid de | de ni gnas brtan rab 'byord kyis myi 'gal bar bstand to | ke 'u shi ka nam mkha'i

11 khams ni btags pa tsam mo | btags pa tsam gang yin pa de ni chos nyid de | de ni gnas brtan rab 'byord kyis myi 'gal bar bstand to | ke 'u shi ka rnam par shes pa 'i khams ni btags pa tsam mo | btags pa tsam gang yin pa de ni chos nyid de | de ni gnas brtan rab 'byord

背面

1 kyis myi 'gal bar bstand to | ke 'u shi ka de ci'i phyir zhe na | chos rnams kyi chos nyid gang yin pa de ni myi 'gal rnam par myi 'gal lo || gang myi 'gal rnam par myi 'gal ba de gnas brtan rab 'byord kyis bstand te 'gal ba myedo || ke'u shi ka ma rig pa ni btags pa tsam mo | btags pa tsam gang yin

2 [pa de] ni chos nyid de | de ni gnas brtan rab 'byord kyis myi 'gal bar bstand to | ke 'u shi ka 'du byed ni btags pa tsam mo | btags pa tsam gang yin pa de ni chos nyid de | de ni gnas brtan rab 'byord kyis myi 'gal bar bstand to | ke 'u shi ka rnam par shes pa ni btags pa tsam

3 mo | btags pa tsam gang yin pa de ni chos nyid de | de ni gnas brtan rab 'byord kyis myi 'gal bar bstand to | ke 'u shi ka mying dang gzugs ni btags pa tsam mo | btags pa tsam gang yin pa de ni chos nyid de | de ni gnas brtan rab 'byord kyis myi 'gal bar bstand to |

4 ke 'u shi ka skye mched drug ni btags pa tsam mo | btags pa tsam gang yin pa de ni chos nyid de | de ni gnas brtan rab 'byord kyis myi 'gal bar bstand to | ke 'u shi ka reg pa ni btags pa tsam mo | btags pa tsam gang yin pa de ni chos nyid de | de ni gnas brtan rab 'byord

5 kyis myi ’gal bar bstand to || ke ’u shi ka tshor ba ni btags pa tsam mo | bta⊙gs pa
tsam gang yin pa de ni chos nyid de | de ni gnas brtan rab ’byord kyis myi ’gal bar
⊙ bstand to | ke ’u shi ka sred pa ni btags pa tsam mo | btags pa tsam gang yin
6 pa de ni chos nyid de | de ni gnas brtan rab ’byord kyis myi ’gal bar bstan⊙d to | ke
’u shi ka lend pa ni btags pa tsam mo | btags pa tsam gang yin pa de ni ⊙ chos nyid
de | de ni gnas brtan rab ’byord kyis myi ’gal bar bstand to |
7 ke ’u shi ka srid pa ni btags pa tsam mo | btags pa tsam gang yin pa de ni chos ⊙
nyid de | de ni gnas brtan rab ’byord kyis myi ’gal bar bstand to | ke ’u shi ka skye
⊙ ba ni btags pa tsam mo | btags pa tsam gang yin pa de ni chos nyid de | de ni
8 gnas brtan rab ’byord kyis myi ’gal bar bstand to | ke ’u shi ka rga shi ni btags pa
tsam mo | btags pa tsam gang yin pa de ni chos nyid de | de ni gnas brtan rab ’byord
kyis myi ’gal bar bstand to | ke ’u shi ka de ci ’i phyir zhe na | chos rnams kyi chos
nyid gang yin
9 pa de ni myi ’gal rnam par myi ’gal lo | gang myi ’gal rnam par myi ’gal ba de ni[1]
gnas brtan rab ’byord kyis bstand te ’gal ba myed do || ke ’u shi ka sbyin pa’i pha
rold tu phyind pa ni btags pa tsam mo | btags pa tsam gang yin pa de ni chos nyid
de | de ni gnas brtan
10 rab ’byord kyis myi ’gal bar bstand to | ke ’u shi ka tshul khrims kyi pha rold tu
phyind pa ni btags pa tsam mo | btags pa tsam gang yin pa de ni | chos nyid de de ni
gnas brtan rab ’byord kyis myi ’gal bar bstand to | ke ’u shi ka bzod pa’i pha rold tu
phyind pa ni btags
11 pa tsam mo | btags pa tsam gang yin pa de ni chos nyid de | de ni gnas brtan rab
’byord kyis myi ’gal bar bstand to | ke ’u shi ka brtson ’grus kyi pha rold tu phyind
pa ni btags pa tsam mo | btags pa tsam gang yin pa de ni chos nyid de | de ni gnas
brtan rab ’byord

《大般若波罗蜜多经》(《大正藏》第 5 册，经号：220，第 473 页下栏第 9 行至

1 *de ni:* D *de* |.

第 27 行，第 474 页上栏第 3 行至第 8 行，第 474 页上栏第 21 行至第 26 行）

憍尸迦！舌界但假名，味界、舌識界及舌觸、舌觸為緣所生諸受但假名，如是假名不離法性，具壽善現不壞如是舌界等假名而說舌界等法性。所以者何？舌界等法性無壞無不壞，是故善現所說亦無壞無不壞。

憍尸迦！身界但假名，觸界、身識界及身觸、身觸為緣所生諸受但假名，如是假名不離法性，具壽善現不壞如是身界等假名而說身界等法性。所以者何？身界等法性無壞無不壞，是故善現所說亦無壞無不壞。

憍尸迦！意界但假名，法界、意識界及意觸、意觸為緣所生諸受但假名，如是假名不離法性，具壽善現不壞如是意界等假名而說意界等法性。所以者何？意界等法性無壞無不壞，是故善現所說亦無壞無不壞。

憍尸迦！地界但假名，水、火、風、空、識界但假名，如是假名不離法性，具壽善現不壞如是地界等假名而說地界等法性。所以者何？地界等法性無壞無不壞，是故善現所說亦無壞無不壞。

憍尸迦！無明但假名，行、識、名色、六處、觸、受、愛、取、有、生、老死愁歎苦憂惱但假名，如是假名不離法性，具壽善現不壞如是無明等假名而說無明等法性。所以者何？無明等法性無壞無不壞，是故善現所說亦無壞無不壞。

憍尸迦！布施波羅蜜多但假名，淨戒、安忍、精進、靜慮、般若波羅蜜多但假名，如是假名不離法性，具壽善現不壞如是布施波羅蜜多等假名而說布施波羅蜜多等法性。所以者何？布施波羅蜜多等法性無壞無不壞，是故善現所說亦無壞無不壞。

BH2—14（3）

原文

正面，页码：གཉིས་བརྒྱའ་དོན་བཞི =274

1 ༄::ཀྱིས་སྐྱི་འགལ་བར་བསྟནད་ཏོ། ཀོ་ཨུ་ཤི་ཀ་བསམ་གཏན་གྱི་ཕ་རོལ་དུ་ཕྱིནད་པ་ནི་བཏགས་པ་ཙམ་མོ། བཏགས་པ་
ཙམ་གང་ཡིན་པ་དེ་ནི་ཆོས་ཉིད་དེ། དེ་ནི་གནས་བརྟན་རབ་འབྱོརད་ཀྱིས་སྐྱི་འགལ་བར་བསྟནད་ཏོ། ཀོ་ཨུ་ཤི་ཀ་ཤེས་རབ་ཀྱི་
ཕ་རོལ་དུ་ཕྱིནད་པ་ནི་བཏགས་

2 པ་ཙམ་མོ། བཏགས་པ་ཙམ་གང་ཡིན་པ་དེ་ནི་ཆོས་ཉིད་དེ། དེ་ནི་གནས་བརྟན་རབ་འབྱོརད་ཀྱིས་སྐྱི་འགལ་བར་བསྟནད་

༄། ། །ཀྱིས་མྱི་འགལ་བར་བསྔནད་ཏོ། །ཀཽ་ཤི་ཀ་བསམ་གཏན་གྱི་ཕ་རོལ་ཏུ་ཕྱིན་པ་ནི་བཏགས་པ་ཙམ་མོ། །བཏགས་པ་ཙམ་
པ་ཙམ་མོ། །བཏགས་པ་ཙམ་གང་ཡིན་པ་དེ་ནི་ཆོས་ཉིད་དེ། །དེ་ནི་གནས་བརྟན་རབ་འབྱོར་གྱིས་མྱི་འགལ་བར་བསྔནད་ཏོ། །
པ་དེ་ནི་གནས་བརྟན་རབ་འབྱོར་གྱིས་བསྔནད་ཏེ་འགལ་བ་བསྐྱེད་དོ། །ཀཽ་ཤི་ཀ་ནང་སྟོང་པ་ཉིད་ནི་བཏགས་པ་ཙམ་མོ། །བཏགས
བཏགས་པ་ཙམ་མོ། །བཏགས་པ་ཙམ་གང་ཡིན་པ་དེ་ནི་ཆོས་ཉིད་དེ་དེ་ནི་གནས་བརྟན་རབ་འབྱོར་གྱིས་མྱི་འགལ་བར་བསྔ
ཀྱིས་མྱི་འགལ་བར་བསྔནད་ཏོ། །ཀཽ་ཤི་ཀ་སྟོང་པ་ཉིད་སྟོང་པ་ཉིད་ནི་བཏགས་ ཙམ་མོ། །བཏགས་པ་ཙམ་གང་ཡིན་
ཙམ་མོ། །བཏགས་པ་ཙམ་གང་ཡིན་པ་དེ་ནི་ཆོས་ཉིད་དེ། །དེ་ནི་གནས་བརྟན་རབ་ འབྱོར་གྱིས་མྱི་འགལ་བར་བསྔན
རབ་འབྱོར་གྱིས་མྱི་འགལ་བར་བསྔནད་ཏོ། །ཀཽ་ཤི་ཀ་འདུས་བྱས་སྟོང་པ་ཉིད་ ནི་བཏགས་པ་ཙམ་མོ། །བཏགས་པ་ཙ
ནི་བཏགས་པ་ཙམ་མོ། །བཏགས་པ་ཙམ་གང་ཡིན་པ་དེ་ནི་ཆོས་ཉིད་དེ། །དེ་ནི་གནས་བརྟན་རབ་འབྱོར་གྱིས་མྱི་འགལ་བར་བསྔནད་ཏོ། །
མྱི་འགལ་བར་བསྔནད་ཏོ། ། །ཀཽ་ཤི་ཀ་ཐོག་མ་དང་ཐ་མ་མྱེད་པ་སྟོང་པ་ཉིད་ནི་བཏགས་པ་ཙམ་མོ། །བཏགས་པ་ཙམ་གང་ཡིན་པ་དེ་ནི
མ་གང་ཡིན་པ་དེ་ནི་ཆོས་ཉིད་དེ། །དེ་ནི་གནས་བརྟན་རབ་འབྱོར་གྱིས་མྱི་འགལ་བར་བསྔནད་ཏོ། །ཀཽ་ཤི་ཀ་རང་བཞིན་སྟོང་པ་ཉིད་ནི
ཐམས་ཅད་སྟོང་པ་ཉིད་ནི་བཏགས་པ་ཙམ་མོ། །བཏགས་པ་ཙམ་གང་ཡིན་པ་དེ་ནི་ཆོས་ཉིད་དེ། །དེ་ནི་གནས་བརྟན་རབ་འབྱོར་གྱིས་མྱི་འག

BH2–14（3）正面

བརྟན་རབ་འབྱོར་གྱིས་མྱི་འགལ་བར་བསྔནད་ཏོ། །ཀཽ་ཤི་ཀ་མྱི་དམྱིགས་པ་སྟོང་པ་ཉིད་ནི་བཏགས་པ་ཙམ་མོ། །བཏགས་པ་ཙམ་གང་ཡི
།ས་པ་ཙམ་གང་ཡིན་པ་དེ་ནི་ཆོས་ཉིད་དེ། །དེ་ནི་གནས་བརྟན་རབ་འབྱོར་གྱིས་མྱི་འགལ་བར་བསྔནད་ཏོ། །ཀཽ་ཤི་ཀ་ངོ་བོ་ཉིད་དེ་སྟོང
ཀ་དངོས་པོ་མྱེད་པའི་ངོ་བོ་ཉིད་སྟོང་པ་ཉིད་ནི་བཏགས་པ་ཙམ་མོ། །བཏགས་པ་ཙམ་གང་ཡིན་པ་དེ་ནི་ཆོས་ཉིད་དེ། །དེ་ནི་གནས་བརྟན་རབ
གང་མྱི་འགལ་རྣམ་པར་མྱི་འགལ་བ་དེ་གནས་བརྟན་རབ་འབྱོར་གྱིས་བསྔནད་ཏེ་འགལ་བ་བསྐྱེད་དོ། །ཀཽ་ཤི་ཀ་དྲན་པ་ཉེ་བར
ཏོ། །ཀཽ་ཤི་ཀ་ཡང་དག་པར་སྤོང་བ་རྣམས་ནི་བཏགས་པ་ཙམ་མོ། །བཏགས་པ་ཙམ་ གང་ཡིན་པ་དེ་ནི་ཆོས་ཉིད་དེ། །དེ་ནི
པ་ཙམ་གང་ཡིན་པ་དེ་ནི་ཆོས་ཉིད་དེ། །དེ་ནི་གནས་བརྟན་རབ་འབྱོར་གྱིས་མྱི་འ གལ་བར་བསྔནད་ཏོ། །ཀཽ་ཤི་ཀ་
འགལ་བར་བསྔནད་ཏོ། །ཀཽ་ཤི་ཀ་སྟོབས་རྣམས་ནི་བཏགས་པ་ཙམ་མོ། །བཏགས ས་པ་ཙམ་གང་ཡིན་པ་དེ་ནི་ཆོས་ཉི
བཏགས་པ་ཙམ་གང་ཡིན་པ་དེ་ནི་ཆོས་ཉིད་དེ། །དེ་ནི་གནས་བརྟན་རབ་འབྱོར་གྱིས་མྱི་འགལ་བར་བསྔནད་ཏོ། །ཀཽ་ཤི་ཀ་འཕགས
བསྔནད་ཏོ། །ཀཽ་ཤི་ཀ་འཕགས་པའི་བདེན་པ་རྣམས་ནི་བཏགས་པ་ཙམ་མོ། །བཏགས་པ་ཙམ་གང་ཡིན་པ་དེ་ནི་ཆོས་ཉིད་དེ། །དེ་ནི་
ཆོས་ཉིད་དེ། །དེ་ནི་གནས་བརྟན་རབ་འབྱོར་གྱིས་མྱི་འགལ་བར་བསྔནད་ཏོ། །ཀཽ་ཤི་ཀ་ཚད་མྱེད་པ་རྣམས་ནི་བཏགས་པ་ཙམ་མོ། །བ
འཇུག་པ་རྣམས་ནི་བཏགས་པ་ཙམ་མོ། །བཏགས་པ་ཙམ་གང་ཡིན་པ་དེ་ནི་ཆོས་ཉིད་དེ། །དེ་ནི་གནས་བརྟན་རབ་འབྱོར་གྱིས་མྱི་འ

BH2–14（3）背面

ནི་ཆོས་ཉིད་དེ། །དེ་ནི་གནས་བརྟན་རབ་འབྱོར་དང་ཀྱིས་མི་འགལ་བར་བསྙནད་ཏོ། །ཀཽ་ཤི་ཀ་ཤེས་རབ་ཀྱི་ཕ་རོལ་ཏུ་ཕྱིན་པ་ནི་བཏགས
འབྱུར་ཞིང་། །ཆོས་རྣམས་ཀྱི་ཆོས་ཉིད་གང་ཡིན་པ་དེ་ནི་མི་འགལ་རྣམ་པར་མི་འགལ་ལོ། །གང་མི་འགལ་རྣམ་པར་མི་འགལ
ང་ཡིན་པ་དེ་ནི་ཆོས་ཉིད་དེ། །དེ་ནི་གནས་བརྟན་རབ་འབྱོར་དང་ཀྱིས་མི་འགལ་བར་བསྙནད་ཏོ། །ཀཽ་ཤི་ཀ་ཕྱི་སྟོང་པ་ཉིད་ནི
ཀ་ཕྱི་ནང་སྟོང་པ་ཉིད་ནི་བཏགས་པ་ཙམ་མོ། །བཏགས་པ་ཙམ་གང་ཡིན་པ་དེ་ནི་ཆོས་ཉིད་དེ། །དེ་ནི་གནས་བརྟན་རབ་འབྱོར་དང་
ད་དེ་དེ་ནི་གནས་བརྟན་རབ་འབྱོར་དང་ ཀྱིས་མི་འགལ་བར་བསྙནད་ཏོ། །ཀཽ་ཤི་ཀ་ཆེན་པོ་སྟོང་པ་ཉིད་ནི་བཏགས་པ་
།དོན་དམ་པ་སྟོང་པ་ཉིད་ནི་བཏག ས་པ་ཙམ་མོ། །བཏགས་པ་ཙམ་གང་ཡིན་པ་དེ་ནི་ཆོས་ཉིད་དེ། །དེ་ནི་གནས་བརྟན
།དེ་ནི་ཆོས་ཉིད་དེ་དེ་ནི་གནས་བརྟན རབ་འབྱོར་དང་ཀྱིས་མི་འགལ་བར་བསྙནད་ཏོ། །ཀཽ་ཤི་ཀ་འདུས་མ་བྱས་སྟོང་པ་ཉིད་
ལས་འདས་པ་སྟོང་པ་ཉིད་ནི་བཏགས་པ་ཙམ་མོ། །བཏགས་པ་ཙམ་གང་ཡིན་པ་དེ་ནི་ཆོས་ཉིད་དེ། །དེ་ནི་གནས་བརྟན་རབ་འབྱོར་དང་ཀྱིས
ནི་གནས་བརྟན་རབ་འབྱོར་དང་ཀྱིས་མི་འགལ་བར་བསྙནད་ཏོ། །ཀཽ་ཤི་ཀ་དོར་བ་མེད་པ་སྟོང་པ་ཉིད་ནི་བཏགས་པ་ཙམ་མོ། །བཏགས
མོ། །བཏགས་པ་ཙམ་གང་ཡིན་པ་དེ་ནི་ཆོས་ཉིད་དེ། །དེ་ནི་གནས་བརྟན་རབ་འབྱོར་དང་ཀྱིས་མི་འགལ་བར་བསྙནད་ཏོ། །ཀཽ་ཤི་ཀ་ཆོས
ད་ཏོ། །ཀཽ་ཤི་ཀ་རང་གི་མཚན་ཉིད་སྟོང་པ་ཉིད་ནི་བཏགས་པ་ཙམ་མོ། །བཏགས་པ་ཙམ་གང་ཡིན་པ་དེ་ནི་ཆོས་ཉིད་དེ། །དེ་ནི་གནས

ཉིད་དེ། །དེ་ནི་གནས་བརྟན་རབ་འབྱོར་དང་ཀྱིས་མི་འགལ་བར་བསྙནད་ཏོ། །ཀཽ་ཤི་ཀ་དངོས་པོ་མེད་པ་སྟོང་པ་ཉིད་ནི་བཏགས་པ་ཙམ་མོ། །
ས་པ་ཙམ་མོ། །བཏགས་པ་ཙམ་གང་ཡིན་པ་དེ་ནི་ཆོས་ཉིད་དེ། །དེ་ནི་གནས་བརྟན་རབ་འབྱོར་དང་ཀྱིས་མི་འགལ་བར་བསྙནད་ཏོ། །ཀཽ་ཤི
འགལ་བར་བསྙནད་ཏོ། །ཀཽ་ཤི་ཀ་དེ་ཙོ་འབྱུར་ཞིང་། །ཆོས་རྣམས་ཀྱི་ཆོས་ཉིད་གང་ཡིན་པ་དེ་ནི་མི་འགལ་རྣམ་པར་མི་འགལ་ལོ། །
ས་ནི་བཏགས་པ་ཙམ་མོ། །བཏགས་པ་ཙམ་གང་ཡིན་པ་དེ་ནི་ཆོས་ཉིད་དེ། །དེ་ནི་གནས་བརྟན་རབ་འབྱོར་དང་ཀྱིས་མི་འགལ་བར་བསྙནད
བ་འབྱོར་དང་ཀྱིས་མི་འགལ་བར་བསྙ ནད་ཏོ། །ཀཽ་ཤི་ཀ་རྫུ་འཕྲུལ་གྱི་རྐང་པ་རྣམས་ནི་བཏགས་པ་ཙམ་མོ། །བཏགས
ད་བཏགས་པ་ཙམ་མོ། །བཏགས་པ ཙམ་གང་ཡིན་པ་དེ་ནི་ཆོས་ཉིད་དེ། །དེ་ནི་གནས་བརྟན་རབ་འབྱོར་དང་ཀྱིས་མི
བརྟན་རབ་འབྱོར་དང་ཀྱིས་མི་འགལ བར་བསྙནད་ཏོ། །ཀཽ་ཤི་ཀ་བྱང་ཆུབ་ཀྱི་ཡན་ལག་རྣམས་ནི་བཏགས་པ་ཙམ་མོ། །
ལག་བརྒྱད་པ་ནི་བཏགས་པ་ཙམ་མོ། །བཏགས་པ་ཙམ་གང་ཡིན་པ་དེ་ནི་ཆོས་ཉིད་དེ། །དེ་ནི་གནས་བརྟན་རབ་འབྱོར་དང་ཀྱིས་མི་འགལ་བར
འབྱོར་དང་ཀྱིས་མི་འགལ་བར་བསྙནད་ཏོ། །ཀཽ་ཤི་ཀ་བསམ་གཏན་རྣམས་ནི་བཏགས་པ་ཙམ་མོ། །བཏགས་པ་ཙམ་གང་ཡིན་པ་དེ་ནི
ང་ཡིན་པ་དེ་ནི་ཆོས་ཉིད་དེ། །དེ་ནི་གནས་བརྟན་རབ་འབྱོར་དང་ཀྱིས་མི་འགལ་བར་བསྙནད་ཏོ། །ཀཽ་ཤི་ཀ་གཟུགས་མེད་པའི་སྙོམས་པར
ད་ཏོ། །ཀཽ་ཤི་ཀ་རྣམ་པར་ཐར་པ་བརྒྱད་ནི་བཏགས་པ་ཙམ་མོ། །བཏགས་པ་ཙམ་གང་ཡིན་པ་དེ་ནི་ཆོས་ཉིད་དེ། །དེ་ནི་གནས་བརྟན

ཏོ། །ཀེ་ཙུ་ཤི་ཀ་དེ་ཅིའི་ཕྱིར་ཞེ་ན། ཆོས་རྣམས་ཀྱི་ཆོས་ཉིད་གང་ཡིན་པ་དེ་ནི་སྐྱི་འགག་རྣམ་པར་སྐྱི་འགག་ལོ། གང་སྐྱི་འགག་རྣམ་པར་སྐྱི་འགག

3 བ་དེ་ནི་གནས་བརྟན་རབ་འབྱོར་ཀྱིས་བསྟད་ཏེ་འགག་པ་མྱེད་དོ། ཀེ་ཙུ་ཤི་ཀ་ནང་སྟོང་པ་ཉིད་ནི་བཏགས་པ་ཙམ་མོ། བཏགས་པ་ཙམ་གང་ཡིན་པ་དེ་ནི་ཆོས་ཉིད་དེ། དེ་ནི་གནས་བརྟན་རབ་འབྱོར་ཀྱིས་སྐྱི་འགག་བར་བསྟད་དོ། ཀེ་ཙུ་ཤི་ཀ་ཕྱི་སྟོང་པ་ཉིད་ནི་

4 བཏགས་པ་ཙམ་མོ། བཏགས་པ་ཙམ་གང་ཡིན་པ་དེ་ནི་ཆོས་ཉིད་དེ་དེ་ནི་གནས་བརྟན་རབ་འབྱོར་ཀྱིས་སྐྱི་འགག་བར་བསྟད་དོ། ཀེ་ཙུ་ཤི་ཀ་ཕྱི་ནང་སྟོང་པ་ཉིད་ནི་བཏགས་པ་ཙམ་མོ། བཏགས་པ་ཙམ་གང་ཡིན་པ་དེ་ནི་ཆོས་ཉིད་དེ། དེ་ནི་གནས་བརྟན་རབ་འབྱོར་

5 ཀྱིས་སྐྱི་འགག་བར་བསྟད་དོ། ཀེ་ཙུ་ཤི་ཀ་སྟོང་པ་ཉིད་སྟོང་པ་ཉིད་ནི་བཏགས་⊙ཙམ་མོ། བཏགས་པ་ཙམ་གང་ཡིན་པ་དེ་ནི་ཆོས་ཉིད་དེ་དེ་ནི་གནས་བརྟན་རབ་འབྱོར་⊙ཀྱིས་སྐྱི་འགག་བར་བསྟད་དོ། ཀེ་ཙུ་ཤི་ཀ་ཆེན་པོ་སྟོང་པ་ཉིད་ནི་བཏགས་པ་

6 ཙམ་མོ། བཏགས་པ་ཙམ་གང་ཡིན་པ་དེ་ནི་ཆོས་ཉིད་དེ། དེ་ནི་གནས་བརྟན་རབ་⊙འབྱོར་ཀྱིས་སྐྱི་འགག་བར་བསྟད་དོ། ཀེ་ཙུ་ཤི་ཀ་དོན་དམ་པ་སྟོང་པ་ཉིད་ནི་བཏག⊙ས་པ་ཙམ་མོ། བཏགས་པ་ཙམ་གང་ཡིན་པ་དེ་ནི་ཆོས་ཉིད་དེ། དེ་ནི་གནས་བརྟན་

7 རབ་འབྱོར་ཀྱིས་སྐྱི་འགག་བར་བསྟད་དོ། ཀེ་ཙུ་ཤི་ཀ་འདུས་བྱས་སྟོང་པ་ཉིད་⊙ནི་བཏགས་པ་ཙམ་མོ། གཏགས་པ་ཙམ་གང་ཡིན་པ་དེ་ནི་ཆོས་ཉིད་དེ་དེ་ནི་གནས་བརྟན་⊙རབ་འབྱོར་ཀྱིས་སྐྱི་འགག་བར་བསྟད་དོ། ཀེ་ཙུ་ཤི་ཀ་འདུས་མ་བྱས་སྟོང་པ་ཉིད་

8 ནི་བཏགས་པ་ཙམ་མོ། བཏགས་པ་ཙམ་གང་ཡིན་པ་དེ་ནི་ཆོས་ཉིད་དེ། དེ་ནི་གནས་བརྟན་རབ་འབྱོར་ཀྱིས་སྐྱི་འགག་བར་བསྟད་དོ། ཀེ་ཙུ་ཤི་ཀ་མཐའ་ལས་འདས་པ་སྟོང་པ་ཉིད་ནི་བཏགས་པ་ཙམ་མོ། བཏགས་པ་ཙམ་གང་ཡིན་པ་དེ་ནི་ཆོས་ཉིད་དེ། དེ་ནི་གནས་བརྟན་རབ་འབྱོར་ཀྱིས་

9 སྐྱི་འགག་བར་བསྟད་དོ། །ཀེ་ཙུ་ཤི་ཀ་ཐོག་མ་དང་ཐ་མ་མྱེད་པ་སྟོང་པ་ཉིད་ནི་བཏགས་པ་ཙམ་མོ། བཏགས་པ་ཙམ་གང་ཡིན་པ་དེ་ནི་ཆོས་ཉིད་དེ། དེ་ནི་གནས་བརྟན་རབ་འབྱོར་ཀྱིས་སྐྱི་འགག་བར་བསྟད་དོ། ཀེ་ཙུ་ཤི་ཀ་དོར་བ་མྱེད་པ་སྟོང་པ་ཉིད་ནི་བཏགས་པ་ཙམ་མོ། བཏགས

10 [པ་]ཙམ་གང་ཡིན་པ་དེ་ནི་ཆོས་ཉིད་དེ། དེ་ནི་གནས་བརྟན་རབ་འབྱོར་ཀྱིས་སྐྱི་འགག་བར་བསྟད་དོ། ཀེ་ཙུ་ཤི་ཀ་རང་བཞིན་སྟོང་པ་ཉིད་ནི་བཏགས་པ་ཙམ་མོ། བཏགས་པ་ཙམ་གང་ཡིན་པ་དེ་ནི་ཆོས་ཉིད་དེ། དེ་ནི་གནས་བརྟན་རབ་འབྱོར་ཀྱིས་སྐྱི་འགག་བར་བསྟད་དོ། ཀེ་ཙུ་ཤི་ཀ་ཆོས་

11 ཐམས་ཅད་སྟོང་པ་ཉིད་ནི་བཏགས་པ་ཙམ་མོ། བཏགས་པ་ཙམ་གང་ཡིན་པ་དེ་ནི་ཆོས་ཉིད་དེ། དེ་ནི་གནས་བརྟན་རབ་འབྱོར་ཀྱིས་སྐྱི་འགག་བར་བསྟད་དོ། ཀེ་ཙུ་ཤི་ཀ་རང་གི་མཚན་ཉིད་སྟོང་པ་ཉིད་ནི་བཏགས་པ་ཙམ་མོ། བཏགས་པ་ཙམ

གང་ཡིན་པ་དེ་ནི་ཆོས་ཉིད་དེ། དེ་ནི་གནས་

背面

1 བརྟན་རབ་འབྱོར་རད་ཀྱིས་མྱི་འགལ་བར་བསྟནད་ཏོ། ཀེ་ཨུ་ཤི་ཀ་མྱི་དམྱིགས་པ་སྟོང་པ་ཉིད་ནི་བཏགས་པ་ཙམ་མོ། བཏགས་པ་ཙམ་གང་ཡིན་པ་དེ་ནི་ཆོས་ཉིད་དེ། དེ་ནི་གནས་བརྟན་རབ་འབྱོར་རད་ཀྱིས་མྱི་འགལ་བར་བསྟནད་ཏོ། ཀེ་ཨུ་ཤི་ཀ་དངོས་པོ་མྱེད་པ་སྟོང་པ་ཉིད་ནི་བཏགས་པ་ཙམ་མོ།

2 [བཏག]ས་པ་ཙམ་གང་ཡིན་པ་དེ་ནི་ཆོས་ཉིད་དེ། དེ་ནི་གནས་བརྟན་རབ་འབྱོར་རད་ཀྱིས་མྱི་འགལ་བར་བསྟནད་ཏོ། ཀེ་ཨུ་ཤི་ཀ་ངོ་བོ་ཉིད་སྟོང་པ་ཉིད་ནི་བཏགས་པ་ཙམ་མོ། བཏགས་པ་ཙམ་གང་ཡིན་པ་དེ་ནི་ཆོས་ཉིད་དེ། དེ་ནི་གནས་བརྟན་རབ་འབྱོར་རད་ཀྱིས་མྱི་འགལ་བར་བསྟནད་ཏོ། ཀེ་ཨུ་ཤི་

3 ཀ་དངོས་པོ་མྱེད་པ་འི་ངོ་བོ་ཉིད་སྟོང་པ་ཉིད་ནི་བཏགས་པ་ཙམ་མོ། བཏགས་པ་ཙམ་གང་ཡིན་པ་དེ་ནི་ཆོས་ཉིད་དེ། དེ་ནི་གནས་བརྟན་རབ་འབྱོར་རད་ཀྱིས་མྱི་འགལ་བར་བསྟནད་ཏོ། ཀེ་ཨུ་ཤི་ཀ་དེ་ཅི་འི་ཕྱིར་ཞེ་ན། ཆོས་རྣམས་ཀྱི་ཆོས་ཉིད་གང་ཡིན་པ་དེ་ནི་མྱི་འགལ་རྣམ་པར་མྱི་འགལ་ལོ།

4 གང་མྱི་འགལ་རྣམ་པར་མྱི་འགལ་བ་དེ་གནས་བརྟན་རབ་འབྱོར་རད་ཀྱིས་བསྟནད་ཏེ་འགལ་བ་མྱེད་དོ། །ཀེ་ཨུ་ཤི་ཀ་དྲན་པ་ཉེ་བར་གཞག་པ་རྣམས་ནི་བཏགས་པ་ཙམ་མོ། བཏགས་པ་ཙམ་གང་ཡིན་པ་དེ་ནི་ཆོས་ཉིད་དེ། དེ་ནི་གནས་བརྟན་རབ་འབྱོར་རད་ཀྱིས་མྱི་འགལ་བར་བསྟྣ

5 ཏོ། ཀེ་ཨུ་ཤི་ཀ་ཡང་དག་པར་སྤོང་བ་རྣམས་ནི་བཏགས་པ་ཙམ་མོ། བཏགས་པ་ཙམ་⊙གང་ཡིན་པ་དེ་ནི་ཆོས་ཉིད་དེ། དེ་ནི་གནས་བརྟན་རབ་འབྱོར་རད་ཀྱིས་མྱི་འགལ་བར་བསྟ⊙ནད་ཏོ། ཀེ་ཨུ་ཤི་ཀ་རྫུ་འཕྲུལ་གྱི་རྐང་པ་རྣམས་ནི་བཏགས་པ་ཙམ་མོ། བཏགས་

6 པ་ཙམ་གང་ཡིན་པ་དེ་ནི་ཆོས་ཉིད་དེ། དེ་ནི་གནས་བརྟན་རབ་འབྱོར་རད་ཀྱིས་མྱི་འ⊙གལ་བར་བསྟནད་ཏོ། ཀེ་ཨུ་ཤི་ཀ་དབང་པོ་རྣམས་ནི་བཏགས་པ་ཙམ་མོ། བཏགས་པ་⊙ཙམ་གང་ཡིན་པ་དེ་ནི་ཆོས་ཉིད་དེ། དེ་ནི་གནས་བརྟན་རབ་འབྱོར་རད་ཀྱིས་མྱི་

7 འགལ་བར་བསྟནད་ཏོ། ཀེ་ཨུ་ཤི་ཀ་སྟོབས་རྣམས་ནི་བཏགས་པ་ཙམ་མོ། བཏག⊙ས་པ་ཙམ་གང་ཡིན་པ་དེ་ནི་ཆོས་ཉིད་དེ། དེ་ནི་གནས་བརྟན་རབ་འབྱོར་རད་ཀྱིས་མྱི་འགལ་⊙བར་བསྟནད་ཏོ། ཀེ་ཨུ་ཤི་ཀ་བྱང་ཆུབ་ཀྱི་ཡན་ལག་རྣམས་ནི་བཏགས་པ་ཙམ་མོ།

8 བཏགས་པ་ཙམ་གང་ཡིན་པ་དེ་ནི་ཆོས་ཉིད་དེ། དེ་ནི་གནས་བརྟན་རབ་འབྱོར་རད་ཀྱིས་མྱི་འགལ་བར་བསྟནད་ཏོ། ཀེ་ཨུ་ཤི་ཀ་འཕགས་པའི་ལམ་ཡན་ལག་བརྒྱད་པ་ནི་བཏགས་པ་ཙམ་མོ། བཏགས་པ་ཙམ་གང་ཡིན་པ་དེ་ནི་ཆོས་ཉིད་དེ། དེ་ནི་གནས་བརྟན་རབ་འབྱོར་རད་ཀྱིས་མྱི་འགལ་བཱ

9 བསྟནད་ཏོ། །ཀེ་ཨུ་ཤི་ཀ་འཕགས་པའི་བདེན་པ་རྣམས་ནི་བཏགས་པ་ཙམ་མོ། བཏགས་པ་ཙམ་གང་ཡིན་པ་དེ་ནི་ཆོས་ཉིད་དེ། དེ་ནི་གནས་བརྟན་རབ་འབྱོར་རད་ཀྱིས་མྱི་འགལ་བར་བསྟནད་ཏོ། ཀེ་ཨུ་ཤི་ཀ་བསམ་གཏན་རྣམས་ནི་བཏགས་པ་ཙམ་

མོ། བཏགས་པ་ཙམ་གང་ཡིན་པ་དེ་ནི་

10 ཆོས་ཉིད་དེ། དེ་ནི་གནས་བརྟན་རབ་འབྱོརད་ཀྱིས་མྱི་འགལ་བར་བསྟནད་ཏོ། ཀེ་འུ་ཤི་ཀ་ཚད་མྱེད་པ་རྣམས་ནི་བཏགས་པ་ཙམ་མོ། བཏགས་པ་ཙམ་གང་ཡིན་པ་དེ་ནི་ཆོས་ཉིད་དེ། དེ་ནི་གནས་བརྟན་རབ་འབྱོརད་ཀྱིས་མྱི་འགལ་བར་བསྟནད་ཏོ། ཀེ་འུ་ཤི་ཀ་གཟུགས་མྱེད་པའི་སྙོམས་པར་

11 འདུག་པ་རྣམས་ནི་བཏགས་པ་ཙམ་མོ། བཏགས་པ་ཙམ་གང་ཡིན་པ་དེ་ནི་ཆོས་ཉིད་དེ། དེ་ནི་གནས་བརྟན་རབ་འབྱོརད་ཀྱིས་མྱི་འགལ་བར་བསྟནད་ཏོ། ཀེ་འུ་ཤི་ཀ་རྣམ་པར་ཐརད་པ་བརྒྱད་ནི་བཏགས་པ་ཙམ་མོ། བཏགས་པ་ཙམ་གང་ཡིན་པ་དེ་ནི་ཆོས་ཉིད་དེ། དེ་ནི་གནས་བརྟན་

转写

正面，页码: gnyis brgya’ don bzhi =274

1 kyis myi ’gal bar bstand to | ke ’u shi ka bsam gtan gyi pha rold tu phyind pa ni btags pa tsam mo | btags pa tsam gang yin pa de ni chos nyid de | de ni gnas brtan rab ’byord kyis myi ’gal bar bstand to | ke ’u shi ka shes rab kyi pha rold tu phyind pa ni btags

2 pa tsam mo | btags pa tsam gang yin pa de ni chos nyid de | de ni gnas brtan rab ’byord kyis myi ’gal bar bstand to || ke ’u shi ka de ci’i phyir zhe na | chos rnams kyi chos nyid gang yin pa de ni myi ’gal rnam par myi ’gal lo | gang myi ’gal rnam par myi ’gal

3 ba de ni[1] gnas brtan rab ’byord kyis bstand te ’gal ba myed do | ke ’u shi ka nang stong pa nyid ni btags pa tsam mo | btags pa tsam gang yin pa de ni chos nyid de | de ni gnas brtan rab ’byord kyis myi ’gal bar bstand to | ke ’u shi ka phyi stong pa nyid ni

4 btags pa tsam mo | btags pa tsam gang yin pa de ni chos nyid de de ni gnas brtan rab ’byord kyis myi ’gal bar bstand to | ke ’u shi ka phyi nang stong pa nyid ni btags pa tsam mo | btags pa tsam gang yin pa de ni chos nyid de | de ni gnas brtan rab ’byord

---

1 *de ni:* D *de* |.

5 kyis myi 'gal bar bstand to | ke 'u shi ka stong pa nyid stong pa nyid ni btags[1] ⊙
tsam mo | btags pa tsam gang yin pa de ni chos nyid de de ni gnas brtan rab 'byord
⊙ kyis myi 'gal bar bstand to | ke 'u shi ka chen po stong pa nyid ni btags pa
6 tsam mo | btags pa tsam gang yin pa de ni chos nyid de | de ni gnas brtan rab
⊙ 'byord kyis myi 'gal bar bstand to | ke 'u shi ka don dam pa stong pa nyid ni
btag⊙s pa tsam mo | btags pa tsam gang yin pa de ni chos nyid de | de ni gnas brtan
7 rab 'byord kyis myi 'gal bar bstand to | ke 'u shi ka 'dus byas stong pa nyid ⊙ ni
btags pa tsam mo | gtags[2] pa tsam gang yin pa de ni chos nyid de de ni gnas brtan
⊙ rab 'byord kyis myi 'gal bar bstand to | ke 'u shi ka 'dus ma byas stong pa nyid
8 ni btags pa tsam mo | btags pa tsam gang yin pa de ni chos nyid de | de ni gnas
brtan rab 'byord kyis myi 'gal bar bstand to | ke 'u shi ka mtha' las 'das pa stong pa
nyid ni btags pa tsam mo | btags pa tsam gang yin pa de ni chos nyid de | de ni gnas
brtan rab 'byord kyis
9 myi 'gal bar bstand to || ke 'u shi ka thog ma dang tha ma myed pa stong pa nyid ni
btags pa tsam mo | btags pa tsam gang yin pa de ni chos nyid de | de ni gnas brtan
rab 'byord kyis myi 'gal bar bstand to | ke 'u shi ka dor ba myed pa stong pa nyid
ni btags pa tsam mo | btags
10 [pa] tsam gang yin pa de ni chos nyid de | de ni gnas brtan rab 'byord kyis myi 'gal
bar bstand to | ke 'u shi ka rang bzhin stong pa nyid ni btags pa tsam mo | btags pa
tsam gang yin pa de ni chos nyid de | de ni gnas brtan rab 'byord kyis myi 'gal bar
bstand to | ke 'u shi ka chos
11 thams cad stong pa nyid ni btags pa tsam mo | btags pa tsam gang yin pa de ni chos
nyid de | de ni gnas brtan rab 'byord kyis myi 'gal bar bstand to | ke 'u shi ka rang
gi mtshan nyid stong pa nyid ni btags pa tsam mo | btags pa tsam gang yin pa de ni
chos nyid de | de ni gnas

---

1 *btags:* D *btags pa.*

2 *gtags:* D *btags.*

背面

1 brtan rab 'byord kyis myi 'gal bar bstand to | ke 'u shi ka myi dmyigs pa stong pa nyid ni btags pa tsam mo | btags pa tsam gang yin pa de ni chos nyid de | de ni gnas brtan rab 'byord kyis myi 'gal bar bstand to | ke 'u shi ka dngos po myed pa stong pa nyid ni btags pa tsam mo |

2 [btag]s pa tsam gang yin pa de ni chos nyid de | de ni gnas brtan rab 'byord kyis myi 'gal bar bstand to | ke 'u shi ka ngo bo nyid stong pa nyid ni btags pa tsam mo | btags pa tsam gang yin pa de ni chos nyid de | de ni gnas brtan rab 'byord kyis myi 'gal bar bstand to | ke 'u shi

3 ka dngos po myed pa 'i ngo bo nyid stong pa nyid ni btags pa tsam mo | btags pa tsam gang yin pa de ni chos nyid de | de ni gnas brtan rab 'byord kyis myi 'gal bar bstand to | ke 'u shi ka de ci 'i phyir zhe na | chos rnams kyi chos nyid gang yin pa de ni myi 'gal rnam par myi 'gal lo |

4 gang myi 'gal rnam par myi 'gal ba de gnas brtan rab 'byord kyis bstand te 'gal ba myed do || ke 'u shi ka dran pa nye bar gzhag pa rnams ni btags pa tsam mo | btags pa tsam gang yin pa de ni chos nyid de | de ni gnas brtan rab 'byord kyis myi 'gal bar bstand

5 to | ke 'u shi ka yang dag par spong ba rnams ni btags pa tsam mo | btags pa tsam ⊙ gang yin pa de ni chos nyid de | de ni gnas brtan rab 'byord kyis myi 'gal bar bsta⊙nd to | ke 'u shi ka rdzu 'phrul gyi rkang pa rnams ni btags pa tsam mo | btags

6 pa tsam gang yin pa de ni chos nyid de | de ni gnas brtan rab 'byord kyis myi '⊙gal bar bstand to | ke 'u shi ka dbang po rnams ni btags pa tsam mo | btags pa ⊙ tsam gang yin pa de ni chos nyid de | de ni gnas brtan rab 'byord kyis myi

7 'gal bar bstand to | ke 'u shi ka stobs rnams ni btags pa tsam mo | btag⊙s pa tsam gang yin pa de ni chos nyid de | de ni gnas brtan rab 'byord kyis myi 'gal ⊙ bar bstand to | ke 'u shi ka byang chub kyi yan lag rnams ni btags pa tsam mo |

8 btags pa tsam gang yin pa de ni chos nyid de | de ni gnas brtan rab 'byord kyis myi

’gal bar bstand to | ke ’u shi ka ’phags pa’i lam yan lag brgyad pa ni btags pa tsam mo | btags pa tsam gang yin pa de ni chos nyid de | de ni gnas brtan rab ’byord kyis myi ’gal bar

9 bstand to || ke ’u shi ka ’phags pa’i bden pa rnams ni btags pa tsam mo | btags pa tsam gang yin pa de ni chos nyid de | de ni gnas brtan rab ’byord kyis myi ’gal bar bstand to | ke ’u shi ka bsam gtan rnams ni btags pa tsam mo | btags pa tsam gang yin pa de ni

10 chos nyid de | de ni gnas brtan rab ’byord kyis myi ’gal bar bstand to | ke ’u shi ka tshad myed pa rnams ni btags pa tsam mo | btags pa tsam gang yin pa de ni chos nyid de | de ni gnas brtan rab ’byord kyis myi ’gal bar bstand to | ke ’u shi ka gzugs myed pa’i snyoms par

11 ’jug pa rnams ni btags pa tsam mo | btags pa tsam gang yin pa de ni chos nyid de | de ni gnas brtan rab ’byord kyis myi ’gal bar bstand to | ke ’u shi ka rnam par thard pa brgyad ni btags pa tsam mo | btags pa tsam gang yin pa de ni chos nyid de | de ni gnas brtan

《大般若波罗蜜多经》(《大正藏》第5册，经号：220，第474页上栏第8行至第15行，第474页中栏第6行至第12行，第473页下栏第27行至第474页上栏第3行，第474页上栏第26行至中栏第2行)

憍尸迦！内空但假名，外空、内外空、空空、大空、勝義空、有為空、無為空、畢竟空、無際空、散空、無變異空、本性空、自相空、共相空、一切法空、不可得空、無性空、自性空、無性自性空但假名，如是假名不離法性，具壽善現不壞如是內空等假名而說內空等法性。所以者何？內空等法性無壞無不壞，是故善現所說亦無壞無不壞。

憍尸迦！四念住但假名，四正斷、四神足、五根、五力、七等覺支、八聖道支但假名，如是假名不離法性，具壽善現不壞如是四念住等假名而說四念住等法性。所以者何？四念住等法性無壞無不壞，是故善現所說亦無壞無不壞。

憍尸迦！苦聖諦但假名，集、滅、道聖諦但假名，如是假名不離法性，具壽善

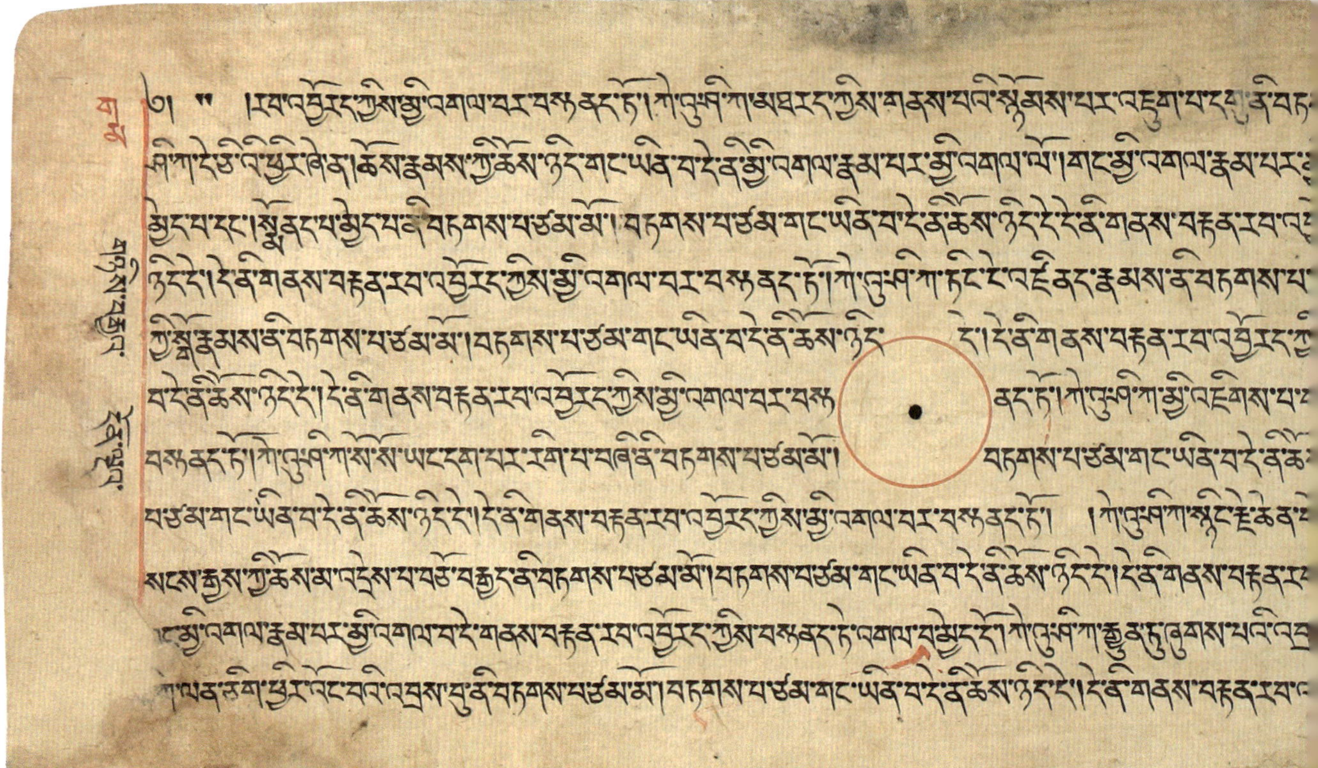

BH2–14（4）正面

現不壞如是苦聖諦等假名而說苦聖諦等法性。所以者何？苦聖諦等法性無壞無不壞，是故善現所說亦無壞無不壞。

憍尸迦！四靜慮但假名，四無量、四無色定但假名，如是假名不離法性，具壽善現不壞如是四靜慮等假名而說四靜慮等法性。所以者何？四靜慮等法性無壞無不壞，是故善現所說亦無壞無不壞。

BH2–14（4）

原文

正面，页码：གཉིས་བརྒྱའ་དོན་ལྔའ =275

1 ༄༅།།རབ་འབྱོརད་ཀྱིས་མི་འགལ་བར་བསྟནད་ཏོ། ཀེ་ཨུ་ཤི་ཀ་མཐརད་ཀྱིས་གནས་པའི་སྙོམས་པར་འཇུག་པ་དགུ་ནི་
བཏགས་པ་ཙམ་མོ། གཏགས་པ་ཙམ་གང་ཡིན་པ་དེ་ནི་ཆོས་ཉིད་དེ། དེ་ནི་གནས་བརྟན་རབ་འབྱོརད་ཀྱིས་མི་འགལ་བར་

བསྙད་དོ། །ཀེ་ཨུ་
2 ཤི་ཀ་དེ་ཅི་འི་ཕྱིར་ཞེ་ན། ཆོས་རྣམས་ཀྱི་ཆོས་ཉིད་གང་ཡིན་པ་དེ་ནི་སྐྱེ་འགག་རྣམ་པར་སྐྱེ་འགག་ལོ། གང་སྐྱེ་འགག་རྣམ་
པར་སྐྱེ་འགག་བ་དེ་གནས་བརྟན་རབ་འབྱོརད་ཀྱིས་བསྙད་ཏེ་འགག་བ་མྱེད་དོ། ཀེ་ཨུ་ཤི་ཀ་རྣམ་པར་ཐརད་པའི་སྒོ་སྟོང་པ་
ཉིད་དང་། མཚན་མ་
3 མྱེད་པ་དང་། སྨོནད་པ་མྱེད་པ་ནི་བཏགས་པ་ཙམ་མོ། བཏགས་པ་ཙམ་གང་ཡིན་པ་དེ་ནི་ཆོས་ཉིད་དེ་དེ་ནི་གནས་བརྟན་རབ་
འབྱོརད་ཀྱིས་སྐྱེ་འགག་བར་བསྙད་དོ། ཀེ་ཨུ་ཤི་ཀ་མངོན་པར་ཤེས་པ་རྣམས་ནི་བཏགས་པ་ཙམ་མོ། བཏགས་པ་ཙམ་གང་
ཡིན་པ་དེ་ནི་ཆོས་
4 ཉིད་དེ། དེ་ནི་གནས་བརྟན་རབ་འབྱོརད་ཀྱིས་སྐྱེ་འགག་བར་བསྙད་དོ། ཀེ་ཨུ་ཤི་ཀ་ཏིང་ངེ་འཛིནད་རྣམས་ནི་བཏགས་པ་
ཙམ་མོ། བཏགས་པ་ཙམ་གང་ཡིན་པ་དེ་ནི་ཆོས་ཉིད་དེ། དེ་ནི་གནས་བརྟན་རབ་འབྱོརད་ཀྱིས་སྐྱེ་འགག་བར་བསྙད་དོ། ཀེ་
ཨུ་ཤི་ཀ་གཟུངས་
5 ཀྱི་སྒོ་རྣམས་ནི་བཏགས་པ་ཙམ་མོ། བཏགས་པ་ཙམ་གང་ཡིན་པ་དེ་ནི་ཆོས་ཉིད་⊙དེ། དེ་ནི་གནས་བརྟན་རབ་འབྱོརད་ཀྱིས་སྐྱེ་
འགག་བར་བསྙད་དོ། ཀེ་ཨུ་ཤི་ཀ་དེ་བཞིན་⊙གཤེགས་པའི་སྟོབས་བཅུ་ནི་བཏགས་པ་ཙམ་མོ། བཏགས་པ་ཙམ་གང་ཡིན་

BH2-14（4）背面

6 པ་དེ་ནི་ཆོས་ཉིད་དེ། དེ་ནི་གནས་བརྟན་རབ་འབྱོརདད་ཀྱིས་མྱི་འགལ་བར་བསྣ⊙ནད་ཏོ། ཀེ་ཨུ་ཤི་ཀ་མྱི་འཇིགས་པ་བཞི་ནི་
བཏགས་པ་ཙམ་མོ། བཏགས་པ་ཙམ་གང་⊙ཡིན་པ་དེ་ནི་ཆོས་ཉིད་དེ། དེ་ནི་གནས་བརྟན་རབ་འབྱོརདད་ཀྱིས་མྱི་འགལ་བར་
7 བསྣནད་ཏོ། ཀེ་ཨུ་ཤི་ཀ་སོ་སོ་ཡང་དག་པར་རིག་པ་བཞི་ནི་བཏགས་པ་ཙམ་མོ། ⊙བཏགས་པ་ཙམ་གང་ཡིན་པ་དེ་ནི་ཆོས་
ཉིད་དེ། དེ་ནི་གནས་བརྟན་རབ་འབྱོརདད་ཀྱིས་མྱི་⊙འགལ་བར་བསྣནད་ཏོ། ཀེ་ཨུ་ཤི་ཀ་བྱམས་པ་ཆེན་པོ་ནི་བཏགས་པ་ཙམ་
མོ། བཏགས་
8 པ་ཙམ་གང་ཡིན་པ་དེ་ནི་ཆོས་ཉིད་དེ། དེ་ནི་གནས་བརྟན་རབ་འབྱོརདད་ཀྱིས་མྱི་འགལ་བར་བསྣནད་ཏོ། །ཀེ་ཨུ་ཤི་ཀ་སྙིང་
རྗེ་ཆེན་པོ་ནི་བཏགས་པ་ཙམ་མོ། བཏགས་པ་ཙམ་གང་ཡིན་པ་དེ་ནི་ཆོས་ཉིད་དེ། དེ་ནི་གནས་བརྟན་རབ་འབྱོརདད་ཀྱིས་མྱི་
འགལ་བར་བསྣནད་ཏོ། ཀེ་ཨུ་ཤི་ཀ་
9 སངས་རྒྱས་ཀྱི་ཆོས་མ་འདྲེས་པ་བཅོ་བརྒྱད་ནི་བཏགས་པ་ཙམ་མོ། བཏགས་པ་ཙམ་གང་ཡིན་པ་དེ་ནི་ཆོས་ཉིད་དེ། དེ་ནི་
གནས་བརྟན་རབ་འབྱོརདད་ཀྱིས་མྱི་འགལ་བར་བསྣནད་ཏོ། ཀེ་ཨུ་ཤི་ཀ་དེ་ཅི་འི་ཕྱིར་ཞེ་ན། ཆོས་རྣམས་ཀྱི་ཆོས་ཉིད་གང་ཡིན་
པ་དེ་ནི་མྱི་འགལ་རྣམ་པར་《མྱི་》འགལ་ལོ།
10 [ག]ང་མྱི་འགལ་རྣམ་པར་མྱི་འགལ་བ་དེ་གནས་བརྟན་རབ་འབྱོརདད་ཀྱིས་བསྣནད་ཏེ་འགལ་བ་མྱེད་དོ། ཀེ་ཨུ་ཤི་ཀ་རྒྱུན་དུ་

ཞུགས་པའི་འབྲས་བུ་ནི་བཏགས་པ་ཙམ་མོ། བཏགས་པ་ཙམ་གང་ཡིན་པ་དེ་ནི་ཆོས་ཉིད་དེ། དེ་ནི་གནས་བརྟན་རབ་འབྱོར་དང་
ཀྱིས་སྐྱི་འགལ་བར་བསྙད་དོ། ཀེ་ཨུ་
11 [ཤི་]ཀ་ལན་ཅིག་ཕྱིར་འོང་བའི་འབྲས་བུ་ནི་བཏགས་པ་ཙམ་མོ། བཏགས་པ་ཙམ་གང་ཡིན་པ་དེ་ནི་ཆོས་ཉིད་དེ། དེ་ནི་གནས་
བརྟན་རབ་འབྱོར་དང་ཀྱིས་སྐྱི་འགལ་བར་བསྙད་དོ། ཀེ་ཨུ་ཤི་ཀ་ཕྱིར་སྐྱི་འོང་བའི་འབྲས་བུ་ནི་བཏགས་པ་ཙམ་མོ། བཏགས་པ་
ཙམ་གང་ཡིན་པ་དེ་ནི་ཆོས་ཉིད་དེ།

背面

1 [དེ་ནི་]གནས་བརྟན་རབ་འབྱོར་དང་ཀྱིས་སྐྱི་འགལ་བར་བསྙད་དོ། ཀེ་ཨུ་ཤི་ཀ་དགྲ་བཅོམ་པ་ཉིད་ནི་བཏགས་པ་ཙམ་
མོ། བཏགས་པ་ཙམ་གང་ཡིན་པ་དེ་ནི་ཆོས་ཉིད་དེ། དེ་ནི་གནས་བརྟན་རབ་འབྱོར་དང་ཀྱིས་སྐྱི་འགལ་བར་བསྙད་དོ། ཀེ་ཨུ་
ཤི་ཀ་རང་བྱུང་ཆུབ་ནི་བཏགས་པ་ཙམ་མོ། བཏགས་པ་ཙམ་
2 [གང་]ཡིན་པ་དེ་ནི་ཆོས་ཉིད་དེ། དེ་ནི་གནས་བརྟན་རབ་འབྱོར་དང་ཀྱིས་སྐྱི་འགལ་བར་བསྙད་དོ། ཀེ་ཨུ་ཤི་ཀ་ལམ་གྱི་རྣམ་
པ་ཤེས་པ་ཉིད་ནི་བཏགས་པ་ཙམ་མོ། བཏགས་པ་ཙམ་གང་ཡིན་པ་དེ་ནི་ཆོས་ཉིད་དེ། དེ་ནི་གནས་བརྟན་རབ་འབྱོར་དང་ཀྱིས་

སྐྱེ་འགག་བར་བསྟནད་ཏོ། ཀེ་ཨུ་ཤི་ཀ་རྣམ་པ་

3 ཐམས་ཅད་མཁྱེནད་པ་ཉིད་ནི་བཏགས་པ་ཙམ་མོ། བཏགས་པ་ཙམ་གང་ཡིན་པ་དེ་ནི་ཆོས་ཉིད་དེ། དེ་ནི་གནས་བརྟན་རབ་འབྱོརད་ཀྱིས་སྐྱེ་འགག་བར་བསྟནད་ཏོ། ཀེ་ཨུ་ཤི་ཀ་དེ་ཅི་འི་ཕྱིར་ཞེ་ན། ཆོས་རྣམས་ཀྱི་ཆོས་ཉིད་གང་ཡིན་པ་དེ་ནི་སྐྱེ་འགག་རྣམ་པར་སྐྱེ་འགག་ལོ། གང་སྐྱེ་འགག་རྣཾ་

4 པར་སྐྱེ་འགག་བ་དེ་གནས་བརྟན་རབ་འབྱོརད་ཀྱིས་བསྟནད་ཏེ་འགག་བ་མྱེད་དོ། ཀེ་ཨུ་ཤི་ཀ་རྒྱུནད་ཏུ་ཞུགས་པ་ནི་བཏགས་པ་ཙམ་མོ། བཏགས་པ་ཙམ་གང་ཡིན་པ་དེ་ནི་ཆོས་ཉིད་དེ། དེ་ནི་གནས་བརྟན་རབ་འབྱོརད་ཀྱིས་སྐྱེ་འགག་བར་བསྟནད་ཏོ། ཀེ་ཨུ་ཤི་ཀ་ལན་ཅིག་ཕྱིར་འོང་བ་ནི་བཏགས་

5 པ་ཙམ་མོ། བཏགས་པ་ཙམ་གང་ཡིན་པ་དེ་ནི་ཆོས་ཉིད་དེ། དེ་ནི་གནས་བརྟན་རབ་འ⊙བྱོརད་ཀྱིས་སྐྱེ་འགག་བར་བསྟནད་ཏོ། ཀེ་ཨུ་ཤི་ཀ་ཕྱིར་མྱི་འོང་བ་ནི་བཏགས་པ་ཙམ་མོ། བཏ⊙གས་པ་ཙམ་གང་ཡིན་པ་དེ་ནི་ཆོས་ཉིད་དེ། དེ་ནི་གནས་བརྟན་རབ་འབྱོརད་ཀྱིས་སྐྱེ་

6 འགག་བར་བསྟནད་ཏོ། ཀེ་ཨུ་ཤི་ཀ་དགྲ་བཅོམ་པ་ཉིད་ནི་བཏགས་པ་ཙམ་མོ། བཏ⊙གས་པ་ཙམ་གང་ཡིན་པ་དེ་ནི་ཆོས་ཉིད་དེ། དེ་ནི་གནས་བརྟན་རབ་འབྱོརད་ཀྱིས་སྐྱེ་འག⊙ལ་བར་བསྟནད་ཏོ། ཀེ་ཨུ་ཤི་ཀ་རང་སངས་རྒྱས་ནི་བཏགས་པ་ཙམ་མོ། བཏགས་

7 པ་ཙམ་གང་ཡིན་པ་དེ་ནི་ཆོས་ཉིད་དེ། དེ་ནི་གནས་བརྟན་རབ་འབྱོརད་ཀྱིས་སྐྱེ་འག⊙ལ་བར་བསྟནད་ཏོ། །ཀེ་ཨུ་ཤི་ཀ་བྱང་ཆུབ་སེམས་དཔའ་ནི་བཏགས་པ་ཙམ་མོ། བཏག⊙ས་པ་ཙམ་གང་ཡིན་པ་དེ་ནི་ཆོས་ཉིད་དེ། དེ་ནི་གནས་བརྟན་རབ་འབྱོརད་ཀྱིས་སྐྱེ་

8 འགག་བར་བསྟནད་ཏོ། ཀེ་ཨུ་ཤི་ཀ་ཡང་དག་པར་རྫོགས་པའི་སངས་རྒྱས་ནི་བཏགས་པ་ཙམ་མོ། བཏགས་པ་ཙམ་གང་ཡིན་པ་དེ་ནི་ཆོས་ཉིད་དེ། དེ་ནི་གནས་བརྟན་རབ་འབྱོརད་ཀྱིས་སྐྱེ་འགག་བར་བསྟནད་ཏོ། ཀེ་ཨུ་ཤི་ཀ་དེ་ཅི་འི་ཕྱིར་ཞེ་ན་ཆོས་རྣམས་ཀྱི་ཆོས་ཉིད་གང་ཡིན་པ་དེ་ནི་སྐྱེ་

9 འགག་རྣམ་པར་སྐྱེ་འགག་ལོ། གང་སྐྱེ་འགག་རྣམ་པར་སྐྱེ་འགག་བ་དེ་གནས་བརྟན་རབ་འབྱོརད་ཀྱིས་བསྟནད་ཏེ་འགག་བ་མྱེད་དོ། ཀེ་ཨུ་ཤི་ཀ་དེ་ལྟར་ན་གནས་བརྟན་རབ་འབྱོརད་ནི། བཏགས་པ་དང་ཡང་འགག་བར་སྐྱི་བྱེད་ལ་ཆོས་ཉིད་ཀྱང་སྟོནད་ཏོ། །

10 || ||ཤེས་རབ་ཀྱི་ཕ་རོལད་ཏུ་ཕྱིནད་པ་སྟོང་ཕྲག་བརྒྱ་པ། །དུམ་བུ་གསུམ་པ། །བམ་པོ་སུམ་བཅུ་རྩ་གཉིས་པའོ|| ||

11 དེ་ནས་ཚེ་དང་ལྡན་པ་རབ་འབྱོརད་ཀྱིས་ལྷའི་དབང་པོ་བརྒྱ་བྱིན་ལ་འདི་སྐད་ཅེས་སྨྲས་སོ། ཀེ་ཨུ་ཤི་ཀ་དེ་དེ་བཞིན་ནོ། དེ་དེ་བཞིན་ཏེ། བཅོམ་ལྡན་འདས་ཀྱིས་ཆོས་ཐམས་ཅད་ནི་བཏགས་པ་ཙམ་དུ་བསྟནད་ཏོ། །ཀེ་ཨུ་ཤི་ཀ་བྱང་ཆུབ་སེམས་དཔའ་སེམས་དཔའ་ཆེན་པོས་ཀྱང་དེ་ལྟར་

转写

正面，页码: gnyis brgya' don lnga' =275

1 rab 'byord kyis myi 'gal bar bstand to | ke 'u shi ka mthard kyis gnas pa'i snyoms par 'jug pa dgu ni btags pa tsam mo | gtags[1] pa tsam gang yin pa de ni chos nyid de | de ni gnas brtan rab 'byord kyis myi 'gal bar bstand to || ke 'u

2 shi ka de ci 'i phyir zhe na | chos rnams kyi chos nyid gang yin pa de ni myi 'gal rnam par myi 'gal lo | gang myi 'gal rnam par myi 'gal ba de gnas brtan rab 'byord kyis bstand te 'gal ba myed do | ke 'u shi ka rnam par thard pa'i sgo stong pa nyid dang | mtshan ma

3 myed pa dang | smond pa myed pa ni btags pa tsam mo | btags pa tsam gang yin pa de ni chos nyid de de ni gnas brtan rab 'byord kyis myi 'gal bar bstand to | ke 'u shi ka mngon par shes pa rnams ni btags pa tsam mo | btags pa tsam gang yin pa de ni chos

4 nyid de | de ni gnas brtan rab 'byord kyis myi 'gal bar bstand to | ke 'u shi ka ting nge 'dzind rnams ni btags pa tsam mo | btags pa tsam gang yin pa de ni chos nyid de | de ni gnas brtan rab 'byord kyis myi 'gal bar bstand to | ke 'u shi ka gzungs

5 kyi sgo rnams ni btags pa tsam mo | btags pa tsam gang yin pa de ni chos nyid ⊙ de | de ni gnas brtan rab 'byord kyis myi 'gal bar bstand to | ke 'u shi ka de bzhin ⊙ gshegs pa'i stobs bcu ni btags pa tsam mo | btags pa tsam gang yin

6 pa de ni chos nyid de | de ni gnas brtan rab 'byord kyis myi 'gal bar bsta⊙nd to | ke 'u shi ka myi 'jigs pa bzhi ni btags pa tsam mo | btags pa tsam gang ⊙ yin pa de ni chos nyid de | de ni gnas brtan rab 'byord kyis myi 'gal bar

7 bstand to | ke 'u shi ka so so yang dag par rig pa bzhi ni btags pa tsam mo | ⊙ btags pa tsam gang yin pa de ni chos nyid de | de ni gnas brtan rab 'byord kyis myi ⊙ 'gal bar bstand to | ke 'u shi ka byams pa chen po ni btags pa tsam mo | btags

8 pa tsam gang yin pa de ni chos nyid de | de ni gnas brtan rab 'byord kyis myi 'gal bar bstand to || ke 'u shi ka snying rje chen po ni btags pa tsam mo | btags pa tsam

1 *gtags:* D *btags.*

gang yin pa de ni chos nyid de | de ni gnas brtan rab ’byord kyis myi ’gal bar bstand to | ke ’u shi ka

9 sangs rgyas kyi chos ma ’dres pa bco brgyad[1] ni btags pa tsam mo | btags pa tsam gang yin pa de ni chos nyid de | de ni gnas brtan rab ’byord kyis myi ’gal bar bstand to | ke ’u shi ka de ci ’i phyir zhe na | chos rnams kyi chos nyid gang yin pa de ni myi ’gal rnam par《myi》 ’gal lo |

10 [ga]ng myi ’gal rnam par myi ’gal ba de gnas brtan rab ’byord kyis bstand te ’gal ba myed do | ke ’u shi ka rgyun tu zhugs pa’i ’bras bu ni btags pa tsam mo | btags pa tsam gang yin pa de ni chos nyid de | de ni gnas brtan rab ’byord kyis myi ’gal bar bstand to | ke ’u

11 [shi] ka lan cig phyir ’ong ba’i ’bras bu ni btags pa tsam mo | btags pa tsam gang yin pa de ni chos nyid de | de ni gnas brtan rab ’byord kyis myi ’gal bar bstand to | ke ’u shi ka phyir myi ’ong ba’i ’bras bu ni btags pa tsam mo | btags pa tsam gang yin pa de ni chos nyid de |

背面

1 [de ni] gnas brtan rab ’byord kyis myi ’gal bar bstand to | ke ’u shi ka dgra bcom pa nyid ni btags pa tsam mo | btags pa tsam gang yin pa de ni chos nyid de | de ni gnas brtan rab ’byord kyis myi ’gal bar bstand to | ke ’u shi ka rang byang chub ni btags pa tsam mo | btags pa tsam

2 [gang] yin pa de ni chos nyid de | de ni gnas brtan rab ’byord kyis myi ’gal bar bstand to | ke ’u shi ka lam gyi rnam pa shes pa nyid ni btags pa tsam mo | btags pa tsam gang yin pa de ni chos nyid de | de ni gnas brtan rab ’byord kyis myi ’gal bar bstand to | ke ’u shi ka rnam pa

3 thams cad mkhyend pa nyid ni btags pa tsam mo | btags pa tsam gang yin pa de ni chos nyid de | de ni gnas brtan rab ’byord kyis myi ’gal bar bstand to | ke ’u shi ka de ci ’i phyir zhe na | chos rnams kyi chos nyid gang yin pa de ni myi ’gal rnam par

1 *bco brgyad:* D *bcwo brgyad.*

myi ’gal lo | gang myi ’gal rnaṃ
4 par myi ’gal ba de[1] gnas brtan rab ’byord kyis bstand te ’gal ba myed do | ke ’u shi
ka rgyund tu zhugs pa ni btags pa tsam mo | btags pa tsam gang yin pa de ni chos
nyid de | de ni gnas brtan rab ’byord kyis myi ’gal bar bstand to | ke ’u shi ka lan
cig phyir ’ong ba ni btags
5 pa tsam mo | btags pa tsam gang yin pa de ni chos nyid de | de ni gnas brtan rab
’⊙byord kyis myi ’gal bar bstand to | ke ’u shi ka phyir myi ’ong ba ni btags pa
tsam mo | bta⊙gs pa tsam gang yin pa de ni chos nyid de | de ni gnas brtan rab
’byord kyis myi
6 ’gal bar bstand to | ke ’u shi ka dgra bcom pa nyid[2] ni btags pa tsam mo | bta⊙gs
pa tsam gang yin pa de ni chos nyid de | de ni gnas brtan rab ’byord kyis myi ’ga⊙l
bar bstand to | ke ’u shi ka rang sangs rgyas ni btags pa tsam mo | btags
7 pa tsam gang yin pa de ni chos nyid de | de ni gnas brtan rab ’byord kyis myi ’ga⊙l
bar bstand to || ke ’u shi ka byang chub sems dpa’ ni btags pa tsam mo | btag⊙s pa
tsam gang yin pa de ni chos nyid de | de ni gnas brtan rab ’byord kyis myi
8 ’gal bar bstand to | ke ’u shi ka yang dag par rdzogs pa’i sangs rgyas ni btags pa
tsam mo | btags pa tsam gang yin pa de ni chos nyid de | de ni gnas brtan rab ’byord
kyis myi ’gal bar bstand to | ke ’u shi ka de ci ’i phyir zhe na chos rnams kyi chos
nyid gang yin pa de ni myi
9 ’gal rnam par myi ’gal lo | gang myi ’gal rnam par myi ’gal ba de gnas brtan rab
’byord kyis bstand te ’gal ba myed do | ke ’u shi ka de ltar na gnas brtan rab ’byord
ni | btags pa dang yang ’gal bar myi byed la chos nyid kyang stond to ||
10 || || shes rab kyi pha rold tu phyind pa stong phrag brgya pa || dum bu gsum pa ||
bam po sum bcu rtsa gnyis pa’o[3] || ||
11 de nas tshe dang ldan pa rab ’byord kyis lha’i dbang po brgya byin la ’di skad ces

1 *de:* D *de ni.*

2 *dgra bcom pa nyid:* D *dgra bcom pa.*

3 *dum bu gsum pa || bam po sum bcu rtsa gnyis pa’o:* D *bam po lnga pa.*

smras so | ke ’u shi ka de de bzhin no | de de bzhin te | bcom ldan ’das kyis[1] chos thams cad ni btags pa tsam du bstand to || ke ’u shi ka byang chub sems dpa’ sems dpa’ chen pos kyang de ltar

《大般若波罗蜜多经》(《大正藏》第 5 册，经号：220，第 474 页中栏第 2 行至第 20 行，第 474 页下栏第 6 行至第 11 行，第 474 页中栏第 20 行至第 26 行，第 474 页下栏第 11 行至第 475 页上栏第 14 行)

憍尸迦！八解脫但假名，八勝處、九次第定、十遍處但假名，如是假名不離法性，具壽善現不壞如是八解脫等假名而說八解脫等法性。所以者何？八解脫等法性無壞無不壞，是故善現所說亦無壞無不壞。

憍尸迦！空解脫門但假名，無相、無願解脫門但假名，如是假名不離法性，具壽善現不壞如是空解脫門等假名而說空解脫門等法性。所以者何？空解脫門等法性無壞無不壞，是故善現所說亦無壞無不壞。

憍尸迦！五眼但假名，六神通但假名，如是假名不離法性，具壽善現不壞如是五眼等假名而說五眼等法性。所以者何？五眼等法性無壞無不壞，是故善現所說亦無壞無不壞。

憍尸迦！一切陀羅尼門但假名，一切三摩地門但假名，如是假名不離法性，具壽善現不壞如是一切陀羅尼門等假名而說一切陀羅尼門等法性。所以者何？一切陀羅尼門等法性無壞無不壞，是故善現所說亦無壞無不壞。

憍尸迦！佛十力但假名，四無所畏、四無礙解、大慈、大悲、大喜、大捨、十八佛不共法但假名，如是假名不離法性，具壽善現不壞如是佛十力等假名而說佛十力等法性。所以者何？佛十力等法性無壞無不壞，是故善現所說亦無壞無不壞。

憍尸迦！預流但假名，一來、不還、阿羅漢但假名，如是假名不離法性，具壽善現不壞如是預流等假名而說預流等法性。所以者何？預流等法性無壞無不壞，是故善現所說亦無壞無不壞。

憍尸迦！預流向預流果但假名，一來向一來果、不還向不還果、阿羅漢向阿羅漢果但假名，如是假名不離法性，具壽善現不壞如是預流向預流果等假名而說預流向預流果等法性。所以者何？預流向預流果等法性無壞無不壞，是故善現所說亦無壞無

1 *kyis:* D *kyis kyang.*

不壞。

憍尸迦！獨覺但假名，獨覺向獨覺果但假名，如是假名不離法性，具壽善現不壞如是獨覺等假名而說獨覺等法性。所以者何？獨覺等法性無壞無不壞，是故善現所說亦無壞無不壞。

憍尸迦！菩薩摩訶薩但假名，三藐三佛陀但假名，如是假名不離法性，具壽善現不壞如是菩薩摩訶薩等假名而說菩薩摩訶薩等法性。所以者何？菩薩摩訶薩等法性無壞無不壞，是故善現所說亦無壞無不壞。

憍尸迦！菩薩摩訶薩法但假名，無上正等菩提但假名，如是假名不離法性，具壽善現不壞如是菩薩摩訶薩法等假名而說菩薩摩訶薩法等法性。所以者何？菩薩摩訶薩法等法性無壞無不壞，是故善現所說亦無壞無不壞。

憍尸迦！聲聞乘但假名，獨覺乘、無上乘但假名，如是假名不離法性，具壽善現不壞如是聲聞乘等假名而說聲聞乘等法性。所以者何？聲聞乘等法性無壞無不壞，是故善現所說亦無壞無不壞。

憍尸迦！具壽善現於如是法不壞假名而說法性。"

具壽善現語帝釋言："憍尸迦！如是！如是！如佛所說，諸所有法無非假名

BH2-14（5）

原文

正面，页码：གཉིས་བརྒྱའ་དོན་དྲུག= 276

1 ༄༅།།ཆོས་ཐམས་ཅད་བཏགས་པ་ཙམ་དུ་རིག་པར་བྱས་ཏེ། ཤེས་རབ་ཀྱི་ཕ་རོལ་ཏུ་ཕྱིན་པ་ལ་བསླབ་པར་བྱའོ། །ཀེ་ཨུ་ཤི་ཀ་
བྱང་ཆུབ་སེམས་དཔའ་སེམས་དཔའ་ཆེན་པོ་དེ་ལྟར་སློབ་པ་ནི་གཟུགས་ལ་མི་སློབ་སྟེ། དེ་ཅིའི་ཕྱིར་ཞེ་ན་འདི་ལྟར་དེས་གང་
ལ་བསླབ་པར་བྱ་བའི་གཟུགས་དེ་ཡང་

2 དག་པར་རྗེས་སུ་མི་མཐོང་ངོ་། ཚོར་བ་ལ་མི་སློབ་སྟེ། དེ་ཅིའི་ཕྱིར་ཞེ་ན། འདི་ལྟར་དེས་གང་ལ་བསླབ་པར་བྱ་བའི་ཚོར་བ་
དེ་ཡང་དག་པར་རྗེས་སུ་མི་མཐོང་ངོ་། འདུ་ཤེས་ལ་མི་སློབ་སྟེ་དེ་ཅིའི་ཕྱིར་ཞེ་ན། འདི་ལྟར་དེས་གང་ལ་བསླབ་པར་བྱ་བའི་
འདུ་ཤེས་དེ་ཡང་དག་པར་རྗེས་སུ་མི་མཐོང་ངོ་། འདུ་

3 བྱེད་ལ་མི་སློབ་སྟེ། དེ་ཅིའི་ཕྱིར་ཞེ་ན། འདི་ལྟར་དེས་གང་ལ་བསླབ་པར་བྱ་བའི་འདུ་བྱེད་དེ་ཡང་དག་པར་རྗེས་སུ་མི་མཐོང་
ངོ་། རྣམ་པར་ཤེས་པ་ལ་མི་སློབ་སྟེ། དེ་ཅིའི་ཕྱིར་ཞེ་ན། འདི་ལྟར་དེས་གང་ལ་བསླབ་པར་བྱ་བའི་རྣམ་པར་ཤེས་པ་དེ་ཡང་

BH2–14（5）正面

དག་པར་རྗེས་སུ་མྱི་མཐོང་ངོ་། །བྱང་ཆུབ་སེམས་

4 དཔའ་སེམས་དཔའ་ཆེན་པོ་དེ་ལྟར་སློབ་པ་ནི། མྱིག་ལ་མྱི་སློབ་སྟེ། དེ་ཅིའི་ཕྱིར་ཞེ་ན། འདི་ལྟར་དེས་གང་ལ་བསླབ་པར་བྱ
བའི་མྱིག་དེ་ཡང་དག་པར་རྗེས་སུ་མྱི་མཐོང་ངོ་། རྣ་བ་ལ་མྱི་སློབ་སྟེ། དེ་ཅིའི་ཕྱིར་ཞེ་ན། འདི་ལྟར་དེས་གང་ལ་བསླབ་པར་
བྱ་བའི་རྣ་བ་དེ་ཡང་དག་པར་རྗེས་སུ་མྱི་མཐོང་ངོ་།

5 སྣ་ལ་མྱི་སློབ་སྟེ། དེ་ཅིའི་ཕྱིར་ཞེ་ན། འདི་ལྟར་དེས་གང་ལ་བསླབ་པར་བྱ་བའི་སྣ་དེ་ཡང་ ⊙ དག་པར་རྗེས་སུ་མྱི་མཐོང་ངོ་། ལྗེ་
ལ་མྱི་སློབ་སྟེ། དེ་ཅིའི་ཕྱིར་ཞེ་ན། འདི་ལྟར་དེས་གང་ལ་བསླབ་པར་ ⊙ བྱ་བའི་ལྗེ་དེ་ཡང་དག་པར་རྗེས་སུ་མྱི་མཐོང་ངོ་། ལུས་
ལ་མྱི་སློབ་སྟེ། དེ་ཅིའི་ཕྱིར་ཞེ་ན།

6 འདི་ལྟར་དེས་གང་ལ་བསླབ་པར་བྱ་བའི་ལུས་དེ་ཡང་དག་པར་རྗེས་སུ་མྱི་མཐོང་ངོ་ ⊙། ཡིད་ལ་མྱི་སློབ་སྟེ། དེ་ཅིའི་ཕྱིར་ཞེ་
ན། འདི་ལྟར་དེས་གང་ལ་བསླབ་པར་བྱ་བའི་ཡིད་དེ་ཡ ⊙ ང་དག་པར་རྗེས་སུ་མྱི་མཐོང་ངོ་། བྱང་ཆུབ་སེམས་དཔའ་སེམས་
དཔའ་ཆེན་པོ་དེ་

7 ལྟར་སློབ་པ་ནི་གཟུགས་ལ་མྱི་སློབ་སྟེ། དེ་ཅིའི་ཕྱིར་ཞེ་ན། འདི་ལྟར་དེས་གང་ལ་བསླ ⊙ བ་པར་བྱ་བའི་གཟུགས་དེ་ཡང་དག

པར་རྫེས་སུ་སྨྲི་མཐོང་ངོ་། སྒྲ་ལ་སྨྲི་སློབ་སྟེ། དེ་ཅིའི་ཕྱིར་⊙ཞེ་ན། འདི་ལྟར་དེས་གང་ལ་བསླབ་པར་བྱ་བའི་སྒྲ་དེ་ཡང་དག་
པར་རྫེས་སུ་སྨྲི་མཐོང་
8 ངོ་། དྲི་ལ་སྨྲི་སློབ་སྟེ། དེ་ཅིའི་ཕྱིར་ཞེ་ན། འདི་ལྟར་དེས་གང་ལ་བསླབ་པར་བྱ་བའི་དྲི་དེ་ཡང་དག་པར་རྫེས་སུ་སྨྲི་མཐོང་
ངོ་། རོ་ལ་སྨྲི་སློབ་སྟེ། དེ་ཅིའི་ཕྱིར་ཞེ་ན། འདི་ལྟར་དེས་གང་ལ་བསླབ་པར་བྱ་བའི་རོ་དེ་ཡང་དག་པར་རྫེས་སུ་སྨྲི་མཐོང་
ངོ་། རེག་ལ་སྨྲི་སློབ་སྟེ། དེ་ཅིའི་ཕྱིར་ཞེ་ན། འདི་ལྟར་དེས་
9 གང་ལ་བསླབ་པར་བྱ་བའི་རེག་དེ་ཡང་དག་པར་རྫེས་སུ་སྨྲི་མཐོང་ངོ་། ཆོས་ལ་སྨྲི་སློབ་སྟེ། དེ་ཅིའི་ཕྱིར་ཞེ་ན། འདི་ལྟར་
དེས་གང་ལ་བསླབ་པར་བྱ་བའི་ཆོས་དེ་ཡང་དག་པར་རྫེས་སུ་སྨྲི་མཐོང་ངོ་། །བྱང་ཆུབ་སེམས་དཔའ་སེམས་དཔའ་ཆེན་པོ་དེ་
ལྟར་སློབ་པ་ནི། སྨྲིག་གི་རྣམ་པར་ཤེས་པ་ལ་
10 [སྨྲི་]སློབ་སྟེ། དེ་ཅིའི་ཕྱིར་ཞེ་ན། འདི་ལྟར་དེས་གང་ལ་བསླབ་པར་བྱ་བའི་སྨྲིག་གི་རྣམ་པར་ཤེས་པ་དེ་ཡང་དག་པར་རྫེས་
སུ་སྨྲི་མཐོང་ངོ་། རྣ་བའི་རྣམ་པར་ཤེས་པ་ལ་སྨྲི་སློབ་སྟེ། དེ་ཅིའི་ཕྱིར་ཞེ་ན་འདི་ལྟར་དེས་གང་ལ་བསླབ་པར་བྱ་བའི་རྣ་བའི་
རྣམ་པར་ཤེས་པ་དེ་ཡང་དག་པར་རྫེས་སུ་སྨྲི་མཐོང་

11 [ཪོ། སྣ]འི་རྣམ་པར་ཤེས་པ་ལ་མྱི་སློབ་སྟེ། དེ་ཅིའི་ཕྱིར་ཞེ་ན། འདི་ལྟར་དེས་གང་ལ་བསླབ་པར་བྱ་བའི་སྣའི་རྣམ་པར་ཤེས་པ་དེ་ཡང་དག་པར་རྗེས་སུ་མྱི་མཐོང་ངོ་། ལྗེའི་རྣམ་པར་ཤེས་པ་ལ་མྱི་སློབ་སྟེ། དེ་ཅིའི་ཕྱིར་ཞེ་ན་འདི་ལྟར་དེས་གང་ལ་བསླབ་པར་བྱ་བའི་ལྗེའི་རྣམ་པར་ཤེས་པ་དེ་ཡང་

背面

1 [དག་]པར་རྗེས་སུ་མྱི་མཐོང་ངོ་། ལུས་ཀྱི་རྣམ་པར་ཤེས་པ་ལ་མྱི་སློབ་སྟེ། དེ་ཅིའི་ཕྱིར་ཞེ་ན་འདི་ལྟར་དེས་གང་ལ་བསླབ་པར་བྱ་བའི་ལུས་ཀྱི་རྣམ་པར་ཤེས་པ་དེ་ཡང་དག་པར་རྗེས་སུ་མྱི་མཐོང་ངོ་། ཡིད་ཀྱི་རྣམ་པར་ཤེས་པ་ལ་མྱི་སློབ་སྟེ། དེ་ཅིའི་ཕྱིར་ཞེ་ན། འདི་ལྟར་དེས་གང་ལ་བསླབ་པར་བྱ་བ་

2 .. ཡིད་ཀྱི་རྣམ་པར་ཤེས་པ་དེ་ཡང་དག་པར་རྗེས་སུ་མྱི་མཐོང་ངོ་། །བྱང་ཆུབ་སེམས་དཔའ་སེམས་དཔའ་ཆེན་པོ་དེ་ལྟར་སློབ་པ་ནི། མྱིག་གི་འདུས་ཏེ་རེག་པ་ལ་མྱི་སློབ་སྟེ། དེ་ཅིའི་ཕྱིར་ཞེ་ན། འདི་ལྟར་དེས་གང་ལ་བསླབ་པར་བྱ་བའི་མྱིག་གི་འདུས་ཏེ་རེག་པ་དེ་ཡང་དག་པར་རྗེས་

BH2-14（5）背面

3 སུ་མྱི་མཐོང་ངོ་། །རྣ་བའི་འདུས་ཏེ་རེག་པ་ལ་མྱི་སློབ་སྟེ། དེ་ཅིའི་ཕྱིར་ཞེ་ན། འདི་ལྟར་དེས་གང་ལ་བསླབ་པར་བྱ་བའི་རྣ་
བའི་འདུས་ཏེ་རེག་པ་དེ་ཡང་དག་པར་རྗེས་སུ་མྱི་མཐོང་ངོ་། སྣའི་འདུས་ཏེ་རེག་པ་ལ་མྱི་སློབ་སྟེ། དེ་ཅིའི་ཕྱིར་ཞེ་ན། འདི་
ལྟར་དེས་གང་ལ་བསླབ་པར་བྱ་བའི་

4 སྣའི་འདུས་ཏེ་རེག་པ་དེ་ཡང་དག་པར་རྗེས་སུ་མྱི་མཐོང་ངོ་། ལྗེའི་འདུས་ཏེ་རེག་པ་ལ་མྱི་སློབ་སྟེ། དེ་ཅིའི་ཕྱིར་ཞེ་ན། འདི་
ལྟར་དེས་གང་ལ་བསླབ་པར་བྱ་བའི་ལྗེའི་འདུས་ཏེ་རེག་པ་དེ་ཡང་དག་པར་རྗེས་སུ་མྱི་མཐོང་ངོ་། ལུས་ཀྱི་འདུས་ཏེ་རེག་པ་ལ་
མྱི་སློབ་སྟེ། དེ་ཅིའི་ཕྱིར་ཞེ་ན།

5 འདི་ལྟར་དེས་གང་ལ་བསླབ་པར་བྱ་བའི་ལུས་ཀྱི་འདུས་ཏེ་རེག་པ་དེ་ཡང་དག་པ⊙ར་རྗེས་སུ་མྱི་མཐོང་ངོ་། ཡིད་ཀྱི་འདུས་ཏེ་
རེག་པ་ལ་མྱི་སློབ་སྟེ། དེ་ཅིའི་ཕྱིར་ཞེ་ན། འདི་ལྟ⊙ར་དེས་གང་ལ་བསླབ་པར་བྱ་བའི་ཡིད་ཀྱི་འདུས་ཏེ་རེག་པ་དེ་ཡང་དག་
པར་

6 རྗེས་སུ་མྱི་མཐོང་ངོ་། བྱང་ཆུབ་སེམས་དཔའ་སེམས་དཔའ་ཆེན་པོ་དེ་ལྟར་སློ⊙བ་པ་ནི། མྱིག་གི་འདུས་ཏེ་རེག་པ་འི་
རྐྱེན་ཀྱིས་ཚོར་བ་ལ་མྱི་སློབ་སྟེ། ⊙ །དེ་ཅིའི་ཕྱིར་ཞེ་ན། འདི་ལྟར་དེས་གང་ལ་བསླབ་པར་བྱ་བའི་མྱིག་གི་

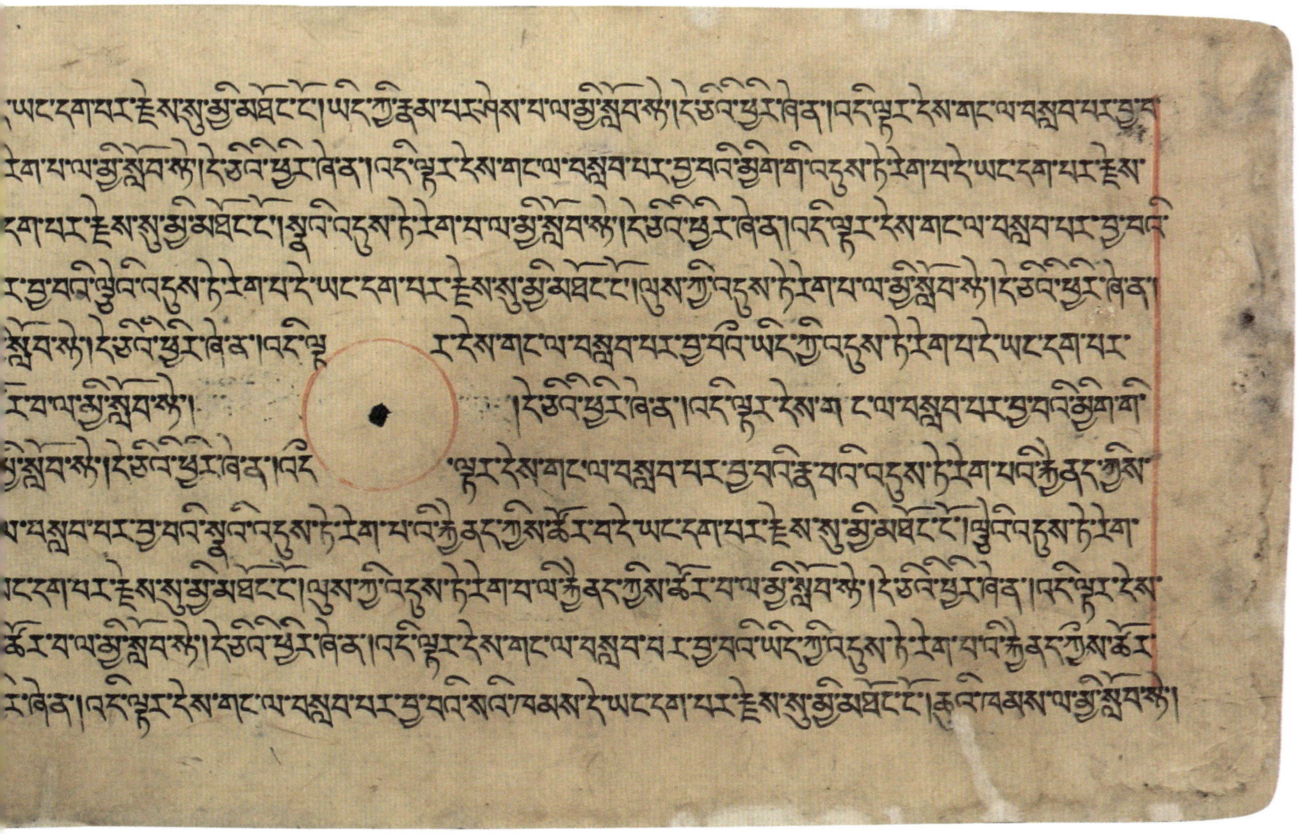

7 འདུས་ཏེ་རེག་པའི་རྐྱེན་གྱིས་ཚོར་བ་དེ་ཡང་དག་པར་རྗེས་སུ་མྱི་མཐོང་ངོ་⊙། རྣ་བའི་འདུས་ཏེ་རེག་པའི་རྐྱེན་གྱིས་ཚོར་
བ་ལ་མྱི་སློབ་སྟེ། དེ་ཅིའི་ཕྱིར་ཞེ་ན། འདི⊙་ལྟར་དེས་གང་ལ་བསླབ་པར་བྱ་བའི་རྣ་བའི་འདུས་ཏེ་རེག་པའི་རྐྱེན་གྱིས་
8 ཚོར་བ་དེ་ཡང་དག་པར་རྗེས་སུ་མྱི་མཐོང་ངོ་། སྣའི་འདུས་ཏེ་རེག་པ་འི་རྐྱེན་གྱིས་ཚོར་བ་ལ་མྱི་སློབ་སྟེ། དེ་ཅི་འི་ཕྱིར་ཞེ་
ན། འདི་ལྟར་དེས་གང་ལ་བསླབ་པར་བྱ་བའི་སྣའི་འདུས་ཏེ་རེག་པ་འི་རྐྱེན་གྱིས་ཚོར་བ་དེ་ཡང་དག་པར་རྗེས་སུ་མྱི་མཐོང་
ངོ་། ལྕེའི་འདུས་ཏེ་རེག
9 པའི་རྐྱེན་གྱིས་ཚོར་བ་ལ་མྱི་སློབ་སྟེ། དེ་ཅིའི་ཕྱིར་ཞེ་ན། འདི་ལྟར་དེས་གང་ལ་བསླབ་པར་བྱ་བའི་ལྕེའི་འདུས་ཏེ་རེག་པ
འི་རྐྱེན་གྱིས་ཚོར་བ་དེ་ཡང་དག་པར་རྗེས་སུ་མྱི་མཐོང་ངོ་། ལུས་ཀྱི་འདུས་ཏེ་རེག་པ་ལི་རྐྱེན་གྱིས་ཚོར་བ་ལ་མྱི་སློབ
སྟེ། དེ་ཅིའི་ཕྱིར་ཞེ་ན། འདི་ལྟར་དེས
10 གང་ལ་བསླབ་པར་བྱ་བའི་ལུས་ཀྱི་འདུས་ཏེ་རེག་པ་འི་རྐྱེན་གྱིས་ཚོར་བ་དེ་ཡང་དག་པར་རྗེས་སུ་མྱི་མཐོང་ངོ་། ཡིད་ཀྱི་
འདུས་ཏེ་རེག་པའི་རྐྱེན་གྱིས་ཚོར་བ་ལ་མྱི་སློབ་སྟེ། དེ་ཅིའི་ཕྱིར་ཞེ་ན། འདི་ལྟར་དེས་གང་ལ་བསླབ་པར་བྱ་བའི་ཡིད་ཀྱི་
འདུས་ཏེ་རེག་པའི་རྐྱེན་གྱིས་ཚོར་
11 བ་དེ་ཡང་དག་པར་རྗེས་སུ་མྱི་མཐོང་ངོ་། །བྱང་ཆུབ་སེམས་དཔའ་སེམས་དཔའ་ཆེན་པོ་དེ་ལྟར་སློབ་པ་ནི། སའི་ཁམས་
ལ་མྱི་སློབ་སྟེ། དེ་ཅིའི་ཕྱིར་ཞེ་ན། འདི་ལྟར་དེས་གང་ལ་བསླབ་པར་བྱ་བའི་སའི་ཁམས་དེ་ཡང་དག་པར་རྗེས་སུ་མྱི་མཐོང་ངོ་།
ཆུའི་ཁམས་ལ་མྱི་སློབ་སྟེ།

转写

正面，页码：gnyis brgya’ don drug =276

1 chos thas cad btags pa tsam du rig par byas te[1] | shes rab kyi pha rold tu phyind pa la bslab par bya’o || ke .u shi ka byang chub sems dpa’ sems dpa’ chen po de ltar slob pa ni gzugs la myi slob ste | de ci’i phyir zhe na ’di ltar des gang la bslab par bya ba’i gzugs de yang

2 dag par rjes su myi mthong ngo | tshor ba la myi slob ste | de ci’i phyir zhe na | ’di ltar des gang la bslab par bya ba’i tshor ba de yang dag par rjes su myi mthong ngo | ’du shes la myi slob ste de ci’i phyir zhe na | ’di ltar des gang la bslab par bya ba’i ’du shes de yang dag par rjes su myi mthong ngo | ’du

3 byed la myi slob ste | de ci’i phyir zhe na | ’di ltar des gang la bslab par bya ba’i ’du byed de yang dag par rjes su myi mthong ngo | rnam par shes pa la myi slob ste | de

1 *byas te: D bya ste.*

ci'i phyir zhe na | 'di ltar des gang la bslab par bya ba'i rnam par shes pa de yang
dag par rjes su myi mthong ngo | | byang chub sems
4 dpa' sems dpa' chen po de ltar slob pa ni | myig la myi slob ste | de ci'i phyir zhe
na | 'di ltar des gang la bslab par bya ba'i myig de yang dag par rjes su myi mthong
ngo | rna ba la myi slob ste | de ci'i phyir zhe na | 'di ltar des gang la bslab par bya
ba'i rna ba de yang dag par rjes su myi mthong ngo |
5 sna la myi slob ste | de ci'I phyir zhe na | 'di ltar des gang la bslab par bya ba'i sna[1]
de yang ⊙ dag par rjes su myi mthong ngo | lce la myi slob ste | de ci'i phyir zhe na
| 'di ltar des gang la bslab par ⊙ bya ba'i lce de yang dag par rjes su myi mthong
ngo | lus la myi slob ste | de ci'i phyir zhe na |
6 'di ltar des gang la bslab par bya ba'i lus de yang dag par rjes su myi mthong ngo
⊙ | yid la myi slob ste | de ci'i phyir zhe na | 'di ltar des gang la bslab par bya ba'i
yid de ya⊙ng dag par rjes su myi mthong ngo | byang chub sems dpa' sems dpa'
chen po de
7 ltar slob pa ni gzugs la myi slob ste | de ci'i phyir zhe na | 'di ltar des gang la
bsla⊙b par bya ba'i gzugs de yang dag par rjes su myi mthong ngo | sgra la myi
slob ste | de cI'I phyir ⊙ zhe na | 'di ltar des gang la bslab par bya ba'i sgra de
yang dag par rjes su myi mthong
8 ngo | dri la myi slob ste | de ci'i phyir zhe na | 'di ltar des gang la bslab par bya ba'i
dri de yang dag par rjes su myi mthong ngo | ro la myi slob ste | de ci'i phyir zhe na
| 'di ltar des gang la bslab par bya ba'i ro de yang dag par rjes su myi mthong ngo |
reg la myi slob ste | de ci'i phyir zhe na | 'di ltar des
9 gang la bslab par bya ba'i reg de yang dag par rjes su myi mthong ngo | chos la myi
slob ste | de ci'i phyir zhe na | 'di ltar des gang la bslab par bya ba'i chos de yang
dag par rjes su myi mthong ngo | | byang chub sems dpa' sems dpa' chen po de ltar
slob pa ni | myig gi rnam par shes pa la
10 [myi] slob ste | de ci'i phyir zhe na | 'di ltar des gang la bslab par bya ba'i myig gi

1 *sna:* D *sgra.*

rnam par shes pa de yang dag par rjes su myi mthong ngo | rna ba'i rnam par shes pa la myi slob ste | de ci'i phyir zhe na | 'di ltar des gang la bslab par bya ba'i rna ba'i rnam par shes pa de yang dag par rjes su myi mthong

11 [ngo | sna]'i rnam par shes pa la myi slob ste | de ci'i phyir zhe na | 'di ltar des gang la bslab par bya ba 'i sna'i rnam par shes pa de yang dag par rjes su myi mthong ngo | lce'i rnam par shes pa la myi slob ste | de ci'i phyir zhe na 'di ltar des gang la bslab par bya ba'i lce'i rnam par shes pa de yang

背面

1 [dag] par rjes su myi mthong ngo | lus kyi rnam par shes pa la myi slob ste | de ci'i phyir zhe na 'di ltar des gang la bslab par bya ba'i lus kyi rnam par shes pa de yang dag par rjes su myi mthong ngo | yid kyi rnam par shes pa la myi slob ste | de ci'i phyir zhe na | 'di ltar des gang la bslab par bya ba

2 .. yid kyi rnam par shes pa de yang dag par rjes su myi mthong ngo || byang chub sems dpa' sems dpa' chen po de ltar slob pa ni | myig gi 'dus te reg pa la myi slob ste | de ci'i phyir zhe na | 'di ltar des gang la bslab par bya ba'i myig gi 'dus te reg pa de yang dag par rjes

3 su myi mthong ngo || rna ba'i 'dus te reg pa la myi slob ste | de ci'i phyir zhe na | 'di ltar des gang la bslab par bya ba'i rna ba'i 'dus te reg pa de yang dag par rjes su myi mthong ngo | sna'i 'dus te reg pa la myi slob ste | de ci'i phyir zhe na | 'di ltar des gang la bslab par bya ba'i

4 sna'i 'dus te reg pa de yang dag par rjes su myi mthong ngo | lce'i 'dus te reg pa la myi slob ste | de ci'i phyir zhe na | 'di ltar des gang la bslab par bya ba'i lce'i 'dus te reg pa de yang dag par rjes su myi mthong ngo | lus kyi 'dus te reg pa la myi slob ste | de ci'i phyir zhe na |

5 'di ltar des gang la bslab par bya ba 'i lus kyi 'dus te reg pa de yang dag pa⊙r rjes su myi mthong ngo | yid kyi 'dus te reg pa la myi slob ste | de ci'i phyir zhe na | 'di lta⊙r des gang la bslab par bya ba'I yid kyi 'dus te reg pa de yang dag par

6 rjes su myi mthong ngo | byang chub sems dpa' sems dpa' chen po de ltar slo⊙b pa
ni | myig gi 'dus te reg pa 'i rkyend kyis tshor ba la myi slob ste |⊙| de ci'i phyir
zhe na | 'di ltar des gang la bslab par bya ba'i myig gi

7 'dus te reg pa'i rkyend kyis tshor ba de yang dag par rjes su myi mthong ngo ⊙ |
rna ba'i 'dus te reg pa 'i rkyend kyis tshor ba la myi slob ste | de ci'i phyir zhe na |
'dI ⊙ ltar des gang la bslab par bya ba'i rna ba'i 'dus te reg pa 'i rkyend kyis

8 tshor ba de yang dag par rjes su myi mthong ngo | sna'i 'dus te reg pa 'i rkyend kyis
tshor ba la myi slob ste | de ci 'i phyir zhe na | 'di ltar des gang la bslab par bya ba'i
sna'i 'dus te reg pa 'i rkyend kyis tshor ba de yang dag par rjes su myi mthong ngo |
lce'i 'dus te reg

9 pa'i rkyend kyis tshor ba la myi slob ste | de ci'i phyir zhe na | 'di ltar des gang la
bslab par bya ba'i lce'i 'dus te reg pa 'i rkyend kyIs tshor ba de yang dag par rjes su
myi mthong ngo | lus kyi 'dus te reg pa li rkyend kyis tshor ba la myi slob ste | de
ci'i phyir zhe na | 'di ltar des

10 gang la bslab par bya ba'i lus kyi 'dus te reg pa 'i rkyend kyis tshor ba de yang dag
par rjes su myi mthong ngo | yid kyi 'dus te reg pa'i rkyend kyis tshor ba la myi
slob ste | de ci'i phyir zhe na | 'di ltar des gang la bslab par bya ba'i yid kyi 'dus te
reg pa'i rkyend kyIs tshor

11 ba de yang dag par rjes su myi mthong ngo || byang chub sems dpa' sems dpa' chen
po de ltar slob pa ni | sa'i khams la myi slob ste | de ci'i phyir zhe na | 'di ltar des
gang la bslab par bya ba'i sa'i khams de yang dag par rjes su myi mthong ngo |
chu'i khams la myi slob ste |

《大般若波罗蜜多经》(《大正藏》第 5 册，经号：220，第 475 页上栏第 14 行至中栏第 27 行)

憍尸迦！菩薩摩訶薩知一切法但假名已，應學般若波羅蜜多。

憍尸迦！菩薩摩訶薩如是學時，不於色學，不於受、想、行、識學。何以故？憍尸迦！是菩薩摩訶薩，不見色可於中學，不見受、想、行、識可於中學故。

憍尸迦！菩薩摩訶薩如是學時，不於眼處學，不於耳、鼻、舌、身、意處學。何以故？憍尸迦！是菩薩摩訶薩，不見眼處可於中學，不見耳、鼻、舌、身、意處可於中學故。

憍尸迦！菩薩摩訶薩如是學時，不於色處學，不於聲、香、味、觸、法處學。何以故？憍尸迦！是菩薩摩訶薩，不見色處可於中學，不見聲、香、味、觸、法處可於中學故。

憍尸迦！菩薩摩訶薩如是學時，不於眼界學，不於色界、眼識界及眼觸、眼觸為緣所生諸受學。何以故？憍尸迦！是菩薩摩訶薩，不見眼界可於中學，不見色界乃至眼觸為緣所生諸受可於中學故。

憍尸迦！菩薩摩訶薩如是學時，不於耳界學，不於聲界、耳識界及耳觸、耳觸為緣所生諸受學。何以故？憍尸迦！是菩薩摩訶薩，不見耳界可於中學，不見聲界乃至耳觸為緣所生諸受可於中學故。

憍尸迦！菩薩摩訶薩如是學時，不於鼻界學，不於香界、鼻識界及鼻觸、鼻觸為緣所生諸受學。何以故？憍尸迦！是菩薩摩訶薩，不見鼻界可於中學，不見香界乃至鼻觸為緣所生諸受可於中學故。

憍尸迦！菩薩摩訶薩如是學時，不於舌界學，不於味界、舌識界及舌觸、舌觸為緣所生諸受學。何以故？憍尸迦！是菩薩摩訶薩，不見舌界可於中學，不見味界乃至舌觸為緣所生諸受可於中學故。

憍尸迦！菩薩摩訶薩如是學時，不於身界學，不於觸界、身識界及身觸、身觸為緣所生諸受學。何以故？憍尸迦！是菩薩摩訶薩，不見身界可於中學，不見觸界乃至身觸為緣所生諸受可於中學故。

憍尸迦！菩薩摩訶薩如是學時，不於意界學，不於法界、意識界及意觸、意觸為緣所生諸受學。何以故？憍尸迦！是菩薩摩訶薩，不見意界可於中學，不見法界乃至意觸為緣所生諸受可於中學故。

憍尸迦！菩薩摩訶薩如是學時，不於地界學，不於水、火、風、空、識界學。

何以故？憍尸迦！不可地界空見地界空，不可水、火、風、空、識界空見水、火、風、空、識界空故。憍尸迦！不可地界空於地界空學，不可水、火、風、空、識界空於水、火、風、空、識界空學故。

说明

1．此为《十万颂般若经》(ཤེས་རབ་ཀྱི་ཕ་རོལ་ཏུ་ཕྱིན་པ་སྟོང་ཕྲག་བརྒྱ་པ།།)，藏译见德格版《甘珠尔》，般若部（ཤེས་ཕྱིན།།)，ཅ 函，经号：8，第 48 叶正面第 2 行至第 56 叶背面第 7 行。汉译参见〔唐〕玄奘译《大般若波罗蜜多经》第八十五卷，《大正藏》第 5 册，经号：220，第 473 页中栏第 7 行至第 478 页中栏第 16 行。

2．根据藏译，今《大正藏》汉译本段落似有颠倒之处。

BH2–16
《十万颂般若经》

纸质，梵夹装，1 叶，双面墨书，每面 8 行，18×65.4 厘米。首尾完整，正面左侧有标记 ཅ，左边框外侧写有页码 147。所用纸张为皮纸。

BH2–16 100 倍纸张纤维图

原文

正面，页码：+ ཞེ་བདུན = 147

1 ༄༅།།ཆོས་ཉིད་མ་ཡིན་པ་གཞན་དང་ལྡན་པ་ཡང་མ་ཡིན་བྲལ་བ་ཡང་མ་ཡིན་ནོ། །ཀཽ་ཤི་ཀ་དེ་བཞིན་གཤེགས་པ་གང་ཡིན་
པ་དེ་ནི་ཆོར་བའི་དེ་བཞིན་ཉིད་དང་ལྡན་པ་ཡང་མ་ཡིན་བླལ་བ་ཡང་མ་ཡིན་ནོ། ཆོར་བའི་ཆོས་ཉིད་དང་
2 ལྡན་པ་ཡང་མ་ཡིན་བྲལ་བ་ཡང་མ་ཡིན་ནོ། ཆོར་བའི་དེ་བཞིན་ཉིད་མ་ཡིན་པ་གཞན་དང་ལྡན་པ་ཡང་མ་ཡིན་བྲལ་བ་ཡང་མ་
ཡིན་ནོ། ཆོར་བའི་ཆོས་ཉིད་མ་ཡིན་པ་གཞན་དང་ལྡན་པ་ཡང་མ་ཡིན་བྲལ་ཡང་མ་ཡིན་ནོ། །ཀཽ་ཤི་
3 ཀ་དེ་བཞིན་གཤེགས་པ་གང་ཡིན་པ་དེ་ནི་སྲིད་པའི་དེ་བཞིན་ཉིད་དང་ལྡན་པ་ཡང་མ་ཡིན་བྲལ་བ་ཡང་མ་ཡིན་ནོ། སྲིད་པའི་
ཆོས་ཉིད་དང་ལྡན་པ་ཡང་མ་ཡིན་བྲལ་བ་ཡང་མ་ཡིན་ནོ། སྲིད་པའི་དེ་བཞིན་ཉིད་མ་ཡིན་པ་གཞན་དང་
4 ལྡན་པ་ཡང་མ་ཡིན་བྲལ་བ་ཡང་མ་ཡིན་ནོ། སྲིད་པའི་ཆོ⊙ས་ཉིད་ཡིན་པ་གཞན་དང་ལྡན་པ་ཡང་མ་ཡིན་བྲལ་བ་ཡང་མ་ཡིན་
ནོ། །⊙ཀཽ་ཤི་ཀ་དེ་བཞིན་གཤེགས་པ་གང་ཡིན་པ་དེ་ནི་ལེན་པའི་དེ་བཞིན་
5 ཉིད་དང་ལྡན་པ་ཡང་མ་ཡིན་བྲལ་བ་ཡང་མ་ཡིན་ནོ། ལེན་པ⊙འི་ཆོས་ཉིད་དང་ལྡན་པ་ཡང་མ་ཡིན་བྲལ་བ་ཡང་མ་ཡིན་ནོ།
ལེན་པའི་དེ་བཞི⊙ན་ཉིད་མ་ཡིན་པ་གཞན་དང་ལྡན་པ་ཡང་མ་ཡིན་བྲལ་བ་ཡང་མ་
6 ཡིན་ནོ། ལེན་པ་ཆོས་ཉིད་མ་ཡིན་པ་གཞན་དང་ལྡན་པ་ཡང་མ་ཡིན་བྲལ་བ་ཡང་མ་ཡིན་ནོ། །ཀཽ་ཤི་ཀ་དེ་བཞིན་གཤེགས་

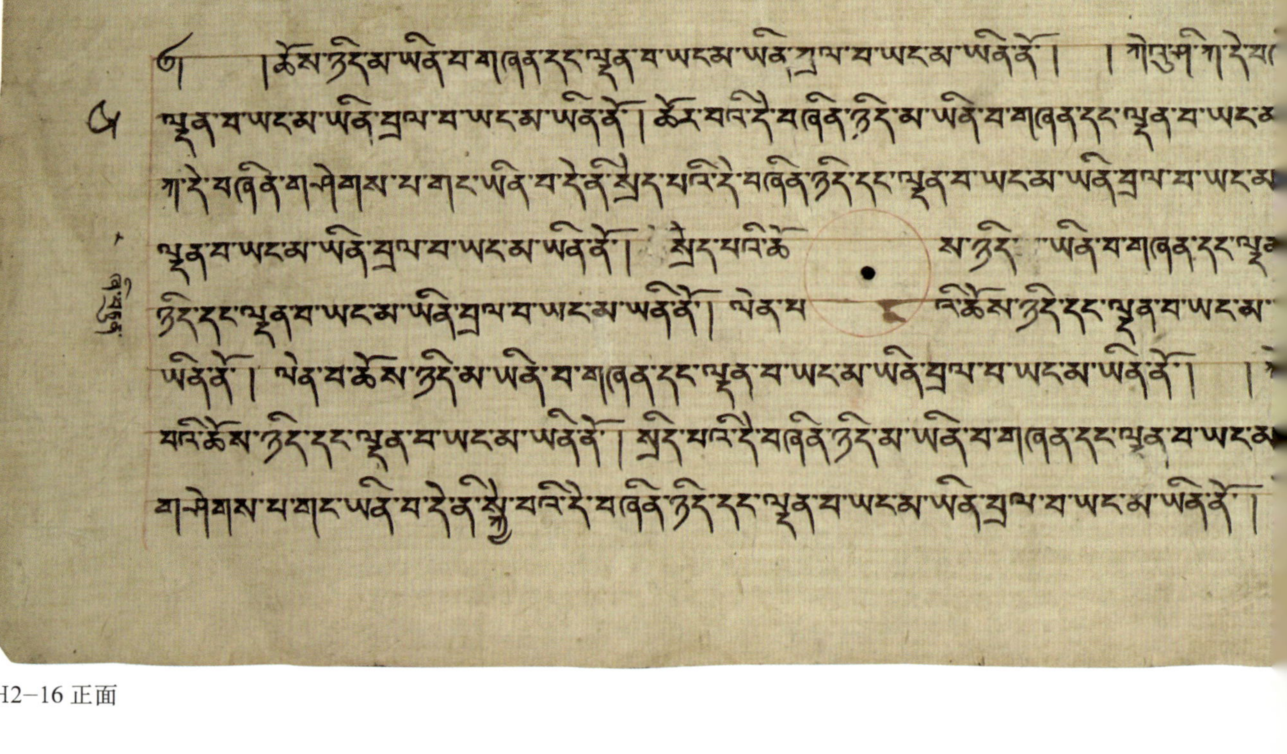

BH2–16 正面

པ་གང་ཡིན་པ་དེ་ནི་སྲིད་པའི་དེ་བཞིན་ཉིད་དང་ལྡན་པ་ཡང་མ་ཡིན་བྲལ་བ་ཡང་མ་ཡིན་ནོ། སྲིད་
7 པའི་ཆོས་ཉིད་དང་ལྡན་པ་ཡང་མ་ཡིན་ནོ། སྲིད་པའི་དེ་བཞིན་ཉིད་མ་ཡིན་པ་གཞན་དང་ལྡན་པ་ཡང་མ་ཡིན་བྲལ་བ་ཡང་མ་
ཡིན་ནོ། སྲིད་པའི་ཆོས་ཉིད་མ་ཡིན་པ་གཞན་དང་ལྡན་པ་ཡང་མ་ཡིན་ནོ། །ཀཽ་ཤི་ཀ་དེ་བཞིན་
8 གཤེགས་པ་གང་ཡིན་པ་དེ་ནི་སྐྱེ་བའི་དེ་བཞིན་ཉིད་དང་ལྡན་པ་ཡང་མ་ཡིན་བྲལ་བ་ཡང་མ་ཡིན་ནོ། སྐྱེ་བའི་ཆོས་ཉིད་དང་
ལྡན་པ་ཡང་མ་ཡིན་བྲལ་བ་ཡང་མ་ཡིན་ནོ། སྐྱེ་བའི་དེ་བཞིན་ཉིད་མ་ཡིན་པ་གཞན་

背面

1 དང་ལྡན་པ་ཡང་མ་ཡིན་བྲལ་བ་ཡང་མ་ཡིན་ནོ། སྐྱེ་བའི་ཆོས་ཉིད་མ་ཡིན་པ་གཞན་དང་ལྡན་པ་ཡང་མ་ཡིན་བྲལ་བ་ཡང་མ་
ཡིན་ནོ། །ཀཽ་ཤི་ཀ་དེ་བཞིན་གཤེགས་པ་གང་ཡིན་པ་དེ་ནི་རྒ་ཤི་དེ་བཞིན་ཉིད་དང་ལྡན་པ་ཡང་མ་
2 ཡིན་བྲལ་བ་ཡང་མ་ཡིན་ནོ། རྒ་ཤིའི་ཆོས་ཉིད་དང་ལྡན་པ་ཡང་མ་ཡིན་བྲལ་བ་ཡང་མ་ཡིན་ནོ། རྒ་ཤིའི་དེ་བཞིན་ཉིད་མ་ཡིན་
པ་གཞན་དང་ལྡན་པ་ཡང་མ་ཡིན་བྲལ་བ་ཡང་མ་ཡིན་ནོ། རྒ་ཤིའི་ཆོས་ཉིད་མ་ཡིན་པ་གཞན་དང་
3 ལྡན་པ་ཡང་མ་ཡིན་བྲལ་བ་ཡང་མ་ཡིན་ནོ། །ཀཽ་ཤི་ཀ་དེ་བཞིན་གཤེགས་པ་གང་ཡིན་པ་དེ་ནི་སྦྱིན་པའི་ཕ་རོལ་ཏུ་ཕྱིནད་
པའི་དེ་བཞིན་ཉིད་དང་ལྡན་པ་ཡང་མ་ཡིན་བྲལ་བ་ཡང་མ་ཡིན་ནོ། སྦྱིན་པའི་ཕ་རོལ་ཏུ་ཕྱིནད་

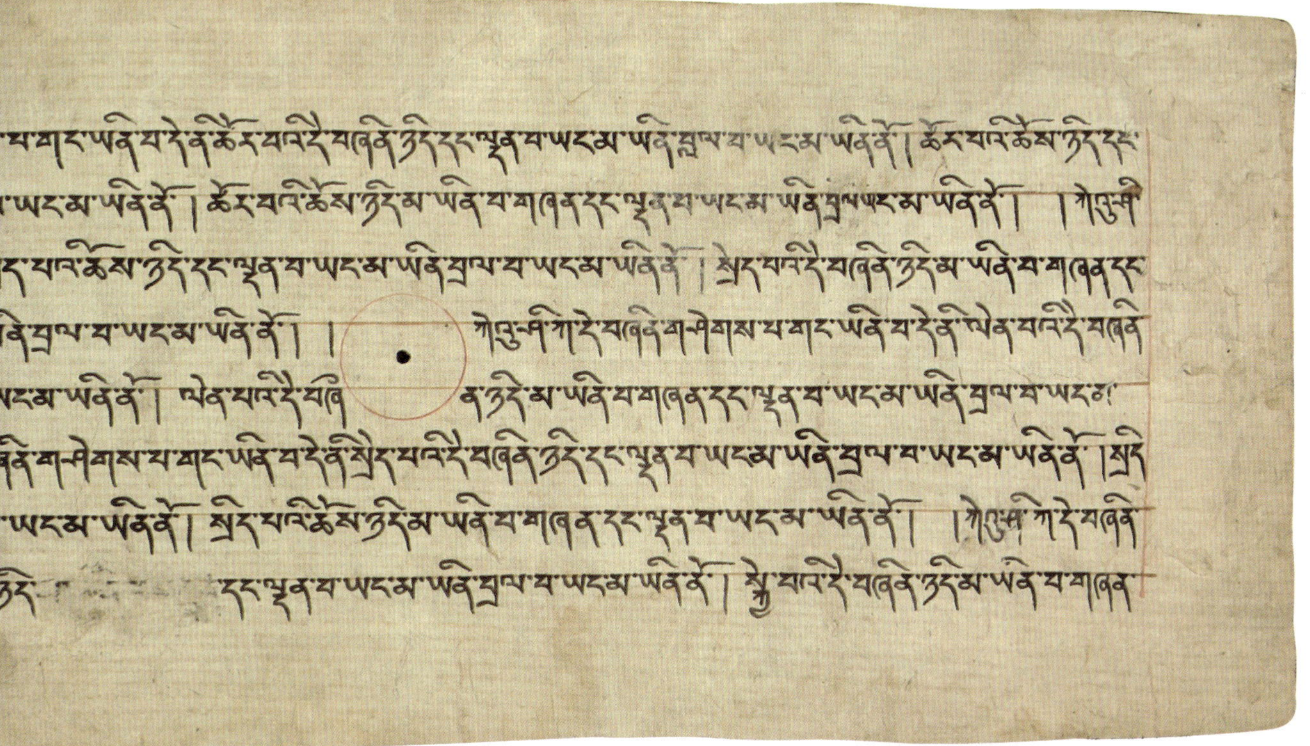

BH2-16 背面

4 པའི་ཆོས་ཉིད་དང་ལྡན་པ་ཡང་མ་ཡིན་བྲལ་བ་ཡང་མ་ཡིན་ནོ་ ⊙ སྦྱིན་པའི་ཕ་རོལད་ཏུ་ཕྱིནད་པའི་དེ་བཞིན་ཉིད་མ་ཡིན་པ་
གཞན་དང་ལྡན་པ་ཡང་ ⊙ མ་ཡིན་བྲལ་བ་ཡང་མ་ཡིན་ནོ། སྦྱིན་པའི་ཕ་རོལད་ཏུ་ཕྱིནད་པའི་
5 ཆོས་ཉིད་མ་ཡིན་པ་གཞན་དང་ལྡན་པ་ཡང་མ་ཡིན་བྲལ་བ་ ⊙ ཡང་མ་ཡིན་ནོ། །ཀེ་ཨུ་ཤི་ཀ་དེ་བཞིན་གཤེགས་པ་གང་ཡིན་པ་
དེ་ནི་ཚུལ་ ⊙ ཁྲིམས་ཀྱི་ཕ་རོལད་ཏུ་ཕྱིནད་པའི་དེ་བཞིན་ཉིད་དང་ལྡན་པ་ཡང་མ་
6 ཡིན་བྲལ་བ་ཡང་མ་ཡིན་ནོ། ཚུལ་ཁྲིམས་ཀྱི་ཕ་རོལད་ཏུ་ཕྱིནད་པའི་ཆོས་ཉིད་དང་ལྡན་པ་ཡང་མ་ཡིན་བྲལ་བ་ཡང་མ་ཡིན་
ནོ། ཚུལ་ཁྲིམས་ཀྱི་ཕ་རོལ་ཏུ་ཕྱིནད་པའི་དེ་བཞིན་ཉིད་མ་ཡིན་པ་གཞན་དང་ལྡན་པ་ཡང་མ་ཡིན་
7 བྲལ་བ་ཡང་མ་ཡིན་ནོ། ཚུལ་ཁྲིམས་ཀྱི་ཕ་རོལད་ཏུ་ཕྱིནད་པའི་ཆོས་ཉིད་མ་ཡིན་པ་གཞན་དང་ལྡན་པ་ཡང་མ་ཡིན་བྲལ་བ་ཡང་
མ་ཡིན་ནོ། །ཀེ་ཨུ་ཤི་ཀ་དེ་བཞིན་གཤེགས་པ་གང་ཡིན་པ་དེ་ནི་བཟོད་པའི་ཕ་རོལད་ཏུ་ཕྱིན་
8 པའི་དེ་བཞིན་ཉིད་དང་ལྡན་པ་ཡང་མ་ཡིན་བྲལ་བ་ཡང་མ་ཡིན་ནོ། བཟོད་པའི་ཕ་རོལད་ཏུ་ཕྱིནད་པའི་ཆོས་ཉིད་དང་ལྡན་པ་
ཡང་མ་ཡིན་བྲལ་བ་ཡང་མ་ཡིན་ནོ། བཟོད་པའི་ཕ་རོལད་ཏུ་ཕྱིནད་པའི་དེ་བཞིན་ཉིད་མ་ཡིན་པ་གཞན་དང་ལྡན་

转写

正面，页码：+ zhi bdun = 147

1 chos nyid ma yin pa gzhan dang ldan pa yang ma yin bral ba yang ma yin no || ke'u shi ka de bzhin gshegs pa gang yin pa de ni tshor ba'i de bzhin nyid dang ldan pa yang ma yin blal[1] ba yang ma yin no | tshor ba'i chos nyid dang

2 ldan pa yang ma yin bral ba yang ma yin no | tshor ba'i de bzhin nyid ma yin pa gzhan dang ldan pa yang ma yin bral ba yang ma yin no | tshor ba'i chos nyid ma yin pa gzhan dang ldan pa yang ma yin bral[2] yang ma yin no || ke'u shi

3 ka de bzhin gshegs pa gang yin pa de ni sred pa'i de bzhin nyid dang ldan pa yang ma yin bral ba yang ma yin no | sred pa'i chos nyid dang ldan pa yang ma yin bral ba yang ma yin no | sred pa'i de bzhin nyid ma yin pa gzhan dang

1 *blal:* D *bral.*

2 *bral:* D *bral ba*，写本此处有明显的抄错后修改的痕迹，估计是受限于修改间距过短，因此没有抄写 *ba* 字。

4 ldan pa yang ma yin bral ba yang ma yin no | sred pa'i cho⊙s nyid yin pa[1] gzhan dang ldan pa yang ma yin bral ba yang ma yin no || ⊙ ke'u shi ka de bzhin gshegs pa gang yin pa de ni len pa'i de bzhin

5 nyid dang ldan pa yang ma yin bral ba yang ma yin no | len pa⊙'i chos nyid dang ldan pa yang ma yin bral ba yang ma yin no | len pa'i de bzhI⊙n nyid ma yin pa gzhan dang ldan pa yang ma yin bral ba yang ma

6 yin no | len pa chos nyid ma yin pa gzhan dang ldan pa yang ma yin bral ba yang ma yin no || ke'u shi ka de bzhin gshegs pa gang yin pa de ni sred pa'i de bzhin nyid dang ldan pa yang ma yin bral ba yang ma yin no | srid

7 pa'i chos nyid dang ldan pa yang ma yin no[2] | srid pa'i de bzhin nyid ma yin pa gzhan dang ldan pa yang ma yin bral ba yang ma yin no | srid pa'i chos nyid ma yin pa gzhan dang ldan pa yang ma yin no[3] || ke'u shi ka de bzhin

8 gshegs pa gang yin pa de ni skye ba'i de bzhin nyid dang ldan pa yang ma yin bral ba yang ma yin no | skye ba'i chos nyid dang ldan pa yang ma yin bral ba yang ma yin no | skye ba'i de bzhin nyid ma yin pa gzhan

背面

1 dang ldan pa yang ma yin bral ba yang ma yin no | skye ba'i chos nyid ma yin pa gzhan dang ldan pa yang ma yin bral ba yang ma yin no || ke'u shi ka de bzhin gshegs pa gang yin pa de ni rga shi[4] de bzhin nyid dang ldan pa yang ma

2 yin bral ba yang ma yin no | rga shi'i chos nyid dang ldan pa yang ma yin bral ba yang ma yin no | rga shi'i de bzhin nyid ma yin pa gzhan dang ldan pa yang ma yin bral ba yang ma yin no | rga shi'i chos nyid ma yin pa gzhan dang

3 ldan pa yang ma yin bral ba yang ma yin no || ke'u shi ka de bzhin gshegs pa gang yin pa de ni sbyin pa'i pha rold tu phyind pa'i de bzhin nyid dang ldan pa yang ma

1 *yin pa:* D *ma yin pa*，写本原来应该有 *ma* 字，但不知何故，被擦掉了，擦掉处未再书写。

2 *ma yin no:* D *ma yin | bral ba yang ma yin no.*

3 *ma yin no:* D *ma yin | bral ba yang ma yin no.*

4 *shi:* D *shi'i.*

yin bral ba yang ma yin no | sbyin pa'i pha rold tu phyind
4 pa'i chos nyid dang ldan pa yang ma yin bral ba yang ma yin no ⊙ sbyin pa'i pha
rold tu phyind pa'i de bzhin nyid ma yin pa gzhan dang ldan pa yang ⊙ ma yin bral
ba yang ma yin no | sbyin pa'i pha rold tu phyind pa'i
5 chos nyid ma yin pa gzhan dang ldan pa yang ma yin bral ba ⊙ yang ma yin no ||
ke'u shi ka de bzhin gshegs pa gang yin pa de ni tshul ⊙ khrims kyi pha rold tu
phyind pa'i de bzhin nyid dang ldan pa yang ma
6 yin bral ba yang ma yin no | tshul khrims kyi pha rold tu phyind pa'i chos nyid dang
ldan pa yang ma yin bral ba yang ma yin no | tshul khrims kyi pha rol tu phyind
pa'i de bzhin nyid ma yin pa gzhan dang ldan pa yang ma yin
7 bral ba yang ma yin no | tshul khrims kyi pha rold tu phyind pa'i chos nyid ma yin
pa gzhan dang ldan pa yang ma yin bral ba yang ma yin no || ke'u shi ka de bzhin
gshegs pa gang yin pa de ni bzod pa'i pha rold tu phyin
8 pa'i de bzhin nyid dang ldan pa yang ma yin bral ba yang ma yin no | bzod pa'i pha
rold tu phyind pa'i chos nyid dang ldan pa yang ma yin bral ba yang ma yin no |
bzod pa'i pha rold tu phyind pa'i de bzhin nyid ma yin pa gzhan dang ldan

《大般若波罗蜜多经》(《大正藏》第 5 册，经号：220，第 514 页上栏第 14 行至中栏第 15 行，第 515 页上栏第 24 行至下栏第 1 行)

憍尸迦！如來於無明非相應非不相應，如來於行、識、名色、六處、觸、受、愛、取、有、生、老死愁歎苦憂惱亦非相應非不相應；如來於無明真如非相應非不相應，於行乃至老死愁歎苦憂惱真如亦非相應非不相應；如來於無明法性非相應非不相應，於行乃至老死愁歎苦憂惱法性亦非相應非不相應；如來真如於無明非相應非不相應，於行乃至老死愁歎苦憂惱亦非相應非不相應；如來真如於無明真如非相應非不相應，於行乃至老死愁歎苦憂惱真如亦非相應非不相應；如來法性於無明非相應非不相應，於行乃至老死愁歎苦憂惱亦非相應非不相應；如來法性於無明法性非相應非不相應，於行乃至老死愁歎苦憂惱法性亦非相應非不相應。

憍尸迦！如來於離無明非相應非不相應，如來於離行、識、名色、六處、觸、受、愛、取、有、生、老死愁歎苦憂惱亦非相應非不相應；如來於離無明真如非相應非不相應，如來於離行乃至老死愁歎苦憂惱真如亦非相應非不相應；如來於離無明法性非相應非不相應，如來於離行乃至老死愁歎苦憂惱法性亦非相應非不相應；如來真如於離無明非相應非不相應，於離行乃至老死愁歎苦憂惱亦非相應非不相應；如來真如於離無明真如非相應非不相應，於離行乃至老死愁歎苦憂惱真如亦非相應非不相應；如來法性於離無明非相應非不相應，於離行乃至老死愁歎苦憂惱亦非相應非不相應；如來法性於離無明法性非相應非不相應，於離行乃至老死愁歎苦憂惱法性亦非相應非不相應。

憍尸迦！如來於布施波羅蜜多非相應非不相應，於淨戒、安忍、精進、靜慮、般若波羅蜜多亦非相應非不相應；如來於布施波羅蜜多真如非相應非不相應，於淨戒、安忍、精進、靜慮、般若波羅蜜多真如亦非相應非不相應；如來於布施波羅蜜多法性非相應非不相應，於淨戒、安忍、精進、靜慮、般若波羅蜜多法性亦非相應非不相應；如來真如於布施波羅蜜多非相應非不相應，於淨戒、安忍、精進、靜慮、般若波羅蜜多亦非相應非不相應；如來真如於布施波羅蜜多真如非相應非不相應，於淨戒、安忍、精進、靜慮、般若波羅蜜多真如亦非相應非不相應；如來法性於布施波羅蜜多非相應非不相應，於淨戒、安忍、精進、靜慮、般若波羅蜜多亦非相應非不相應；如來法性於布施波羅蜜多法性非相應非不相應，於淨戒、安忍、精進、靜慮、般若波羅蜜多法性亦非相應非不相應。

憍尸迦！如來於離布施波羅蜜多非相應非不相應，於離淨戒、安忍、精進、靜慮、般若波羅蜜多亦非相應非不相應；如來於離布施波羅蜜多真如非相應非不相應，於離淨戒、安忍、精進、靜慮、般若波羅蜜多真如亦非相應非不相應；如來於離布施波羅蜜多法性非相應非不相應，於離淨戒、安忍、精進、靜慮、般若波羅蜜多法性亦非相應非不相應；如來真如於離布施波羅蜜多非相應非不相應，於離淨戒、安忍、精進、靜慮、般若波羅蜜多亦非相應非不相應；如來真如於離布施波羅蜜多真如非相應非不相應，於離淨戒、安忍、精進、靜慮、般若波羅蜜多真如亦非相應非不相應；如來法性於離布施波羅蜜多非相應非不相應，於離淨戒、安忍、精進、靜慮、般若波羅蜜多亦非相應非不相應；如來法性於離布施波羅蜜多法性非相應非不相應，於離淨戒、安忍、精進、靜慮、般若波羅蜜多法性亦非相應非不相應。

说明

此为《十万颂般若经》(ཤེས་རབ་ཀྱི་ཕ་རོལ་ཏུ་ཕྱིན་པ་སྟོང་ཕྲག་བརྒྱ་པ།), 藏译见德格版《甘珠尔》, 般若部（ཤེར་ཕྱིན།)，ཅ 函，经号：8，第 121 叶背面第 5 行至第 122 叶背面第 5 行。汉译参见〔唐〕玄奘译《大般若波罗蜜多经》第九十二卷，《大正藏》第 5 册，经号：220，第 514 页上栏第 14 行至第 515 页下栏第 1 行。

BH2-18
《十万颂般若经》

纸质，梵夹装，1 叶，双面墨书，每面 8 行，19.9×33.7 厘米。残，仅余右侧约二分之一的页面。所用纸张为皮纸。

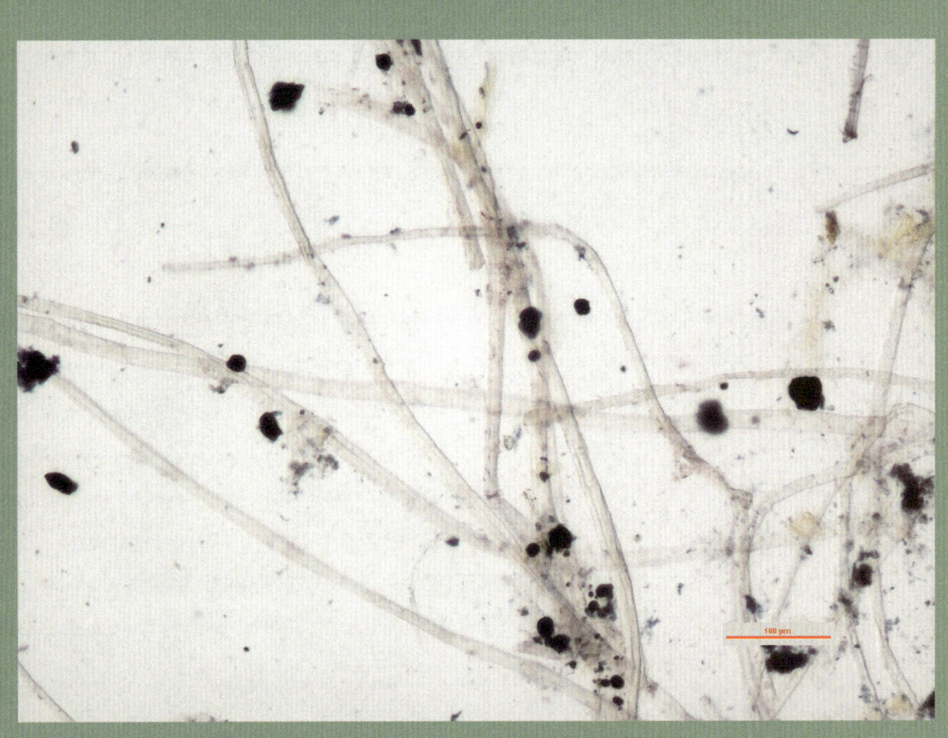

BH2-18 100 倍纸张纤维图

原文

正面

1 [ཤེས་རབ་ཀྱི་ཕ་རོལ་ཏུ་ཕྱིན་པ་ཡོངས་སུ་དག་པ། ཤེས་རབ་ཀྱི་ཕ་རོལ་ཏུ་ཕྱིན་པ་ཡོངས་སུ་དག་པ་གང་ཡིན་པ་དེ་]ནི་
ལུས་ཀྱི་འདུས་ཏེ་རེག་པའི་རྐྱེན་གྱིས་ཚོར་བ་ཡོངས་སུ་དག་པ་སྟེ། དེ་ལྟར་ན་ལུས་ཀྱི་འདུས་ཏེ་རེག་པའི་རྐྱེན་གྱིས་

2 [ཚོར་བ་ཡོངས་སུ་དག་པ་དང་། ཤེས་རབ་ཀྱི་ཕ་རོལ་ཏུ་ཕྱིན་པ་ཡོངས་སུ་དག་པ་འདི་ལ་གཉིས་སུ་མྱེད་དེ་གཉིས་སུ་བྱར་]
མྱེད་སོ་སོ་མ་ཡིན་ཐ་མྱི་དད་དོ། ཡིད་ཀྱི་འདུས་ཏེ་རེག་པའི་རྐྱེན་གྱིས་ཚོར་བ་ཡོངས་སུ་དག་པ་གང་ཡིན་

3 [པ་དེ་ནི། ཤེས་རབ་ཀྱི་ཕ་རོལ་ཏུ་ཕྱིན་པ་ཡོངས་སུ་དག་པ། ཤེས་རབ་ཀྱི་ཕ་རོལ་ཏུ་ཕྱིན་པ་ཡོངས་སུ་དག་པ་གང་]
ཡིན་པ་དེ་ནི་ཡིད་ཀྱི་འདུས་⊙ཏེ་རེག་པའི་རྐྱེན་གྱིས་ཚོར་བ་ཡོངས་སུ་དག་པ་སྟེ། དེ་ལྟར་ན་

4 [ཡིད་ཀྱི་འདུས་ཏེ་རེག་པའི་རྐྱེན་གྱིས་ཚོར་བ་ཡོངས་སུ་དག་པ་དང་། ཤེས་རབ་ཀྱི་ཕ་རོལ་ཏུ་ཕྱིན་པ་ཡོངས་སུ་]དག་
⊙པ་འདི་ལ་གཉིས་སུ་མྱེད་དེ་གཉིས་སུ་བྱར་མྱེད་སོ་སོ་མ་ཡིན་

5 [ཐ་མྱི་དད་དོ། །སའི་ཁམས་ཡོངས་སུ་དག་པ་གང་ཡིན་པ་དེ་ནི། ཤེས་རབ་ཀྱི་ཕ་རོལ་ཏུ་ཕྱིན་པ་ཡོངས་སུ་དག་]
པ།⊙ཤེས་རབ་ཀྱི་ཕ་རོལ་ཏུ་ཕྱིན་པ་ཡོངས་སུ་དག་པ་གང་ཡིན་

6 [པ་དེ་ནི། སའི་ཁམས་ཡོངས་སུ་དག་པ་སྟེ། དེ་ལྟར་ན་སའི་ཁམས་ཡོངས་སུ་དག་པ་དང་། ཤེས་རབ་ཀྱི་ཕ་རོལ་ཏུ་ཕྱིན་
པ་ཡོངས་]སུ་དག་པ་འདི་ལ་གཉིས་སུ་མྱེད་དེ་གཉིས་སུ་བྱར་མྱེད་སོ་སོ་མ་ཡིན་ཐ་མྱི་དད་དོ།

7 [ཆུའི་ཁམས་ཡོངས་སུ་དག་པ་གང་ཡིན་པ་དེ་ནི། ཤེས་རབ་ཀྱི་ཕ་རོལ་ཏུ་ཕྱིན་པ་ཡོངས་སུ་དག་པ། ཤེས་རབ་ཀྱི་ཕ་
རོལ་ཏུ་ཕྱིན་པ་]ཡོངས་སུ་དག་པ་གང་ཡིན་པ་དེ་ནི་ཆུའི་ཁམས་ཡོངས་སུ་དག་པ་སྟེ། དེ་ལྟར་

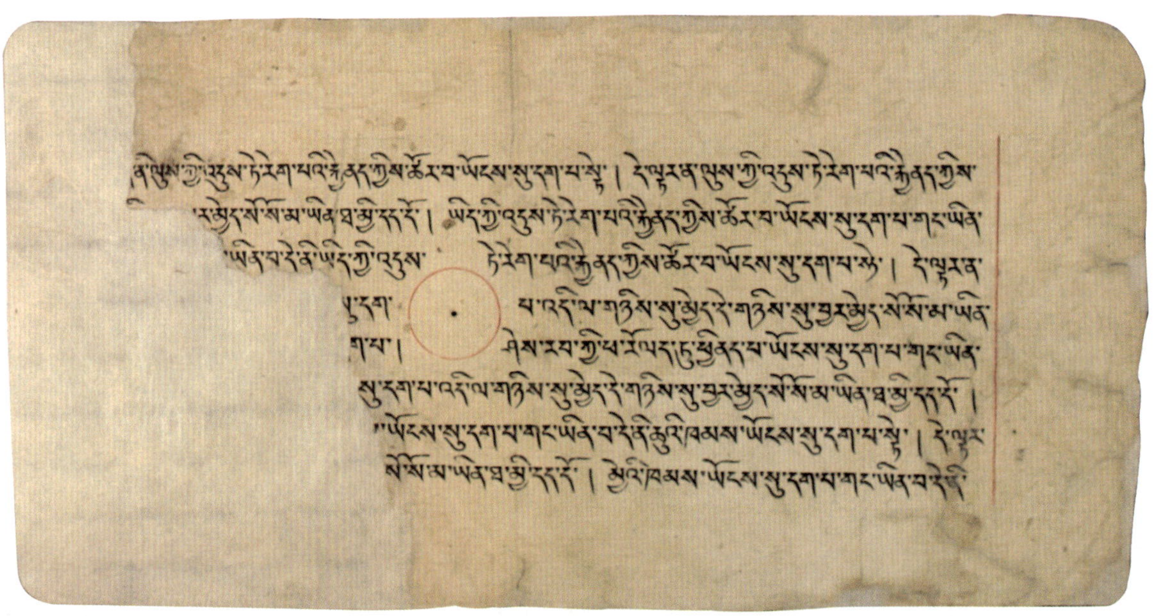

BH2–18 正面

8 [ན་ཆུའི་ཁམས་ཡོངས་སུ་དག་པ་དང་། ཤེས་རབ་ཀྱི་ཕ་རོལ་ཏུ་ཕྱིན་པ་ཡོངས་སུ་དག་པ་འདི་ལ་གཉིས་སུ་མེད་དེ་གཉིས་
སུ་བྱར་མེད་]སོ་སོ་མ་ཡིན་ཐ་མི་དད་དོ། མེའི་ཁམས་ཡོངས་སུ་དག་པ་གང་ཡིན་པ་དེ་ནི་

背面

1 [ཤེས་རབ་ཀྱི་ཕ་རོལ་ཏུ་ཕྱིན་པ་ཡོངས་སུ་དག་པ། ཤེས་རབ་ཀྱི་ཕ་རོལ་ཏུ་ཕྱིན་པ་ཡོངས་སུ་དག་པ་གང་ཡིན་པ་དེ་
ནི། མེའི་ཁམས་ཡོངས་]སུ་དག་པ་སྟེ། དེ་ལྟར་ན་མེའི་ཁམས་ཡོངས་སུ་དག་པ་དང་། ཤེས་རབ་

2 [ཀྱི་ཕ་རོལ་ཏུ་ཕྱིན་པ་ཡོངས་སུ་དག་པ་འདི་ལ་གཉིས་སུ་མེད་དེ་གཉིས་སུ་བྱར་མེད་སོ་སོ་མ་ཡིན་ཐ་མི་དད་དོ། །རླུང་གི་
ཁམས་ཡོངས་སུ་]དག་པ་གང་ཡིན་པ་དེ་ནི་ཤེས་རབ་ཀྱི་ཕ་རོལ་ཏུ་ཕྱིན་པ་ཡོངས་སུ་དག

3 [པ། ཤེས་རབ་ཀྱི་ཕ་རོལ་ཏུ་ཕྱིན་པ་ཡོངས་སུ་དག་པ་གང་ཡིན་པ་དེ་ནི། རླུང་གི་ཁམས་ཡོངས་སུ་དག་པ་སྟེ། དེ་ལྟར་ན་
རླུང་གི་ཁ]མས་ ⊙ ཡོངས་སུ་དག་པ་དང་། ཤེས་རབ་ཀྱི་ཕ་རོལ་ཏུ་ཕྱིན་པ་ཡོངས་

4 [སུ་དག་པ་འདི་ལ་གཉིས་སུ་མེད་དེ་གཉིས་སུ་བྱར་མེད་སོ་སོ་མ་ཡིན་ཐ་མི་དད་དོ། །ནམ་མཁའི་ཁམས་ཡོངས་སུ་དག་པ་ག]ང་
⊙ ཡིན་པ་དེ་ནི་ཤེས་རབ་ཀྱི་ཕ་རོལ་ཏུ་ཕྱིན་པ་ཡོངས་སུ་དག་པ་

5 [ཤེས་རབ་ཀྱི་ཕ་རོལ་ཏུ་ཕྱིན་པ་ཡོངས་སུ་དག་པ་གང་ཡིན་པ་དེ་ནི། ནམ་མཁའི་ཁམས་ཡོངས་སུ་དག་པ་སྟེ། དེ་ལྟར་ན་]
ནམ་མ ⊙ ཁའི་ཁམས་ཡོངས་སུ་དག་པ་དང་། ཤེས་རབ་ཀྱི་ཕ་རོལ་

6 [ཏུ་ཕྱིན་པ་ཡོངས་སུ་དག་པ་འདི་ལ་གཉིས་སུ་མེད་དེ་གཉིས་སུ་བྱར་མེད་སོ་སོ་མ་ཡིན་ཐ་མི་དད་དོ། །རྣམ་པར་]ཤེས་པའི་
ཁམས་ཡོངས་སུ་དག་པ་གང་ཡིན་པ་དེ་ནི། ཤེས་རབ་ཀྱི་ཕ་རོལ་ཏུ་ཕྱིན་པ་ཡོངས་

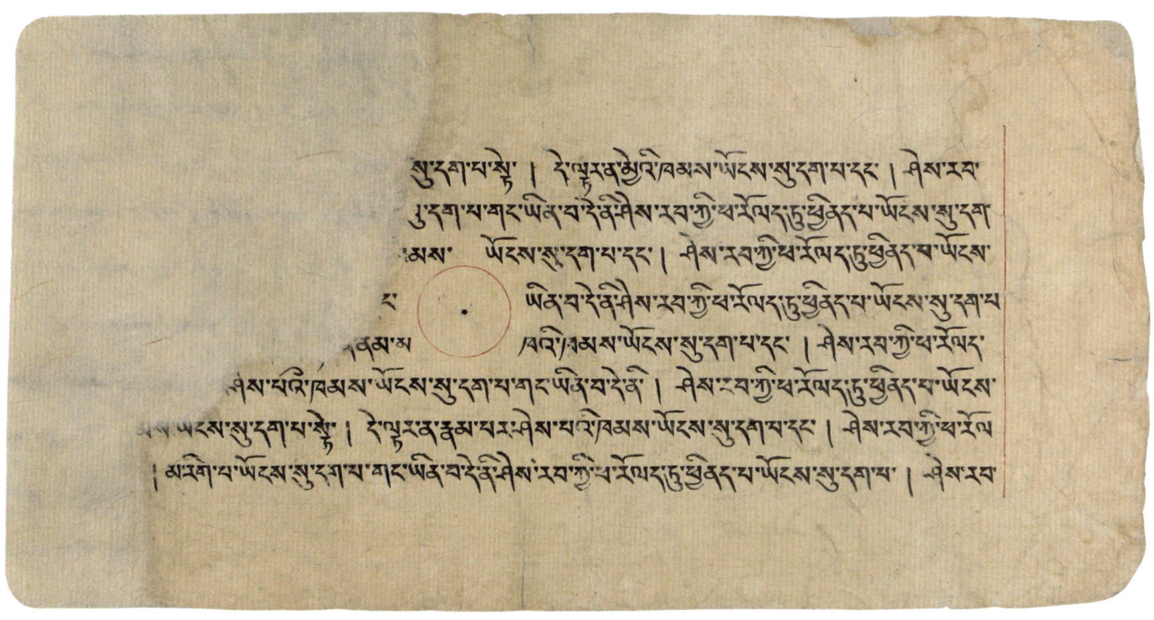

BH2—18 背面

7 [སུ་དག་པ། ཤེས་རབ་ཀྱི་ཕ་རོལ་ཏུ་ཕྱིནད་པ་ཡོངས་སུ་དག་པ་གང་ཡིན་པ་དེ་ནི། རྣམ་པར་ཤེས་པའི་ཁ]མས་ཡོངས་སུ་དག་པ་སྟེ། དེ་ལྟར་ན་རྣམ་པར་ཤེས་པའི་ཁམས་ཡོངས་སུ་དག་པ་དང་། ཤེས་རབ་ཀྱི་ཕ་རོལ་

8 [ཏུ་ཕྱིནད་པ་ཡོངས་སུ་དག་པ་འདི་ལ་གཉིས་སུ་མྱེད་དེ་གཉིས་སུ་བྱར་མྱེད་སོ་སོ་མ་ཡིན་ཐ་མྱི་དད་དོ།] །མ་རིག་པ་ཡོངས་སུ་དག་པ་གང་ཡིན་པ་དེ་ནི་ཤེས་རབ་ཀྱི་ཕ་རོལ་ཏུ་ཕྱིནད་པ་ཡོངས་སུ་དག་པ། ཤེས་རབ་

转写

正面

1 [shes rab kyi pha rold tu phyind pa yongs su dag pa | shes rab kyi pha rold tu phyind pa yongs su dag pa gang yin pa de] ni lus kyi ’dus te reg pa’i rkyend kyis tshor ba yongs su dag pa ste | de ltar na lus kyi ’dus te reg pa’i rkyend kyis

2 [tshor ba yongs su dag pa dang | shes rab kyi pha rold tu phyind pa yongs su dag pa ’di la gnyis su myed de gnyis su byar] myed so so ma yin tha myi dad do | yid kyi ’dus te reg pa’i rkyend kyis tshor ba yongs su dag pa gang yin

3 [pa de ni | shes rab kyi pha rold tu phyind pa yongs su dag pa | shes rab kyi pha rold tu phyind pa yongs su dag pa gang] yin pa de ni yid kyi ’dus ⊙ te reg pa’i rkyend kyis tshor ba yongs su dag pa ste | de ltar na

4 [yid kyi ’dus te reg pa’i rkyend kyis tshor ba yongs su dag pa dang | shes rab kyi pha rold tu phyind pa yongs su] dag ⊙ pa ’di la gnyis su myed de gnyis su byar myed so so ma yin

5 [tha myi dad do || sa’i khams yongs su dag pa gang yin pa de ni | shes rab kyi pha rold tu phyind pa yongs su dag] pa | ⊙ shes rab kyi pha rold tu phyind pa yongs su dag pa gang yin

6 [pa de ni | sa’i khams yongs su dag pa ste | de ltar na sa’i khams yongs su dag pa dang | shes rab kyi pha rold tu phyind pa yongs] su dag pa ’di la gnyis su myed de gnyis su byar myed so so ma yin tha myi dad do |

7 [chu’i khams yongs su dag pa gang yin pa de ni | shes rab kyi pha rold tu phyind pa yongs su dag pa | shes rab kyi pha rold tu phyind pa] yongs su dag pa gang yin pa de ni chu’i khams yongs su dag pa ste | de ltar

8 [na chu'i khams yongs su dag pa dang | shes rab kyi pha rold tu phyind pa yongs su
dag pa 'di la gnyis su myed de gnyis su byar myed] so so ma yin tha myi dad do |
mye'i khams yongs su dag pa gang yin pa de ni

背面

1 [shes rab kyi pha rold tu phyind pa yongs su dag pa | shes rab kyi pha rold tu phyind
pa yongs su dag pa gang yin pa de ni | mye'i khams yongs] su dag pa ste | de ltar na
mye'i khams yongs su dag pa dang | shes rab
2 [kyi pha rold tu phyind pa yongs su dag pa 'di la gnyis su myed de gnyis su byar
myed so so ma yin tha myi dad do || rlung gi khams yongs s]u dag pa gang yin pa
de ni shes rab kyi pha rold tu phyind pa yongs su dag
3 [pa | shes rab kyi pha rold tu phyind pa yongs su dag pa gang yin pa de ni | rlung gi
khams yongs su dag pa ste | de ltar na rlung gi kha]ms ⊙ yongs su dag pa dang |
shes rab kyi pha rold tu phyind pa yongs
4 [su dag pa 'di la gnyis su myed de gnyis su byar myed so so ma yin tha myi dad do
|| nam mkha'i khams yongs su dag pa ga]ng ⊙ yin pa de ni shes rab kyi pha rold tu
phyind pa yongs su dag pa
5 [shes rab kyi pha rold tu phyind pa yongs su dag pa gang yin pa de ni | nam mkha'i
khams yongs su dag pa ste | de ltar na] nam m⊙kha'i khams yongs su dag pa dang
| shes rab kyi pha rold
6 [tu phyind pa yongs su dag pa 'di la gnyis su myed de gnyis su byar myed so so ma
yin tha myi dad do || rnam par] shes pa'I khams yongs su dag pa gang yin pa de ni |
shes rab kyi pha rold tu phyind pa yongs
7 [su dag pa | shes rab kyi pha rold tu phyind pa yongs su dag pa gang yin pa de ni |
rnam par shes pa'i kha]ms yongs su dag pa ste | de ltar na rnam par shes pa'i khams
yongs su dag pa dang | shes rab kyi pha rol
8 [tu phyind pa yongs su dag pa 'di la gnyis su myed de gnyis su byar myed so so ma
yin tha myi dad do |]| ma rig pa yongs su dag pa gang yin pa de ni shes rab kyi pha

rold tu phyind pa yongs su dag pa | shes rab

《大般若波罗蜜多经》(《大正藏》第 5 册，经号：220，第 987 页下栏第 10 行至第 988 页上栏第 5 行)

觸界、身識界及身觸、身觸為緣所生諸受清淨即般若波羅蜜多清淨，般若波羅蜜多清淨即觸界乃至身觸為緣所生諸受清淨。何以故？是觸界乃至身觸為緣所生諸受清淨與般若波羅蜜多清淨，無二、無二分、無別、無斷故。

善現！意界清淨即般若波羅蜜多清淨，般若波羅蜜多清淨即意界清淨。何以故？是意界清淨與般若波羅蜜多清淨，無二、無二分、無別、無斷故。法界、意識界及意觸、意觸為緣所生諸受清淨即般若波羅蜜多清淨，般若波羅蜜多清淨即法界乃至意觸為緣所生諸受清淨。何以故？是法界乃至意觸為緣所生諸受清淨與般若波羅蜜多清淨，無二、無二分、無別、無斷故。

善現！地界清淨即般若波羅蜜多清淨，般若波羅蜜多清淨即地界清淨。何以故？是地界清淨與般若波羅蜜多清淨，無二、無二分、無別、無斷故。水、火、風、空、識界清淨即般若波羅蜜多清淨，般若波羅蜜多清淨即水、火、風、空、識界清淨。何以故？是水、火、風、空、識界清淨與般若波羅蜜多清淨，無二、無二分、無別、無斷故。

善現！無明清淨即般若波羅蜜多清淨，般若波羅蜜多清淨即無明清淨。何以故？是無明清淨與般若波羅蜜多清淨，無二、無二分、無別、無斷故。

说明

此为《十万颂般若经》(ཤེས་རབ་ཀྱི་ཕ་རོལ་ཏུ་ཕྱིན་པ་སྟོང་ཕྲག་བརྒྱ་པ།)，藏译见德格版《甘珠尔》，般若部（ཤེས་ཕྱིན།)，ཆ 函，经号：8，第 351 叶背面第 5 行至第 352 叶背面第 3 行。汉译参见〔唐〕玄奘译《大般若波罗蜜多经》第一百八十三卷，《大正藏》第 5 册，经号：220，第 987 页下栏第 10 行至第 988 页上栏第 5 行。

BH2-4
《十万颂般若经》

纸质，梵夹装，1叶，双面墨书，每面10行，18.3×32.7厘米。残，右侧残损近二分之一，左边框外侧写有页码56。所用纸张为皮纸。

BH2-4 100倍纸张纤维图

原文

正面，页码：ང་དྲུག =56

1 ། །པ་རྣམ་པར་དག་པ་འདི་ལ་གཉིས་སུ་མྱེད་དེ་གཉིས་སུ་བྱར་མྱེད་སོ་སོ་མ་ཡིན་ཐ་མྱི་དད་དོ། །རྣམ་པ་[ཐམས་ཅད་མཁྱེན་པ་ཉིད་རྣམ་པར་དག་པས། རྣ་བའི་འདུས་ཏེ་རེག་པའི་རྐྱེན་གྱིས་ཚོར་བ་རྣམ་པར་དག་པ། རྣ་བའི་འདུས་ཏེ་རེག་པའི་རྐྱེན་གྱིས་ཚོར་བ་]

2 རྣམ་པར་དག་པས། ཤེས་རབ་ཀྱི་ཕ་རོལ་དུ་ཕྱིན་པ་རྣམ་པར་དག་པ་སྟེ། དེ་ལྟར་ན་རྣམ་པ་ཐམས་ཅད་མཁྱེན་པ་ཉིད་རྣ[མ་པར་དག་པ་དང་། རྣ་བའི་འདུས་ཏེ་རེག་པའི་རྐྱེན་གྱིས་ཚོར་བ་རྣམ་པར་དག་པ་དང་། ཤེས་རབ་ཀྱི་ཕ་རོལ་དུ་ཕྱིན་པ་རྣམ་པར་དག་པ་འདི་ལ་གཉིས་སུ་]

3 མྱེད་དེ་གཉིས་སུ་བྱར་མྱེད་སོ་སོ་མ་ཡིན་ཐ་མྱི་དད་དོ། །རྣམ་པ་ཐམས་ཅད་མཁྱེན་པ་ཉིད་རྣམ་པར་དག་པས། སྣའི་འདུ[ས་ཏེ་རེག་པའི་རྐྱེན་གྱིས་ཚོར་བ་རྣམ་པར་དག་པ། སྣའི་འདུས་ཏེ་རེག་པའི་རྐྱེན་གྱིས་ཚོར་བ་རྣམ་པར་དག་པས། ཤེས་རབ་ཀྱི་ཕ་རོལ་དུ་ཕྱིན་པ་རྣམ་]

4 པར་དག་པ་སྟེ། དེ་ལྟར་ན་རྣམ་པ་ཐམས་ཅད་མཁྱེན་པ་ཉིད་རྣམ་པར་དག་པ་དང་། སྣའི་འདུས་ཏེ་རེག་པའི་རྐྱེན་གྱིས་ཚོར་བ་[རྣམ་པར་དག་པ་དང་། ཤེས་རབ་ཀྱི་ཕ་རོལ་དུ་ཕྱིན་པ་རྣམ་པར་དག་པ་འདི་ལ་གཉིས་སུ་མྱེད་དེ་གཉིས་སུ་བྱར་མྱེད་སོ་སོ་མ་ཡིན་ཐ་མྱི་དད་དོ། །རྣམ་]

5 པ་ཐམས་ཅད་མཁྱེན་པ་ཉིད་རྣམ་པར་དག་པས། ལྗེའི་འདུས་ཏེ་རེག་པའི་རྐྱེན་གྱིས་⊙ཚོར་བ་རྣམ་པར་དག་པ། ལྗེའི་[འདུས་ཏེ་རེག་པའི་རྐྱེན་གྱིས་ཚོར་བ་རྣམ་པར་དག་པས། ཤེས་རབ་ཀྱི་ཕ་རོལ་དུ་ཕྱིན་པ་རྣམ་པར་དག་པ་སྟེ། དེ་ལྟར་ན་རྣམ་པ་ཐམས་]

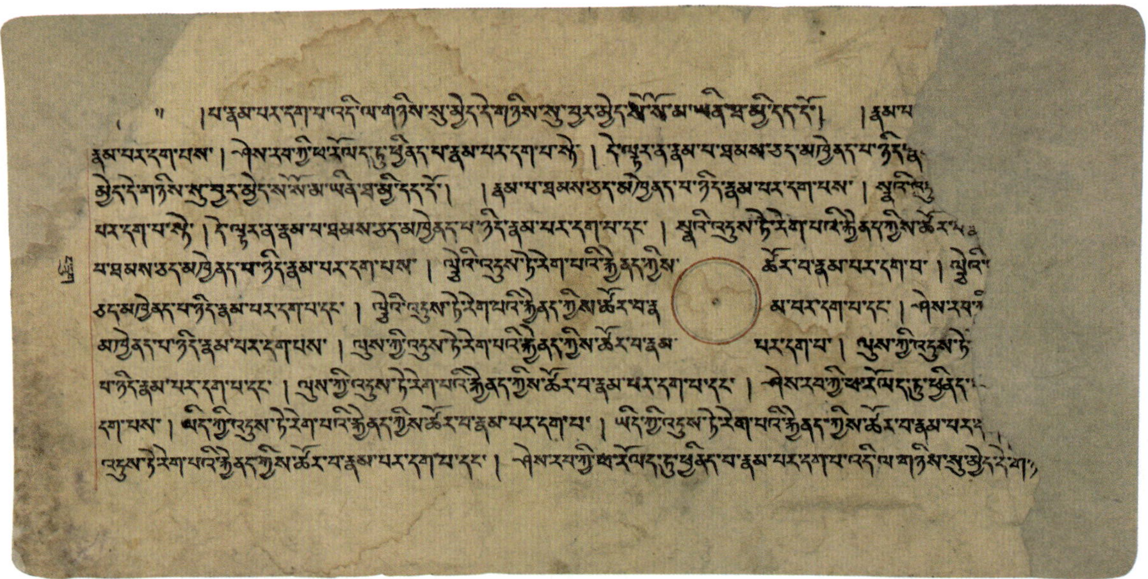

BH2–4 正面

6 ཅད་མཁྱེན་པ་ཉིད་རྣམ་པར་དག་པ་དང་། ལྕེའི་འདུས་ཏེ་རེག་པའི་རྐྱེནད་ཀྱིས་ཚོར་བ་རྣ⊙མ་པར་དག་པ་དང་། ཤེས་རབ་
[ཀྱི་ཕ་རོལ་ཏུ་ཕྱིནད་པ་རྣམ་པར་དག་པ་འདི་ལ་གཉིས་སུ་མེད་དེ་གཉིས་སུ་བྱར་མེད་སོ་སོ་མ་ཡིན་ཐ་མི་དད་དོ། །རྣམ་པ་
ཐམས་ཅད་]

7 མཁྱེན་པ་ཉིད་རྣམ་པར་དག་པས། ལུས་ཀྱི་འདུས་ཏེ་རེག་པའི་རྐྱེནད་ཀྱིས་ཚོར་བ་རྣམ་⊙པར་དག་པ། ལུས་ཀྱི་འདུས་ཏེ་
[རེག་པའི་རྐྱེནད་ཀྱིས་ཚོར་བ་རྣམ་པར་དག་པས། ཤེས་རབ་ཀྱི་ཕ་རོལ་ཏུ་ཕྱིནད་པ་རྣམ་པར་དག་པ་སྟེ། དེ་ལྟར་ན་རྣམ་པ་
ཐམས་ཅད་མཁྱེན་]

8 པ་ཉིད་རྣམ་པར་དག་པ་དང་། ལུས་ཀྱི་འདུས་ཏེ་རེག་པའི་རྐྱེནད་ཀྱིས་ཚོར་བ་རྣམ་པར་དག་པ་དང་། ཤེས་རབ་ཀྱི་ཕ་རོལ་
ཏུ་ཕྱིནད་[པ་རྣམ་པར་དག་པ་འདི་ལ་གཉིས་སུ་མེད་དེ་གཉིས་སུ་བྱར་མེད་སོ་སོ་མ་ཡིན་ཐ་མི་དད་དོ། །རྣམ་པ་ཐམས་ཅད་
མཁྱེན་པ་ཉིད་རྣམ་པར་]

9 དག་པས། ཡིད་ཀྱི་འདུས་ཏེ་རེག་པའི་རྐྱེནད་ཀྱིས་ཚོར་བ་རྣམ་པར་དག་པ། ཡིད་ཀྱི་འདུས་ཏེ་རེག་པའི་རྐྱེནད་ཀྱིས་ཚོར་བ་
རྣམ་པར་ད[ག་པས། ཤེས་རབ་ཀྱི་ཕ་རོལ་ཏུ་ཕྱིནད་པ་རྣམ་པར་དག་པ་སྟེ། དེ་ལྟར་ན་རྣམ་པ་ཐམས་ཅད་མཁྱེན་པ་ཉིད་
རྣམ་པར་དག་པ་དང་། ཡིད་ཀྱི་]

10 འདུས་ཏེ་རེག་པའི་རྐྱེནད་ཀྱིས་ཚོར་བ་རྣམ་པར་དག་པ་དང་། ཤེས་རབ་ཀྱི་ཕ་རོལ་ཏུ་ཕྱིནད་པ་རྣམ་པར་དག་པ་འདི་
ལ་གཉིས་སུ་མེད་དེ་གཉི[ས་སུ་བྱར་མེད་སོ་སོ་མ་ཡིན་ཐ་མི་དད་དོ། །རྣམ་པ་ཐམས་ཅད་མཁྱེན་པ་ཉིད་རྣམ་པར་དག་
པས། གཟུགས་རྣམ་པར་དག་པ། གཟུགས་]

背面

1 རྣམ་པར་དག་པས། བསམ་གཏན་གྱི་ཕ་རོལ་ཏུ་ཕྱིནད་པ་རྣམ་པར་དག་པ་སྟེ། དེ་ལྟར་ན་རྣམ་པ་ཐམས་ཅད་མཁྱེན་པ་ཉིད་
རྣམ་པར་དག་པ་[དང་། གཟུགས་རྣམ་པར་དག་པ་དང་། བསམ་གཏན་གྱི་ཕ་རོལ་ཏུ་ཕྱིནད་པ་རྣམ་པར་དག་པ་འདི་ལ་གཉིས་
སུ་མེད་དེ་གཉིས་སུ་བྱར་མེད་]

2 སོ་སོ་མ་ཡིན་ཐ་མི་དད་དོ། །རྣམ་པ་ཐམས་ཅད་མཁྱེན་པ་ཉིད་རྣམ་པར་དག་པས། ཚོར་བ་རྣམ་པར་དག་པ། ཚོར་བ་རྣམ་
པར་དག་པ[ས། བསམ་གཏན་གྱི་ཕ་རོལ་ཏུ་ཕྱིནད་པ་རྣམ་པར་དག་པ་སྟེ། དེ་ལྟར་ན་རྣམ་པ་ཐམས་ཅད་མཁྱེན་པ་ཉིད་རྣམ་
པར་དག་པ་དང་། ཚོར་བ་རྣམ་]

3 པར་དག་པ་དང་། བསམ་གཏན་གྱི་ཕ་རོལ་ཏུ་ཕྱིནད་པ་རྣམ་པར་དག་པ་འདི་ལ་གཉིས་སུ་མེད་དེ་གཉིས་སུ་བྱར་མེད་སོ་སོ་
མ་ཡིན་ཐ་[མི་དད་དོ། །རྣམ་པ་ཐམས་ཅད་མཁྱེན་པ་ཉིད་རྣམ་པར་དག་པས། འདུ་ཤེས་རྣམ་པར་དག་པ། འདུ་ཤེས་རྣམ་པར་
དག་པས། བསམ་གཏན་གྱི་]

4 ཕ་རོལ་ཏུ་ཕྱིནད་པ་རྣམ་པར་དག་པ་སྟེ། དེ་ལྟར་ན་རྣམ་པ་ཐམས་ཅད་མཁྱེན་པ་ཉིད་རྣམ་པར་དག་པ་དང་། འདུ་ཤེས་རྣམ་
པར་[དག་པ་དང་། བསམ་གཏན་གྱི་ཕ་རོལ་ཏུ་ཕྱིནད་པ་རྣམ་པར་དག་པ་འདི་ལ་གཉིས་སུ་མེད་དེ་གཉིས་སུ་བྱར་མེད་སོ་སོ་

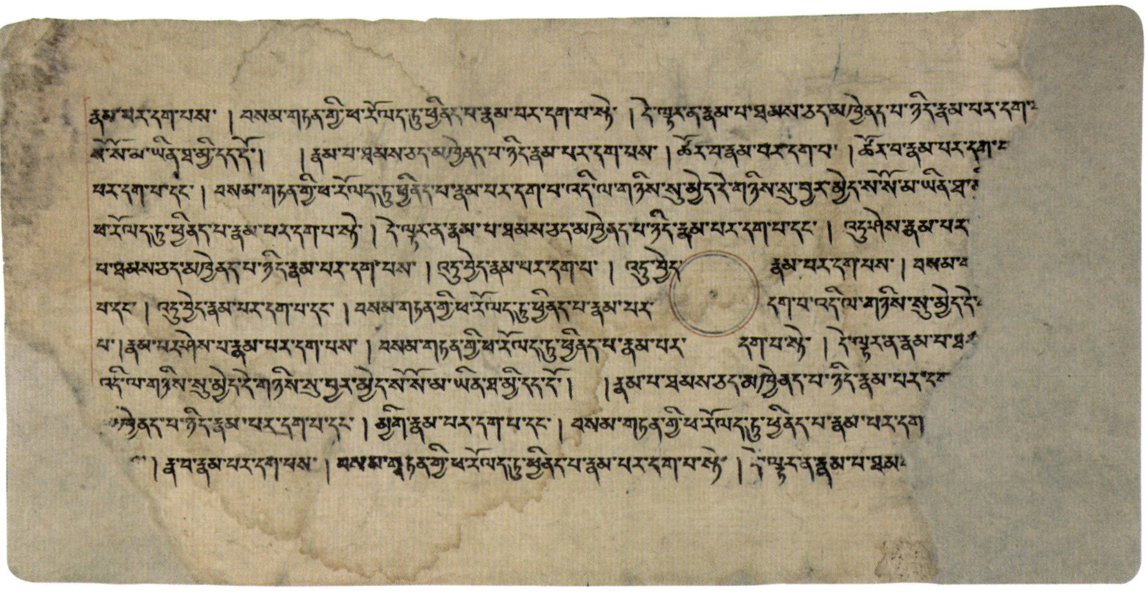

BH2-4 背面

མ་ཡིན་ཐ་སྒྲི་དད་དོ། །རྣམ་]

5 པ་ཐམས་ཅད་མཁྱེནད་པ་ཉིད་རྣམ་པར་དག་པས། འདུ་བྱེད་རྣམ་པར་དག་པ། འདུ་བྱེད་⊙རྣམ་པར་དག་པས། བསམ་ག[ཏན་
གྱི་ཕ་རོལད་ཏུ་ཕྱིནད་པ་རྣམ་པར་དག་པ་སྟེ། དེ་ལྟར་ན་རྣམ་པ་ཐམས་ཅད་མཁྱེནད་པ་ཉིད་རྣམ་པར་དག་]

6 པ་དང་། འདུ་བྱེད་རྣམ་པར་དག་པ་དང་། བསམ་གཏན་གྱི་ཕ་རོལད་ཏུ་ཕྱིནད་པ་རྣམ་པར་⊙དག་པ་འདི་ལ་གཉིས་སུ་མྱེད་དེ་
[གཉིས་སུ་བྱར་མྱེད་སོ་སོ་མ་ཡིན་ཐ་སྒྲི་དད་དོ། །རྣམ་པ་ཐམས་ཅད་མཁྱེནད་པ་ཉིད་རྣམ་པར་དག་པས། རྣམ་པར་ཤེས་པ་རྣམ་
པར་དག་]

7 པ། རྣམ་པར་ཤེས་པ་རྣམ་པར་དག་པས། བསམ་གཏན་གྱི་ཕ་རོལད་ཏུ་ཕྱིནད་པ་རྣམ་པར་⊙དག་པ་སྟེ། དེ་ལྟར་ན་རྣམ་པ་
ཐམ[ས་ཅད་མཁྱེནད་པ་ཉིད་རྣམ་པར་དག་པ་དང་། རྣམ་པར་ཤེས་པ་རྣམ་པར་དག་པ་དང་། བསམ་གཏན་གྱི་ཕ་རོལད་ཏུ་
ཕྱིནད་པ་རྣམ་པར་དག་པ་]

8 འདི་ལ་གཉིས་སུ་མྱེད་དེ་གཉིས་སུ་བྱར་མྱེད་སོ་སོ་མ་ཡིན་ཐ་སྒྲི་དད་དོ། །རྣམ་པ་ཐམས་ཅད་མཁྱེནད་པ་ཉིད་རྣམ་པར་དག་
[པས། མྱིག་རྣམ་པར་དག་པ། མྱིག་རྣམ་པར་དག་པས། བསམ་གཏན་གྱི་ཕ་རོལད་ཏུ་ཕྱིནད་པ་རྣམ་པར་དག་པ་སྟེ། དེ་ལྟར་
ན་རྣམ་པ་ཐམས་ཅད་]

9 མཁྱེནད་པ་ཉིད་རྣམ་པར་དག་པ་དང་། མྱིག་རྣམ་པར་དག་པ་དང་། བསམ་གཏན་གྱི་ཕ་རོལད་ཏུ་ཕྱིནད་པ་རྣམ་པར་དག་[པ་
འདི་ལ་གཉིས་སུ་མྱེད་དེ་གཉིས་སུ་བྱར་མྱེད་སོ་སོ་མ་ཡིན་ཐ་སྒྲི་དད་དོ། །རྣམ་པ་ཐམས་ཅད་མཁྱེནད་པ་ཉིད་རྣམ་པར་དག་
པས། རྣ་བ་རྣམ་པར་]

10 [དག་པ]། རྣ་བ་རྣམ་པར་དག་པས། བསམ་གཏན་གྱི་ཕ་རོལད་ཏུ་ཕྱིནད་པ་རྣམ་པར་དག་པ་སྟེ། དེ་ལྟར་ན་རྣམ་པ་ཐམས་[ཅད་
མཁྱེནད་པ་ཉིད་རྣམ་པར་དག་པ་དང་། རྣ་བ་རྣམ་པར་དག་པ་དང་། བསམ་གཏན་གྱི་ཕ་རོལད་ཏུ་ཕྱིནད་པ་རྣམ་པར་དག་པ་འདི་
ལ་གཉིས་སུ་མྱེད་དེ་གཉིས་སུ་བྱར་མྱེད་སོ་སོ་མ་ཡིན་ཐ་མྱི་དད་དོ།།]

转写

正面，页码：nga drug =56

1 | pa rnam par dag pa ’di la gnyis su myed de gnyis su byar myed so so ma yin tha myi dad do || rnam pa [thams cad mkhyend pa nyid rnam par dag pas | rna ba’i ’dus te reg pa’i rkyend kyis tshor ba rnam par dag pa | rna ba’i ’dus te reg pa’i rkyend kyis tshor ba]

2 rnam par dag pas | shes rab kyi pha rold tu phyind pa rnam par dag pa ste | de ltar na rnam pa thams cad mkhyend pa nyid r[nam par dag pa dang | rna ba’i ’dus te reg pa’i rkyend kyis tshor ba rnam par dag pa dang | shes rab kyi pha rold tu phyind pa rnam par dag pa ’di la gnyis su]

3 myed de gnyis su byar myed so so ma yin tha myi dad do || rnam pa thams cad mkhyend pa nyid rnam par dag pas | sna’i ’du[s te reg pa’i rkyend kyis tshor ba rnam par dag pa | sna’i ’dus te reg pa’i rkyend kyis tshor ba rnam par dag pas | shes rab kyi pha rold tu phyind pa rnam]

4 par dag pa ste | de ltar na rnam pa thams cad mkhyend pa nyid rnam par dag pa dang | sna’i ’dus te reg pa’i rkyend kyis tshor ba [rnam par dag pa dang | shes rab kyi pha rold tu phyin pa rnam par dag pa ’di la gnyis su myed de gnyis su byar myed so so ma yin tha myi dad do || rnam]

5 pa thams cad mkhyend pa nyid rnam par dag pas | lce’i ’dus te reg pa’i rkyend kyis ⊙ tshor ba rnam par dag pa | lce’i [’dus te reg pa’i rkyend kyis tshor ba rnam par dag pas | shes rab kyi pha rold tu phyind pa rnam par dag pa ste | de ltar na rnam pa thams]

6 cad mkhyend pa nyid rnam par dag pa dang | lce’i ’dus te reg pa’i rkyend kyis tshor ba rna⊙m par dag pa dang | shes rab [kyi pha rold tu phyind pa rnam par dag pa

’di la gnyis su myed de gnyis su byar myed so so ma yin tha myi dad do || rnam pa thams cad]

7 mkhyend pa nyid rnam par dag pas | lus kyi ’dus te reg pa’i rkyend kyis tshor ba rnam ⊙ par dag pa | lus kyi ’dus te [reg pa’i rkyend kyis tshor ba rnam par dag pas | shes rab kyi pha rold tu phyind pa rnam par dag pa ste | de ltar na rnam pa thams cad mkhyend]

8 pa nyid rnam par dag pa dang | lus kyi ’dus te reg pa’i rkyend kyis tshor ba rnam par dag pa dang | shes rab kyi pha rold tu phyind [pa rnam par dag pa ’di la gnyis su myed de gnyis su byar myed so so ma yin tha myi dad do || rnam pa thams cad mkhyend pa nyid rnam par]

9 dag pas | yid kyi ’dus te reg pa’i rkyend kyis tshor ba rnam par dag pa | yid kyi ’dus te reg pa’i rkyend kyis tshor ba rnam par da[g pas | shes rab kyi pha rold tu phyind pa rnam par dag pa ste | de ltar na rnam pa thams cad mkhyend pa nyid rnam par dag pa dang | yid kyi]

10 ’dus te reg pa’i rkyend kyis tshor ba rnam par dag pa dang | shes rab kyi pha rol tu phyind pa rnam par dag pa ’di la gnyis su myed de gny[is su byar myed so so ma yin tha myi dad do || rnam pa thams cad mkhyend pa nyid rnam par dag pas | gzugs rnam par dag pa | gzugs]

背面

1 rnam par dag pas | bsam gtan gyi pha rold tu phyind pa rnam par dag pa ste | de ltar na rnam pa thams cad mkhyend pa nyid rnam par dag pa [dang | gzugs rnam par dag pa dang | bsam gtan gyi pha rold tu phyind pa rnam par dag pa ’di la gnyis su myed de gnyis su byar myed]

2 so so ma yin tha myi dad do || rnam pa thams cad mkhyend pa nyid rnam par dag pas | tshor ba rnam par dag pa | tshor ba rnam par dag pa[s | bsam gtan gyi pha rold tu phyind pa rnam par dag pa ste | de ltar na rnam pa thams cad mkhyend pa nyid rnam par dag pa dang | tshor ba rnam]

3 par dag pa dang | bsam gtan gyi pha rold tu phyind pa rnam par dag pa ’di la gnyis su myed de gnyis su byar myed so so ma yin tha [myi dad do || rnam pa thams cad mkhyend pa nyid rnam par dag pas | ’du shes rnam par dag pa | ’du shes rnam par dag pas | bsam gtan gyi]

4 pha rold tu phyind pa rnam par dag pa ste | de ltar na rnam pa thams cad mkhyend pa nyid rnam par dag pa dang | ’du shes rnam par [dag pa dang | bsam gtan gyi pha rold tu phyind pa rnam par dag pa ’di la gnyis su myed de gnyis su byar myed so so ma yin tha myi dad do || rnam]

5 pa thams cad mkhyend pa nyid rnam par dag pas | ’du byed rnam par dag pa | ’du byed ⊙ rnam par dag pas | bsam g[tan gyi pha rold tu phyind pa rnam par dag pa ste | de ltar na rnam pa thams cad mkhyend pa nyid rnam par dag]

6 pa dang | ’du byed rnam par dag pa dang | bsam gtan gyi pha rold tu phyind pa rnam par ⊙ dag pa ’di la gnyis su myed de [gnyis su byar myed so so ma yin tha myi dad do || rnam pa thams cad mkhyend pa nyid rnam par dag pas | rnam par shes pa rnam par dag]

7 pa | rnam par shes pa rnam par dag pas | bsam gtan gyi pha rold tu phyind pa rnam par ⊙ dag pa ste | de ltar na rnam pa tham[s cad mkhyend pa nyid rnam par dag pa dang | rnam par shes pa rnam par dag pa dang | bsam gtan gyi pha rold tu phyind pa rnam par dag pa]

8 ’di la gnyis su myed de gnyis su byar myed so so ma yin tha myi dad do || rnam pa thams cad mkhyend pa nyid rnam par dag [pas | myig rnam par dag pa | myig rnam par dag pas | bsam gtan gyi pha rold tu phyind pa rnam par dag pa ste | de ltar na rnam pa thams cad]

9 mkhyend pa nyid rnam par dag pa dang | myig rnam par dag pa dang | bsam gtan gyi pha rold tu phyind pa rnam par dag [pa ’di la gnyis su myed de gnyis su byar myed so so ma yin tha myi dad do || rnam pa thams cad mkhyend pa nyid rnam par dag pas | rna ba rnam par]

10 [dag pa] | rna ba rnam par dag pas | bsam gtan gyi pha rold tu phyind pa rnam par

dag pa ste | de ltar na rnam pa thams [cad mkhyend pa nyid rnam par dag pa dang | rna ba rnam par dag pa dang | bsam gtan gyi pha rold tu phyind pa rnam par dag pa 'di la gnyis su myed de gnyis su byar myed so so ma yin tha myi dad do ||]

《大般若波罗蜜多经》(《大正藏》第 6 册，经号：220，第 235 页中栏第 2 行至下栏第 25 行)

善現！一切智智清淨故，耳界清淨，耳界清淨故，般若波羅蜜多清淨。何以故？若一切智智清淨，若耳界清淨，若般若波羅蜜多清淨，無二、無二分、無別、無斷故。一切智智清淨故，聲界、耳識界及耳觸、耳觸為緣所生諸受清淨，聲界乃至耳觸為緣所生諸受清淨故，般若波羅蜜多清淨。何以故？若一切智智清淨，若聲界乃至耳觸為緣所生諸受清淨，若般若波羅蜜多清淨，無二、無二分、無別、無斷故。

善現！一切智智清淨故，鼻界清淨，鼻界清淨故，般若波羅蜜多清淨。何以故？若一切智智清淨，若鼻界清淨，若般若波羅蜜多清淨，無二、無二分、無別、無斷故。一切智智清淨故，香界、鼻識界及鼻觸、鼻觸為緣所生諸受清淨，香界乃至鼻觸為緣所生諸受清淨故，般若波羅蜜多清淨。何以故？若一切智智清淨，若香界乃至鼻觸為緣所生諸受清淨，若般若波羅蜜多清淨，無二、無二分、無別、無斷故。

善現！一切智智清淨故，舌界清淨，舌界清淨故，般若波羅蜜多清淨。何以故？若一切智智清淨，若舌界清淨，若般若波羅蜜多清淨，無二、無二分、無別、無斷故。一切智智清淨故，味界、舌識界及舌觸、舌觸為緣所生諸受清淨，味界乃至舌觸為緣所生諸受清淨故，般若波羅蜜多清淨。何以故？若一切智智清淨，若味界乃至舌觸為緣所生諸受清淨，若般若波羅蜜多清淨，無二、無二分、無別、無斷故。

善現！一切智智清淨故，身界清淨，身界清淨故，般若波羅蜜多清淨。何以故？若一切智智清淨，若身界清淨，若般若波羅蜜多清淨，無二、無二分、無別、無斷故。一切智智清淨故，觸界、身識界及身觸、身觸為緣所生諸受清淨，觸界乃至身觸為緣所生諸受清淨故，般若波羅蜜多清淨。何以故？若一切智智清淨，若觸界乃至身觸為緣所生諸受清淨，若般若波羅蜜多清淨，無二、無二分、無別、無斷故。

善現！一切智智清淨故，意界清淨，意界清淨故，般若波羅蜜多清淨。何以故？若一切智智清淨，若意界清淨，若般若波羅蜜多清淨，無二、無二分、無別、無斷故。

一切智智清淨故，法界、意識界及意觸、意觸為緣所生諸受清淨，法界乃至意觸為緣所生諸受清淨故，般若波羅蜜多清淨。何以故？若一切智智清淨，若法界乃至意觸為緣所生諸受清淨，若般若波羅蜜多清淨，無二、無二分、無別、無斷故。

说明

此为《十万颂般若经》(ཤེས་རབ་ཀྱི་ཕ་རོལ་ཏུ་ཕྱིན་པ་སྟོང་ཕྲག་བརྒྱ་པ།)，藏译见德格版《甘珠尔》，般若部（ཤེས་ཕྱིན།），ཉ函，经号：8，第100叶背面第5行至第102叶正面第4行。汉译参见〔唐〕玄奘译《大般若波罗蜜多经》第二百四十四卷，《大正藏》第6册，经号：220，第235页中栏第2行至下栏第25行。

BH2-11
《十万颂般若经》

纸质，梵夹装，1 叶，双面墨书，每面 9 行，20.4×49.8 厘米。残，左侧残损较大。所用纸张为皮纸。

BH2-11 100 倍纸张纤维图

原文

正面

1 [བཅོམ་ལྡན་འདས་ཀྱྀས་བཀའ་སྩལད་པ། ཤ་ར]དྭ་ཏིའི་བུ་རང་གི་མཚན་ཉིད་སྟོང་པ་ཉིད་ཀྱྀ་ཕྱྀར་རྣམ་པར་དག་པས་བྱང་
ཆུབ་ཀྱྀ་ཡན་ལག་རྣམས་སྐྱྀ་ཞེས་སོ། །གསོལད་པ་བཅོམ་ལྡན་འདས་རྣམ་པར་དག་པས་འཕགས་

2 [པའི་ལམ་ཡན་ལག་བརྒྱད་པ་མ་འཚལད་ཏོ། །བཅོམ་]ལྡན་འདས་ཀྱྀས་བཀའ་སྩལད་པ། ཤ་ར་དྭ་ཏིའི་བུ་ཤིན་ཏུ་རྣམ་པར་
དག་པའི་ཕྱྀར་རོ། གསོལད་པ་བཅོམ་ལྡན་འདས་ཇི་ལྟར་ན་རྣམ་པར་དག་པས་འཕགས་པའི་ལམ་ཡན་

3 [ལག་བརྒྱད་པ་མ་འཚལད་པ་ལགས། བཅོམ་ལྡན་འད]ས་ཀྱྀས་བཀའ་སྩལད་པ། ཤ་ར་དྭ་ཏིའི་བུ་རང་གི་མཚན་ཉིད་སྟོང་པ་
ཉིད་ཀྱྀ་ཕྱྀར་རྣམ་པར་དག་པས་འཕགས་པའི་ལམ་ཡན་ལག་བརྒྱད་པ་སྐྱྀ་ཞེས་སོ། །གསོལད་པ་

4 [བཅོམ་ལྡན་འདས་རྣམ་པར་དག་པས། འཕགས་པའི་བདེ]ན་པ་རྣམས་⊙མ་འཚལད་ཏོ། བཅོམ་ལྡན་འདས་འདས་ཀྱྀས་
བཀའ་སྩལད་པ། ⊙ ཤ་ར་དྭ་ཏིའི་བུ་ཤིན་ཏུ་རྣམ་པར་དག་པའི་ཕྱྀར་རོ། གསོལད་པ་བཅོམ་

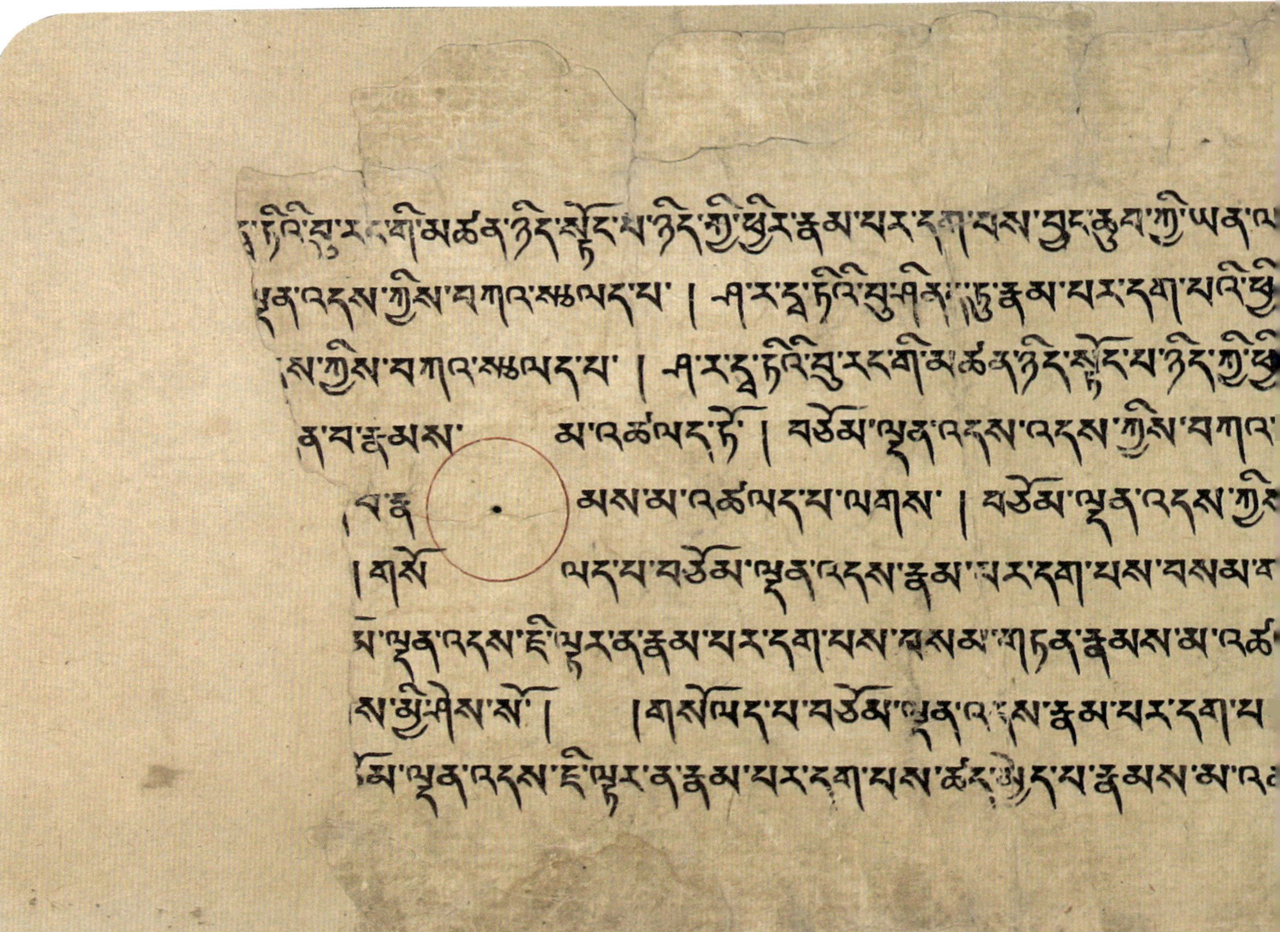

BH2-11 正面

5 [ལྡན་འདས་ཇི་ལྟར་ན་རྣམ་པར་དག་པས། འཕགས་པའི་བདེན་]པ་རྣ⊙མས་མ་འཚལད་པ་ལགས། བཅོམ་ལྡན་འདས་ཀྱིས་
བཀའ་སྩ⊙ལད་པ། ཤ་ར་དྭ་ཏིའི་བུ་རང་གི་མཚན་ཉིད་སྟོང་པ་ཉིད་ཀྱི་ཕྱིར་རྣམ་
6 [པར་དག་པས། འཕགས་པའི་བདེན་པ་རྣམས་ཀྱི་ཞེས་སོ།།] །གསོ⊙ལད་པ་བཅོམ་ལྡན་འདས་རྣམ་པར་དག་པས་བསམ་
གཏན་རྣམས་མ་⊙འཚལད་ཏོ། བཅོམ་ལྡན་འདས་ཀྱིས་བཀའ་སྩལད་པ། ཤ་ར་དྭ་
7 [ཏིའི་བུ་ཞིན་ཏུ་རྣམ་པར་དག་པའི་ཕྱིར་རོ། །གསོལད་པ་བཅོ]མ་ལྡན་འདས་ཇི་ལྟར་ན་རྣམ་པར་དག་པས་བསམ་གཏན་རྣམས་
མ་འཚལད་པ་ལགས། བཅོམ་ལྡན་འདས་ཀྱིས་བཀའ་སྩལད་པ། ཤ་ར་དྭ་ཏིའི་བུ་རང་གི་མཚན་
8 [ཉིད་སྟོང་པ་ཉིད་ཀྱི་ཕྱིར་རྣམ་པར་དག་པས་བསམ་གཏན་རྣམ]ས་ཀྱི་ཞེས་སོ། །གསོལད་པ་བཅོམ་ལྡན་འདས་རྣམ་པར་དག་
པས་ཚད་མེད་པ་རྣམས་མ་འཚལད་ཏོ། བཅོམ་ལྡན་འདས་ཀྱིས་བཀའ་སྩལད་པ། ཤ་ར་དྭ་
9 [ཏིའི་བུ་ཞིན་ཏུ་རྣམ་པར་དག་པའི་ཕྱིར་རོ། གསོལད་པ་བཅོ]མ་ལྡན་འདས་ཇི་ལྟར་ན་རྣམ་པར་དག་པས་ཚད་མེད་པ་རྣམས་
མ་འཚལད་པ་ལགས། བཅོམ་ལྡན་འདས་ཀྱིས་བཀའ་སྩལད་པ། ཤ་ར་དྭ་ཏིའི་བུ་རང་གི་

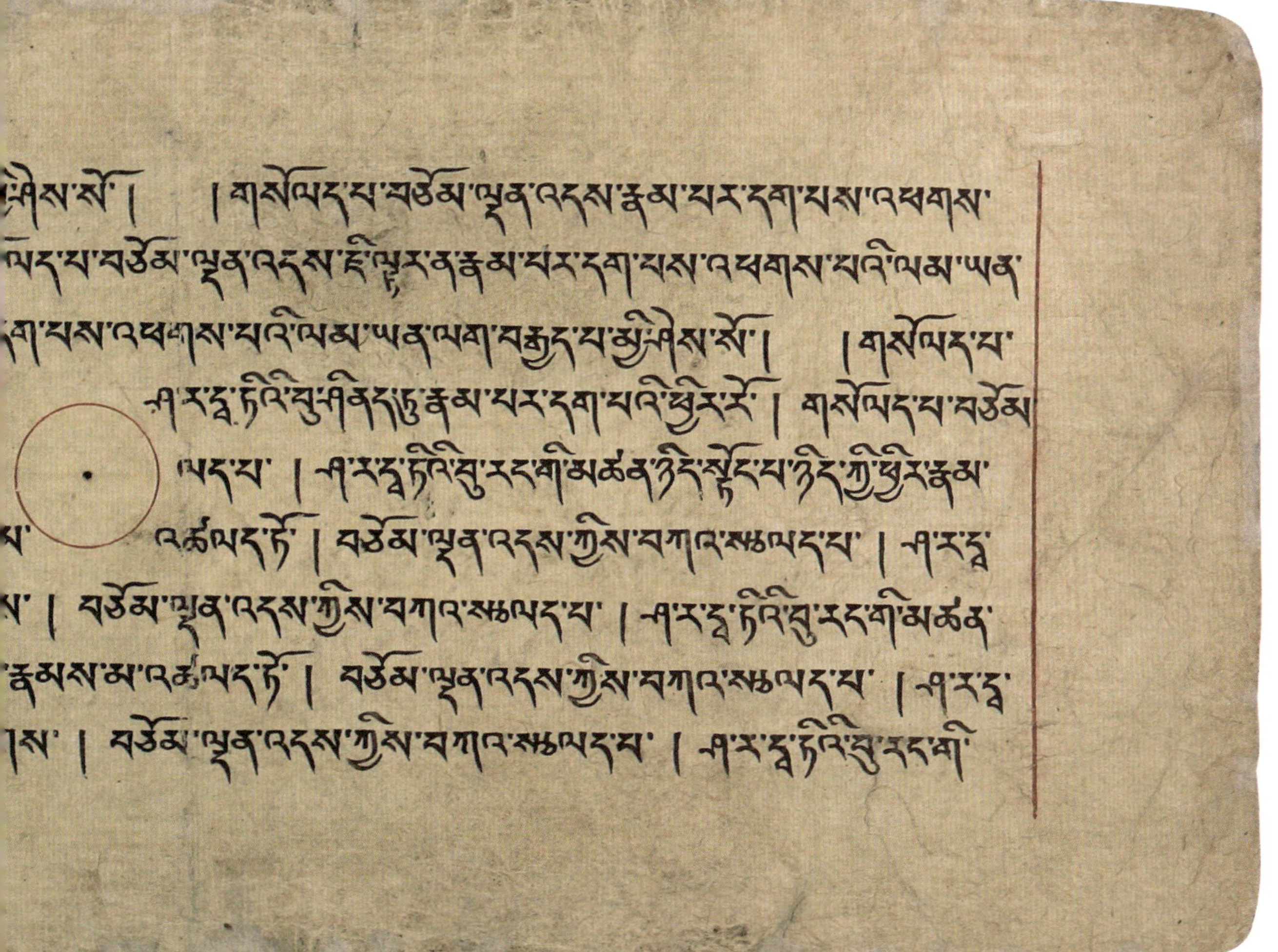

背面

1 [མཚན་ཉིད་སྟོང་པ་ཉིད་ཀྱི་ཕྱིར་རྣམ་པར་དག་པས་ཚད་མྱེད་པ་]རྣམས་མྱི་ཤེས་སོ། །གསོལད་པ་བཅོམ་ལྡན་འདས་རྣམ་པར་
དག་པས་གཟུགས་མྱེད་པའི་སྙོམས་པར་འཇུག་པ་རྣམས་མ་འཚལད་ཏོ། །བཅོམ་ལྡན་འདས་

2 [ཀྱིས་བཀའ་སྩལད་པ། ཤ་ར་དྭ་ཏིའི་བུ་ཤིན་ཏུ་རྣམ་པར་ད]ག་པའི་ཕྱིར་རོ། གསོལད་པ་བཅོམ་ལྡན་འདས་ཇི་ལྟར་ན་རྣམ་
པར་དག་པས་གཟུགས་མྱེད་པའི་སྙོམས་པར་འཇུག་པ་རྣམས་མ་འཚལད་པ་ལགས། བཅོམ་ལྡན་

3 [འདས་ཀྱིས་བཀའ་སྩལད་པ། ཤ་ར་དྭ་ཏིའི་བུ་རང་གི་མཚན་]ཉིད་སྟོང་པ་ཉིད་ཀྱི་ཕྱིར་རྣམ་པར་དག་པས་གཟུགས་མྱེད་པའི་
སྙོམས་པར་འཇུག་པ་རྣམས་མྱི་ཤེས་སོ། །གསོལད་པ་བཅོམ་ལྡན་འདས་རྣམ་པར་དག་པས་

4 [རྣམ་པར་ཐར་པ་བརྒྱད་མ་འཚལད་ཏོ། །བཅོམ་ལྡན་འད]ས་ཀྱིས་⊙བཀའ་སྩལད་པ། ཤ་ར་དྭ་ཏིའི་བུ་ཤིན་ཏུ་རྣམ་པར་
དག་པའི་ཕྱིར་རོ⊙། གསོལད་པ་བཅོམ་ལྡན་འདས་ཇི་ལྟར་ན་རྣམ་པར་དག་པས་རྣམ་

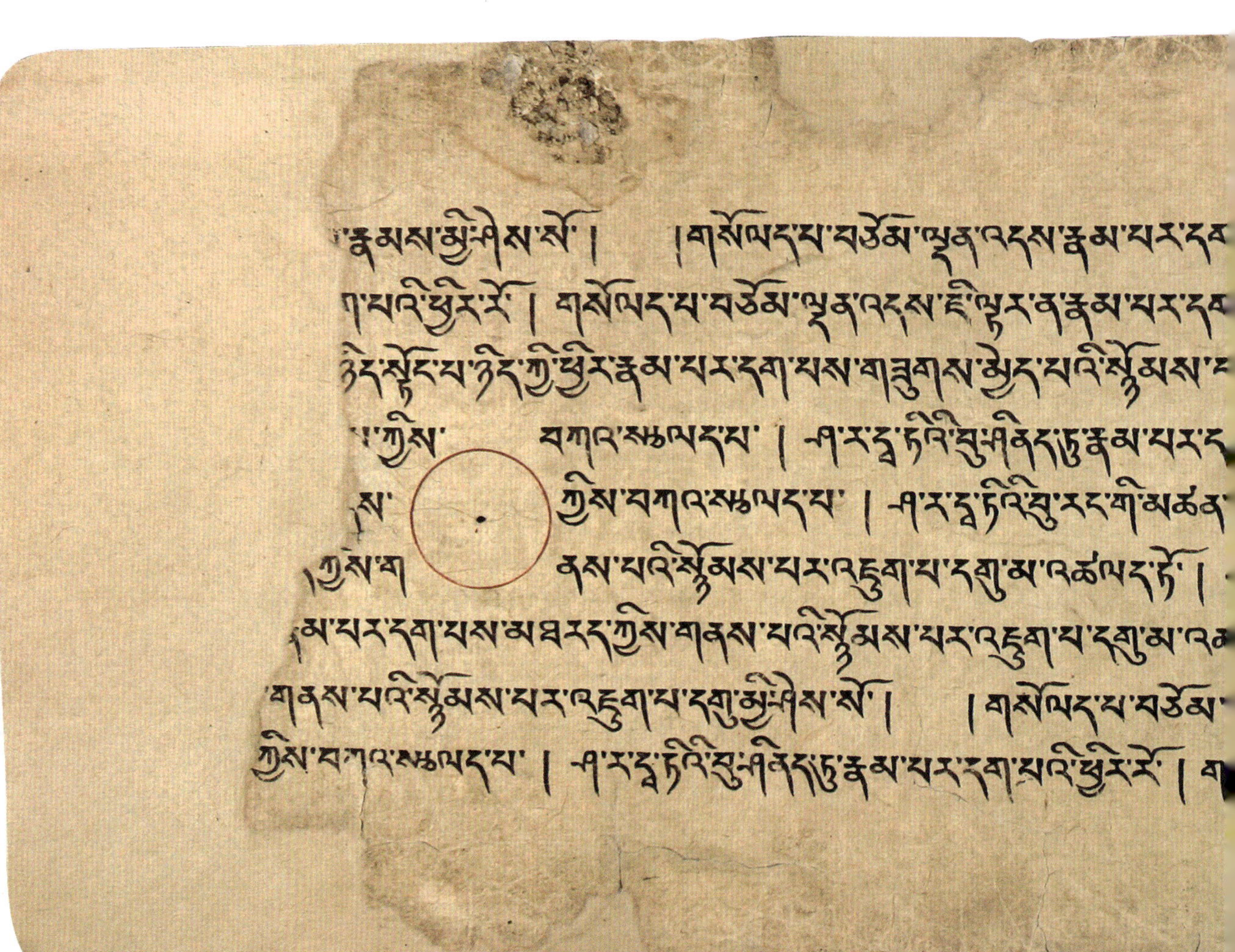

BH2–11 背面

5 [པར་ཐརད་པ་བརྒྱད་མ་འཚལད་པ་ལགས། བཅོམ་ལྡན་འད]ས་⊙ཀྱིས་བཀའ་སྩལད་པ། ཤ་ར་དྭ་ཏིའི་བུ་རང་གི་མཚན་ཉིད་
སྟོང་པ་ཉི⊙ད་ཀྱི་ཕྱིར་རྣམ་པར་དག་པས་རྣམ་པར་ཐརད་པ་བརྒྱད་སྦྱི་ཤེས་སོ།
6 [གསོལད་པ་བཅོམ་ལྡན་འདས་རྣམ་པར་དག་པས་མཐརད་]ཀྱིས་ག⊙ནས་པའི་སྙོམས་པར་འཇུག་པ་དགུ་མ་འཚལད་
ཏོ། བཅོམ་ལྡན་འ⊙དས་ཀྱིས་བཀའ་སྩལད་པ། ཤ་ར་དྭ་ཏིའི་བུ་ཤིནད་ཏུ་རྣམ་པར་དག
7 [པའི་ཕྱིར་རོ། །གསོལད་པ་བཅོམ་ལྡན་འདས་ཇི་ལྟར་ན་]རྣམ་པར་དག་པས་མཐརད་ཀྱིས་གནས་པའི་སྙོམས་པར་འཇུག་པ་
དགུ་མ་འཚལད་པ་ལགས། བཅོམ་ལྡན་འདས་ཀྱིས་བཀའ་སྩལད་པ། ཤ་ར་དྭ་ཏིའི་བུ་རང་གི་མཚན་
8 [ཉིད་སྟོང་པ་ཉིད་ཀྱི་ཕྱིར་རྣམ་པར་དག་པས། མཐརད་ཀྱིས་]གནས་པའི་སྙོམས་པར་འཇུག་པ་དགུ་སྦྱི་ཤེས་སོ། །གསོལད་པ་
བཅོམ་ལྡན་འདས་རྣམ་པར་དག་པས་རྣམ་པར་ཐརད་པའི་སྒོ་སྟོང་པ་ཉིད་དང་མཚན་མ་མྱེད་པ་དང་།
9 [སྨོན་པ་མྱེད་པ་མ་འཚལད་ཏོ། །བཅོམ་ལྡན་འདས་]ཀྱིས་བཀའ་སྩལད་པ། ཤ་ར་དྭ་ཏིའི་བུ་ཤིནད་ཏུ་རྣམ་པར་དག་པའི་ཕྱིར་
རོ། གསོལད་པ་བཅོམ་ལྡན་འདས་ཇི་ལྟར་ན་རྣམ་པར་དག་པས་རྣམ་པར་ཐརད་པའི་སྒོ་སྟོང་པ་ཉིད་

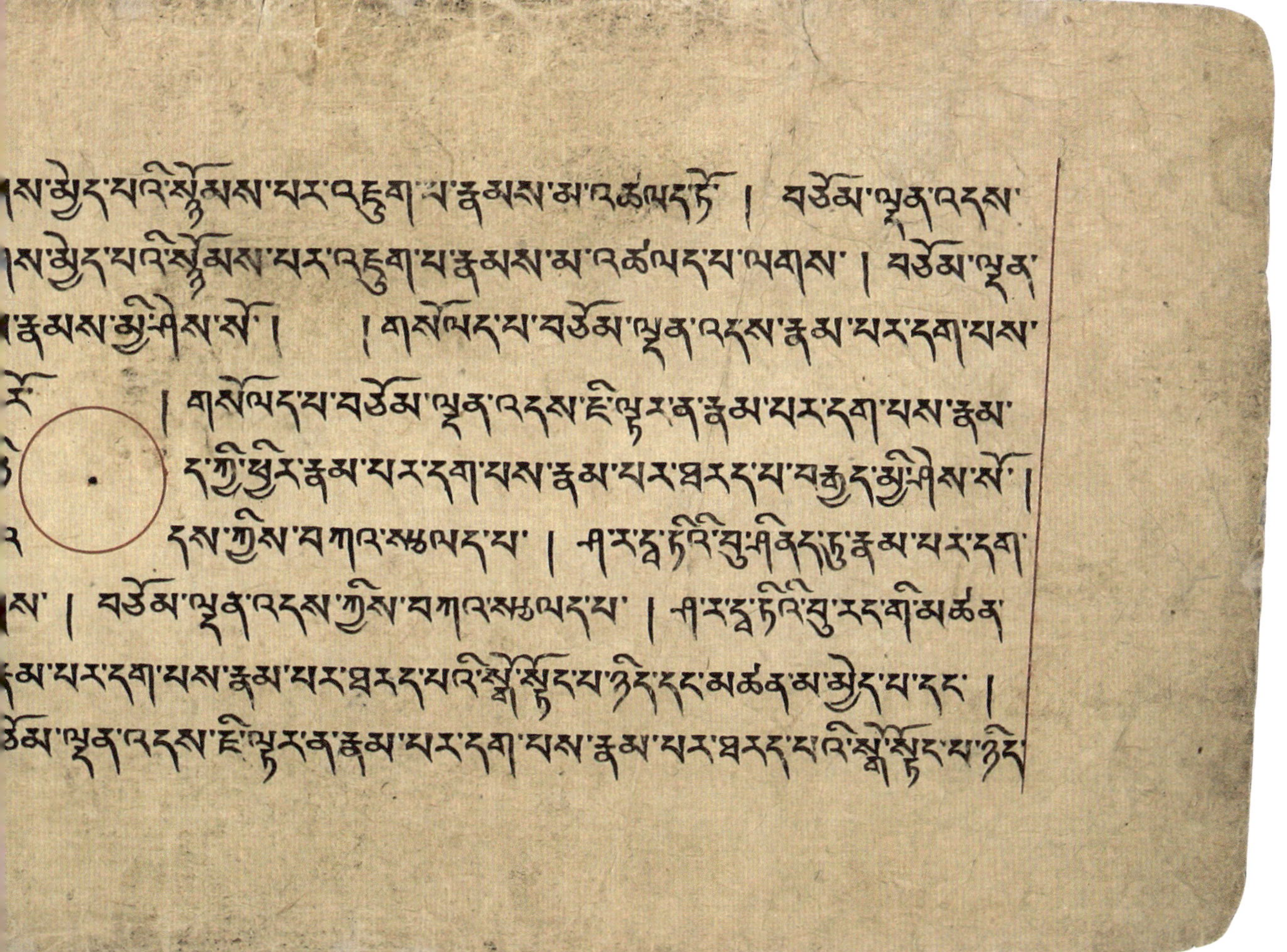

转写

正面

1 [bcom ldan 'das kyis bka' stsald pa | sha ra] dwa ti'i bu rang gi mtshan nyid stong pa nyid kyi phyir rnam par dag pas byang chub kyi yan lag rnams myi shes so || gsold pa bcom ldan 'das rnam par dag pas 'phags

2 [pa'i lam yan lag brgyad pa ma 'tshald to || bcom] ldan 'das kyis bka' stsald pa | sha ra dwa ti'i bu shind tu rnam par dag pa'i phyir ro | gsold pa bcom ldan 'das ji ltar na rnam par dag pas 'phags pa'i lam yan

3 [lag brgyad pa ma 'tshald pa lags | bcom ldan 'da]s kyis bka' stsald pa | sha ra dwa ti'i bu rang gi mtshan nyid stong pa nyid kyi phyir rnam par dag pas 'phags pa'i lam yan lag brgyad pa myi shes so || gsold pa

4 [bcom ldan 'das rnam par dag pas | 'phags pa'i bde]n pa rnams ⊙ ma 'tshald to | bcom ldan 'das 'das kyis bka' stsald pa | ⊙ sha ra dwa ti'i bu shind tu rnam par dag pa'i phyir ro | gsold pa bcom

5 [ldan 'das ji ltar na rnam par dag pas | 'phags pa'i bden] pa rna⊙ms ma 'tshald pa lags | bcom ldan 'das kyis bka' stsa⊙ld pa | sha ra dwa ti'i bu rang gi mtshan nyid stong pa nyid kyi phyir rnam

6 [par dag pas | 'phags pa'i bden pa rnams myi shes so |]| gso⊙ld pa bcom ldan 'das rnam par dag pas bsam gtan rnams ma ⊙ 'tshald to | bcom ldan 'das kyis bka' stsald pa | sha ra dwa

7 [ti'i bu shin tu rnam par dag pa'i phyir ro || gsold pa bco]m ldan 'das ji ltar na rnam par dag pas bsam gtan rnams ma 'tshald pa lags | bcom ldan 'das kyis bka' stsald pa | sha ra dwa ti'i bu rang gi mtshan

8 [nyid stong pa nyid kyi phyir rnam par dag pas bsam gtan rnam]s myi shes so || gsold pa bcom ldan 'das rnam par dag pas tshad myed pa rnams ma 'tshald to | bcom ldan 'das kyis bka' stsald pa | sha ra dwa

9 [ti'i bu shin tu rnam par dag pa'i phyir ro | gsold pa bco]m ldan 'das ji ltar na rnam par dag pas tshad myed pa rnams ma 'tshald pa lags | bcom ldan 'das kyis bka'

stsald pa | sha ra dwa ti'i bu rang gi

背面

1 [mtshan nyid stong pa nyid kyi phyir rnam par dag pas tshad myed pa] rnams myi shes so || gsold pa bcom ldan 'das rnam par dag pas gzugs myed pa'i snyoms par 'jug pa rnams ma 'tshald to || bcom ldan 'das

2 [kyis bka' stsald pa | sha ra dwa ti'i bu shin tu rnam par da]g pa'i phyir ro | gsold pa bcom ldan 'das ji ltar na rnam par dag pas gzugs myed pa'i snyoms par 'jug pa rnams ma 'tshald pa lags | bcom ldan

3 ['das kyis bka' stsald pa | sha ra dwa ti'i bu rang gi mtshan] nyid stong pa nyid kyi phyir rnam par dag pas gzugs myed pa'i snyoms par 'jug pa rnams myi shes so || gsold pa bcom ldan 'das rnam par dag pas

4 [rnam par thard pa brgyad ma 'tshald to || bcom ldan 'da]s kyis ⊙ bka' stsald pa | sha ra dwa ti'i bu shin tu rnam par dag pa'i phyir ro ⊙ | gsold pa bcom ldan 'das ji ltar na rnam par dag pas rnam

5 [par thard pa brgyad ma 'tshald pa lags | bcom ldan 'da]s ⊙ kyis bka' stsald pa | sha ra dwa ti'i bu rang gi mtshan nyid stong pa nyi⊙d kyi phyir rnam par dag pas rnam par thard pa brgyad myi shes so |

6 [gsold pa bcom ldan 'das rnam par dag pas mthard] kyis g⊙nas pa'i snyoms par 'jug pa dgu ma 'tshald to | bcom ldan '⊙das kyis bka' stsald pa | sha ra dwa ti'i bu shind tu rnam par dag

7 [pa'i phyir ro || gsold pa bcom ldan 'das ji ltar na] rnam par dag pas mthard kyis gnas pa'i snyoms par 'jug pa dgu ma 'tshald pa lags | bcom ldan 'das kyis bka' stsald pa | sha ra dwa ti'i bu rang gi mtshan

8 [nyid stong pa nyid kyi phyir rnam par dag pas | mthard kyis] gnas pa'i snyoms par 'jug pa dgu myi shes so || gsold pa bcom ldan 'das rnam par dag pas rnam par thard pa'i sgo stong pa nyid dang mtshan ma myed pa dang |

9 [smon pa myed pa ma 'tshald to || bcom ldan 'das] kyis bka' stsald pa | sha ra dwa

ti'i bu shind tu rnam par dag pa'i phyir ro | gsold pa bcom ldan 'das ji ltar na rnam par dag pas rnam par thard pa'i sgo stong pa nyid

《大般若波罗蜜多经》(《大正藏》第6册，经号：220，第455页中栏第6行至下栏第9行)

佛言："自相空故，苦聖諦性無知即是清淨。"

舍利子言："集、滅、道聖諦性無知即是清淨。"

佛言："如是畢竟淨故。"

舍利子言："云何集、滅、道聖諦性無知即是清淨？"

佛言："自相空故，集、滅、道聖諦性無知即是清淨。"

舍利子言："四靜慮性無知即是清淨。"

佛言："如是畢竟淨故。"

舍利子言："云何四靜慮性無知即是清淨？"

佛言："自相空故，四靜慮性無知即是清淨。"

舍利子言："四無量、四無色定性無知即是清淨。"

佛言："如是畢竟淨故。"

舍利子言："云何四無量、四無色定性無知即是清淨？"

佛言："自相空故，四無量、四無色定性無知即是清淨。"

舍利子言："八解脫性無知即是清淨。"

佛言："如是畢竟淨故。"

舍利子言："云何八解脫性無知即是清淨？"

佛言："自相空故，八解脫性無知即是清淨。"

舍利子言："八勝處、九次第定、十遍處性無知即是清淨。"

佛言："如是畢竟淨故。"

舍利子言："云何八勝處、九次第定、十遍處性無知即是清淨？"

佛言："自相空故，八勝處、九次第定、十遍處性無知即是清淨。"

舍利子言："四念住性無知即是清淨。"

佛言："如是畢竟淨故。"

舍利子言："云何四念住性無知即是清淨？"

佛言："自相空故，四念住性無知即是清淨。"

舍利子言："四正斷、四神足、五根、五力、七等覺支、八聖道支性無知即是清淨。"

佛言："如是畢竟淨故。"

舍利子言："云何四正斷乃至八聖道支性無知即是清淨？"

佛言："自相空故，四正斷乃至八聖道支性無知即是清淨。"

舍利子言："空解脱門性無知即是清淨。"

佛言："如是畢竟淨故。"

舍利子言："云何空解脱門性無知即是清淨？"

佛言："自相空故，空解脱門性無知即是清淨。"

舍利子言："無相、無願解脱門性無知即是清淨。"

佛言："如是畢竟淨故。"

说明

此为《十万颂般若经》(ཤེས་རབ་ཀྱི་ཕ་རོལ་ཏུ་ཕྱིན་པ་སྟོང་ཕྲག་བརྒྱ་པ།།)，藏译见德格版《甘珠尔》，般若部（ཤེས་ཕྱིན།།），ཀ 函，经号：8，第 149 叶正面第 1 行至第 150 叶正面第 3 行。汉译参见〔唐〕玄奘译《大般若波罗蜜多经》第二百八十六卷，《大正藏》第 6 册，经号：220，第 455 页中栏第 6 行至下栏第 9 行。

BH2-8
《十万颂般若经》

纸质，梵夹装，1叶，双面墨书，每面11行，18.1×51厘米。左右残损较严重。所用纸张为皮纸。

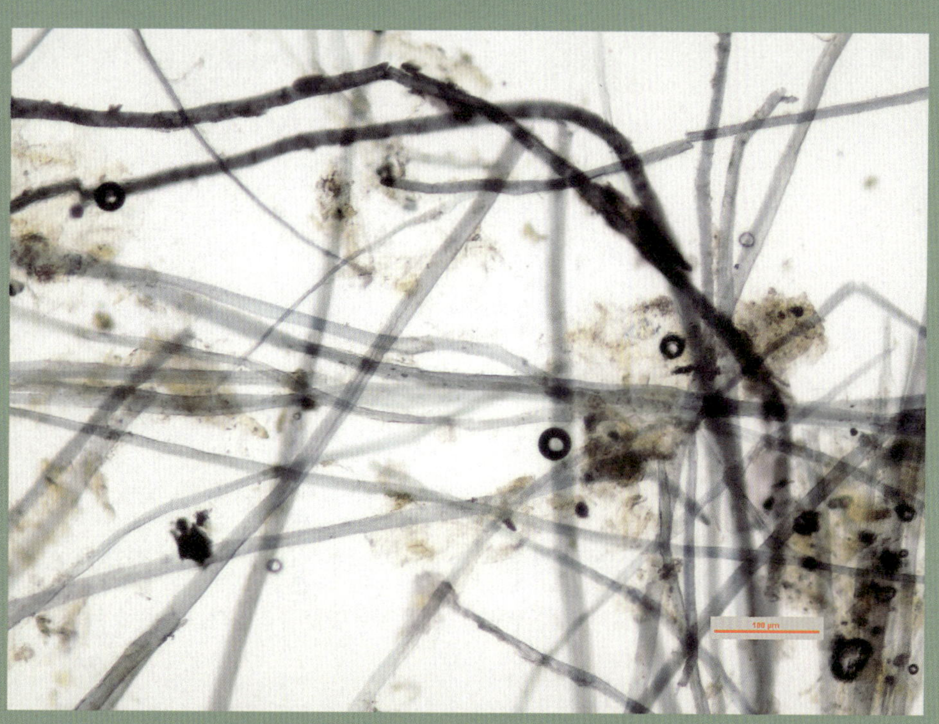

BH2-8 100倍纸张纤维图

原文

正面

1 [གལ་ཏེ་ལུས་ཀྱི་རྣམ་པར་ཤེས་པ་སྡུག་ཅེས་བྱ་བ[འ]མ་མི་སྡུག་ཅེས་]བྱ་བར་མི་སྤྱོད་ན་ཤེས་རབ་ཀྱི་ཕ་རོལ་ཏུ་ཕྱིན་པ་ལ་སྤྱོད་དོ། །དེ་ཅིའི་ཕྱིར་ཞེ་ན། གང་རྟག་པ་འམ་མི་རྟག་པ་འམ་བདེ་བ་འམ་སྡུག་བསྔལ་བ་འམ་བདག་གམ་བདག་མེད་པ་[འ]མ་སྡུག་པ་འམ་མི་སྡུག་པར

2 [འགྱུར་བ་དེ་ལྟ་བུའི་ལུས་ཀྱི་རྣམ་པར་ཤེས་པ་མེ]ད་དོ། །གལ་ཏེ་ཡིད་ཀྱི་རྣམ་པར་ཤེས་པ་ལ་མི་སྤྱོད་ན་ཤེས་རབ་ཀྱི་ཕ་རོལ་ཏུ་ཕྱིན་པ་ལ་སྤྱོད་དོ། །གལ་ཏེ་ཡིད་ཀྱི་རྣམ་པར་ཤེས་པ་རྟག་ཅེས་བྱ་བ་འམ་མི་རྟག་ཅེས་བྱ་བར་མི་སྤྱོད་ན་ཤེས་རབ་ཀྱི་ཕ་རོལ་

3 [ཏུ་ཕྱིན་པ་ལ་སྤྱོད་དོ། །གལ་ཏེ་ཡིད་ཀྱི་]རྣམ་པར་ཤེས་པ་བདེ་ཞེས་བྱ་བ་འམ་སྡུ[ག་]བསྔལ་ཞེས་བྱ་བར་མི་སྤྱོད་ན་ཤེས་རབ་ཀྱི་ཕ་རོལ་ཏུ་ཕྱིན་པ་ལ་སྤྱོད་དོ། །གལ་ཏེ་ཡིད་ཀྱི་རྣམ་པར་ཤེས་པ་བདག་ཅེས་བྱ་བ་འམ་བདག་མེད་ཅེས་བྱ་བར་མི་སྤྱོད་ན་

BH2-8 正面

4 [ཤེས་རབ་ཀྱི་ཕ་རོལ་ཏུ་ཕྱིན་པ་ལ་སྤྱོད་དོ]། །གལ་ཏེ་ཡིད་ཀྱི་རྣམ་[པར་]ཤེས་པ་སྡུག་ཅེས་བྱ་བ་འམ་མི་སྡུག་ཅེས་བྱ་བར་
མི་སྤྱོད་ན་ཤེས་རབ་ཀྱི་ཕ་རོལ་ཏུ་ཕྱིན་པ་ལ་སྤྱོད་དོ། །དེ་ཅིའི་ཕྱིར་ཞེ་ན། གང་རྟག་པ་འམ་མི་རྟག་པ་འམ་བདེ་བ་འམ་སྡུག
5 [བསྔལ་བ་འམ་བདག་གམ་བདག་མེད་པ་]འམ། སྡུག་པ་འམ་མི་སྡུག་པར་ ⊙ འགྱུར་བ་དེ་ལྟ་བུའི་ཡིད་ཀྱི་རྣམ་པར་ཤེས་པ་
མེད་དོ། །གལ་ཏེ་མིག་གི་འདུས་ཏེ་རེག་ ⊙ པ་ལ་མི་སྤྱོད་ན་ཤེས་རབ་ཀྱི་ཕ་རོལ་ཏུ་ཕྱིན་པ་ལ་སྤྱོད་དོ། །གལ་ཏེ་མིག་
6 [གི་འདུས་ཏེ་རེག་པ་རྟག་ཅེས་བྱ་བ་འམ་མི་]རྟག་[ཅེས་]བྱ་བར་མི་སྤྱོད་ན་[ཤེས་] ⊙ རབ་ཀྱི་ཕ་རོལ་ཏུ་ཕྱིན་པ་ལ་སྤྱོད་
དོ། །གལ་ཏེ་མིག་གི་འདུས་ཏེ་ ⊙ རེག་པ་བདེ་ཞེས་བྱ་བ་འམ་སྡུག་བསྔལ་ཞེས་བྱ་བར་མི་སྤྱོད་ན་ཤེས་རབ་
7 [ཀྱི་ཕ་རོལ་ཏུ་ཕྱིན་པ་ལ་སྤྱོད་དོ།] །གལ་ཏེ་མིག་གི་འདུས་ཏེ་རེག་པ་ ⊙ བདག་ཅེས་བྱ་བ་འམ་བདག་མེད་ཅེས་བྱ་བར་མི་
སྤྱོད་ན་ཤེས་རབ་ཀྱི་ཕ་རོལ་ ⊙ ཏུ་ཕྱིན་པ་ལ་སྤྱོད་དོ། །གལ་ཏེ་མིག་གི་འདུས་ཏེ་རེག་པ་སྡུག་ཅེས་[བྱ་བ་]
8 [འམ། མི་སྡུག་ཅེས་བྱ་བར་མི་སྤྱོད་ན་ཤེས་རབ་]ཀྱི་ཕ་རོལ་ཏུ་ཕྱིན་པ་ལ་སྤྱོད་དོ། །དེ་ཅི[འི་ཕྱིར་]ཞེ་ན། གང་རྟག་པ་འམ་
མི་རྟག་པ་འམ་བདེ་བ་འམ་སྡུག་བསྔལ་བ་འམ་བདག་གམ་བདག་མེད་པ་འམ་སྡུག་པ་འམ་མི་སྡུག་པར་འགྱུར་བ་དེ་ལྟ་[བུའི་]
9 [མིག་གི་འདུས་ཏེ་རེག་པ་མེད་དོ། །]གལ་ཏེ་རྣ་བའི་འདུས་ཏེ་རེག་པ་ལ་མི་སྤྱོད་ན་ཤེས་རབ་ཀྱི་ཕ་རོལ་ཏུ་ཕྱིན་པ་ལ་སྤྱོད་

དོ། །གལ་ཏེ་རྣ་བའི་འདུས་ཏེ་རེག་པ་རྟག་ཅེས་བྱ་བ་འམ་མི་རྟག་ཅེས་བྱ་བར་མི་སྤྱོད་ན་ཤེས་རབ་ཀྱི་ཕ་རོལ་[ཏུ་ཕྱིན་]

10 [པ་ལ་སྤྱོད་དོ། །གལ་ཏེ་རྣ་བའི་འདུས་]ཏེ་རེག་པ་བདེ་ཞེས་བྱ་བ་འམ་སྡུག་བསྔལ་ཞེས་བྱ་བར་མི་སྤྱོད་ན་ཤེས་རབ་ཀྱི་ཕ་རོལ་ཏུ་ཕྱིན་པ་ལ་སྤྱོད་དོ། །གལ་ཏེ་རྣ་བའི་[འདུ]ས་ཏེ་རེག་པ་བདག་ཅེས་[བྱ་བ་]འམ་བདག་མེད་ཅེས་བྱ་བར་[མི་སྤྱོད་]

11 [ན་ཤེས་རབ་ཀྱི་ཕ་རོལ་ཏུ་ཕྱིན་པ་ལ་སྤྱོད་]དོ། །གལ་ཏེ་རྣ་བའི་འདུས་ཏེ་རེག་པ་སྡུག་ཅེས་བྱ་བ་འམ་མི་སྡུག་ཅེས་བྱ་བར་མི་[སྤྱོད་ན་ཤེས་ར]བ་ཀྱི་ཕ་རོལ་ཏུ་ཕྱིན་པ་ལ་སྤྱོ[ད་དོ]། །དེ་[ཅིའི་ཕྱིར་ཞེ་ན།]གང་རྟག་པ་འམ་མི་རྟག་པ་འམ་[བདེ་བ་]

背面

1 [འམ་སྡུག་བསྔལ་བ་འམ་བདག་གམ་བདག་མེད་]པ་འམ་སྡུག་པ་འམ་མི་སྡུག་པར་འགྱུར་བ་དེ་ལྟ་བུའི་རྣ་བའི་[འདུས་ཏེ་]རེག་པ་མེད་[དོ། །གལ་ཏེ་སྣ]འི་འདུས་[ཏེ་རེག་པ་ལ་མི་སྤྱོད་ན་ཤེས་རབ་ཀྱི་ཕ་རོལ་ཏུ་ཕྱིན་པ་ལ་]སྤྱོད་དོ། གལ་ཏེ་སྣ[འི་འདུས་ཏེ་རེག་]

BH2–8 背面

2 [པ་རྟག་ཅེས་བྱ་བ་འམ་མྱི་རྟག་ཅེས་བྱ་]བར་མྱི་སྤྱོད་ན་ཤེས་རབ་ཀྱི་ཕ་རོལ་ཏུ་ཕྱིནད་པ་ལ་སྤྱོད་དོ། །གལ་ཏེ་སྣའི་འདུས་ཏེ་
[རེག་]པ་བདེ་ཞེས་བྱ་བ་འམ་སྡུག་བསྔལ་ཞེས་[བྱ་བ]ར་མྱི་སྤྱོད་ན་ཤེས་[རབ་ཀྱི་]ཕ་རོལ་ཏུ་ཕྱིནད་པ་ལ་སྤྱོད་[དོ། །གལ་]
3 [ཏེ་སྣའི་འདུས་ཏེ་རེག་པ་བདག་ཅེས་]བྱ་བ་འམ་བདག་མེད་ཅེས་བྱ་བར་མྱི་སྤྱོད་ན་ཤེས་རབ་ཀྱི་ཕ་རོལ་ཏུ་ཕྱིནད་པ་ལ་སྤྱོད་
དོ། །གལ་ཏེ་སྣའི་འདུས་ཏེ་རེག་པ་སྡུག་ཅེས་བྱ་བ་འམ་མྱི་སྡུག་ཅེས་བྱ་བར་མྱི་[སྤྱོ]ད་ན་ཤེས་རབ་ཀྱི་ཕ་རོལ་[ཏུ་ཕྱིནད་]
4 [པ་ལ་སྤྱོད་དོ། །དེ་ཅིའི་ཕྱིར་ཞེ་ན།།] གང་རྟག་པ་འམ་མྱི་རྟག་པ་འམ་བདེ་བ་འམ་སྡུག་བསྔལ་བ་འམ་བདག་གམ་བདག་མེད་
པ་འམ་སྡུག་པ་འམ་མྱི་སྡུག་པར་འགྱུར་བ་དེ་ལྟ་བུའི་སྣའི་འདུས་ཏེ་རེག་པ་མེད་དོ། །གལ་ཏེ་ལྕེའི་འདུས་ཏེ་[རེག་]
5 [པ་ལ་མྱི་སྤྱོད་ན་ཤེས་རབ་ཀྱི་ཕ་རོལ་ཏུ་]ཕྱིནད་པ་ལ་སྤྱོད་དོ། །གལ་ཏེ་⊙ལྕེའི་[འདུ]ས་ཏེ་རེག་པ་རྟག་ཅེས་བྱ་བ་འམ་མྱི་
རྟག་ཅེས་བྱ་བར་མྱི་སྤྱོད་ན་⊙ཤེས་རབ་ཀྱི་ཕ་རོལ་ཏུ་ཕྱིནད་པ་ལ་སྤྱོད་དོ། །གལ་ཏེ་ལྕེའི་འ[དུས་]
6 [ཏེ་རེག་པ་བདེ་ཞེས་བྱ་བ་འམ་སྡུག་བསྔལ་ཞེ]ས་བྱ་བར་མྱི་སྤྱོད་ན་ཤེས་རབ་ཀྱི་ཕ་⊙རོལ་ཏུ་ཕྱིནད་པ་ལ་སྤྱོད་དོ། །གལ་ཏེ་
ལྕེའི་འདུས་ཏེ་རེག་པ་བདག་⊙ཅེས་བྱ་བ་འམ་བདག་མེད་ཅེས་བྱ་བར་མྱི་སྤྱོད་ན་ཤེས་རབ་ཀྱི་ཕ་རོལ་ཏུ་

7 [ཕྱིནད་པ་ལ་སྤྱོད་དོ། །གལ་ཏེ་ལྕེའི་འདུས་ཏེ་རེ]ག་པ་སྡུག་ཅེས་བྱ་[བ་]⊙འམ་མྱི་སྡུག་ཅེས་བྱ་བར་མྱི་སྤྱོད་ན་ཤེས་རབ་ཀྱི་ཕ་རོལད་ཏུ་ཕྱིནད་པ་ལ་⊙སྤྱོད་དོ། །དེ་ཅིའི་ཕྱིར་ཞེ་ན། གང་རྟག་པ་འམ་མྱི་རྟག་པ་འམ་བདེ་བ་

8 [འམ་སྡུག་བསྔལ་བ་འམ་བདག་གམ་བད]ག་མྱེད་པ་འམ་སྡུག་པ་འམ་མྱི་སྡུག་པར་འགྱུར་བ་དེ་ལྟ་བུའི་ལྕེའི་འདུས་ཏེ་རེག་པ་མྱེད་དོ། །གལ་ཏེ་ལུས་ཀྱི་འདུས་ཏེ་རེག་པ་ལ་མྱི་སྤྱོད་ན་ཤེས་རབ་ཀྱི་ཕ་རོལད་ཏུ་ཕྱིནད་པ་ལ་སྤྱོད་དོ། །གལ་ཏེ་ལུས་ཀྱི་

9 [འདུས་ཏེ་རེག་པ་རྟག་ཅེས་བྱ་བ་འམ་མྱི་རྟག]་ཅེས་བྱ་བར་མྱི་སྤྱོད་ན་ཤེས་[རབ་]ཀྱི་ཕ་རོལད་ཏུ་ཕྱིནད་པ་ལ་སྤྱོད་དོ། །གལ་ཏེ་ལུས་ཀྱི་འདུས་ཏེ་རེག་པ་བདེ་ཞེས་བྱ་བ་འམ་སྡུག་བསྔལ་ཞེས་བྱ་བར་མྱི་སྤྱོད་ན་ཤེས་རབ་ཀྱི་ཕ་རོལད་ཏུ་ཕྱིནད་པ་ལ་སྤྱོད་དོ། །

10 [གལ་ཏེ་ལུས་ཀྱི་འདུས་ཏེ་རེག་པ་བདག་ཅེས་]བྱ་བ་འམ་བདག་མྱེད་ཅེས་བྱ་བར་མྱི་སྤྱོད་ན་ཤེས་རབ་ཀྱི་ཕ་རོལད་ཏུ་ཕྱིནད་པ་ལ་སྤྱོད་དོ། །གལ་ཏེ་ལུས་ཀྱི་འདུས་ཏེ་རེག་པ་སྡུག་ཅེས་བྱ་བ་འམ་མྱི་སྡུག་ཅེས་བྱ་བར་མྱི་སྤྱོད་ན་ཤེས་རབ་ཀྱི་ཕ་རོལད་ཏུ་ཕྱིནད་

11 [པ་ལ་སྤྱོད་དོ། དེ་ཅིའི་ཕྱིར་ཞེ་ན། གང་རྟག་པ་]འམ་མྱི་རྟག་པ་འམ་བདེ་བ་འམ་སྡུག་བསྔལ་བ་འམ་བདག་གམ་བདག་མྱེད་པ་འམ་སྡུག་པ་འམ་མྱི་སྡུག་པར་འགྱུར་བ་དེ་ལྟ་བུའི་ལུས་ཀྱི་འདུས་ཏེ་རེག་པ་མྱེད་དོ། །གལ་ཏེ་ཡིད་ཀྱི་འདུས་ཏེ་རེག་པ་ལ་མྱི་

转写

正面

1 [gal te lus kyi rnam par shes pa sdug ces bya ba [’a]m myi sdug ces] bya bar myi spyod na shes rab kyi pha rold tu phyind pa la spyod do || de ci’i phyir zhe na | gang rtag pa ’am myi rtag pa ’am bde ba ’am sdug bsngal ba ’am bdag gam bdag myed pa [’a]m sdug pa ’am myi sdug par

2 [’gyur ba de lta bu’i lus kyi rnam par shes pa mye]d do || gal te yid kyi rnam par shes pa la myi spyod na shes rab kyi pha rold tu phyind pa la spyod do || gal te yid kyi rnam par shes pa rtag ces bya ba ’am myi rtag ces bya bar myi spyod na shes rab kyi pha rol

3 [tu phyind pa la spyod do || gal te yid ky]i rnam par shes pa bde zhes bya ba ’am sdu[g] bsngal zhes bya bar myi spyod na shes rab kyi pha rold tu phyind pa la spyod do || gal te yid kyi rnam par shes pa bdag ces bya ba ’am bdag myed ces bya bar myi spyod na

4 [shes rab kyi pha rold tu phyind pa la spyod do] || gal te yid kyi rnam [par] shes pa

sdug ces bya ba 'am myi sdug ces bya bar myi spyod na shes rab kyi pha rold tu
phyind pa la spyod do || de ci'i phyir zhe na | gang rtag pa 'am myi rtag pa 'am bde
ba 'am sdug
5 [bsngal ba 'am bdag gam bdag myed pa] 'am | sdug pa 'am myi sdug par ⊙ 'gyur
ba de lta bu'i yid kyi rnam par shes pa myedo || gal te myig gi 'dus te reg ⊙ pa la
myi spyod na shes rab kyi pha rold tu phyind pa la spyod do || gal te myig
6 [gi 'dus te reg pa rtag ces bya ba 'am myi] rtag [ces] bya bar myi spyod na [shes]
⊙ rab kyi pha rold tu phyind pa la spyod do || gal te myig gi 'dus te ⊙ reg pa bde
zhes bya ba 'am sdug bsngal zhes bya bar myi spyod na shes rab
7 [kyi pha rold tu phyind pa la spyod do |]| gal te myig gi 'dus te reg pa ⊙ bdag ces
bya ba 'am bdag myed ces bya bar myi spyod na shes rab kyi pha rol ⊙ tu phyind
pa la spyod do || gal te myig gi 'dus te reg pa sdug ces [bya ba]
8 ['am | myi sdug ces bya bar myi spyod na shes rab] kyi pha rold tu phyind pa la
spyod do || de ci['i phyir] zhe na | gang rtag pa 'am myi rtag pa 'am bde ba 'am
sdug bsngal ba 'am bdag gam bdag myed pa 'am sdug pa 'am myi sdug par 'gyur
ba de lta [bu'i]
9 [myig gi 'dus te reg pa myed do ||] gal te rna ba'i 'dus te reg pa la myi spyod na
shes rab kyi pha rold tu phyind pa la spyod do || gal te rna ba'I 'dus te reg pa rtag
ces bya ba 'am myi rtag ces bya bar myi spyod na shes rab kyi pha rold [tu phyind]
10 [pa la spyod do || gal te rna ba'i 'dus] te reg pa bde zhes bya ba 'am sdug bsngal
zhes bya bar myi spyod na shes rab kyi pha rold tu phyind pa la spyod do || gal te
rna ba'i ['du]s te reg pa bdag ces [bya ba] 'am bdag myed ces bya bar [myi spyod]
11 [na shes rab kyi pha rold tu phyind pa la spyod] do || gal te rna ba'i 'dus te reg pa
sdug ces bya ba 'am myi sdug ces bya bar myi [spyod na shes ra]b kyi pha rold tu
phyind pa la spyo[d do] || de [ci'i phyir zhe na |] gang rtag pa 'am myi rtag pa 'am
[bde ba]

背面

1 ['am sdug bsngal ba 'am bdag gam bdag myed] pa 'am sdug pa 'am myi sdug par 'gyur ba de lta bu'i rna ba'i ['dus te] reg pa myed [do || gal te sna]'i 'dus t[e reg pa la myi spyod na shes rab kyi pha rold tu phyind pa la] spyod do | gal te sna['i 'dus te reg]

2 [pa rtag ces bya ba 'am myi rtag ces bya] bar myi spyod na shes rab kyi pha rold tu phyind pa la spyod do || gal te sna'i 'dus te [reg] pa bde zhes bya ba 'am sdug bsngal zhes [bya ba]r myi spyod na shes [rab kyi] pha rold tu phyind pa la spyod [do || gal]

3 [te sna'i 'dus te reg pa bdag ces] bya ba 'am bdag myed ces bya bar myi spyod na shes rab kyi pha rold tu phyind pa la spyod do || gal te sna'i 'dus te reg pa sdug ces bya ba 'am myi sdug ces bya bar myi [spyo]d na shes rab kyi pha rold [tu phyind]

4 [pa la spyod do || de ci'i phyir zhe na |] gang rtag pa 'am myi rtag pa 'am bde ba 'am sdug bsngal ba 'am bdag gam bdag myed pa 'am sdug pa 'am myi sdug par 'gyur ba de lta bu'i sna'i 'dus te reg pa myed do || gal te lce'i 'dus te [reg]

5 [pa la myi spyod na shes rab kyi pha rold tu] phyind pa la spyod do || gal te ⊙ lce'i ['du]s te reg pa rtag ces bya ba 'am myi rtag ces bya bar myi spyod na ⊙ shes rab kyi pha rold tu phyind pa la spyod do || gal te lce'i '[dus]

6 [te reg pa bde zhes bya ba 'am sdug bsngal zhe]s bya bar myi spyod na shes rab kyi pha ⊙ rold tu phyind pa la spyod do || gal te lce'i 'dus te reg pa bdag ⊙ ces bya ba 'am bdag myed ces bya bar myi spyod na shes rab kyi pha rold tu

7 [phyind pa la spyod do || gal te lce'i 'dus te re]g pa sdug ces bya [ba] ⊙ 'am myi sdug ces bya bar myi spyod na shes rab kyi pha rold tu phyind pa la ⊙ spyod do || de ci'i phyir zhe na | gang rtag pa 'am myi rtag pa 'am bde ba

8 ['am sdug bsngal ba 'am bdag gam bda]g myed pa 'am sdug pa 'am myi sdug par 'gyur ba de lta bu'i lce'i 'dus te reg pa myed do || gal te lus kyi 'dus te reg pa la myi spyod na shes rab kyi pha rold tu phyind pa la spyod do || gal te lus kyi

9 ['dus te reg pa rtag ces bya ba 'am myi rtag] ces bya bar myi spyod na shes [rab]

kyi pha rold tu phyind pa la spyod do || gal te lus kyi ’dus te reg pa bde zhes bya ba ’am sdug bsngal zhes bya bar myi spyod na shes rab kyi pha rold tu phyind pa la spyod do ||

10 [gal te lus kyi ’dus te reg pa bdag ces] bya ba ’am bdag myed ces bya bar myi spyod na shes rab kyi pha rold tu phyind pa la spyod do || gal te lus kyi ’dus te reg pa sdug ces bya ba ’am myi sdug ces bya bar myi spyod na shes rab kyi pha rold tu phyind

11 [pa la spyod do | de ci’i phyir zhe na | gang rtag pa] ’am myi rtag pa ’am bde ba ’am sdug bsngal ba ’am bdag gam bdag myed pa ’am sdug pa ’am myi sdug par ’gyur ba de lta bu’i lus kyi ’dus te reg pa myed do || gal te yid kyi ’dus te reg pa la myi

说明

1．此为《十万颂般若经》(ཤེས་རབ་ཀྱི་ཕ་རོལ་ཏུ་ཕྱིན་པ་སྟོང་ཕྲག་བརྒྱ་པ།།)，藏译见德格版《甘珠尔》，般若部（ཤེར་ཕྱིན།），ཉ函，经号：8，第 200 叶背面第 1 行至第 202 叶正面第 1 行。汉译参见〔唐〕玄奘译《大般若波罗蜜多经》第二百八十九卷，《大正藏》第 6 册，经号：220。

2．与 BH2−9、BH2−10、BH2−7 属于同一写本，且内容衔接。

BH2–9
《十万颂般若经》

纸质，梵夹装，1 叶，双面墨书，每面 11 行，18 × 52 厘米。左侧及右下端有残损。所用纸张为皮纸。

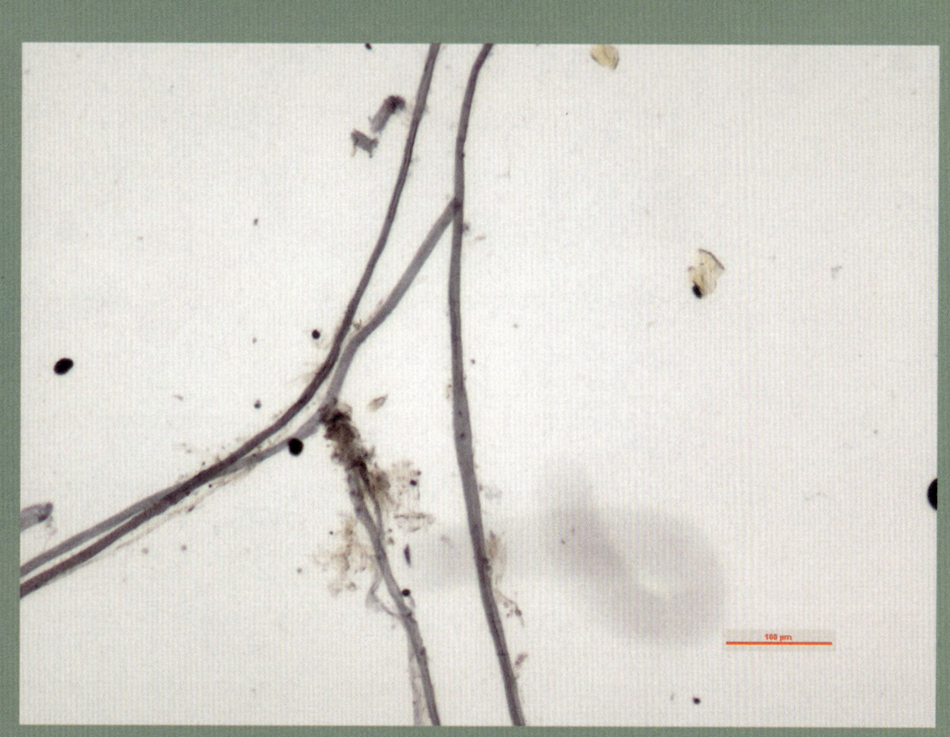

BH2–9 100 倍纸张纤维图

原文

正面

1 [སྤྱོད་ན་ཤེས་རབ་ཀྱི་ཕ་རོལད་ཏུ་ཕྱིན]ད་པ་ལ་སྤྱོད་དོ། །གལ་ཏེ་ཡིད་ཀྱི་འདུས་ཏེ་རེག་པ་རྟག་ཅེས་བྱ་བ་འམ་མྱི་རྟག་ཅེས་བྱ་
བར་མྱི་སྤྱོད་ན་ཤེས་རབ་ཀྱི་ཕ་རོལད་ཏུ་ཕྱིནད་པ་ལ་སྤྱོད་དོ། །གལ་ཏེ་ཡིད་ཀྱི་འདུས་ཏེ་རེག་པ་བདེ་ཞེས་བྱ་བ་འམ་སྡུག་

2 [བསྔལ་ཞེས་བྱ་བར་མྱི་སྤྱོད་ན་ཤེས་རབ་ཀྱི་ཕ་རོལ]ད་ཏུ་ཕྱིནད་པ་ལ་སྤྱོད་དོ། །གལ་ཏེ་ཡིད་ཀྱི་འདུས་ཏེ་རེག་པ་བདག་ཅེས་བྱ་
བ་འམ་བདག་མྱེད་ཅེས་བྱ་བར་མྱི་སྤྱོད་ན་ཤེས་རབ་ཀྱི་ཕ་རོལད་ཏུ་ཕྱིནད་པ་ལ་སྤྱོད་དོ། །གལ་ཏེ་ཡིད་ཀྱི་འདུས་ཏེ་རེག་པ་སྡུག་
ཅེས་བྱ་

3 [བ་འམ་མྱི་སྡུག་ཅེས་བྱ་བར་མྱི་སྤྱོད་ན་ཤེས་]རབ་ཀྱི་ཕ་རོལད་ཏུ་ཕྱིནད་པ་ལ་སྤྱོད་དོ། །དེ་ཅིའི་ཕྱིར་ཞེ་ན། གང་རྟག་པ་འམ་
མྱི་རྟག་པ་འམ་བདེ་བ་འམ་སྡུག་བསྔལ་བ་འམ་བདག་གམ་བདག་མྱེད་པ་འམ་སྡུག་པ་འམ་མྱི་སྡུག་པར་འགྱུར་བ་དེ་ལྟ་བུའི་ཡིད་
ཀྱི་

4 [འདུས་ཏེ་རེག་པ་མྱེད་དོ། །གལ་ཏེ་མྱི]ག་གི་འདུས་ཏེ་རེག་པ་ལས་བྱུང་བའི་ཚོར་བ་ལ་མྱི་སྤྱོད་ན་ཤེས་རབ་ཀྱི་ཕ་རོལད་ཏུ་

BH2–9 正面

ཕྱིན་པ་ལ་སྤྱོད་དོ། །གལ་ཏེ་མྱིག་གི་འདུས་ཏེ་རེག་པ་ལས་བྱུང་བའི་ཚོར་བ་རྟག་ཅེས་བྱ་བ་འམ་མྱི་རྟག་ཅེས་བྱ་བར་མྱི་སྤྱོད་
ན་ཤེས་

5 [རབ་ཀྱི་ཕ་རོལད་ཏུ་ཕྱིན་པ་ལ་སྤྱོད་དོ]། །གལ་ཏེ་མྱིག་གི་འདུས་ཏེ་རེག་པ་⊙ལས་བྱུང་བའི་ཚོར་བ་བདེ་ཞེས་བྱ་བ་འམ་
སྡུག་བསྔལ་ཞེས་བྱ་བར་མྱི་སྤྱོད་ན་ཤེས་རབ་ཀྱི་ཕ་རོལད་ཏུ་ཕྱིན་པ་ལ་སྤྱོད་དོ། །གལ་ཏེ་མྱིག་གི་འདུས་ཏེ་རེག་པ་ལས་

6 [བྱུང་བའི་ཚོར་བ་བདག་ཅེས་བྱ་བ་འམ་བ]དག་མྱེད་ཅེས་བྱ་བར་མྱི་སྤྱོད་ན་⊙ཤེས་རབ་ཀྱི་ཕ་རོལད་ཏུ་ཕྱིན་པ་ལ་སྤྱོད་
དོ། །གལ་ཏེ་མྱིག་གི་འདུས་⊙ཏེ་རེག་པ་ལས་བྱུང་བའི་ཚོར་བ་སྡུག་ཅེས་བྱ་བ་འམ་མྱི་སྡུག་ཅེས་བྱ་བར་

7 [མྱི་སྤྱོད་ན་ཤེས་རབ་ཀྱི་ཕ་རོལད་ཏུ་ཕྱིན་ད]་པ་ལ་སྤྱོད་དོ། །དེ་ཅིའི་ཕྱིར་ཞེ་⊙ན། གང་རྟག་པ་འམ་མྱི་རྟག་པ་འམ་བདེ་བ་
འམ་སྡུག་བསྔལ་བ་འམ། ⊙བདག་གམ་བདག་མྱེད་པ་འམ་སྡུག་པ་འམ་མྱི་སྡུག་པར་འགྱུར་བ་དེ་ལྟ་བུ

8 [འི་མྱིག་གི་འདུས་ཏེ་རེག་པ་ལས་བྱུང་བ]འི་ཚོར་བ་མྱེད་དོ། །གལ་ཏེ་རྣ་བའི་འདུས་ཏེ་རེག་པ་ལས་བྱུང་བའི་ཚོར་བ་ལ་མྱི་
སྤྱོད་ན་ཤེས་རབ་ཀྱི་ཕ་རོལད་ཏུ་ཕྱིན་པ་ལ་སྤྱོད་དོ། །གལ་ཏེ་རྣ་བའི་འདུས་ཏེ་རེག་པ་ལས་བྱུང་བའི་ཚོར་བ་རྟག་ཅེས་བྱ་བ་

9 [འམ་མྱི་རྟག་ཅེས་བྱ་བར་མྱི་སྤྱོད་ན་ཤེས་]རབ་ཀྱི་ཕ་རོལད་ཏུ་ཕྱིན་པ་ལ་སྤྱོད་དོ། །གལ་ཏེ་རྣ་བའི་འདུས་ཏེ་རེག་པ་ལས་

བྱུང་བའི་ཚོར་བ་བདེ་ཞེས་བྱ་བ་འམ་སྡུག་བསྔལ་ཞེས་བྱ་བར་མི་སྤྱོད་ན་ཤེས་རབ་ཀྱི་ཕ་རོལད་ཏུ་ཕྱིནད་པ་ལ་སྤྱོད་དོ། །

10 [གལ་ཏེ་རྣ་བའི་འདུས་ཏེ་རེག་པ་ལས་བྱུང་བའི་]ཚོར་བ་བདག་ཅེས་བྱ་བ་འམ་བདག་མེད་ཅེས་བྱ་བར་མི་སྤྱོད་ན་ཤེས་རབ་ཀྱི་ཕ་རོལད་ཏུ་ཕྱིནད་པ་ལ་སྤྱོད་དོ། །གལ་ཏེ་རྣ་བའི་འདུས་ཏེ་[རེག་པ་]ལས་བྱུང་བའི་ཚོར་བ་སྡུག་ཅེས་བྱ་བ་འམ་མི་སྡུག་ཅེ[ས་བྱ་བར་]

11 [མི་སྤྱོད་ན་ཤེས་རབ་ཀྱི་ཕ་རོལད་ཏུ་ཕྱིནད་]པ་ལ་སྤྱོད་དོ། །དེ་ཅིའི་ཕྱིར་ཞེ་ན། གང་རྟག་པ་འམ་མི་རྟག་པ་འམ་བདེ་བ་འམ་སྡུག་བསྔལ་བ་འམ་བདག་གམ་བདག་མེད་པ་འམ། [སྡུག་པ་འམ་མི་སྡུག་པར་འགྱུ]ར་བ་དེ་ལྟ་བུའི་རྣ་བའི་འདུས་ཏེ་[རེག་པ་]

背面

1 [ལས་བྱུང་བའི་ཚོར་བ་མེད་དོ། །གལ་ཏེ་སྣའི་འ]དུས་ཏེ་རེག་པ་ལས་བྱུང་བའི་ཚོར་བ་ལ་མི་སྤྱོད་ན་ཤེས་རབ་ཀྱི་ཕ་རོལད་ཏུ་ཕྱིནད་པ་ལ་སྤྱོད་དོ། །གལ་ཏེ་སྣའི་འདུས་ཏེ་རེག་པ་ལ[ས་བྱུང་བའི་ཚོར་བ་རྟག་ཅེས་བྱ་བ་འ]མ་མི་རྟག་ཅེས་བྱ་བར་མི་སྤྱོ[ད་ན་]

BH2–9 背面

2 [ཤེས་རབ་ཀྱི་ཕ་རོལ་ཏུ་ཕྱིན་པ་ལ་སྤྱོད་]དོ། །གལ་ཏེ་སྣའི་འདུས་ཏེ་རེག་པ་ལས་བྱུང་བའི་ཚོར་བ་བདེ་ཞེས་བྱ་བ་འམ་སྡུག་བསྔལ་ཞེས་བྱ་བར་མི་སྤྱོད་ན་ཤེས་རབ་ཀྱི་ཕ་རོལ་ཏུ་ཕྱིན[ད་པ་ལ་]སྤྱོད་དོ། །གལ་ཏེ་སྣའི་འདུས་ཏེ་རེག་པ་ལས་བྱུང་[བའི་ཚོར་]

3 [བ་བདག་ཅེས་བྱ་བ་འམ་བདག་མེད་ཅེས་]བྱ་བར་མི་སྤྱོད་ན་ཤེས་རབ་ཀྱི་ཕ་རོལ་ཏུ་ཕྱིན་པ་ལ་སྤྱོད་དོ། །གལ་ཏེ་སྣའི་འདུས་ཏེ་རེག་པ་ལས་བྱུང་བའི་ཚོར་བ་སྡུག་ཅེས་བྱ་བ་འམ་མི་སྡུག་ཅེས་བྱ་བར་མི་སྤྱོད་ན་ཤེས་རབ་ཀྱི་ཕ་རོལ་ཏུ་ཕྱིན་པ་ལ་[སྤྱོད་དོ། །]

4 [དེ་ཅིའི་ཕྱིར་ཞེ་ན། གང་རྟག་པ་འམ་མི་]རྟག་པ་འམ་བདེ་བ་འམ་སྡུག་བསྔལ་བ་འམ་བདག་གམ་བདག་མེད་པ་འམ། སྡུག་པ་འམ་མི་སྡུག་པར་འགྱུར་བ་དེ་ལྟ་བུའི་སྣའི་འདུས་ཏེ་རེག་པ་ལས་བྱུང་བའི་ཚོར་བ་མེད་དོ། །གལ་ཏེ་ལྗེའི་འདུས་ཏེ་རེག་[པ་]

5 [ལས་བྱུང་བའི་ཚོར་བ་ལ་མི་སྤྱོད་ན་ཤེ]ས་རབ་ཀྱི་ཕ་རོལ་ཏུ་ཕྱིན་པ་ལ་སྤྱོད་དོ། །གལ་ཏེ་ལྗེའི་འདུས་ཏེ་རེག་པ་ལས་བྱུང་བའི་ཚོར་བ་རྟག་ཅེས་བྱ་བ་འམ་མི་⊙རྟག་ཅེས་བྱ་བར་མི་སྤྱོད་ན་ཤེས་རབ་ཀྱི་ཕ་རོལ་ཏུ་ཕྱིན་པ་ལ་སྤྱོད་དོ། །

6 [གལ་ཏེ་ལྕེའི་འདུས་ཏེ་རེག་པ་ལས་བྱུང་]བའི་ཚོར་བ་བདེ་ཞེས་བྱ་བ་འམ་⊙སྡུག་བསྔལ་ཞེས་བྱ་བར་མྱི་སྤྱོད་ན་ཤེས་རབ་ཀྱི་
ཕ་རོལད་ཏུ་ཕྱིནད་པ་ལ་⊙སྤྱོད་དོ། །གལ་ཏེ་ལྕེའི་འདུས་ཏེ་རེག་པ་ལས་བྱུང་བའི་ཚོར་བ་བདག་

7 [ཅེས་བྱ་བ་འམ། བདག་མྱེད་ཅེས་བྱ་བར་]མྱི་སྤྱོད་ན་ཤེས་རབ་ཀྱི་ཕ་རོལད་ཏུ་⊙ཕྱིནད་པ་ལ་སྤྱོད་དོ། །གལ་ཏེ་ལྕེའི་འདུས་
ཏེ་རེག་པ་ལས་བྱུང་བའི་ཚོར་⊙བ་སྡུག་ཅེས་བྱ་བ་འམ་མྱི་སྡུག་ཅེས་བྱ་བར་མྱི་སྤྱོད་ན་ཤེས་རབ་ཀྱི་ཕ་རོལད་

8 [ཏུ་ཕྱིནད་པ་ལ་སྤྱོད་དོ། །དེ་ཅིའི་ཕྱི]ར་ཞེ་ན། གང་རྟག་པ་འམ་མྱི་རྟག་པ་འམ་བདེ་བ་འམ་སྡུག་བསྔལ་བ་འམ་བདག་གམ་
བདག་མྱེད་པ་འམ་སྡུག་པ་འམ་མྱི་སྡུག་པར་འགྱུར་བ་དེ་ལྟ་བུའི་ལྕེའི་འདུས་ཏེ་རེག་པ་ལས་བྱུང་བའི་ཚོར་བ་མྱེད་དོ། །

9 [གལ་ཏེ་ལུས་ཀྱི་འདུས་ཏེ་རེག་པ་ལས་བྱུང་]བའི་ཚོར་བ་ལ་མྱི་སྤྱོད་ན་ཤེས་རབ་ཀྱི་ཕ་རོལད་ཏུ་ཕྱིནད་པ་ལ་སྤྱོད་དོ། །གལ་
ཏེ་ལུས་ཀྱི་འདུས་ཏེ་རེག་པ་ལས་བྱུང་བའི་ཚོར་བ་རྟག་ཅེས་བྱ་བ་འམ་མྱི་རྟག་ཅེས་བྱ་བར་མྱི་སྤྱོད་ན་ཤེས་རབ་ཀྱི་ཕ་རོལད་ཏུ་
ཕྱིནད་པ་ལ་

10 [སྤྱོད་དོ། །གལ་ཏེ་ལུས་ཀྱི་འདུས་ཏེ་རེག་]པ་ལས་བྱུང་བའི་ཚོར་བ་བདེ་ཞེས་བྱ་བ་འམ་སྡུག་བསྔལ་ཞེས་བྱ་བར་མྱི་སྤྱོད་ན་
ཤེས་རབ་ཀྱི་ཕ་རོལད་ཏུ་ཕྱིནད་པ་ལ་སྤྱོད་དོ། །གལ་ཏེ་ལུས་ཀྱི་འདུས་ཏེ་རེག་པ་ལས་བྱུང་བའི་ཚོར་བ་བདག་ཅེས་བྱ་བ་འམ་

11 [བདག་མྱེད་ཅེས་བྱ་བར་མྱི་སྤྱོད་ན་ཤེས་རབ་ཀྱི་]ཕ་རོལད་ཏུ་ཕྱིནད་པ་ལ་སྤྱོད་དོ། །གལ་ཏེ་ལུས་ཀྱི་འདུས་ཏེ་རེག་པ་ལས་བྱུང་
བའི་ཚོར་བ་སྡུག་ཅེས་བྱ་བ་འམ་མྱི་སྡུག་ཅེས་བྱ་བར་མྱི་སྤྱོད་ན་ཤེས་རབ་ཀྱི་ཕ་རོལད་ཏུ་ཕྱིནད་པ་ལ་སྤྱོད་དོ། །དེ་ཅིའི་ཕྱིར་

转写

正面

1 [spyod na shes rab kyi pha rold tu phyin]d pa la spyod do || gal te yid kyi ’dus te reg pa rtag ces bya ba ’am myi rtag ces bya bar myi spyod na shes rab kyi pha rold tu phyind pa la spyod do || gal te yid kyi ’dus te reg pa bde zhes bya ba ’am sdug

2 [bsngal zhes bya bar myi spyod na shes rab kyi pha rol]d tu phyind pa la spyod do || gal te yid kyi ’dus te reg pa bdag ces bya ba ’am bdag myed ces bya bar myi spyod na shes rab kyi pha rold tu phyind pa la spyod do || gal te yid kyi ’dus te reg pa sdug ces bya

3 [ba ’am myi sdug ces bya bar myi spyod na shes] rab kyi pha rold tu phyind pa la spyod do || de ci’i phyir zhe na | gang rtag pa ’am myi rtag pa ’am bde ba ’am sdug bsngal ba ’am bdag gam bdag myed pa ’am sdug pa ’am myi sdug par ’gyur ba de lta bu’i yid kyi

4 [’dus te reg pa myed do || gal te myi]g gi ’dus te reg pa las byung ba’i tshor ba la

myi spyod na shes rab kyi pha rold tu phyind pa la spyod do || gal te myig gi 'dus te
reg pa las byung ba'i tshor ba rtag ces bya ba 'am myi rtag ces bya bar myi spyod
na shes
5 [rab kyi pha rold tu phyind pa la spyod do] || gal te myig gi 'dus te reg pa ⊙ las
byung ba'i tshor ba bde zhes bya ba 'am sdug bsngal zhes bya bar myi spyod na
shes rab kyi pha rold tu phyind pa la spyod do || gal te myig gi 'dus te reg pa las
6 [byung ba'i tshor ba bdag ces bya ba 'am b]dag myed ces bya bar myi spyod na ⊙
shes rab kyi pha rold tu phyind pa la spyod do || gal te myig gi 'dus ⊙ te reg pa las
byung ba'i tshor ba sdug ces bya ba 'am myi sdug ces bya bar
7 [myi spyod na shes rab kyi pha rold tu phyind] pa la spyod do || de ci'i phyir zhe ⊙
na | gang rtag pa 'am myi rtag pa 'am bde ba 'am sdug bsngal ba 'am | ⊙ bdag gam
bdag myed pa 'am sdug pa 'am myi sdug par 'gyur ba de lta bu
8 ['i myig gi 'dus te reg pa las byung ba]'i tshor ba myed do || gal te rna ba'i 'dus te
reg pa las byung ba'i tshor ba la myi spyod na shes rab kyi pha rold tu phyind pa la
spyod do || gal te rna ba'i 'dus te reg pa las byung ba'i tshor ba rtag ces bya ba
9 ['am myi rtag ces bya bar myi spyod na shes] rab kyi pha rold tu phyind pa la spyod
do || gal te rna ba'i 'dus te reg pa las byung ba'i tshor ba bde zhes bya ba 'am sdug
bsngal zhes bya bar myi spyod na shes rab kyi pha rold tu phind pa la spyod do ||
10 [gal te rna ba'i 'dus te reg pa las byung ba'i] tshor ba bdag ces bya ba 'am bdag
myed ces bya bar myi spyod na shes rab kyi pha rold tu phyind pa la spyod do || gal
te rna ba'i 'dus te [reg pa] las byung ba'i tshor ba sdug ces bya ba 'am myi sdug
ce[s bya bar]
11 [myi spyod na shes rab kyi pha rold tu phyind] pa la spyod do || de ci'i phyir zhe na
| gang rtag pa 'am myi rtag pa 'am bde ba 'am sdug bsngal ba 'am bdag gam bdag
myed pa 'am | [sdug pa 'am myi sdug par 'gyu]r ba de lta bu'i rna ba'i 'dus te [reg
pa]

背面

1 [las byung ba'i tshor ba myed do || gal te sna'i ']dus te reg pa las byung ba'i tshor ba la myi spyod na shes rab kyi pha rold tu phyind pa la spyod do || gal te sna'i 'dus te reg pa la[s byung ba'i tshor ba rtag ces bya ba 'a]m myi rtag ces bya bar myi spyo[d na]

2 [shes rab kyi pha rold tu phyind pa la spyod] do || gal te sna'i 'dus te reg pa las byung ba'i tshor ba bde zhes bya ba 'am sdug bsngal zhes bya bar myi spyod na shes rab kyi pha rold tu phyin[d pa la] spyod do || gal te sna'i 'dus te reg pa las byung [ba'i tshor]

3 [ba bdag ces bya ba 'am bdag myed ces] bya bar myi spyod na shes rab kyi pha rold tu phyind pa la spyod do || gal te sna'i 'dus te reg pa las byung ba'i tshor ba sdug ces bya ba 'am myi sdug ces bya bar myi spyod na shes rab kyi pha rold tu phyind pa la [spyod do ||]

4 [de ci'i phyir zhe na | gang rtag pa 'am myi] rtag pa 'am bde ba 'am sdug bsngal ba 'am bdag gam bdag myed pa 'am | sdug pa 'am myi sdug par 'gyur ba de lta bu'i sna'i 'dus te reg pa las byung ba'i tshor ba myed do || gal te lce'i 'dus te reg [pa]

5 [las byung ba'i tshor ba la myi spyod na she]s rab kyi pha rold tu phyind pa la spyod do || gal te lce'i 'dus te reg pa las byung ba'i tshor ba rtag ces bya ba 'am myi ⊙ rtag ces bya bar myi spyod na shes rab kyi pha rold tu phyind pa la spyod do ||

6 [gal te lce'i 'dus te reg pa las byung] ba'i tshor ba bde zhes bya ba 'am ⊙ sdug bsngal zhes bya bar myi spyod na shes rab kyi pha rold tu phyind pa la ⊙ spyod do || gal te lce'i 'dus te reg pa las byung ba'i tshor ba bdag

7 [ces bya ba 'am | bdag myed ces bya bar] myi spyod na shes rab kyi pha rold tu ⊙ phyind pa la spyod do || gal te lce'i 'dus te reg pa las byung ba'i tshor ⊙ ba sdug ces bya ba 'am myi sdug ces bya bar myi spyod na shes rab kyi pha rold

8 [tu phyind pa la spyod do || de ci'i phyi]r zhe na | gang rtag pa 'am myi rtag pa 'am bde ba 'am sdug bsngal ba 'am bdag gam bdag myed pa 'am sdug pa 'am myi sdug par 'gyur ba de lta bu'i lce'i 'dus te reg pa las byung ba'i tshor ba myed do ||

9 [gal te lus kyi 'dus te reg pa las byung] ba'i tshor ba la myi spyod na shes rab kyi pha rold tu phyind pa la spyod do || gal te lus kyi 'dus te reg pa las byung ba'i tshor ba rtag ces bya ba 'am myi rtag ces bya bar myi spyod na shes rab kyi pha rold tu phyind pa la

10 [spyod do || gal te lus kyi 'dus te reg] pa las byung ba'i tshor ba bde zhes bya ba 'am sdug bsngal zhes bya bar myi spyod na shes rab kyi pha rold tu phyind pa la spyod do || gal te lus kyi 'dus te reg pa las byung ba'i tshor ba bdag ces bya ba 'am

11 [bdag myed ces bya bar myi spyod na shes rab kyi] pha rold tu phyind pa la spyod do || gal te lus kyi 'dus te reg pa las byung ba'i tshor ba sdug ces bya ba 'am myi sdug ces bya bar myi spyod na shes rab kyi pha rold tu phyind pa la spyod do || de ci'i phyir

《大般若波罗蜜多经》(《大正藏》第6册，经号：220，第469页上栏第7行至470页上栏第6行)

善現！菩薩摩訶薩行般若波羅蜜多時，若不行眼界，是行般若波羅蜜多，不行色界、眼識界及眼觸、眼觸為緣所生諸受，是行般若波羅蜜多；不行眼界若常若無常，是行般若波羅蜜多，不行色界乃至眼觸為緣所生諸受若常若無常，是行般若波羅蜜多；不行眼界若樂若苦，是行般若波羅蜜多，不行色界乃至眼觸為緣所生諸受若樂若苦，是行般若波羅蜜多；不行眼界若我若無我，是行般若波羅蜜多，不行色界乃至眼觸為緣所生諸受若我若無我，是行般若波羅蜜多；不行眼界若淨若不淨，是行般若波羅蜜多，不行色界乃至眼觸為緣所生諸受若淨若不淨，是行般若波羅蜜多。何以故?善現！眼界性尚無所有，況有眼界若常若無常、若樂若苦、若我若無我、若淨若不淨！色界乃至眼觸為緣所生諸受性尚無所有，況有色界乃至眼觸為緣所生諸受若常若無常、若樂若苦、若我若無我、若淨若不淨！

善現！菩薩摩訶薩行般若波羅蜜多時，若不行耳界，是行般若波羅蜜多，不行聲界、耳識界及耳觸、耳觸為緣所生諸受，是行般若波羅蜜多；不行耳界若常若無常，是行般若波羅蜜多，不行聲界乃至耳觸為緣所生諸受若常若無常，是行般若波羅蜜多；不行耳界若樂若苦，是行般若波羅蜜多，不行聲界乃至耳觸為緣所生諸受若樂若苦，是行般若波羅蜜多；不行耳界若我若無我，是行般若波羅蜜多，不行聲界乃至耳觸為緣所生諸受若我若無我，是行般若波羅蜜多；不行耳界若淨若不淨，是行般若波羅蜜多，不行聲界乃至耳觸為緣所生諸受若淨若不淨，是行般若波羅蜜多。何以故？善現！耳界性尚無所有，況有耳界若常若無常、若樂若苦、若我若無我、若淨若不淨！聲界乃至耳觸為緣所生諸受性尚無所有，況有聲界乃至耳觸為緣所生諸受若常若無常、若樂若苦、若我若無我、若淨若不淨！

善現！菩薩摩訶薩行般若波羅蜜多時，若不行鼻界，是行般若波羅蜜多，不行香界、鼻識界及鼻觸、鼻觸為緣所生諸受，是行般若波羅蜜多；不行鼻界若常若無常，是行般若波羅蜜多，不行香界乃至鼻觸為緣所生諸受若常若無常，是行般若波羅蜜多；不行鼻界若樂若苦，是行般若波羅蜜多，不行香界乃至鼻觸為緣所生諸受若樂若苦，是行般若波羅蜜多；不行鼻界若我若無我，是行般若波羅蜜多，不行香界乃至鼻觸為緣所生諸受若我若無我，是行般若波羅蜜多；不行鼻界若淨若不淨，是行般若波羅蜜多，不行香界乃至鼻觸為緣所生諸受若淨若不淨，是行般若波羅蜜多。何以故？善現！鼻界性尚無所有，況有鼻界若常若無常、若樂若苦、若我若無我、若淨若不淨！香界乃至鼻觸為緣所生諸受性尚無所有，況有香界乃至鼻觸為緣所生諸受若常若無常、若樂若苦、若我若無我、若淨若不淨！

善現！菩薩摩訶薩行般若波羅蜜多時，若不行舌界，是行般若波羅蜜多，不行味界、舌識界及舌觸、舌觸為緣所生諸受，是行般若波羅蜜多；不行舌界若常若無常，是行般若波羅蜜多，不行味界乃至舌觸為緣所生諸受若常若無常，是行般若波羅蜜多；不行舌界若樂若苦，是行般若波羅蜜多，不行味界乃至舌觸為緣所生諸受若樂若苦，是行般若波羅蜜多；不行舌界若我若無我，是行般若波羅蜜多，不行味界乃至舌觸為緣所生諸受若我若無我，是行般若波羅蜜多；不行舌界若淨若不淨，是行般若波羅蜜多，不行味界乃至舌觸為緣所生諸受若淨若不淨，是行般若波羅蜜多。何以故？善現！舌界性尚無所有，況有舌界若常若無常、若樂若苦、若我若無我、若淨若不淨！味界乃至舌觸為緣所生諸受性尚無所有，況有味界乃至舌觸為緣所生諸受若常若無常、若樂若苦、若我若無我、若淨若不淨！

善現！菩薩摩訶薩行般若波羅蜜多時，若不行身界，是行般若波羅蜜多，不行觸界、身識界及身觸、身觸為緣所生諸受，是行般若波羅蜜多；不行身界若常若無常，是行般若波羅蜜多，不行觸界乃至身觸為緣所生諸受若常若無常，是行般若波羅蜜多；不行身界若樂若苦，是行般若波羅蜜多，不行觸界乃至身觸為緣所生諸受若樂若苦，是行般若波羅蜜多；不行身界若我若無我，是行般若波羅蜜多，不行觸界乃至身觸為緣所生諸受若我若無我，是行般若波羅蜜多；不行身界若淨若不淨，是行般若波羅蜜多，不行觸界乃至身觸為緣所生諸受若淨若不淨，是行般若波羅蜜多。

说明

1．此为《十万颂般若经》(ཤེས་རབ་ཀྱི་ཕ་རོལ་ཏུ་ཕྱིན་པ་སྟོང་ཕྲག་བརྒྱ་པ།།)，藏译见德格版《甘珠尔》，般若部（ཤེར་ཕྱིན།།），ཀ函，经号：8，第202叶正面第1行至第203叶背面第2行。汉译参见〔唐〕玄奘译《大般若波罗蜜多经》第二百八十九卷，《大正藏》第6册，经号：220，第469页上栏第7行至470页上栏第6行。

2．与BH2-8、BH2-10、BH2-7属于同一写本，且内容衔接。

BH2–10
《十万颂般若经》

纸质，梵夹装，1 叶，双面墨书，每面 11 行，18.2×58 厘米。左侧残损较严重。所用纸张为皮纸。

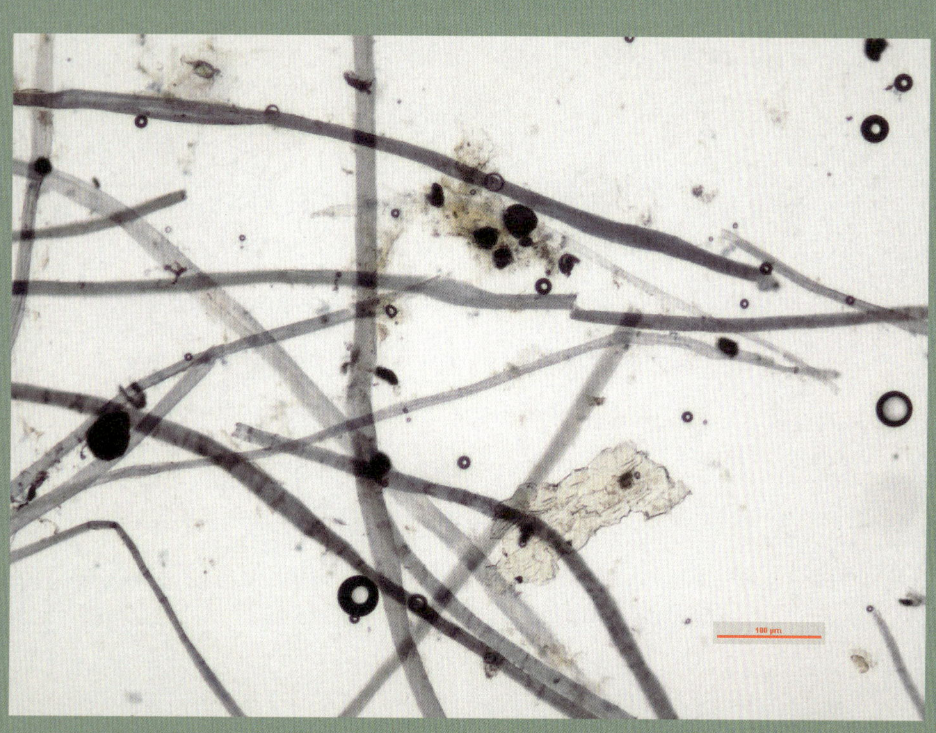

BH2–10 100 倍纸张纤维图

原文

正面

1 [ཞེ་ན། གང་རྟག་པ་འམ་མྱི་རྟག་]པ་འམ་བདེ་བ་འམ་སྡུག་བསྔལ་བ་འམ་བདག་གམ་བདག་མྱེད་པ་འམ་སྡུག་པ་འམ་མྱི་སྡུག་
པར་འགྱུར་བ་དེ་ལྟ་བུའི་ལུས་ཀྱི་འདུས་ཏེ་རེག་པ་ལས་བྱུང་བའི་ཚོར་བ་མྱེད་དོ། །གལ་ཏེ་ཡིད་ཀྱི་འདུས་ཏེ་རེག་པ

2 [ལས་བྱུང་བའི་ཚོར་བ་ལ་མྱི་སྤྱོད་ན་ཤེས་རབ་ཀྱི་]ཕ་རོལ་དུ་ཕྱིན་པ་ལ་སྤྱོད་དོ། །གལ་ཏེ་ཡིད་ཀྱི་འདུས་ཏེ་རེག་པ་ལས་
བྱུང་བའི་ཚོར་བ་རྟག་ཅེས་བྱ་བ་འམ་མྱི་རྟག་ཅེས་བྱ་བར་མྱི་སྤྱོད་ན་ཤེས་རབ་ཀྱི་ཕ་རོལ་དུ་ཕྱིན་པ་ལ་སྤྱོད་དོ། །གལ་ཏེ་
ཡིད་ཀྱི་

3 [འདུས་ཏེ་རེག་པ་ལས་བྱུང་བའི་ཚོར་བ་བདེ་]ཞེས་བྱ་བ་འམ་སྡུག་བསྔལ་ཞེས་བྱ་བར་མྱི་སྤྱོད་ན་ཤེས་རབ་ཀྱི་ཕ་རོལ་དུ་
ཕྱིན་པ་ལ་སྤྱོད་དོ། །གལ་ཏེ་ཡིད་ཀྱི་འདུས་ཏེ་རེག་པ་ལས་བྱུང་བའི་ཚོར་བ་བདག་ཅེས་བྱ་བ་འམ་བདག་མྱེད་ཅེས་བྱ་བར་མྱི་
སྤྱོད་ན་

4 [ཤེས་རབ་ཀྱི་ཕ་རོལ་དུ་]ཕྱིན་པ་ལ་སྤྱོད་དོ། །གལ་ཏེ་ཡིད་ཀྱི་འདུས་ཏེ་རེག་པ་ལས་བྱུང་བའི་ཚོར་བ་སྡུག་ཅེས་བྱ་བ་འམ་
མྱི་སྡུག་ཅེས་བྱ་བར་མྱི་སྤྱོད་ན་ཤེས་རབ་ཀྱི་ཕ་རོལ་དུ་ཕྱིན་པ་ལ་སྤྱོད་དོ། །དེ་ཅིའི་ཕྱིར་ཞེ་ན། གང་རྟག་པ་འམ་མྱི་རྟག

BH2–10 正面

5 [པ་འམ་བདེ་]བ་འམ་སྡུག་བསྔལ་བ་འམ་བདག་གམ་བདག་མེད་པའམ་སྡུག ⊙ པ་འམ་མི་སྡུག་པར་འགྱུར་བ་དེ་ལྟ་བུའི་ཡིད་
ཀྱི་འདུས་ཏེ་རེག་པ་ལས་བྱུང་བའི་ཚོར་བ ⊙ མེད་དོ། །གལ་ཏེ་སའི་ཁམས་ལ་མི་སྤྱོད་ན་ཤེས་རབ་ཀྱི་ཕ་རོལ་ཏུ་
6 [ཕྱིན་པ་]ལ་སྤྱོད་དོ། །གལ་ཏེ་སའི་ཁམས་རྟག་ཅེས་བྱ་བ་འམ་མི་[རྟག་] ⊙ ཅེས་བྱ་བར་མི་སྤྱོད་ན་ཤེས་རབ་ཀྱི་ཕ་རོལ་ཏུ་
ཕྱིན་པ་ལ་སྤྱོད་དོ། ། ⊙ གལ་ཏེ་སའི་ཁམས་བདེ་ཞེས་བྱ་བ་འམ་སྡུག་བསྔལ་ཞེས་བྱ་བར་མི་སྤྱོད་
7 [ན་ཤེས་རབ་]ཀྱི་ཕ་རོལ་ཏུ་ཕྱིན་པ་ལ་སྤྱོད་དོ། །གལ་ཏེ་སའི་ཁམས་ ⊙ བདག་ཅེས་བྱ་བ་འམ་བདག་མེད་ཅེས་བྱ་བར་མི་
སྤྱོད་ན་ཤེས་རབ་ཀྱི་ཕ་རོལ་ ⊙ ཏུ་ཕྱིན་པ་ལ་སྤྱོད་དོ། །གལ་ཏེ་སའི་ཁམས་སྡུག་ཅེས་བྱ་བ་འམ་མི་
8 [སྡུག་ཅེས་བྱ་བར་མི་སྤྱོད་]ན་ཤེས་རབ་ཀྱི་ཕ་རོལ་ཏུ་ཕྱིན་པ་ལ་སྤྱོད་དོ། །དེ་ཅིའི་ཕྱིར་ཞེ་ན། གང་རྟག་པ་འམ་མི་རྟག་པ་
འམ་བདེ་བ་འམ་སྡུག་བསྔལ་བ་འམ་བདག་གམ་བདག་མེད་པ་འམ་སྡུག་པ་འམ་མི་སྡུག་པར་འགྱུར་བ་དེ་ལྟ་བུའི་སའི་
9 [ཁམས་མེད་དོ། །གལ་ཏེ་]ཆུའི་ཁམས་ལ་མི་སྤྱོད་ན་ཤེས་རབ་ཀྱི་ཕ་རོལ་ཏུ་ཕྱིན་པ་ལ་སྤྱོད་དོ། །གལ་ཏེ་ཆུའི་ཁམས་རྟག་
ཅེས་བྱ་བ་འམ་མི་རྟག་ཅེས་བྱ་བར་མི་སྤྱོད་ན་ཤེས་རབ་ཀྱི་ཕ་རོལ་ཏུ་ཕྱིན་པ་ལ་སྤྱོད་དོ། །གལ་ཏེ་ཆུའི་
10 [ཁམས་བདེ་ཞེས་བྱ་བ་འམ། སྡུག་]བསྔལ་ཞེས་བྱ་བར་མི་སྤྱོད་ན་ཤེས་རབ་ཀྱི་ཕ་རོལ་ཏུ་ཕྱིན་པ་ལ་སྤྱོད་དོ། །གལ་ཏེ་ཆུའི་
ཁམས་བདག་ཅེས་བྱ་བ་འམ་བདག་མེད་ཅེས་བྱ་བར་མི་སྤྱོད་ན་ཤེས་རབ་ཀྱི་ཕ་རོལ་ཏུ་ཕྱིན་པ་ལ་སྤྱོད་དོ། །

11 [གལ་ཏེ་ཆུའི་ཁམས་སྡུག་ཅེས་བྱ་བ་འམ་]མི་སྡུག་ཅེས་བྱ་བར་མི་སྤྱོད་ན་ཤེས་རབ་ཀྱི་ཕ་རོལད་ཏུ་ཕྱིནད་པ་ལ་སྤྱོད་དོ། །དེ་
ཅིའི་ཕྱིར་ཞེ་ན། གང་རྟག་པ་འམ་མི་རྟག་པ་འ[མ་བདེ་བ་འམ་སྡུག་བསྔལ་བ་]འམ་བདག་གམ་བདག་མེད་པ་[འམ་]

背面

1 [སྡུག་པ་འམ་མི་སྡུག་པར་འགྱུར་བ་དེ་ལྟ་བུའི་]ཆུའི་ཁམས་མེད་དོ། །གལ་ཏེ་མེའི་ཁམས་ལ་མི་སྤྱོད་ན་ཤེས་རབ་ཀྱི་ཕ་
[རོལད]ཏུ་ཕྱིནད་པ་ལ་སྤྱོད་དོ། །གལ་ཏེ་མེའི་ཁམས་རྟ[ག་ཅེས་བྱ་བ་འམ་མི་རྟག་ཅེས་བྱ་]བར་མི་སྤྱོད་ན་ཤེས་རབ་ཀྱི་ཕ་
[རོལད]ཏུ་

2 [ཕྱིན་པ་ལ་སྤྱོད་དོ། །གལ་]ཏེ་མེའི་ཁམས་བདེ་ཞེས་བྱ་བ་འམ་སྡུག་བསྔལ་ཞེས་བྱ་བར་མི་སྤྱོད་ན་ཤེས་རབ་ཀྱི་ཕ་རོལད་ཏུ་
ཕྱིནད་པ་ལ་སྤྱོད་དོ། །གལ་ཏེ་མེའི་ཁམས་བདག་ཅེས་བྱ་བ་འམ་བདག་[མེད་ཅེས་]བྱ་བར་མི་སྤྱོད་ན་ཤེས་རབ་ཀྱི་ཕ་

3 [རོལད་ཏུ་ཕྱིནད་པ་ལ་སྤྱོད་དོ]། །གལ་ཏེ་མེའི་ཁམས་སྡུག་ཅེས་བྱ་བ་འམ་མི་སྡུག་ཅེས་བྱ་བར་མི་སྤྱོད་ན་ཤེས་རབ་ཀྱི་ཕ་
རོལད་ཏུ་ཕྱིནད་པ་ལ་སྤྱོད་དོ། །དེ་ཅིའི་ཕྱིར་ཞེ་ན། གང་རྟག་པ་འམ་མི་རྟག་པ་འམ་བདེ་བ་འམ་སྡུག་བསྔལ་བ་འམ་

4 [བདག་གམ་བདག་མེད་པ་]འམ་སྡུག་པ་འམ་མི་སྡུག་པར་འགྱུར་བ་དེ་ལྟ་བུའི་མེའི་ཁམས་མེད་དོ། །གལ་ཏེ་རླུང་གི་ཁམས་ལ་

BH2−10 背面

མི་སྤྱོད་ན་ཤེས་རབ་ཀྱི་ཕ་རོལ་ཏུ་ཕྱིན་པ་ལ་སྤྱོད་དོ། །གལ་ཏེ་རླུང་གི་ཁམས་རྟག་ཅེས་བྱ་བ་འམ་མི་རྟག་
5 [ཅེས་བྱ་བར་མི་སྤྱོད་]ན་ཤེས་རབ་ཀྱི་ཕ་རོལ་ཏུ་ཕྱིན་པ་ལ་སྤྱོད་དོ།⊙ །གལ་ཏེ་རླུང་གི་ཁམས་བདེ་ཞེས་བྱ་བ་འམ་སྡུག་
བསྔལ་ཞེས་བྱ་བར་མི་སྤྱོད་⊙ན་ཤེས་རབ་ཀྱི་ཕ་རོལ་ཏུ་ཕྱིན་པ་ལ་སྤྱོད་དོ། །གལ་ཏེ་རླུང་གི་ཁམས་
6 [བདག་ཅེས་]བྱ་བ་འམ་བདག་མེད་ཅེས་བྱ་བར་མི་སྤྱོད་ན་ཤེས་རབ་ཀྱི་ཕ་རོལ་ཏུ་⊙ཕྱིན་པ་ལ་སྤྱོད་དོ། །གལ་ཏེ་རླུང་གི་
ཁམས་སྡུག་ཅེས་བྱ་བ་འམ་མི་⊙སྡུག་ཅེས་བྱ་བར་མི་སྤྱོད་ན་ཤེས་རབ་ཀྱི་ཕ་རོལ་ཏུ་ཕྱིན་པ་ལ་སྤྱོད་དོ། །
7 [དེ་ཅིའི་ཕྱིར་]ཞེ་ན། གང་རྟག་པ་འམ་མི་རྟག་པ་འམ་བདེ་བ་འམ་སྡུག་བསྔལ་⊙བ་འམ་བདག་གམ་བདག་མེད་པ་འམ་སྡུག་
པ་འམ་མི་སྡུག་པར་འགྱུར་བ་དེ་⊙ལྟ་བུའི་རླུང་གི་ཁམས་མེད་དོ། །གལ་ཏེ་ནམ་མཁའི་ཁམས་ལ་མི་སྤྱོད་ན་
8 [ཤེས་རབ་]ཀྱི་ཕ་རོལ་ཏུ་ཕྱིན་པ་ལ་སྤྱོད་དོ། གལ་ཏེ་ནམ་མཁའི་ཁམས་རྟག་ཅེས་བྱ་བ་འམ་མི་རྟག་ཅེས་བྱ་བར་མི་སྤྱོད་ན་
ཤེས་རབ་ཀྱི་ཕ་རོལ་ཏུ་ཕྱིན་པ་ལ་སྤྱོད་དོ། །གལ་ཏེ་ནམ་མཁའི་ཁམས་བདེ་ཞེས་བྱ་བ་འམ་སྡུག་བསྔལ་ཞེས་བྱ་བར་མི་སྤྱོད་
9 [ན་ཤེས་རབ་ཀྱི་ཕ་རོལ་]ཏུ་ཕྱིན་པ་ལ་སྤྱོད་དོ། །གལ་ཏེ་ནམ་མཁའི་ཁམས་བདག་ཅེས་བྱ་བ་འམ་བདག་མེད་ཅེས་བྱ་བར་
མི་སྤྱོད་ན་ཤེས་རབ་ཀྱི་ཕ་རོལ་ཏུ་ཕྱིན་པ་ལ་སྤྱོད་དོ། །གལ་ཏེ་ནམ་མཁའི་ཁམས་སྡུག་ཅེས་བྱ་བ་འམ་མི་སྡུག་ཅེས་བྱ་བར་
10 [མི་སྤྱོད་ན་ཤེས་རབ་ཀྱི་ཕ་རོལ་ཏུ་ཕྱིན་པ་ལ་]སྤྱོད་དོ། །དེ་ཅིའི་ཕྱིར་ཞེ་ན། གང་རྟག་པ་འམ་མི་རྟག་པ་འམ་བདེ་བའམ་

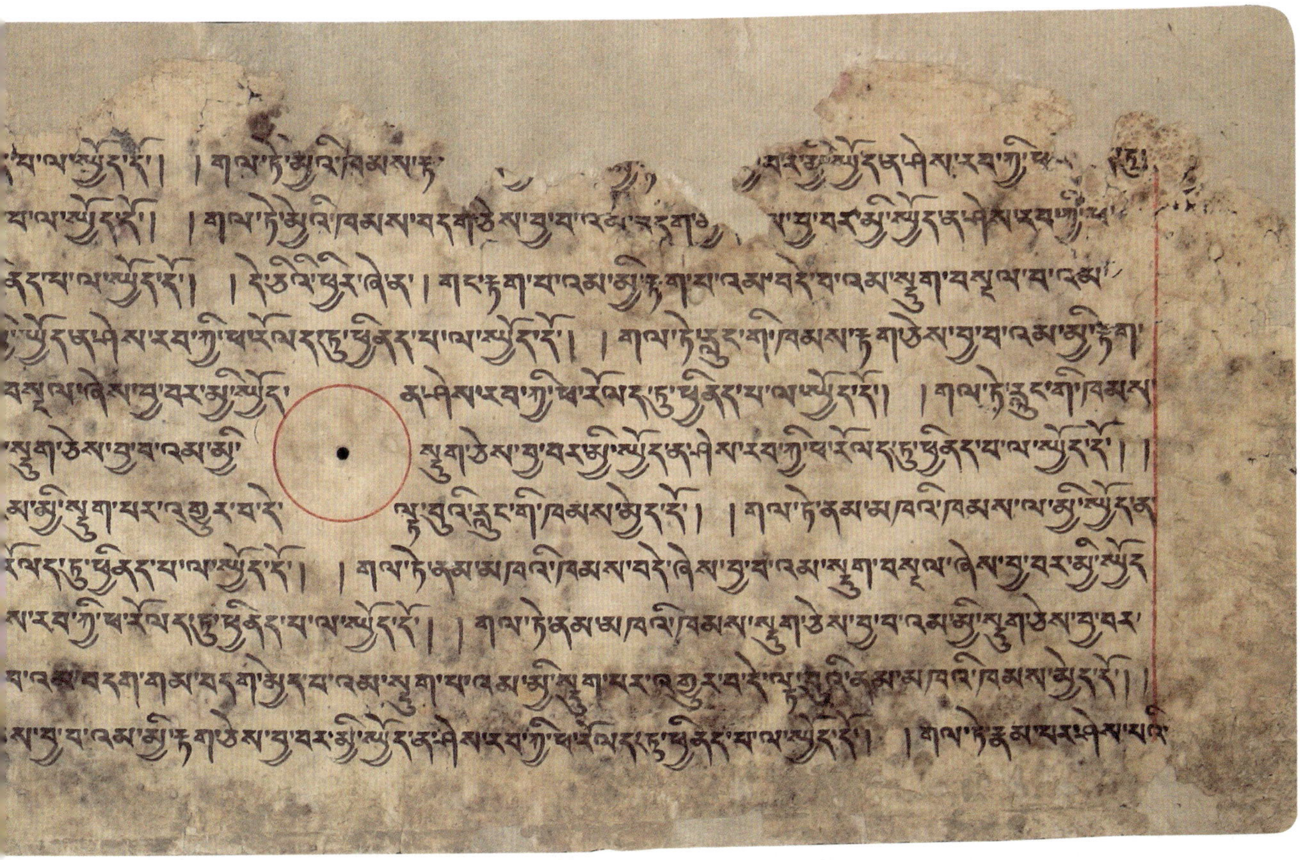

སྡུག་བསྔལ་བའམ་བདག་གམ་བདག་མྱེད་པ་འམ་སྡུག་པ་འམ་མྱི་སྡུག་པར་འགྱུར་བ་དེ་ལྟ་བུའི་ནམ་མཁའི་ཁམས་མྱེད་དོ། །

11 [གལ་ཏེ་རྣམ་པར་ཤེས་པའི་ཁམས་ལ་མྱི་སྤྱོད་ན་]ཤེས་རབ་ཀྱི་ཕ་རོལད་ཏུ་ཕྱིནད་པ་ལ་སྤྱོད་དོ། །གལ་ཏེ་རྣམ་པར་ཤེས་པའི་ཁམས་རྟག་ཅེས་བྱ་བ་འམ་མྱི་རྟག་ཅེས་བྱ་བར་མྱི་སྤྱོད་ན་ཤེས་རབ་ཀྱི་ཕ་རོལད་ཏུ་ཕྱིནད་པ་ལ་སྤྱོད་དོ། །གལ་ཏེ་རྣམ་པར་ཤེས་པའི་

转写

正面

1 [zhe na | gang rtag pa ’am myi rtag] pa ’am bde ba ’am sdug bsngal ba ’am bdag gam bdag myed pa ’am sdug pa ’am myi sdug par ’gyur ba de lta bu’i lus kyi ’dus te reg pa las byung ba’i tshor ba myed do || gal te yid kyi ’dus te reg pa

2 [las byung ba’i tshor ba la myi spyod na shes rab kyi] pha rold tu phyind pa la spyod do || gal te yid kyi ’dus te reg pa las byung ba’i tshor ba rtag ces bya ba ’am myi rtag ces bya bar myi spyod na shes rab kyi pha rold tu phyind pa la spyod do || gal te yid kyi

3 [’dus te reg pa las byung ba’i tshor ba bde] zhes bya ba ’am sdug bsngal zhes bya bar myi spyod na shes rab kyi pha rold tu phyind pa la spyod do || gal te yid kyi ’dus te reg pa las byung ba’i tshor ba bdag ces bya ba ’am bdag myed ces bya bar myi spyod na

4 [shes rab kyi pha rold tu] phyind pa la spyod do || gal te yid kyi ’dus te reg pa las byung ba’i tshor ba sdug ces bya ba ’am myi sdug ces bya bar myi spyod na shes rab kyi pha rold tu phyind pa la spyod do || de ci’i phyir zhe na | gang rtag pa ’am myi rtag

5 [pa ’am bde] ba ’am sdug bsngal ba ’am bdag gam bdag myed pa’am sdug ⊙ pa ’am myi sdug par ’gyur ba de lta bu’i yid kyi ’dus te reg pa las byung ba’i tshor ba ⊙ myed do || gal te sa’i khams la myi spyod na shes rab kyi pha rold tu

6 [phyind pa] la spyod do || gal te sa’i khams rtag ces bya ba ’am myi [rtag] ⊙ces bya bar myi spyod na shes rab kyi pha rold tu phyind pa la spyod do || ⊙ gal te sa’i khams bde zhes bya ba ’am sdug bsngal zhes bya bar myi spyod

7 [na shes rab] kyi pha rold tu phyind pa la spyod do || gal te sa'i khams ⊙ bdag ces bya ba 'am bdag myed ces bya bar myi spyod na shes rab kyi pha rold ⊙ tu phyind pa la spyod do || gal te sa'i khams sdug ces bya ba 'am myi

8 [sdug ces bya bar myi spyod] na shes rab kyi pha rold tu phyind pa la spyod do || de ci'i phyir zhe na | gang rtag pa 'am myi rtag pa 'am bde ba 'am sdug bsngal ba 'am bdag gam bdag myed pa 'am sdug pa 'am myi sdug par 'gyur ba de lta bu'i sa'i

9 [khams myed do || gal te] chu'i khams la myi spyod na shes rab kyi pha rold tu phyind pa la spyod do || gal te chu'i khams rtag ces bya ba 'am myi rtag ces bya bar myi spyod na shes rab kyi pha rold tu phyind pa la spyod do || gal te chu'i

10 [khams bde zhes bya ba 'am | sdug] bsngal zhes bya bar myi spyod na shes rab kyi pha rold tu phyind pa la spyod do || gal te chu'i khams bdag ces bya ba 'am bdag myed ces bya bar myi spyod na shes rab kyi pha rold tu phyind pa la spyod do ||

11 [gal te chu'i khams sdug ces bya ba 'am] myi sdug ces bya bar myi spyod na shes rab kyi pha rold tu phyind pa la spyod do || de ci'i phyir zhe na | gang rtag pa 'am myi rtag pa 'a[m bde ba 'am sdug bsngal ba] 'am bdag gam bdag myed pa ['am]

背面

1 [sdug pa 'am myi sdug par 'gyur ba de lta bu'i] chu'i khams myed do || gal te mye'i khams la myi spyod na shes rab kyi pha [rold] tu phyind pa la spyod do || gal te mye'i khams rta[g ces bya ba 'am myi rtag ces bya] bar myi spyod na shes rab kyi pha [rold] tu

2 [phyin pa la spyod do || gal] te mye'i khams bde zhes bya ba 'am sdug bsngal zhes bya bar myi spyod na shes rab kyi pha rold tu phyind pa la spyod do || gal te mye'i khams bdag ces bya ba 'am bdag [med ces] bya bar myi spyod na shes rab kyi pha

3 [rold tu phyind pa la spyod do] || gal te mye'i khams sdug ces bya ba 'am myi sdug ces bya bar myi spyod na shes rab kyi pha rold tu phyind pa la spyod do || de ci'i phyir zhe na | gang rtag pa 'am myi rtag pa 'am bde ba 'am sdug bsngal ba 'am

4 [bdag gam bdag myed pa] 'am sdug pa 'am myi sdug par 'gyur ba de lta bu'i mye'i

khams myed do || gal te rlung gi khams la myi spyod na shes rab kyi pha rold tu phyind pa la spyod do || gal te rlung gi khams rtag ces bya ba 'am myi rtag

5 [ces bya bar myi spyod] na shes rab kyi pha rold tu phyind pa la spyod do |⊙| gal te rlung gi khams bde zhes bya ba 'am sdug bsngal zhes bya bar myi spyod ⊙ na shes rab kyi pha rold tu phyind pa la spyod do || gal te rlung gi khams

6 [bdag ces] bya ba 'am bdag myed ces bya bar myi spyod na shes rab kyi pha rold tu ⊙ phyind pa la spyod do || gal te rlung gi khams sdug ces bya ba 'am myi ⊙ sdug ces bya bar myi spyod na shes rab kyi pha rold tu phyind pa la spyod do ||

7 [de ci'i phyir] zhe na | gang rtag pa 'am myi rtag pa 'am bde ba 'am sdug bsngal ⊙ ba 'am bdag gam bdag myed pa 'am sdug pa 'am myi sdug par 'gyur ba de ⊙ lta bu'i rlung gi khams myed do || gal te nam mkha'i khams la myi spyod na

8 [shes rab] kyi pha rold tu phyind pa la spyod do | gal te nam mkha'i khams rtag ces bya ba 'am myi rtag ces bya bar myi spyod na shes rab kyi pha rold tu phyind pa la spyod do || gal te nam mkha'i khams bde zhes bya ba 'am sdug bsngal zhes bya bar myi spyod

9 [na shes rab kyi pha rold] tu phyind pa la spyod do || gal te nam mkha'i khams bdag ces bya ba 'am | bdag myed ces bya bar myi spyod na shes rab kyi pha rold tu phyind pa la spyod do || gal te nam mkha'i khams sdug ces bya ba 'am myi sdug ces bya bar

10 [myi spyod na shes rab kyi pha rold tu phyind pa la] spyod do || de ci'i phyir zhe na | gang rtag pa 'am myi rtag pa 'am bde ba'am sdug bsngal ba'am bdag gam bdag myed pa 'am sdug pa 'am myi sdug par 'gyur ba de lta bu'i nam mkha'i khams myed do ||

11 [gal te rnam par shes pa'i khams la myi spyod na] shes rab kyi pha rold tu phyind pa la spyod do || gal te rnam par shes pa'i khams rtag ces bya ba 'am myi rtag ces bya bar myi spyod na shes rab kyi pha rold tu phyind pa la spyod do || gal te rnam par shes pa'i

《大般若波罗蜜多经》(《大正藏》第6册，经号：220，第470页上栏第6行至中栏第13行)

何以故？善現！身界性尚無所有，況有身界若常若無常、若樂若苦、若我若無我、若淨若不淨！觸界乃至身觸為緣所生諸受性尚無所有，況有觸界乃至身觸為緣所生諸受若常若無常、若樂若苦、若我若無我、若淨若不淨！

善現！菩薩摩訶薩行般若波羅蜜多時，若不行意界，是行般若波羅蜜多，不行法界、意識界及意觸、意觸為緣所生諸受，是行般若波羅蜜多；不行意界若常若無常，是行般若波羅蜜多，不行法界乃至意觸為緣所生諸受若常若無常，是行般若波羅蜜多；不行意界若樂若苦，是行般若波羅蜜多，不行法界乃至意觸為緣所生諸受若樂若苦，是行般若波羅蜜多；不行意界若我若無我，是行般若波羅蜜多，不行法界乃至意觸為緣所生諸受若我若無我，是行般若波羅蜜多；不行意界若淨若不淨，是行般若波羅蜜多，不行法界乃至意觸為緣所生諸受若淨若不淨，是行般若波羅蜜多。何以故？善現！意界性尚無所有，況有意界若常若無常、若樂若苦、若我若無我、若淨若不淨！法界乃至意觸為緣所生諸受性尚無所有，況有法界乃至意觸為緣所生諸受若常若無常、若樂若苦、若我若無我、若淨若不淨！

善現！菩薩摩訶薩行般若波羅蜜多時，若不行地界，是行般若波羅蜜多，不行水、火、風、空、識界，是行般若波羅蜜多；不行地界若常若無常，是行般若波羅蜜多，不行水、火、風、空、識界若常若無常，是行般若波羅蜜多；不行地界若樂若苦，是行般若波羅蜜多，不行水、火、風、空、識界若樂若苦是行般若波羅蜜多；不行地界若我若無我，是行般若波羅蜜多，不行水、火、風、空、識界若我若無我，是行般若波羅蜜多；不行地界若淨若不淨，是行般若波羅蜜多，不行水、火、風、空、識界若淨若不淨，是行般若波羅蜜多。

说明

1．此为《十万颂般若经》(ཤེས་རབ་ཀྱི་ཕ་རོལ་ཏུ་ཕྱིན་པ་སྟོང་ཕྲག་བརྒྱ་པ།།)，藏译见德格版《甘珠尔》，般若部（ཤེས་ཕྱིན།།），ཉ函，经号：8，第203叶背面第2行至第205叶正面第3行。汉译参见〔唐〕玄奘译《大般若波罗蜜多经》第二百八十九卷，《大正藏》第6册，经号：220，第 470 页上栏第 6 行至中栏第 13 行。

2．与 BH2–8、BH2–9、BH2–7 属于同一写本，且内容衔接。

BH2–7
《十万颂般若经》

纸质，梵夹装，1 叶，双面墨书，每面 11 行，18.1×57.9 厘米。左侧残损较严重。所用纸张为皮纸。

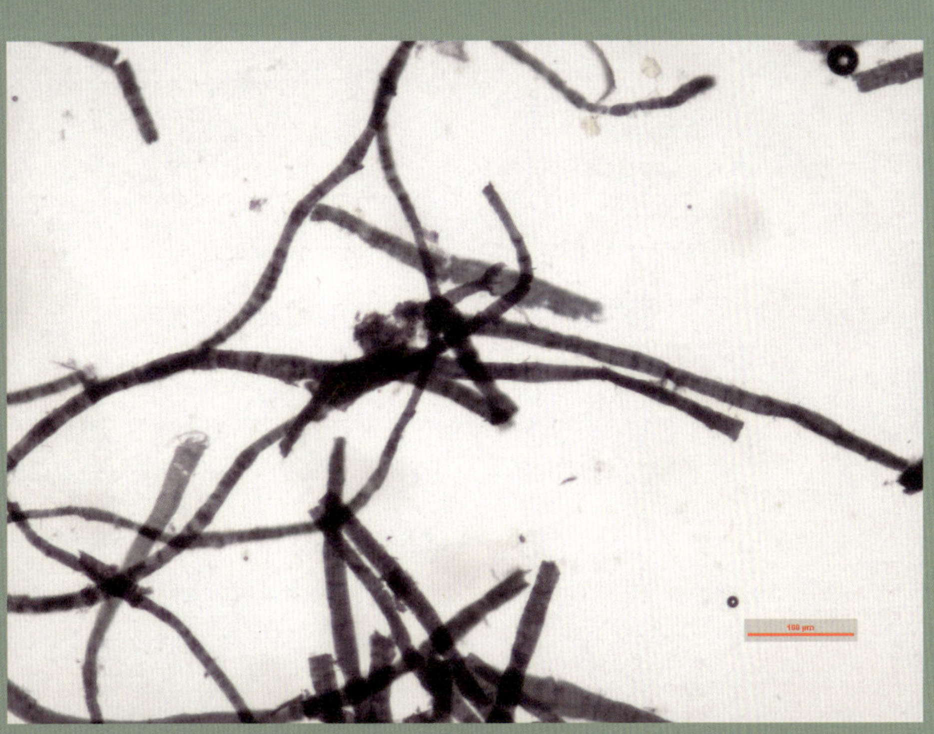

BH2–7 100 倍纸张纤维图

原文

正面

1 [ཁམས་བདེ་ཞེས་བྱ་བ་འམ། སྡུག་བསྔ]ལ་ཞེས་བྱ་བར་མྱི་སྤྱོད་ན་ཤེས་རབ་ཀྱི་ཕ་རོལད་ཏུ་ཕྱིན་པ་ལ་སྤྱོད་དོ། །གལ་ཏེ་རྣམ་
པར་ཤེས་པའི་ཁམས་བདག་ཅེས་བྱ་བ་འམ་བདག་མྱེད་ཅེས་བྱ་བར་མྱི་སྤྱོད་ན་ཤེས་རབ་ཀྱི་ཕ་རོལད་ཏུ་ཕྱིན་པ་ལ་སྤྱོད་དོ། །

2 [གལ་ཏེ་རྣམ་པར་ཤེས་པའི་ཁམས་སྡུག་ཅེས་བྱ་བ་]འམ་མྱི་སྡུག་ཅེས་བྱ་བར་མྱི་སྤྱོད་ན་ཤེས་རབ་ཀྱི་ཕ་རོལད་ཏུ་ཕྱིན་པ་ལ་
སྤྱོད་དོ། །དེ་ཅིའི་ཕྱིར་ཞེ་ན། གང་རྟག་པ་འམ་མྱི་རྟག་པ་འམ་བདེ་བ་འམ་སྡུག་བསྔལ་བ་འམ་བདག་གམ་བདག་མྱེད་པ་འམ་
སྡུག་པའམ་

3 [མྱི་སྡུག་པར་འགྱུར་བ་དེ་ལྟ་བུའི་རྣམ་པར་ཤེས]་པའི་ཁམས་མྱེད་དོ། །ཤེས་རབ་ཀྱི་ཕ་རོལད་ཏུ་ཕྱིན་པ་སྟོང་
ཕྲག་བརྒྱ་པ་དུམ་བུ་དྲུག་པ།། །བམ་པོ་བཞི་པའོ།། །།

4 །།གལ་ཏེ་མ་རིག་པ་ལ་མྱི་སྤྱོད་ན་ཤེས་རབ་ཀྱི་ཕ་རོལད་ཏུ་ཕྱིན་པ་ལ་སྤྱོད་དོ། །གལ་ཏེ་མ་རིག་པ་རྟག་ཅེས་བྱ་བ་འམ་མྱི་རྟག་
ཅེས་བྱ་བར་མྱི་སྤྱོད་ན་ཤེས་རབ་ཀྱི་ཕ་རོལད་ཏུ་ཕྱིན་པ་ལ་སྤྱོད་དོ། །གལ་ཏེ་མ་རིག་པ་བདེ་ཞེས་

5 [བྱ་བ་འམ། སྡུ]ག་བསྔལ་ཞེས་བྱ་བར་མྱི་སྤྱོད་ན་ཤེས་རབ་ཀྱི་ཕ་རོལད་ཏུ་ཕྱིན་པ་ལ་⊙སྤྱོད་དོ། །གལ་ཏེ་མ་རིག་པ་བདག་

BH2–7 正面

ཅེས་བྱ་བ་འམ་བདག་མེད་ཅེས་བྱ་བར་མི་སྤྱོད་ན་ཤེས་རབ་ཀྱི་ཕ་རོལ་ཏུ་ཕྱིན་པ་ལ་སྤྱོད་དོ། །གལ་ཏེ་མ་རིག་པ་སྡུག་ཅེས་བྱ་
6 [བ་འམ། མི་སྡུ]ག་ཅེས་བྱ་བར་མི་སྤྱོད་ན་ཤེས་རབ་ཀྱི་ཕ་རོལ་ཏུ་ཕྱིན་པ་ལ་⊙སྤྱོད་དོ། །དེ་ཅིའི་ཕྱིར་ཞེ་ན། གང་རྟག་པ་
འམ་མི་རྟག་པ་འམ་བདེ་བ་འཾ་⊙སྡུག་བསྔལ་བ་འམ་བདག་གམ་བདག་མེད་པ་འམ་སྡུག་པ་འམ་མི་སྡུག
7 [པར་འགྱུར་བ་དེ་ལྟ་བུ]འི་མ་རིག་པ་མེད་དོ། །གལ་ཏེ་འདུ་བྱེད་ལ་མི་སྤྱོད་⊙ན་ཤེས་རབ་ཀྱི་ཕ་རོལ་ཏུ་ཕྱིན་པ་ལ་སྤྱོད་
དོ། །གལ་ཏེ་འདུ་བྱེད་རྟག་⊙ཅེས་བྱ་བ་འམ་མི་རྟག་ཅེས་བྱ་བར་མི་སྤྱོད་ན་ཤེས་རབ་ཀྱི་ཕ་རོལ་ཏུ་ཕྱིན་
8 [པ་ལ་སྤྱོད་དོ། །གལ་]ཏེ་འདུ་བྱེད་བདེ་ཞེས་བྱ་བ་འམ་སྡུག་བསྔལ་ཞེས་བྱ་བར་མི་སྤྱོད་ན་ཤེས་རབ་ཀྱི་ཕ་རོལ་ཏུ་ཕྱིན་པ་
ལ་སྤྱོད་དོ། །གལ་ཏེ་འདུ་བྱེད་བདག་ཅེས་བྱ་བ་འམ་བདག་མེད་ཅེས་བྱ་བར་མི་སྤྱོད་ན་ཤེས་རབ་ཀྱི་ཕ་རོལ་ཏུ་ཕྱིན་པ་ལ་
9 [སྤྱོད་དོ། །གལ་ཏེ་འདུ་བྱེད་སྡུག་ཅེས་བྱ་]བ་འམ་མི་སྡུག་ཅེས་བྱ་བར་མི་སྤྱོད་ན་ཤེས་རབ་ཀྱི་ཕ་རོལ་ཏུ་ཕྱིན་པ་ལ་སྤྱོད་
དོ། །དེ་ཅིའི་ཕྱིར་ཞེ་ན། གང་རྟག་པ་འམ་མི་རྟག་པ་འམ་བདེ་བ་འམ་སྡུག་བསྔལ་བ་འམ་བདག་གམ་བདག་མེད་པ་འམ་
10 [སྡུག་པ་འམ་མི་སྡུག་པར་འགྱུར་བ་དེ་ལྟ་]བུའི་འདུ་བྱེད་མེད་དོ། །གལ་ཏེ་རྣམ་པར་ཤེས་པ་ལ་མི་སྤྱོད་ན་ཤེས་རབ་ཀྱི་ཕ་
རོལ་ཏུ་ཕྱིན་པ་ལ་སྤྱོད་དོ། །གལ་ཏེ་རྣམ་པར་ཤེས་པ་རྟག་ཅེས་བྱ་བ་འམ་མི་རྟག་ཅེས་བྱ་བར་མི་སྤྱོད་ན་ཤེས་རབ་ཀྱི་ཕ་
རོལ་

11 [ཏུ་ཕྱིན་པ་ལ་སྤྱོད་དོ། གལ་ཏེ་རྣམ་པར་]ཤེས་པ་བདེ་ཞེས་བྱ་བ་འམ་སྡུག་བསྔལ་ཞེས་བྱ་བར་མི་སྤྱོད་ན་ཤེས་རབ་ཀྱི་ཕ་
རོལ་ཏུ་ཕྱིན་པ་ལ་སྤྱོད་དོ། །གལ་ཏེ་རྣམ་པར་ཤེས་པ་[བདག་ཅེས་བྱ་བ་འམ། བདག་]མེད་ཅེས་བྱ་བར་མི་སྤྱོད་ན་ཤེས་
[རབ་ཀྱི་]

背面

1 [ཕ་རོལ་ཏུ་ཕྱིན་པ་ལ་སྤྱོད་དོ། །གལ་ཏེ་རྣམ་པར་]ཤེས་པ་སྡུག་ཅེས་བྱ་བ་འམ་མི་སྡུག་ཅེས་བྱ་བར་མི་སྤྱོད་ན་ཤེས་རབ་
ཀྱི་ཕ་རོལ་ཏུ་ཕྱིན་པ་ལ་[སྤྱོད་དོ]། །དེ་ཅིའི་ཕྱིར་ཞེ་ན། གང་རྟག་པ་[འམ་མི་རྟག་པ་འམ་བདེ་བ་འམ་]སྡུག་བསྔལ་བ་འམ་
བདག་གམ་

2 [བདག་མེད་པ་འམ་སྡུག་པ་འམ་མི་སྡུག་]པར་འགྱུར་བ་དེ་ལྟ་བུའི་རྣམ་པར་ཤེས་པ་མེད་དོ། །གལ་ཏེ་མིང་དང་གཟུགས་ལ་མི་
སྤྱོད་ན་ཤེས་རབ་ཀྱི་ཕ་རོལ་ཏུ་ཕྱིན་པ་ལ་སྤྱོད་དོ། །གལ་ཏེ་མིང་དང་གཟུགས་རྟག་ཅེས་བྱ་བ་འམ་མི་རྟག་ཅེས་བྱ་བར་

3 [མི་སྤྱོད་ན་ཤེས་རབ་ཀྱི་ཕ་རོལ་ཏུ་ཕྱིན་]པ་ལ་སྤྱོད་དོ། །གལ་ཏེ་མིང་དང་གཟུགས་བདེ་ཞེས་བྱ་བ་འམ་སྡུག་བསྔལ་ཞེས་བྱ་
བར་མི་སྤྱོད་ན་ཤེས་རབ་ཀྱི་ཕ་རོལ་ཏུ་ཕྱིན་པ་ལ་སྤྱོད་དོ། །གལ་ཏེ་མིང་དང་གཟུགས་བདག་ཅེས་བྱ་བ་འམ་བདག་མེད་

4 [ཅེས་བྱ་བར་མི་སྤྱོད་ན་]ཤེས་རབ་ཀྱི་ཕ་རོལ་ཏུ་ཕྱིན་པ་ལ་སྤྱོད་དོ། །གལ་ཏེ་མིང་དང་གཟུགས་སྡུག་ཅེས་བྱ་བ་འམ་མི་

BH2-7 背面

སྡུག་ཅེས་བྱ་བར་མྱི་སྤྱོད་ན་ཤེས་རབ་ཀྱི་ཕ་རོལད་ཏུ་ཕྱིནད་པ་ལ་སྤྱོད་དོ། །དེ་ཅིའི་ཕྱིར་ཞེ་ན། གང་རྟག་པ་འམ་མྱི་རྟག་པའམ་
5 [བདེ་བ་འམ་སྡུག་བསྔ]ལ་བ་འམ་བདག་གམ་བདག་མྱེད་པ་འམ་སྡུག་པ་འམ་⊙མྱི་སྡུག་པར་འགྱུར་བ་དེ་ལྟ་བུའི་མྱིང་དང་
གཟུགས་མྱེད་དོ། །གལ་ཏེ་སྐྱེ་⊙མཆེད་དྲུག་ལ་མྱི་སྤྱོད་ན་ཤེས་རབ་ཀྱི་ཕ་རོལད་ཏུ་ཕྱིནད་པ་ལ་སྤྱོད་དོ། །
6 [གལ་ཏེ་སྐྱེ་]མཆེད་དྲུག་རྟག་ཅེས་བྱ་བ་འམ་མྱི་རྟག་ཅེས་བྱ་བར་མྱི་སྤྱོད་ན་⊙ཤེས་རབ་ཀྱི་ཕ་རོལད་ཏུ་ཕྱིནད་པ་ལ་སྤྱོད་
དོ། །གལ་ཏེ་སྐྱེ་མཆེད་དྲུག་⊙བདེ་ཞེས་བྱ་བ་འམ་སྡུག་བསྔལ་ཞེས་བྱ་བར་མྱི་སྤྱོད་ན་ཤེས་རབ་ཀྱི་ཕ་
7 [རོལད་ཏུ་]ཕྱིནད་པ་ལ་སྤྱོད་དོ། །གལ་ཏེ་སྐྱེ་མཆེད་དྲུག་བདག་ཅེས་⊙བྱ་བ་འམ་བདག་མྱེད་ཅེས་བྱ་བར་མྱི་སྤྱོད་ན་ཤེས་རབ་
ཀྱི་ཕ་རོལད་ཏུ་ཕྱིནད་⊙པ་ལ་སྤྱོད་དོ། །གལ་ཏེ་སྐྱེ་མཆེད་དྲུག་སྡུག་ཅེས་བྱ་བ་འམ་མྱི་སྡུག་ཅེས་
8 [བྱ་བར་མྱི་]སྤྱོད་ན་ཤེས་རབ་ཀྱི་ཕ་རོལད་ཏུ་ཕྱིནད་པ་ལ་སྤྱོད་དོ། །དེ་ཅིའི་ཕྱིར་ཞེ་ན། གང་རྟག་པ་འམ་མྱི་རྟག་པ་འམ་བདེ་བ་
འམ་སྡུག་བསྔལ་བ་འམ་བདག་གམ་བདག་མྱེད་པ་འམ་སྡུག་པ་འམ་མྱི་སྡུག་པར་འགྱུར་བ་དེ་ལྟ་བུའི་སྐྱེ་མཆེད་དྲུག་མྱེད་
9 [དོ། །གལ་ཏེ་རེ]ག་པ་ལ་མྱི་སྤྱོད་ན་ཤེས་རབ་ཀྱི་ཕ་རོལད་ཏུ་ཕྱིནད་པ་ལ་སྤྱོད་དོ། །གལ་ཏེ་རེག་པ་རྟག་ཅེས་བྱ་བ་འམ་མྱི་
རྟག་ཅེས་བྱ་བར་མྱི་སྤྱོད་ན་ཤེས་རབ་ཀྱི་ཕ་རོལད་ཏུ་ཕྱིནད་པ་ལ་སྤྱོད་དོ། །གལ་ཏེ་རེག་པ་བདེ་ཞེས་བྱ་བ་འམ་སྡུག
10 [བསྔལ་ཞེས་བྱ་བར་མྱི་སྤྱོད་ན་ཤེས་རབ་ཀྱི་ཕ་རོ]ལད་ཏུ་ཕྱིནད་པ་ལ་སྤྱོད་དོ། །གལ་ཏེ་རེག་པ་བདག་ཅེས་བྱ་བ་འམ་བདག་
མྱེད་ཅེས་བྱ་བར་མྱི་སྤྱོད་ན་ཤེས་རབ་ཀྱི་ཕ་རོལད་ཏུ་ཕྱིནད་པ་ལ་སྤྱོད་དོ། །གལ་ཏེ་རེག་པ་སྡུག་ཅེས་བྱ་བ་འམ་མྱི་སྡུག་ཅེས་

11 [བྱ་བར་མྱི་སྤྱོད་ན་ཤེས་རབ་ཀྱི་ཕ་རོལད་ཏུ་ཕྱིནད་]པ་ལ་སྤྱོད་དོ། །དེ་ཅིའི་ཕྱིར་ཞེ་ན། གང་རྟག་པ་འམ་མྱི་རྟག་པ་འམ་བདེ་
བ་འམ་སྡུག་བསྔལ་བ་འམ་བདག་གམ་བདག་མྱེད་པའམ་སྡུག་པ་འམ་མྱི་སྡུག་པར་འགྱུར་བ་དེ་ལྟ་བུའི་རིག་པ་མྱེད་དོ། །གལ་ཏེ་
ཚོར་བ་ལ་མྱི་སྤྱོད་

转写

正面

1 [khams bde zhes bya ba ’am | sdug bsnga]l zhes bya bar myi spyod na shes rab kyi pha rold tu phyind pa la spyod do || gal te rnam par shes pa’i khams bdag ces bya ba ’am bdag myed ces bya bar myi skyod na shes rab kyi pha rold tu phyind pa la spyod do ||

2 [gal te rnam par shes pa’i khams sdug ces bya ba] ’am myi sdug ces bya bar myi spyod na shes rab kyi pha rold tu phyind pa la spyod do || de ci’i phyir zhe na | gang rtag pa ’am myi rtag pa ’am bde ba ’am sdug bsngal ba ’am bdag gam bdag myed pa ’am sdug pa’am

3 [myi sdug par ’gyur ba de lta bu’i rnam par shes] pa’i khams myed do || shes rab kyi pha rold tu phyind pa stong phrag brgya pa dum bu drug pa || | bam po bzhi pa’o || ||[1]

4 || gal te ma rig pa la myi spyod na shes rab kyi pha rold tu phyind pa la spyod do || gal te ma rig pa rtag ces bya ba ’am myi rtag ces bya bar myi spyod na shes rab kyi pha rold tu phyind pa la spyod do || gal te ma rig pa bde zhes

5 [bya ba ’am | sd]ug bsngal zhes bya bar myi spyod na shes rab kyi pha rold tu phyind pa la ⊙ spyod do || gal te ma rig pa bdag ces bya ba ’am bdag myed ces bya bar myi spyod na shes rab kyi pha rold tu phyind pa la spyod do || gal te ma rig pa sdug ces bya

6 [ba ’am | myi sd]ug ces bya bar myi spyod na shes rab kyi pha rold tu phyind pa la ⊙ spyod do || de ci’i phyir zhe na | gang rtag pa ’am myi rtag pa ’am bde ba ’aṃ ⊙ sdug bsngal ba ’am bdag gam bdag myed pa ’am sdug pa ’am myi sdug

1 *dum bu drug pa || | bam po bzhi pa’o || ||*: D *| bam po bcu drug pa ||*.

7 [par ’gyur ba de lta bu]’i ma rig pa myed do || gal te ’du byed la myi spyod ⊙ na shes rab kyi pha rold tu phyind pa la spyod do || gal te ’du byed rtag ⊙ ces bya ba ’am myi rtag ces bya bar myi spyod na shes rab kyi pha rold tu phyind

8 [pa la spyod do || gal] te ’du byed bde zhes bya ba ’am sdug bsngal zhes bya bar myi spyod na shes rab kyi pha rold tu phyind pa la spyod do || gal te ’du byed bdag ces bya ba ’am bdag myed ces bya bar myi spyod na shes rab kyi pha rold tu phyind pa la

9 [spyod do || gal te ’du byed sdug ces bya] ba ’am myi sdug ces bya bar myi spyod na shes rab kyi pha rold tu phyind pa la spyod do || de ci’i phyir zhe na | gang rtag pa ’am myi rtag pa ’am bde ba ’am sdug bsngal ba ’am bdag gam bdag myed pa ’am

10 [sdug pa ’am myi sdug par ’gyur ba de lta] bu’i ’du byed myed do || gal te rnam par shes pa la myi spyod na shes rab kyi pha rold tu phyind pa la spyod do || gal te rnam par shes pa rtag ces bya ba ’am myi rtag ces bya bar myi spyod na shes rab kyi pha rold

11 [tu phyind pa la spyod do | gal te rnam par] shes pa bde zhes bya ba ’am sdug bsngal zhes bya bar myi spyod na shes rab kyi pha rold tu phyind pa la spyod do || gal te rnam par shes pa [bdag ces bya ba ’am | bdag] myed ces bya bar myi spyod na shes [rab kyi]

背面

1 [pha rold tu phyind pa la spyod do || gal te rnam par] shes pa sdug ces bya ba ’am myi sdug ces bya bar myi spyod na shes rab kyi pha rold tu phyind pa la [spyod do] || de ci’i phyir zhe na | gang rtag pa [’am myi rtag pa ’am bde ba ’am] sdug bsngal ba ’am bdag gam

2 [bdag myed pa ’am sdug pa ’am myi sdug] par ’gyur ba de lta bu’i rnam par shes pa myed do || gal te mying dang gzugs la myi spyod na shes rab kyi pha rold tu phyind pa la spyod do || gal te mying dang gzugs rtag ces bya ba ’am myi rtag ces bya bar

3 [myi spyod na shes rab kyi pha rold tu phyind] pa la spyod do || gal te mying dang gzugs bde zhes bya ba 'am sdug bsngal zhes bya bar myi spyod na shes rab kyi pha rold tu phyind pa la spyod do || gal te mying dang gzugs bdag ces bya ba 'am bdag myed

4 [ces bya bar myi spyod na] shes rab kyi pha rold tu phyind pa la spyod do || gal te mying dang gzugs sdug ces bya ba 'am myi sdug ces bya bar myi spyod na shes rab kyi pha rold tu phyind pa la spyod do || de ci'i phyir zhe na | gang rtag pa 'am myi rtag pa'am

5 [bde ba 'am sdug bsnga]l ba 'am bdag gam bdag myed pa 'am sdug pa 'am ⊙ myi sdug par 'gyur ba de lta bu'i mying dang gzugs myed do || gal te skye ⊙ mched drug la myi spyod na shes rab kyi pha rold tu phyind pa la spyod do ||

6 [gal te skye] mched drug rtag ces bya ba 'am myi rtag ces bya bar myi spyod na ⊙ shes rab kyi pha rold tu phyind pa la spyod do || gal te skye mched drug ⊙ bde zhes bya ba 'am sdug bsngal zhes bya bar myi spyod na shes rab kyi pha

7 [rold tu] phyind pa la spyod do || gal te skye mched drug bdag ces ⊙ bya ba 'am bdag myed ces bya bar myi spyod na shes rab kyi pha rold tu phyind ⊙ pa la spyod do || gal te skye mched drug sdug ces bya ba 'am myi sdug ces

8 [bya bar myi] spyod na shes rab kyi pha rold tu phyind pa la spyod do || de ci'i phyir zhe na | gang rtag pa 'am myi rtag pa 'am bde ba 'am sdug bsngal ba 'am bdag gam bdag myed pa 'am sdug pa 'am myi sdug par 'gyur ba de lta bu'i skye mched drug myed

9 [do || gal te re]g pa la myi spyod na shes rab kyi pha rold tu phyind pa la spyod do || gal te reg pa rtag ces bya ba 'am myi rtag ces bya bar myi spyod na shes rab kyi pha rold tu phyind pa la spyod do || gal te reg pa bde zhes bya ba 'am sdug

10 [bsngal zhes bya bar myi spyod na shes rab kyi pha ro]ld tu phyind pa la spyod do || gal te reg pa bdag ces bya ba 'am bdag myed ces bya bar myi spyod na shes rab kyi pha rold tu phyind pa la spyod do || gal te reg pa sdug ces bya ba 'am myi sdug ces

11 [bya bar myi spyod na shes rab kyi pha rold tu phyind] pa la spyod do || de ci'i

phyir zhe na | gang rtag pa ’am myi rtag pa ’am bde ba ’am sdug bsngal ba ’am bdag gam bdag myed pa’am sdug pa ’am myi sdug par ’gyur ba de lta bu’i reg pa myed do || gal te tshor ba la myi spyod

《大般若波罗蜜多经》(《大正藏》第6册，经号：220，第470页中栏第6行至下栏第1行)

不行地界若樂若苦，是行般若波羅蜜多，不行水、火、風、空、識界若樂若苦，是行般若波羅蜜多；不行地界若我若無我，是行般若波羅蜜多，不行水、火、風、空、識界若我若無我，是行般若波羅蜜多；不行地界若淨若不淨，是行般若波羅蜜多，不行水、火、風、空、識界若淨若不淨，是行般若波羅蜜多。何以故？善現！地界性尚無所有，況有地界若常若無常、若樂若苦、若我若無我、若淨若不淨！水、火、風、空、識界性尚無所有，況有水、火、風、空、識界若常若無常、若樂若苦、若我若無我、若淨若不淨！

善現！菩薩摩訶薩行般若波羅蜜多時，若不行無明，是行般若波羅蜜多，不行行、識、名色、六處、觸、受、愛、取、有、生、老死愁歎苦憂惱，是行般若波羅蜜多；不行無明若常若無常，是行般若波羅蜜多，不行行乃至老死愁歎苦憂惱若常若無常，是行般若波羅蜜多；不行無明若樂若苦，是行般若波羅蜜多，不行行乃至老死愁歎苦憂惱若樂若苦，是行般若波羅蜜多；不行無明若我若無我，是行般若波羅蜜多，不行行乃至老死愁歎苦憂惱若我若無我，是行般若波羅蜜多；不行無明若淨若不淨，是行般若波羅蜜多，不行行乃至老死愁歎苦憂惱若淨若不淨，是行般若波羅蜜多。

说明

1. 此为《十万颂般若经》(ཤེས་རབ་ཀྱི་ཕ་རོལ་ཏུ་ཕྱིན་པ་སྟོང་ཕྲག་བརྒྱ་པ།།)，藏译见德格版《甘珠尔》，般若部（ཤེས་ཕྱིན།།），ཀ函，经号：8，第205叶正面第3行至第206叶背面第3行。汉译参见〔唐〕玄奘译《大般若波罗蜜多经》第二百八十九卷，《大正藏》第6册，经号：220，第470页中栏第6行至下栏第1行。

2. 与BH2–8、BH2–9、BH2–10属于同一写本，且内容衔接。

BH2-19
《十万颂般若经》

纸质，梵夹装，2 叶，双面墨书，每面 10 行，19.2×68 厘米。首尾完整，正面左侧有红色标记 ཇ，左边框外侧写有页码，页码连贯，分别为 42 至 43 叶。所用纸张为皮纸。

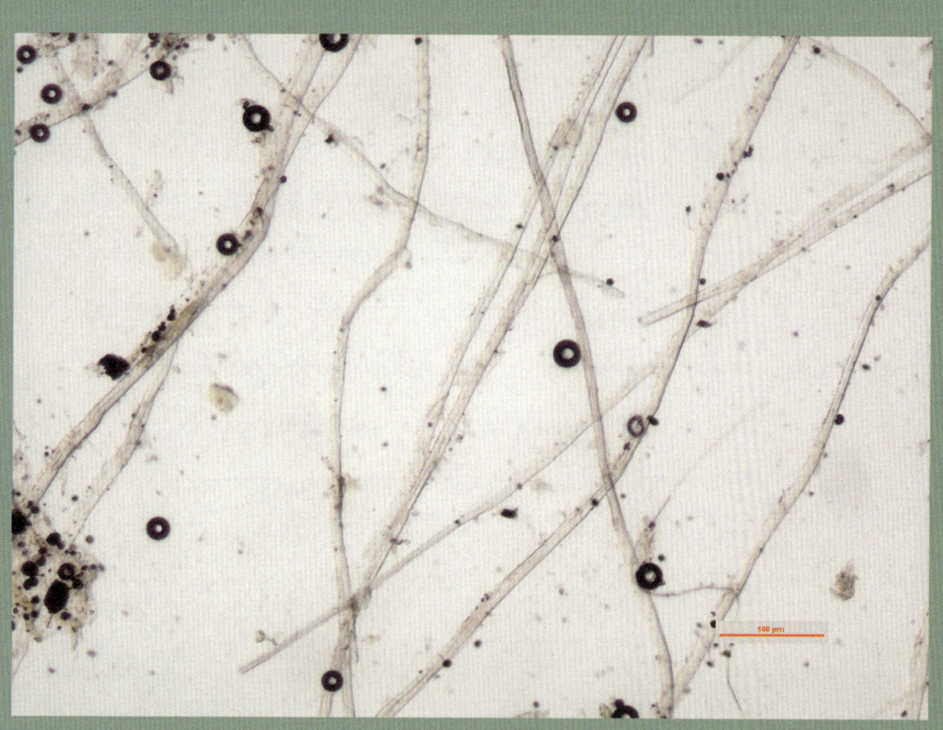

BH2-19 100 倍纸张纤维图

BH2–19（1）

原文

正面，页码：ཞེ་གཉིས ＝42

1 ༄༅ཿ།ངོ་བོ་ཉིད་སྟོང་པ་ཞེས་བྱ་བར་སྟོནད་ཏོ། སངས་རྒྱས་ཀྱི་ཆོས་མ་འདྲེས་པ་བཅོའ་བརྒྱད་ཀྱི་འཇིག་རྟེན་ངོ་བོ་ཉིད་སྟོང་པ་
ཞེས་བྱ་བར་སྟོནད་ཏོ། །རྒྱུནད་ཏུ་ཞུགས་པའི་འབྲས་བུའི་འཇིག་རྟེན་ངོ་བོ་ཉིད་སྟོང་པ་ཞེས་བྱ་
2 བར་སྟོནད་ཏོ། ལན་ཅིག་ཕྱིར་འོང་བའི་འབྲས་བུའི་འཇིག་རྟེན་ངོ་བོ་ཉིད་སྟོང་པ་ཞེས་བྱ་བར་སྟོནད་ཏོ། ཕྱིར་མི་འོང་བའི་
འབྲས་བུའི་འཇིག་རྟེན་ངོ་བོ་ཉིད་སྟོང་པ་ཞེས་བྱ་བར་སྟོནད་ཏོ། །དགྲ་བཅོམ་པ་ཉིད་ཀྱི་འཇིག་རྟེན་ངོ་བོ་ཉིད་སྟོང་པ་
3 ཞེས་བྱ་བར་སྟོནད་ཏོ། རང་བྱང་ཆུབ་ཀྱི་འཇིག་རྟེན་ངོ་བོ་ཉིད་སྟོང་པ་ཞེས་བྱ་བར་སྟོནད་ཏོ། ལམ་གྱི་རྣམ་པ་ཤེས་པ་ཉིད་ཀྱི་
འཇིག་རྟེན་ངོ་བོ་ཉིད་སྟོང་པ་ཞེས་བྱ་བར་སྟོནད་ཏོ། རྣམ་པ་ཐམས་ཅད་མཁྱེནད་པ་ཉིད་ཀྱི་འཇིག་རྟེན་ངོ་བོ་ཉིད་སྟོང་པ་ཞེས་བྱ་
བར་
4 སྟོནད་ཏོ། །རབ་འབྱོར་དང་གཞན་ཡང་ཤེས་རབ་ཀྱི་ཕ་རོལད་ཏུ་ཕྱིནད་པའ་ནི་དེ་བཞིན་གཤེགས་པ་ལ་འཇིག་རྟེན་དངོས་པོ་
མེད་པའི་ངོ་བོ་ཉིད་སྟོང་པ་ཞེས་བྱ་བར་སྟོནད་ཏོ། རབ་འབྱོར་དང་ཤེས་རབ་ཀྱི་ཕ་རོལད་ཏུ་ཕྱིནད་པ་དེ་བཞིན་གཤེགས་པ་

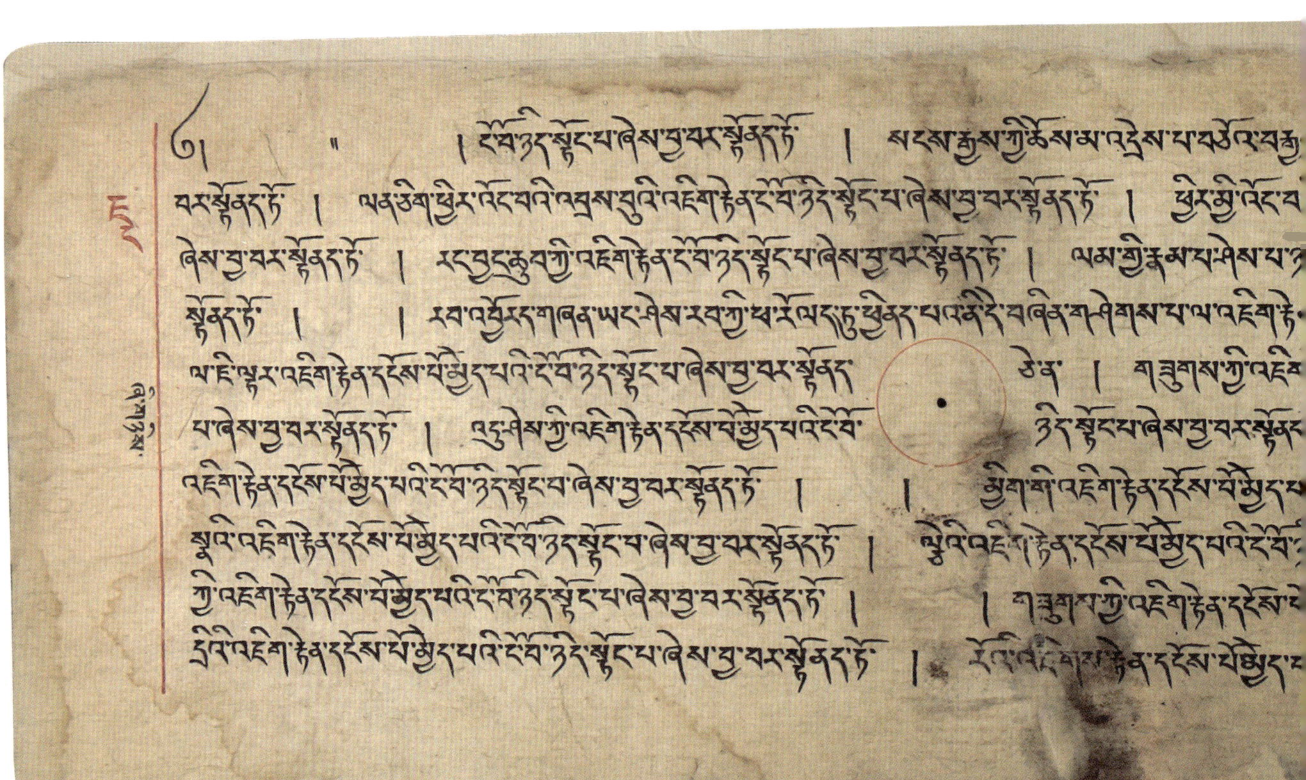

BH2–19（1）正面

5 ལ་ཧི་ལྷུར་འཇིག་རྟེན་དངོས་པོ་མྱེད་པའི་ངོ་བོ་ཉིད་སྟོང་པ་ཞེས་བྱ་བར་སྟོནད་ ⊙ ཅེ་ན། གཟུགས་ཀྱི་འཇིག་རྟེན་དངོས་པོ་
མྱེད་པའི་ངོ་བོ་ཉིད་སྟོང་པ་ཞེས་ ⊙ བྱ་བར་སྟོནད་ཏོ། ཚོར་བའི་འཇིག་རྟེན་དངོས་པོ་མྱེད་པའི་ངོ་བོ་ཉིད་སྟོང་
6 པ་ཞེས་བྱ་བར་སྟོནད་ཏོ། འདུ་ཤེས་ཀྱི་འཇིག་རྟེན་དངོས་པོ་མྱེད་པའི་ངོ་བོ་ ⊙ ཉིད་སྟོང་པ་ཞེས་བྱ་བར་སྟོནད་ཏོ། འདུ་བྱེད་
ཀྱི་འཇིག་རྟེན་དངོས་པོ་མྱེད་ ⊙ པའི་ངོ་བོ་ཉིད་སྟོང་པ་ཞེས་བྱ་བར་སྟོནད་ཏོ། རྣམ་པར་ཤེས་པའི་
7 འཇིག་རྟེན་དངོས་པོ་མྱེད་པའི་ངོ་བོ་ཉིད་སྟོང་པ་ཞེས་བྱ་བར་སྟོནད་ཏོ། །མིག་གི་འཇིག་རྟེན་དངོས་པོ་མྱེད་པའི་ངོ་བོ་ཉིད་སྟོང་
པ་ཞེས་བྱ་བར་སྟོནད་ཏོ། རྣ་བའི་འཇིག་རྟེན་དངོས་པོ་མྱེད་པའི་ངོ་བོ་ཉིད་སྟོང་པ་ཞེས་བྱ་བར་སྟོནད་ཏོ།
8 སྣའི་འཇིག་རྟེན་དངོས་པོ་མྱེད་པའི་ངོ་བོ་ཉིད་སྟོང་པ་ཞེས་བྱ་བར་སྟོནད་ཏོ། ལྗེའི་འཇིག་རྟེན་དངོས་པོ་མྱེད་པའི་ངོ་བོ་ཉིད་
སྟོང་པ་ཞེས་བྱ་བར་སྟོནད་ཏོ། ལུས་ཀྱི་འཇིག་རྟེན་དངོས་པོ་མྱེད་པའི་ངོ་བོ་ཉིད་སྟོང་པ་ཞེས་བྱ་བར་སྟོནད་ཏོ། ཡིད་
9 ཀྱི་འཇིག་རྟེན་དངོས་པོ་མྱེད་པའི་ངོ་བོ་ཉིད་སྟོང་པ་ཞེས་བྱ་བར་སྟོནད་ཏོ། །གཟུགས་ཀྱི་འཇིག་རྟེན་དངོས་པོ་མྱེད་པའི་ངོ་བོ་
ཉིད་སྟོང་པ་ཞེས་བྱ་བར་སྟོནད་ཏོ། སྒྲའི་འཇིག་རྟེན་དངོས་པོ་མྱེད་པའི་ངོ་བོ་ཉིད་སྟོང་པ་ཞེས་བྱ་བར་སྟོནད་ཏོ།
10 དྲིའི་འཇིག་རྟེན་དངོས་པོ་མྱེད་པའི་ངོ་བོ་ཉིད་སྟོང་པ་ཞེས་བྱ་བར་སྟོནད་ཏོ། རོའི་འཇིག་རྟེན་དངོས་པོ་མྱེད་པའི་ངོ་བོ་ཉིད་
སྟོང་པ་ཞེས་བྱ་བར་སྟོནད་ཏོ། རེག་གི་འཇིག་རྟེན་དངོས་པོ་མྱེད་པའི་ངོ་བོ་ཉིད་སྟོང་པ་ཞེས་བྱ་བར་སྟོནད་ཏོ།

背面

1 ཆོས་ཀྱི་འཇིག་རྟེན་དངོས་པོ་མྱེད་པའི་ངོ་བོ་ཉིད་སྟོང་པ་ཞེས་བྱ་བར་སྟོནད་ཏོ། །མྱིག་གི་རྣམ་པར་ཤེས་པའི་འཇིག་རྟེན་དངོས་
པོ་མྱེད་པའི་ངོ་བོ་ཉིད་སྟོང་པ་ཞེས་བྱ་བར་སྟོནད་ཏོ། རྣ་བའི་རྣམ་པར་ཤེས་པའི་འཇིག་རྟེན་དངོས་པོ་མྱེད་པའི་
2 ངོ་བོ་ཉིད་སྟོང་པ་ཞེས་བྱ་བར་སྟོནད་ཏོ། སྣའི་རྣམ་པར་ཤེས་པའི་འཇིག་རྟེན་དངོས་པོ་མྱེད་པའི་ངོ་བོ་ཉིད་སྟོང་པ་ཞེས་བྱ་བར་
སྟོནད་ཏོ། ལྕེའི་རྣམ་པར་ཤེས་པའི་འཇིག་རྟེན་དངོས་པོ་མྱེད་པའི་ངོ་བོ་ཉིད་སྟོང་པ་ཞེས་བྱ་བར་སྟོནད་ཏོ། ལུས་
3 ཀྱི་རྣམ་པར་ཤེས་པའི་འཇིག་རྟེན་དངོས་པོ་མྱེད་པའི་ངོ་བོ་ཉིད་སྟོང་པ་ཞེས་བྱ་བར་སྟོནད་ཏོ། ཡིད་ཀྱི་རྣམ་པར་ཤེས་པའི་
འཇིག་རྟེན་དངོས་པོ་མྱེད་པའི་ངོ་བོ་ཉིད་སྟོང་པ་ཞེས་བྱ་བར་སྟོནད་ཏོ། །མྱིག་གི་འདུས་ཏེ་རེག་པའི་འཇིག་རྟེན་དངོས་
4 པོ་མྱེད་པའི་ངོ་བོ་ཉིད་སྟོང་པ་ཞེས་བྱ་བར་སྟོནད་ཏོ། རྣ་བའི་འདུས་ཏེ་རེག་པའི་འཇིག་རྟེན་དངོས་པོ་མྱེད་པའི་ངོ་བོ་ཉིད་སྟོང་
པ་ཞེས་བྱ་བར་སྟོནད་ཏོ། སྣའི་འདུས་ཏེ་རེག་པའི་འཇིག་རྟེན་དངོས་པོ་མྱེད་པའི་ངོ་བོ་ཉིད་སྟོང་པ་ཞེས་བྱ་བར་སྟོནད
5 ཏོ། ལྕེའི་འདུས་ཏེ་རེག་པའི་འཇིག་རྟེན་དངོས་པོ་མྱེད་པའི་ངོ་བོ་ཉིད་⊙སྟོང་པ་ཞེས་བྱ་བར་སྟོནད་ཏོ། ལུས་ཀྱི་འདུས་ཏེ་
རེག་པའི་འཇིག་⊙རྟེན་དངོས་པོ་མྱེད་པའི་ངོ་བོ་ཉིད་སྟོང་པ་ཞེས་བྱ་བར་སྟོནད་ཏོ། ཡིད་ཀྱི་

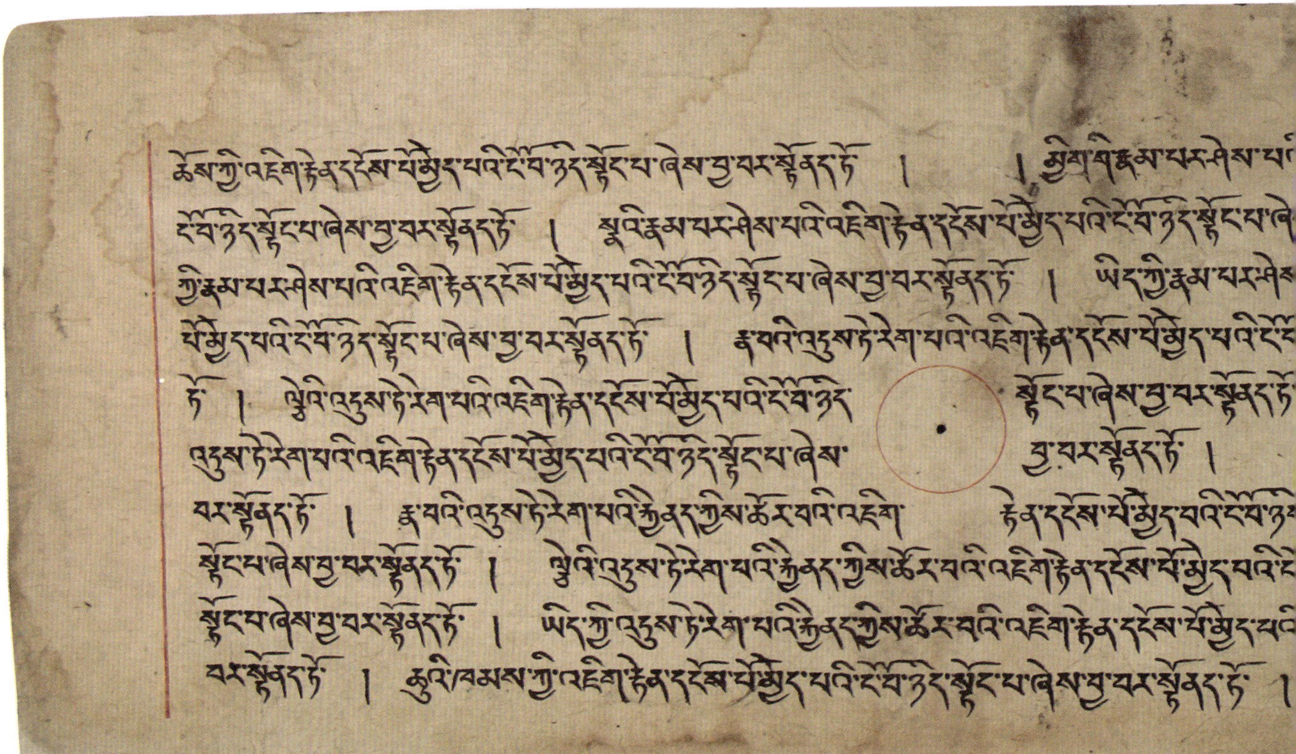

BH2–19（1）背面

6 འདུས་ཏེ་རེག་པའི་འཇིག་རྟེན་དངོས་པོ་མེད་པའི་ངོ་བོ་ཉིད་སྟོང་པ་ཞེས་⊙བྱ་བར་སྟོན་ཏོ། །མིག་གི་འདུས་ཏེ་རེག་པའི་
རྐྱེན་⊙གྱིས་ཚོར་བའི་འཇིག་རྟེན་དངོས་པོ་མེད་པའི་ངོ་བོ་ཉིད་སྟོང་པ་ཞེས་བྱ་
7 བར་སྟོན་ཏོ། རྣ་བའི་འདུས་ཏེ་རེག་པའི་རྐྱེན་གྱིས་ཚོར་བའི་འཇིག་⊙རྟེན་དངོས་པོ་མེད་པའི་ངོ་བོ་ཉིད་སྟོང་པ་ཞེས་བྱ་
བར་སྟོན་ཏོ། སྣའི་འདུས་⊙ཏེ་རེག་པའི་རྐྱེན་གྱིས་ཚོར་བའི་འཇིག་རྟེན་དངོས་པོ་མེད་པའི་ངོ་བོ་ཉིད་
8 སྟོང་པ་ཞེས་བྱ་བར་སྟོན་ཏོ། ལྗེའི་འདུས་ཏེ་རེག་པའི་རྐྱེན་གྱིས་ཚོར་བའི་འཇིག་རྟེན་དངོས་པོ་མེད་པའི་ངོ་བོ་ཉིད་སྟོང་པ་
ཞེས་བྱ་བར་སྟོན་ཏོ། ལུས་ཀྱི་འདུས་ཏེ་རེག་པའི་རྐྱེན་གྱིས་ཚོར་བའི་འཇིག་རྟེན་དངོས་པོ་མེད་པའི་ངོ་བོ་ཉིད་
9 སྟོང་པ་ཞེས་བྱ་བར་སྟོན་ཏོ། ཡིད་ཀྱི་འདུས་ཏེ་རེག་པའི་རྐྱེན་གྱིས་ཚོར་བའི་འཇིག་རྟེན་དངོས་པོ་མེད་པའི་ངོ་བོ་ཉིད་སྟོང་
པ་ཞེས་བྱ་བར་སྟོན་ཏོ། །སའི་ཁམས་ཀྱི་འཇིག་རྟེན་དངོས་པོ་མེད་པའི་ངོ་བོ་ཉིད་སྟོང་པ་ཞེས་བྱ་
10 བར་སྟོན་ཏོ། ཆུའི་ཁམས་ཀྱི་འཇིག་རྟེན་དངོས་པོ་མེད་པའི་ངོ་བོ་ཉིད་སྟོང་པ་ཞེས་བྱ་བར་སྟོན་ཏོ། མེའི་ཁམས་ཀྱི་འཇིག་
རྟེན་དངོས་པོ་མེད་པའི་ངོ་བོ་ཉིད་སྟོང་པ་ཞེས་བྱ་བར་སྟོན་ཏོ། རླུང་གི་ཁམས་ཀྱི་འཇིག་

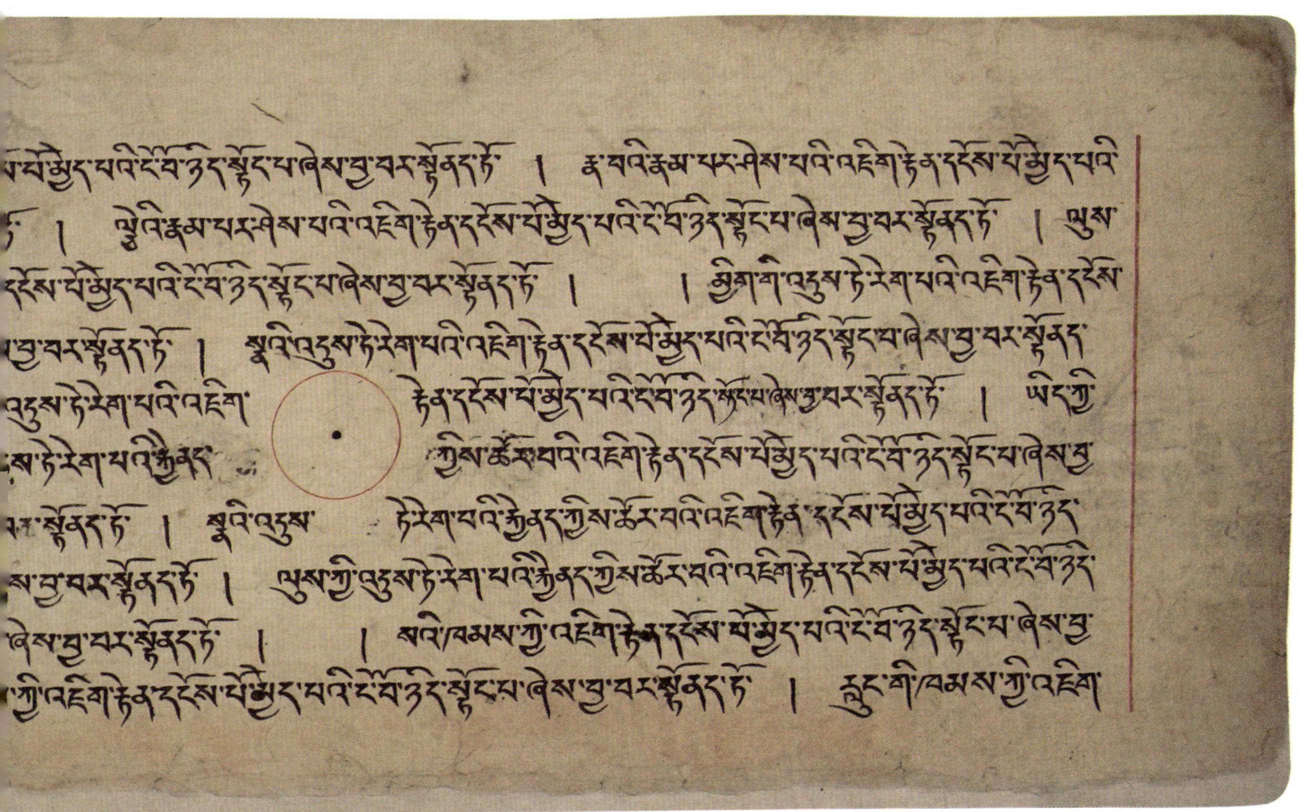

转写

正面，页码：zhi gnyis = 42

1 ngo bo nyid stong pa zhes bya bar stond to | sangs rgyas kyi chos ma ’dres pa bco’[1] brgyad kyi ’jig rten ngo bo nyid stong pa zhes bya bar stond to || rgyund tu zhugs pa’i ’bras bu’i ’jig rten ngo bo nyid stong pa zhes bya

2 bar stond to | lan cig phyir ’ong ba’i ’bras bu’i ’jig rten ngo bo nyid stong pa zhes bya bar stond to | phyir myi ’ong ba’i ’bras bu’i ’jig rten ngo bo nyid stong pa zhes bya bar stond to || dgra bcom pa nyid kyi ’jig rten ngo bo nyid stong pa

3 zhes bya bar stond to | rang byang chub kyi ’jig rten ngo bo nyid stong pa zhes bya bar stond to | lam gyi rnam par shes pa nyid kyi ’jig rten ngo bo nyid stong pa zhes bya bar stond to | rnam pa thams cad mkhyend pa nyid kyi ’jig rten ngo bo nyid stong pa zhes bya bar

4 stond to || rab ’byord gzhan yang shes rab kyi pha rold tu phyind pa’ ni de bzhin gshegs pa la ’jig rten dngos po myed pa’i ngo bo nyid stong pa zhes bya bar stond to | rab ’byord shes rab kyi pha rold tu phyind pa de bzhin gshegs pa

5 la ji ltar ’jig rten dngos po myed pa’i ngo bo nyid stong pa zhes bya bar stond ⊙ ce na | gzugs kyi ’jig rten dngos po myed pa’i ngo bo nyid stong pa zhes ⊙ bya bar stond to | tshor ba’i ’jig rten dngos po myed pa’i ngo bo nyid stong

6 pa zhes bya bar stond to | ’du shes kyi ’jig rten dngos po myed pa’i ngo bo ⊙ nyid stong pa zhes bya bar stond to | ’du byed kyi ’jig rten dngos po myed ⊙ pa’i ngo bo nyid stong pa zhes bya bar stond to | rnam par shes pa’i

7 ’jig rten dngos po myed pa’i ngo bo nyid stong pa zhes bya bar stond to || myig gi ’jig rten dngos po myed pa’i ngo bo nyid stong pa zhes bya bar stond to | rna ba’i ’jig rten dngos po myed pa’i ngo bo nyid stong pa zhes bya bar stond to |

8 sna’i ’jig rten dngos po myed pa’i ngo bo nyid stong pa zhes bya bar stond to | lce’i ’jig rten dngos po myed pa’i ngo bo nyid stong pa zhes bya bar stond to | lus kyi ’jig rten dngos po myed pa’i ngo bo nyid stong pa zhes bya bar stond to | yid

---

1 *bco’*: D *bcwo*.

9 kyi 'jig rten dngos po myed pa'i ngo bo nyid stong pa zhes bya bar stond to || gzugs
kyi 'jig rten dngos po myed pa'i ngo bo nyid stong pa zhes bya bar stond to | sgra'i
'jig rten dngos po myed pa'i ngo bo nyid stong pa zhes bya bar stond to |
10 dri'i 'jig rten dngos po myed pa'i ngo bo nyid stong pa zhes bya bar stond to | ro'i
'jig rten dngos po myed pa'i ngo bo nyid stong pa zhes bya bar stond to | reg gi 'jig
rten dngos po myed pa'i ngo bo nyid stong pa zhes bya bar stond to |

背面

1 chos kyi 'jig rten dngos po myed pa'i ngo bo nyid stong pa zhes bya bar stond to ||
myig gi rnam par shes pa'i 'jig rten dngos po myed pa'i ngo bo nyid stong pa zhes
bya bar stond to | rna ba'i rnam par shes pa'i 'jig rten dngos po myed pa'i
2 ngo bo nyid stong pa zhes bya bar stond to | sna'i rnam par shes pa'i 'jig rten dngos
po myed pa'i ngo bo nyid stong pa zhes bya bar stond to | lce'i rnam par shes pa'i
'jig rten dngos po myed pa'i ngo bo nyid stong pa zhes bya bar stond to | lus
3 kyi rnam par shes pa'i 'jig rten dngos po myed pa'i ngo bo nyid stong pa zhes bya
bar stond to | yid kyi rnam par shes pa'i 'jig rten dngos po myed pa'i ngo bo nyid
stong pa zhes bya bar stond to || myig gi 'dus te reg pa'i 'jig rten dngos
4 po myed pa'i ngo bo nyid stong pa zhes bya bar stond to | rna ba'i 'dus te reg pa'i
'jig rten dngos po myed pa'i ngo bo nyid stong pa zhes bya bar stond to | sna'i 'dus
te reg pa'i 'jig rten dngos po myed pa'i ngo bo nyid stong pa zhes bya bar stond
5 to | lce'i 'dus te reg pa'i 'jig rten dngos po myed pa'i ngo bo nyid ⊙ stong pa zhes
bya bar stond to | lus kyi 'dus te reg pa'i 'jig ⊙ rten dngos po myed pa'i ngo bo
nyid stong pa zhes bya bar stond to | yid kyi
6 'dus te reg pa'i 'jig rten dngos po myed pa'i ngo bo nyid stong pa zhes ⊙ bya bar
stond to || myig gi 'dus te reg pa'i rkyend ⊙ kyis tshor ba'i 'jig rten dngos po myed
pa'i ngo bo nyid stong pa zhes bya
7 bar stond to | rna ba'i 'dus te reg pa'i rkyend kyis tshor ba'i 'jig ⊙ rten dngos po
myed pa'i ngo bo nyid stong pa zhes bya bar stond to | sna'i 'dus ⊙ te reg pa'i

rkyend kyis tshor ba'i 'jig rten dngos po myed pa'i ngo bo nyid
8 stong pa zhes bya bar stond to | lce'i 'dus te reg pa'i rkyend kyis tshor ba'i 'jig rten
dngos po myed pa'i ngo bo nyid stong pa zhes bya bar stond to | lus kyi 'dus te reg
pa'i rkyend kyis tshor ba'i 'jig rten dngos po myed pa'i ngo bo nyid
9 stong pa zhes bya bar stond to | yid kyi 'dus te reg pa'i rkyend kyis tshor ba'i 'jig
rten dngos po myed pa'i ngo bo nyid stong pa zhes bya bar stond to || sa'i khams
kyi 'jig rten dngos po myed pa'i ngo bo nyid stong pa zhes bya
10 bar stond to | chu'i khams kyi 'jig rten dngos po myed pa'i ngo bo nyid stong pa
zhes bya bar stond to | mye'i khams kyi 'jig rten dngos po myed pa'i ngo bo nyid
stong pa zhes bya bar stond to | rlung gi khams kyi 'jig

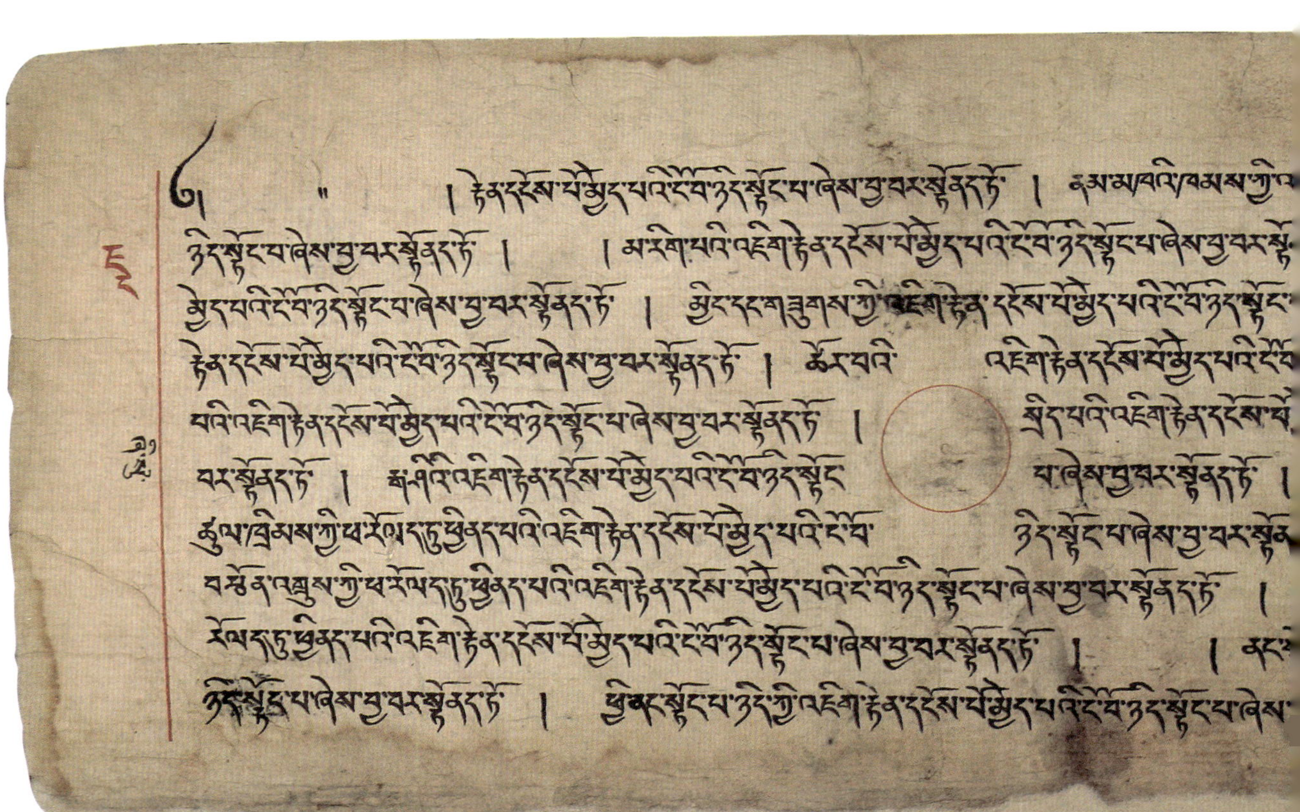

BH2–19（2）正面

BH2-19（2）

原文

正面，页码：ཞེ་སུྃ=43

1 ༄༅། རྟེན་དངོས་པོ་མེད་པའི་ངོ་བོ་ཉིད་སྟོང་པ་ཞེས་བྱ་བར་སྟོན་ཏོ། ནམ་མཁའི་ཁམས་ཀྱི་འཇིག་རྟེན་དངོས་པོ་མེད་པའི་ངོ་བོ་ཉིད་སྟོང་པ་ཞེས་བྱ་བར་སྟོན་ཏོ། རྣམ་པར་ཤེས་པའི་ཁམས་ཀྱི་འཇིག་རྟེན་དངོས་པོ་མེད་པའི་ངོ་བོ་

2 ཉིད་སྟོང་པ་ཞེས་བྱ་བར་སྟོན་ཏོ། །མ་རིག་པའི་འཇིག་རྟེན་དངོས་པོ་མེད་པའི་ངོ་བོ་ཉིད་སྟོང་པ་ཞེས་བྱ་བར་སྟོན་ཏོ། འདུ་བྱེད་ཀྱི་འཇིག་རྟེན་དངོས་པོ་མེད་པའི་ངོ་བོ་ཉིད་སྟོང་པ་ཞེས་བྱ་བར་སྟོན་ཏོ། རྣམ་པར་ཤེས་པའི་འཇིག་རྟེན་དངོས་པོ་

3 མེད་པའི་ངོ་བོ་ཉིད་སྟོང་པ་ཞེས་བྱ་བར་སྟོན་ཏོ། མིང་དང་གཟུགས་ཀྱི་འཇིག་རྟེན་དངོས་པོ་མེད་པའི་ངོ་བོ་ཉིད་སྟོང་པ་ཞེས་བྱ་བར་སྟོན་ཏོ། སྐྱེ་མཆེད་དྲུག་གི་འཇིག་རྟེན་དངོས་པོ་མེད་པའི་ངོ་བོ་ཉིད་སྟོང་པ་ཞེས་བྱ་བར་སྟོན་ཏོ། རེག་པའི་འཇིག་

4 རྟེན་དངོས་པོ་མེད་པའི་ངོ་བོ་ཉིད་སྟོང་པ་ཞེས་བྱ་བར་སྟོན་ཏོ། ཚོར་བའི་ ⊙ འཇིག་རྟེན་དངོས་པོ་མེད་པའི་ངོ་བོ་ཉིད་སྟོང་པ་ཞེས་བྱ་བར་སྟོན་ཏོ། སྲེད་པའི་འཇིག་རྟེན་དངོས་པོ་མེད་པའི་ངོ་བོ་ཉིད་སྟོང་པ་ཞེས་བྱ་བར་སྟོན་ཏོ། ལེན་

5 པའི་འཇིག་རྟེན་དངོས་པོ་མེད་པའི་ངོ་བོ་ཉིད་སྟོང་པ་ཞེས་བྱ་བར་སྟོན་ཏོ། ⊙ སྲིད་པའི་འཇིག་རྟེན་དངོས་པོ་མེད་པའི་ངོ་བོ་

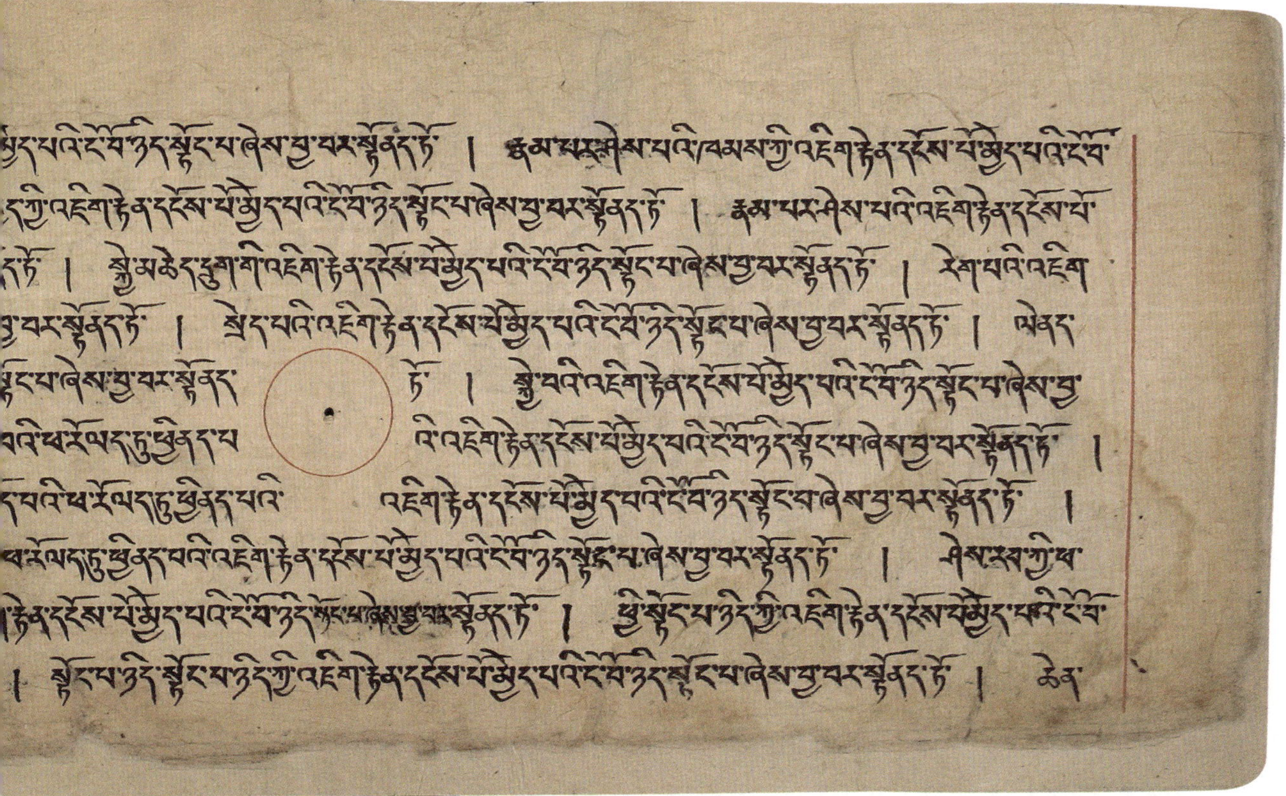

ཉིད་སྟོང་པ་ཞེས་བྱ་བར་སྟོནད་⊙ཏོ། སྐྱེ་བའི་འཇིག་རྟེན་དངོས་པོ་མེད་པའི་ངོ་བོ་ཉིད་སྟོང་པ་ཞེས་བྱ
6 བར་སྟོནད་ཏོ། རྒ་ཤིའི་འཇིག་རྟེན་དངོས་པོ་མེད་པའི་ངོ་བོ་ཉིད་སྟོང་⊙པ་ཞེས་བྱ་བར་སྟོནད་ཏོ། །སྦྱིན་པའི་ཕ་རོལ་ཏུ
ཕྱིནད་པ⊙འི་འཇིག་རྟེན་དངོས་པོ་མེད་པའི་ངོ་བོ་ཉིད་སྟོང་པ་ཞེས་བྱ་བར་སྟོནད་ཏོ།
7 ཚུལ་ཁྲིམས་ཀྱི་ཕ་རོལ་ཏུ་ཕྱིནད་པའི་འཇིག་རྟེན་དངོས་པོ་མེད་པའི་ངོ་བོ་⊙ཉིད་སྟོང་པ་ཞེས་བྱ་བར་སྟོནད་ཏོ། བཟོད་པའི་
ཕ་རོལ་ཏུ་ཕྱིནད་པའི་⊙འཇིག་རྟེན་དངོས་པོ་མེད་པའི་ངོ་བོ་ཉིད་སྟོང་པ་ཞེས་བྱ་བར་སྟོནད་ཏོ།
8 བརྩོན་འགྲུས་ཀྱི་ཕ་རོལ་ཏུ་ཕྱིནད་པའི་འཇིག་རྟེན་དངོས་པོ་མེད་པའི་ངོ་བོ་ཉིད་སྟོང་པ་ཞེས་བྱ་བར་སྟོནད་ཏོ། བསམ་གཏན་
ཀྱི་ཕ་རོལ་ཏུ་ཕྱིནད་པའི་འཇིག་རྟེན་དངོས་པོ་མེད་པའི་ངོ་བོ་ཉིད་སྟོང་པ་ཞེས་བྱ་བར་སྟོནད་ཏོ། ཤེས་རབ་ཀྱི་ཕ་
9 རོལ་ཏུ་ཕྱིནད་པའི་འཇིག་རྟེན་དངོས་པོ་མེད་པའི་ངོ་བོ་ཉིད་སྟོང་པ་ཞེས་བྱ་བར་སྟོནད་ཏོ། །ནང་སྟོང་པ་ཉིད་ཀྱི་འཇིག་
རྟེན་དངོས་པོ་མེད་པའི་ངོ་བོ་ཉིད་སྟོང་པ་ཞེས་བྱ་བར་སྟོནད་ཏོ། ཕྱི་སྟོང་པ་ཉིད་ཀྱི་འཇིག་རྟེན་དངོས་པོ་མེད་པའི་ངོ་བོ་
10 ཉིད་སྟོང་པ་ཞེས་བྱ་བར་སྟོནད་ཏོ། ཕྱི་ནང་སྟོང་པ་ཉིད་ཀྱི་འཇིག་རྟེན་དངོས་པོ་མེད་པའི་ངོ་བོ་ཉིད་སྟོང་པ་ཞེས་བྱ་བར་སྟོནད་
ཏོ། སྟོང་པ་ཉིད་སྟོང་པ་ཉིད་ཀྱི་འཇིག་རྟེན་དངོས་པོ་མེད་པའི་ངོ་བོ་ཉིད་སྟོང་པ་ཞེས་བྱ་བར་སྟོནད་ཏོ། ཆེན་

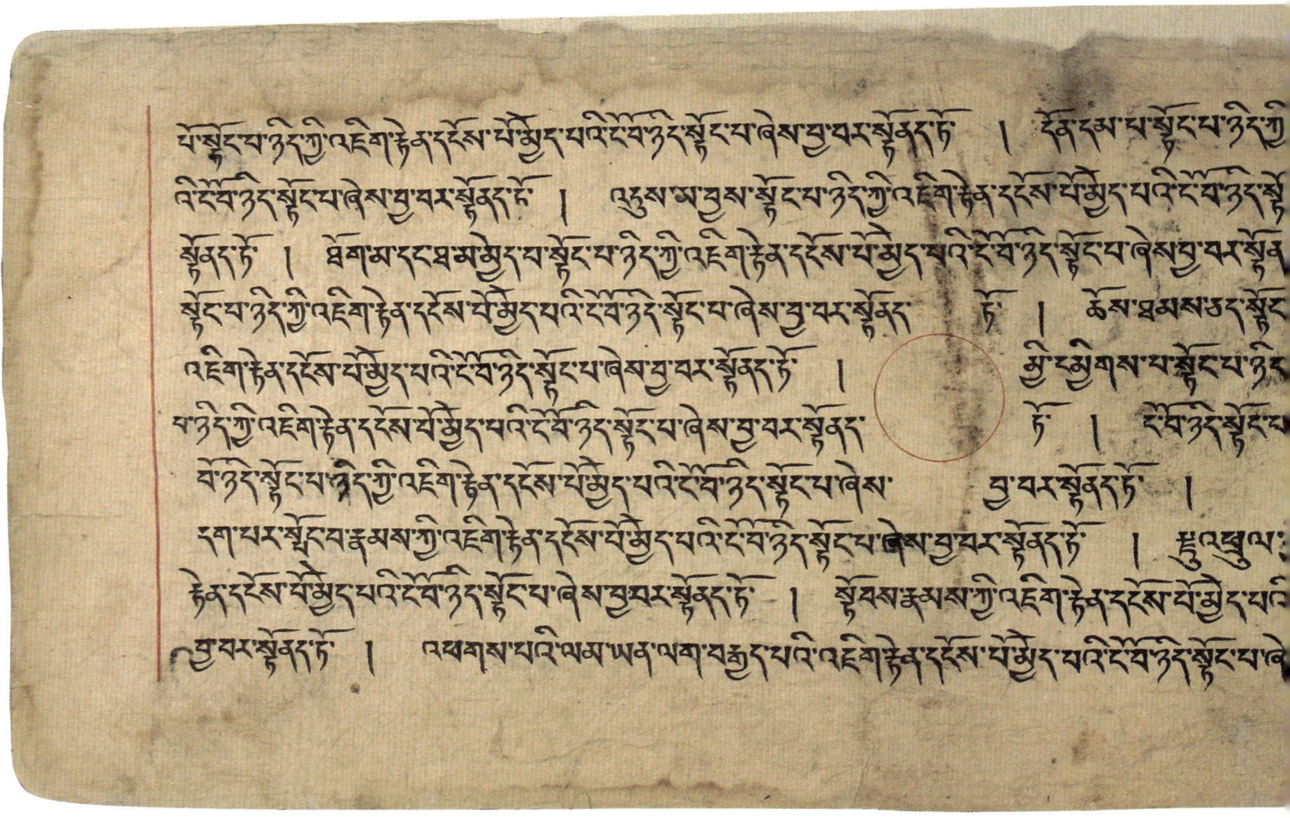

BH2–19（2）背面

背面

1 པོ་སྟོང་པ་ཉིད་ཀྱི་འཇིག་རྟེན་དངོས་པོ་མྱེད་པའི་ངོ་བོ་ཉིད་སྟོང་པ་ཞེས་བྱ་བར་སྟོན་ཏོ། དོན་དམ་པ་སྟོང་པ་ཉིད་ཀྱི་འཇིག
རྟེན་དངོས་པོ་མྱེད་པོའི་ངོ་བོ་ཉིད་སྟོང་པ་ཞེས་བྱ་བར་སྟོན་ཏོ། འདུས་བྱས་སྟོང་པ་ཉིད་ཀྱི་འཇིག་རྟེན་དངོས་པོ་མྱེད་པ
2 འི་ངོ་བོ་ཉིད་སྟོང་པ་ཞེས་བྱ་བར་སྟོན་ཏོ། འདུས་མ་བྱས་སྟོང་པ་ཉིད་ཀྱི་འཇིག་རྟེན་དངོས་པོ་མྱེད་པའི་ངོ་བོ་ཉིད་སྟོང་པ་ཞེས
བྱ་བར་སྟོན་ཏོ། མཐའ་ལས་འདས་པ་སྟོང་པ་ཉིད་ཀྱི་འཇིག་རྟེན་དངོས་པོའ་མྱེད་པའི་ངོ་བོ་ཉིད་སྟོང་པ་ཞེས་བྱ་བར
3 སྟོན་ཏོ། ཐོག་མ་དང་ཐ་མ་མྱེད་པ་སྟོང་པ་ཉིད་ཀྱི་འཇིག་རྟེན་དངོས་པོ་མྱེད་པའི་ངོ་བོ་ཉིད་སྟོང་པ་ཞེས་བྱ་བར་སྟོན
ཏོ། དོར་བ་མྱེད་པ་སྟོང་པ་ཉིད་ཀྱི་འཇིག་རྟེན་དངོས་པོ་མྱེད་པའི་ངོ་བོ་ཉིད་སྟོང་པ་ཞེས་བྱ་བར་སྟོན་ཏོ། རང་བཞིན
4 སྟོང་པ་ཉིད་ཀྱི་འཇིག་རྟེན་དངོས་པོ་མྱེད་པའི་ངོ་བོ་ཉིད་སྟོང་པ་ཞེས་བྱ་བར་སྟོན་⊙ཏོ། ཆོས་ཐམས་ཅད་སྟོང་པ་ཉིད་ཀྱི
འཇིག་རྟེན་དངོས་པོ་མྱེད་པའི་ངོ་བོ་ཉིད་⊙སྟོང་པ་ཞེས་བྱ་བར་སྟོན་ཏོ། རང་གི་མཚན་ཉིད་སྟོང་པ་ཉིད་ཀྱི
5 འཇིག་རྟེན་དངོས་པོ་མྱེད་པའི་ངོ་བོ་ཉིད་སྟོང་པ་ཞེས་བྱ་བར་སྟོན་ཏོ། ⊙ མྱི་དམྱིགས་པ་སྟོང་པ་ཉིད་ཀྱི་འཇིག་རྟེན་དངོས
པོ་མྱེད་པའི་ངོ་བོ་⊙ཉིད་སྟོང་པ་ཞེས་བྱ་བར་སྟོན་ཏོ། དངོས་པོ་མྱེད་པའི་སྟོང
6 པ་ཉིད་ཀྱི་འཇིག་རྟེན་དངོས་པོ་མྱེད་པའི་ངོ་བོ་ཉིད་སྟོང་པ་ཞེས་བྱ་བར་སྟོན་⊙ཏོ། ངོ་བོ་ཉིད་སྟོང་པ་ཉིད་ཀྱི་འཇིག
རྟེན་དངོས་པོ་མྱེད་པའི་ངོ་⊙བོ་ཉིད་སྟོང་པ་ཞེས་བྱ་བར་སྟོན་ཏོ། དངོས་པོ་མྱེད་པའི་ངོ

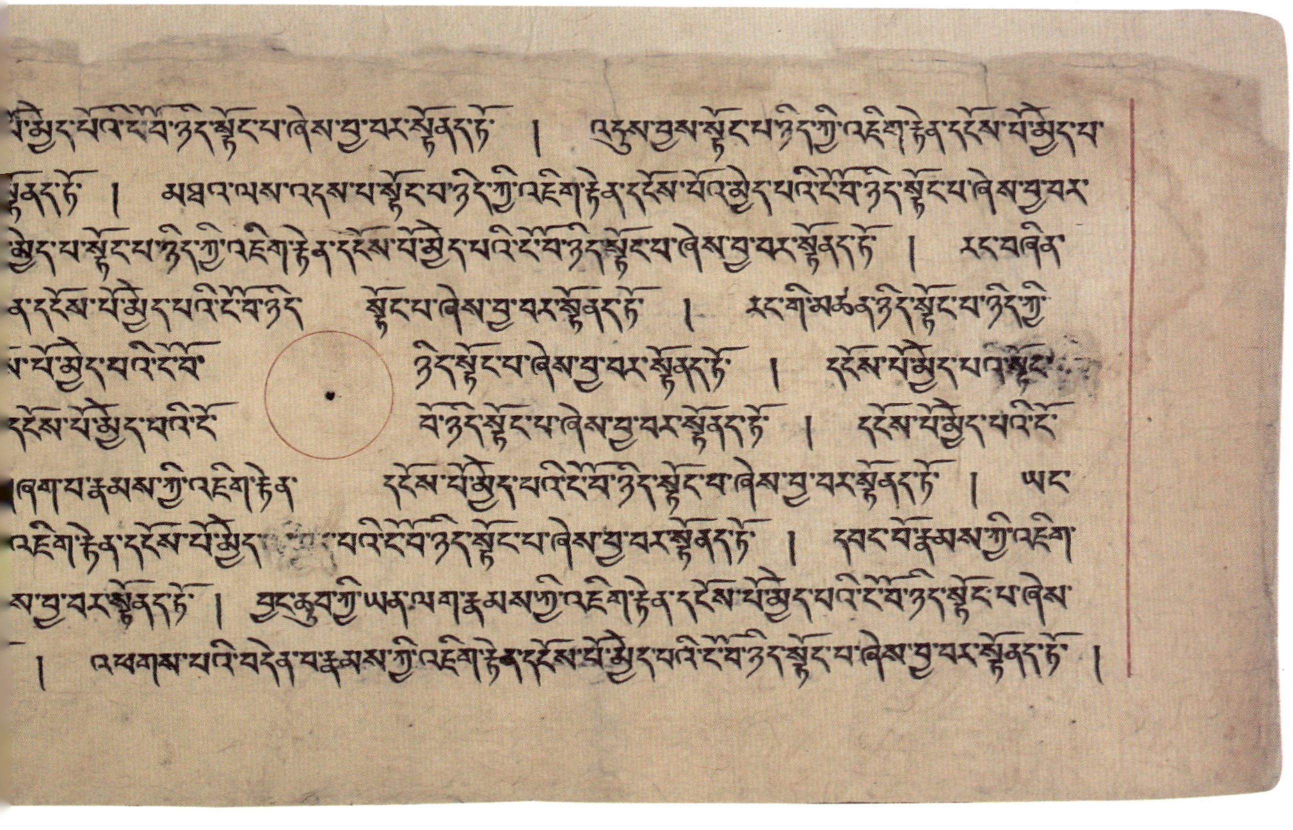

7 བོ་ཉིད་སྟོང་པ་ཉིད་ཀྱི་འཇིག་རྟེན་དངོས་པོ་མྱེད་པའི་ངོ་བོ་ཉིད་སྟོང་པ་ཞེས་⊙བྱ་བར་སྟོནད་ཏོ། །དྲན་པ་ཉེ་བར་གཞག་པ་
རྣམས་ཀྱི་འཇིག་རྟེན་⊙དངོས་པོ་མྱེད་པའི་ངོ་བོ་ཉིད་སྟོང་པ་ཞེས་བྱ་བར་སྟོནད་ཏོ། ཡང་
8 དག་པར་སྤོང་པ་རྣམས་ཀྱི་འཇིག་རྟེན་དངོས་པོ་མྱེད་པའི་ངོ་བོ་ཉིད་སྟོང་པ་ཞེས་བྱ་བར་སྟོནད་ཏོ། རྫུ་འཕྲུལ་གྱི་རྐང་པ་རྣམས་
ཀྱི་འཇིག་རྟེན་དངོས་པོ་མྱེད་པའི་ངོ་བོ་ཉིད་སྟོང་པ་ཞེས་བྱ་བར་སྟོནད་ཏོ། དབང་པོ་རྣམས་ཀྱི་འཇིག
9 རྟེན་དངོས་པོ་མྱེད་པའི་ངོ་བོ་ཉིད་སྟོང་པ་ཞེས་བྱ་བར་སྟོནད་ཏོ། སྟོབས་རྣམས་ཀྱི་འཇིག་རྟེན་དངོས་པོ་མྱེད་པའི་ངོ་བོ་ཉིད་
སྟོང་པ་ཞེས་བྱ་བར་སྟོནད་ཏོ། བྱང་ཆུབ་ཀྱི་ཡན་ལག་རྣམས་ཀྱི་འཇིག་རྟེན་དངོས་པོ་མྱེད་པའི་ངོ་བོ་ཉིད་སྟོང་པ་ཞེས་
10 བྱ་བར་སྟོནད་ཏོ། འཕགས་པའི་ལམ་ཡན་ལག་བརྒྱད་པའི་འཇིག་རྟེན་དངོས་པོ་མྱེད་པའི་ངོ་བོ་ཉིད་སྟོང་པ་ཞེས་བྱ་བར་སྟོནད་
ཏོ། འཕགས་པའི་བདེན་པ་རྣམས་ཀྱི་འཇིག་རྟེན་དངོས་པོ་མྱེད་པའི་ངོ་བོ་ཉིད་སྟོང་པ་ཞེས་བྱ་བར་སྟོནད་ཏོ།

转写

正面，页码：zhi suṃ = 43

1 rten dngos po myed pa'i ngo bo nyid stong pa zhes bya bar stond to | nam mkha'i khams kyi 'jig rten dngos po myed pa'i ngo bo nyid stong pa zhes bya bar stond to | rnam par shes pa'i khams kyi 'jig rten dngos po myed pa'i ngo bo

2 nyid stong pa zhes bya bar stond to || ma rig pa'i 'jig rten dngos po myed pa'i ngo bo nyid stong pa zhes bya bar stond to | 'du byed kyi 'jig rten dngos po myed pa'i ngo bo nyid stong pa zhes bya bar stond to | rnam par shes pa'i 'jig rten dngos po

3 myed pa'i ngo bo nyid stong pa zhes bya bar stond to | mying dang gzugs kyi 'jig rten dngos po myed pa'i ngo bo nyid stong pa zhes bya bar stond to | skye mched drug gi 'jig rten dngos po myed pa'i ngo bo nyid stong pa zhes bya bar stond to | reg pa'i 'jig

4 rten dngos po myed pa'i ngo bo nyid stong pa zhes bya bar stond to | tshor ba'i ⊙ 'jig rten dngos po myed pa'i ngo bo nyid stong pa zhes bya bar stond to | sred pa'i 'jig rten dngos po myed pa'i ngo bo nyid stong pa zhes bya bar stond to | lend

5 pa'i 'jig rten dngos po myed pa'i ngo bo nyid stong pa zhes bya bar stond to | ⊙ srid pa'i 'jig rten dngos po myed pa'i ngo bo nyid stong pa zhes bya bar stond ⊙ to | skye ba'i 'jig rten dngos po myed pa'i ngo bo nyid stong pa zhes bya

6 bar stond to | rga shi'i 'jig rten dngos po myed pa'i ngo bo nyid stong ⊙ pa zhes

bya bar stond to || sbyin pa'i pha rold tu phyind pa⊙'i 'jig rten dngos po myed pa'i
ngo bo nyid stong pa zhes bya bar stond to |
7 tshul khrims kyi pha rold tu phyind pa'i 'jig rten dngos po myed pa'i ngo bo ⊙
nyid stong pa zhes bya bar stond to | bzod pa'i pha rold tu phyind pa'i ⊙ 'jig rten
dngos po myed pa'i ngo bo nyid stong pa zhes bya bar stond to |
8 brtson 'grus kyi pha rold tu phyind pa'i 'jig rten dngos po myed pa'i ngo bo nyid
stong pa zhes bya bar stond to | bsam gtan gyi pha rold tu phyind pa'i 'jig rten
dngos po myed pa'i ngo bo nyid stong pa zhes bya bar stond to | shes rab kyi pha
9 rold tu phyind pa'i 'jig rten dngos po myed pa'i ngo bo nyid stong pa zhes bya bar
stond to || nang stong pa nyid kyi 'jig rten dngos po myed pa'i ngo bo nyid stong pa
zhes bya bar stond to | phyi stong pa nyid kyi 'jig rten dngos po myed pa'i ngo bo
10 nyid stong pa zhes bya bar stond to | phyi nang stong pa nyid kyi 'jig rten dngos po
myed pa'i ngo bo nyid stong pa zhes bya bar stond to | stong pa nyid stong pa nyid
kyi 'jig rten dngos po myed pa'i ngo bo nyid stong pa zhes bya bar stond to | chen

背面

1 po stong pa nyid kyi 'jig rten dngos po myed pa'i ngo bo nyid stong pa zhes bya
bar stond to | don dam pa stong pa nyid kyi 'jig rten dngos po myed po'i ngo bo
nyid stong pa zhes bya bar stond to | 'dus byas stong pa nyid kyi 'jig rten dngos po
myed pa
2 'i ngo bo nyid stong pa zhes bya bar stond to | 'dus ma byas stong pa nyid kyi 'jig
rten dngos po myed pa'i ngo bo nyid stong pa zhes bya bar stond to | mtha' las 'das
pa stong pa nyid kyi 'jig rten dngos po'a myed pa'i ngo bo nyid stong pa zhes bya
bar
3 stond to | thog ma dang tha ma myed pa stong pa nyid kyi 'jig rten dngos po
myed pa'i ngo bo nyid stong pa zhes bya bar stond to | dor ba myed pa stong pa
nyid kyi 'jig rten dngos po'a myed pa'i ngo bo nyid stong pa zhes bya bar stond to
| rang bzhin

4 stong pa nyid kyi ’jig rten dngos po myed pa’i ngo bo nyid stong pa zhes bya bar stond ⊙ to | chos thams cad stong pa nyid kyi ’jig rten dngos po myed pa’i ngo bo nyid ⊙ stong pa zhes bya bar stond to | rang gi mtshan nyid stong pa nyid kyi

5 ’jig rten dngos po myed pa’i ngo bo nyid stong pa zhes bya bar stond to | ⊙ myi dmyigs pa stong pa nyid kyi ’jig rten dngos po myed pa’i ngo bo ⊙ nyid stong pa zhes bya bar stond to | dngos po myed pa’i stong

6 pa nyid kyi ’jig rten dngos po myed pa’i ngo bo nyid stong pa zhes bya bar stond ⊙ to | ngo bo nyid stong pa nyid kyi ’jig rten dngos po myed pa’i ngo ⊙ bo nyid stong pa zhes bya bar stond to | dngos po myed pa’i ngo

7 bo nyid stong pa nyid kyi ’jig rten dngos po myed pa’i ngo bo nyid stong pa zhes ⊙ bya bar stond to || dran pa nye bar gzhag pa rnams kyi ’jig rten ⊙ dngos po myed pa’i ngo bo nyid stong pa zhes bya bar stond to | yang

8 dag par spong pa rnams kyi ’jig rten dngos po myed pa’i ngo bo nyid stong pa zhes bya bar stond to | rdzu ’phrul gyi rkang pa rnams kyi ’jig rten dngos po myed pa’i ngo bo nyid stong pa zhes bya bar stond to | dbang po rnams kyi ’jig

9 rten dngos po myed pa’i ngo bo nyid stong pa zhes bya bar stond to | stobs rnams kyi ’jig rten dngos po myed pa’i ngo bo nyid stong pa zhes bya bar stond to | byang chub kyi yan lag rnams kyi ’jig rten dngos po myed pa’i ngo bo nyid stong ba zhes

10 bya bar stond to | ’phags pa’i lam yan lag brgyad pa’i ’jig rten dngos po myed pa’i ngo bo nyid stong pa zhes bya bar stond to | ’phags pa’i bden pa rnams kyi ’jig rten dngos po myed pa’i ngo bo nyid stong pa zhes bya bar stond to |

说明

此为《十万颂般若经》(ཤེས་རབ་ཀྱི་ཕ་རོལ་ཏུ་ཕྱིན་པ་སྟོང་ཕྲག་བརྒྱ་པ།།)，藏译见德格版《甘珠尔》，般若部（ཤེར་ཕྱིན།），ད函，经号：8，第 150 叶背面第 3 行至第 153 叶正面第 5 行。汉译参见〔唐〕玄奘译《大般若波罗蜜多经》，《大正藏》第 6 册，经号：220。（未找到对应的文句）。

BH2-17
《十万颂般若经》

纸质，梵夹装，1叶，双面墨书，每面10行，18.8×67.4厘米。首尾完整，左边框外侧写有页码310。所用纸张为皮纸。

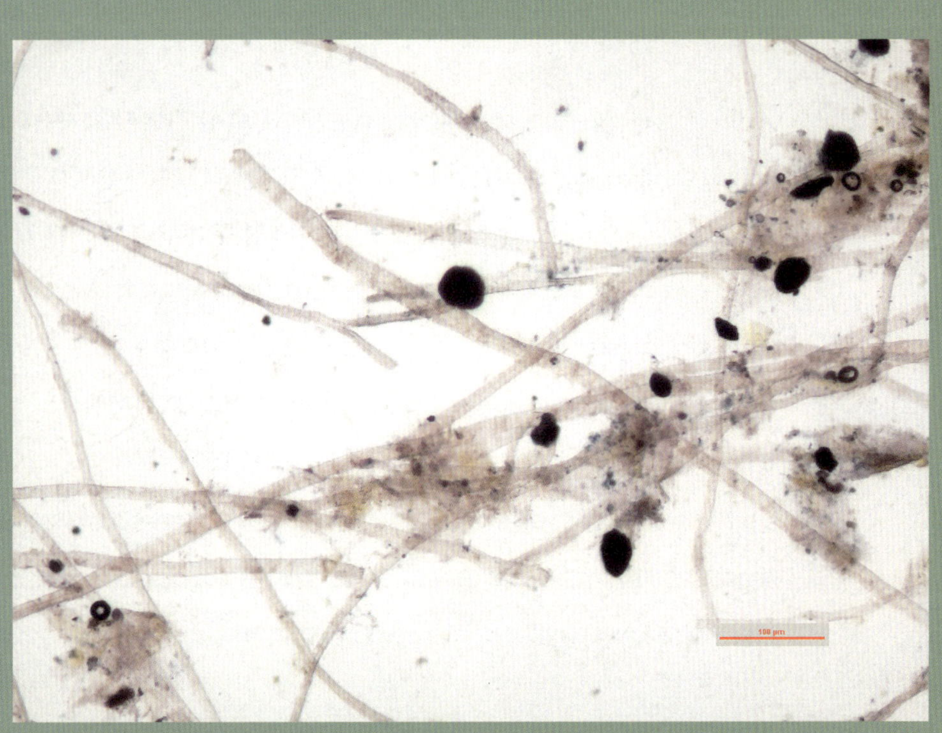

BH2-17 100倍纸张纤维图

原文

正面，页码：སུམ་བརྒྱ་བཅུ་ཐཾ་པ =310

1 ༄༅ཿདཔའ་ཆེན་པོ་གནས་པར་འགྱུར་བའི་ལུས་ཀྱི་རྣམ་པར་ཤེས་པའི་ངོ་བོ་ཉིད་སྨྲེད་དོ། གང་ལ་བྱང་ཆུབ་སེམས་དཔའ་
སེམས་དཔའ་ཆེན་པོ་གནས་པར་འགྱུར་བའི་ཡིད་ཀྱི་རྣམ་པར་ཤེས་པའི་ངོ་བོ་ཉིད་སྨྲེད་དོ། གང་

2 ལ་བྱང་ཆུབ་སེམས་དཔའ་སེམས་དཔའ་ཆེན་པོ་གནས་པར་འགྱུར་བའི་མྱིག་གི་འདུས་ཏེ་རེག་པའི་ངོ་བོ་ཉིད་སྨྲེད་དོ། གང་ལ་
བྱང་ཆུབ་སེམས་དཔའ་སེམས་དཔའ་ཆེན་པོ་གནས་པར་འགྱུར་བའི་རྣའ་བའི་འདུས་ཏེ་རེག་པའི་ངོ་བོ་

3 ཉིད་སྨྲེད་དོ། གང་ལ་བྱང་ཆུབ་སེམས་དཔའ་སེམས་དཔའ་ཆེན་པོ་གནས་པར་འགྱུར་བའི་སྣའི་འདུས་ཏེ་རེག་པའི་ངོ་བོ་ཉིད་
སྨྲེད་དོ། གང་ལ་བྱང་ཆུབ་སེམས་དཔའ་སེམས་དཔའ་ཆེན་པོ་གནས་པར་འགྱུར་བའི་ལྗེའི་འདུས་ཏེ་རེག་པི་

4 ངོ་བོ་ཉིད་སྨྲེད་དོ། གང་ལ་བྱང་ཆུབ་སེམས་དཔའ་སེམས་དཔའ་ཆེན་པོ་⊙གནས་པར་འགྱུར་བའི་ལུས་ཀྱི་འདུས་ཏེ་རེག་པའི་
ངོ་བོ་ཉིད་སྨྲེད་དོ། གང་ལ་བྱང་ཆུབ་སེམས་དཔའ་སེམས་དཔའ་ཆེན་པོ་གནས་པར་འགྱུར་བའི་ཡིད་

5 ཀྱི་འདུས་ཏེ་རེག་པའི་ངོ་བོ་ཉིད་སྨྲེད་དོ། །གང་ལ་བྱང་ཆུབ་སེམ⊙ས་དཔའ་སེམས་དཔའ་ཆེན་པོ་གནས་པར་འགྱུར་བའི་
མྱིག་གི་⊙འདུས་ཏེ་རེག་པའི་རྐྱེནད་ཀྱིས་ཚོར་བའི་ངོ་བོ་ཉིད་སྨྲེད་དོ། གང་ལ་

BH2–17 正面

6 བྱང་ཆུབ་སེམས་དཔའ་སེམས་དཔའ་ཆེན་པོ་གནས་པར་འགྱུར་བ⊙འི་རྣ་བའི་འདུས་ཏེ་རེག་པའི་རྐྱེན་གྱིས་ཚོར་བའི་ངོ་བོ་
ཉིད་སྟེད་⊙ངོ། གང་ལ་བྱང་ཆུབ་སེམས་དཔའ་སེམས་དཔའ་ཆེན་པོ་གནས་
7 པར་འགྱུར་བའི་སྣའི་འདུས་ཏེ་རེག་པའི་རྐྱེན་གྱིས་ཚོར་བའི་ངོ་བོ་ཉིད་⊙སྟེད་དོ། གང་ལ་བྱང་ཆུབ་སེམས་དཔའ་སེམས་
དཔའ་ཆེན་པོ་གནས་⊙པར་འགྱུར་བའི་ལྗེའི་འདུས་ཏེ་རེག་པའི་རྐྱེན་གྱིས་ཚོར་བའི་ངོ་བོའ་
8 ཉིད་སྟེད་དོ། གང་ལ་བྱང་ཆུབ་སེམས་དཔའ་སེམས་དཔའ་ཆེན་པོ་གནས་པར་འགྱུར་བའི་ལུས་ཀྱི་འདུས་ཏེ་རེག་པའི་རྐྱེན་
གྱིས་ཚོར་བའི་ངོ་བོ་ཉིད་སྟེད་དོ། གང་ལ་བྱང་ཆུབ་སེམས་དཔའ་སེམས་དཔའ་ཆེན་པོ་གནས་པར་
9 འགྱུར་བའི་ཡིད་ཀྱི་འདུས་ཏེ་རེག་པའི་རྐྱེན་གྱིས་ཚོར་བའི་ངོ་བོ་ཉིད་སྟེད་དོ། །གང་ལ་བྱང་ཆུབ་སེམས་དཔའ་སེམས་དཔའ་
ཆེན་པོ་གནས་པར་འགྱུར་བའི་སའི་ཁམས་ཀྱི་ངོ་བོ་ཉིད་སྟེད་དོ། གང་ལ་བྱང་ཆུབ་སེམས་
10 དཔའ་སེམས་དཔའ་ཆེན་པོ་གནས་པར་འགྱུར་བའི་ཆུའི་ཁམས་ཀྱི་ངོ་བོ་ཉིད་སྟེད་དོ། གང་ལ་བྱང་ཆུབ་སེམས་དཔའ་སེམས་
དཔའ་ཆེན་པོ་གནས་པར་འགྱུར་བའི་སྟེའི་ཁམས་ཀྱི་ངོ་བོ་ཉིད་སྟེད་དོ། གང་ལ་བྱང་

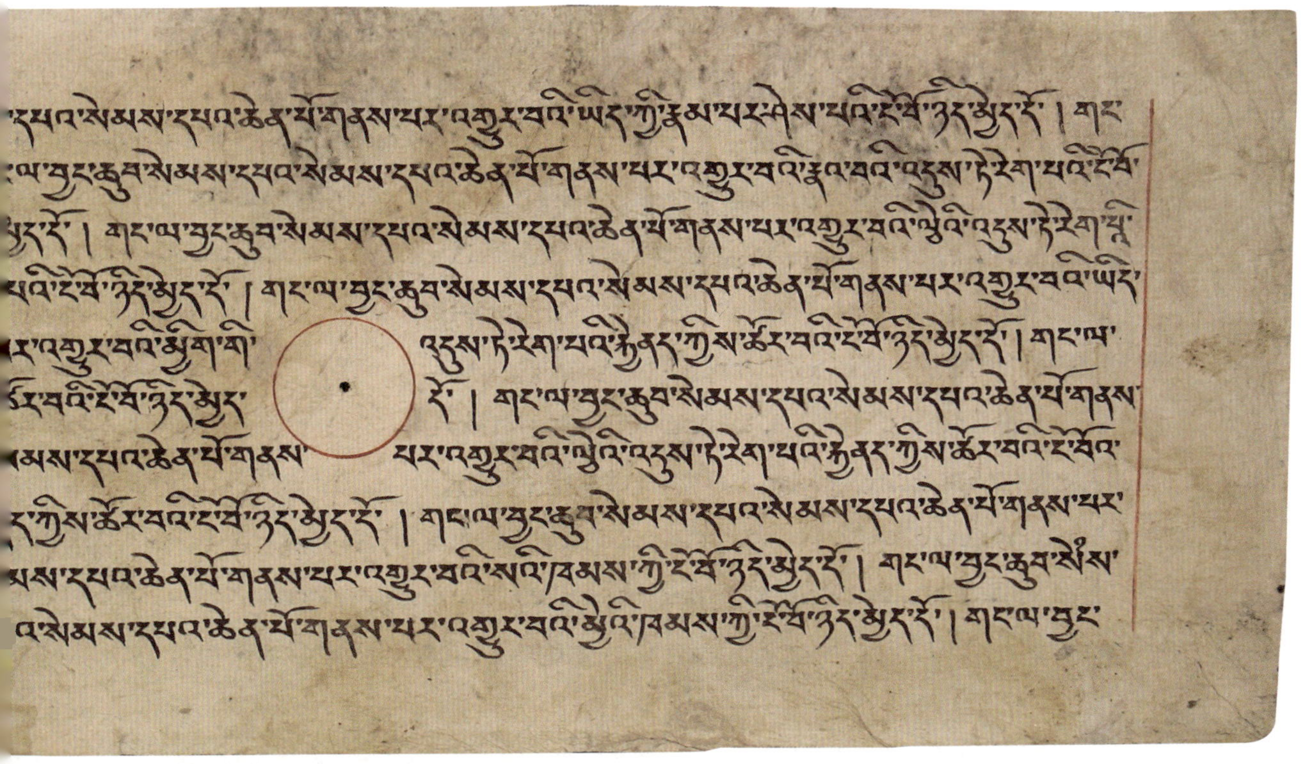

背面

1 ཆུབ་སེམས་དཔའ་སེམས་དཔའ་ཆེན་པོ་གནས་པར་འགྱུར་བའི་རླུང་གི་ཁམས་ཀྱི་ངོ་བོ་ཉིད་མྱེད་དོ། གང་ལ་བྱང་ཆུབ་སེམས་
དཔའ་སེམས་དཔའ་ཆེན་པོ་གནས་པར་འགྱུར་བའི་ནམ་མཁའི་ཁམས་ཀྱི་ངོ་བོ་ཉིད་མྱེད་དོ། གང་

2 ལ་བྱང་ཆུབ་སེམས་དཔའ་སེམས་དཔའ་ཆེན་པོ་གནས་པར་འགྱུར་བའི་རྣམ་པར་ཤེས་པའི་ཁམས་ཀྱི་ངོ་བོ་ཉིད་མྱེད་དོ། གང་
ལ་བྱང་ཆུབ་སེམས་དཔའ་སེམས་དཔའ་ཆེན་པོ་གནས་པར་འགྱུར་བའི་མ་རིག་པའི་ངོ་བོ་ཉིད་མྱེད་

3 དོ། གང་ལ་བྱང་ཆུབ་སེམས་དཔའ་སེམས་དཔའ་ཆེན་པོ་གནས་པར་འགྱུར་བའི་འདུ་བྱེད་ཀྱི་ངོ་བོ་ཉིད་མྱེད་དོ། གང་ལ་བྱང་
ཆུབ་སེམས་དཔའ་སེམས་དཔའ་ཆེན་པོ་གནས་པར་འགྱུར་བའི་རྣམ་པར་ཤེས་པའི་ངོ་བོ་ཉིད་མྱེད་དོ། གང་

4 ལ་བྱང་ཆུབ་སེམས་དཔའ་སེམས་དཔའ་ཆེན་པོ་གནས་པར་འགྱུར་བའི་མྱིང་དང་གཟུགས་ཀྱི་ངོ་བོ་ཉིད་མྱེད་དོ། གང་ལ་བྱང་
ཆུབ་སེམས་དཔའ་སེམས་དཔའ་ཆེན་པོ་གནས་པར་འགྱུར་བའི་སྐྱེ་མཆེད་དྲུག་གི་ངོ་བོ་ཉིད་མྱེད་དོ། གང་ལ་བྱང་ཆུབ་

5 སེམས་དཔའ་སེམས་དཔའ་ཆེན་པོ་གནས་པར་འགྱུར་བའི་རེག་པའི་ ⊙ ངོ་བོ་ཉིད་མྱེད་དོ། གང་ལ་བྱང་ཆུབ་སེམས་དཔའ་
སེམས་དཔའ་ཆེ⊙ན་པོ་གནས་པར་འགྱུར་བའི་ཚོར་བའི་ངོ་བོ་ཉིད་མྱེད་དོ། གང་ལ་བྱང་

BH2–17 背面

6 ཆུབ་སེམས་དཔའ་སེམས་དཔའ་ཆེན་པོ་གནས་པར་འགྱུར་བའི་⊙སྨིད་པ་འི་ངོ་བོ་ཉིད་མྱེད་དོ། གང་ལ་བྱུང་ཆུབ་སེམས་
དཔའ་སེ⊙མས་དཔའ་ཆེན་པོ་གནས་པར་འགྱུར་བའི་ལེནད་པའི་ངོ་བོ་ཉིད་མྱེད་

7 དོ། གང་ལ་བྱུང་ཆུབ་སེམས་དཔའ་སེམས་དཔའ་ཆེན་པོ་གནས་པར་⊙འགྱུར་བའི་སྲིད་པའི་ངོ་བོ་ཉིད་མྱེད་དོ། གང་ལ་བྱུང་
ཆུབ་སེམས་དཔའ་⊙སེམས་དཔའ་ཆེན་པོ་གནས་པར་འགྱུར་བའི་སྐྱེ་བའི་ངོ་བོ་ཉིད་མྱེད་

8 དོ། གང་ལ་བྱུང་ཆུབ་སེམས་དཔའ་སེམས་དཔའ་ཆེན་པོ་གནས་པར་འགྱུར་བའི་རྒ་ཤིའི་ངོ་བོ་ཉིད་མྱེད་དོ། །གང་ལ་བྱུང་ཆུབ་
སེམས་དཔའ་སེམས་དཔའ་ཆེན་པོ་གནས་པར་འགྱུར་བའི་སྦྱིན་པའི་ཕ་རོལད་ཏུ་ཕྱིནད་པའི་ངོ་བོ་

9 ཉིད་མྱེད་དོ། གང་ལ་བྱུང་ཆུབ་སེམས་དཔའ་སེམས་དཔའ་ཆེན་པོ་གནས་པར་འགྱུར་བའི་ཚུལ་ཁྲིམས་ཀྱི་ཕ་རོལད་ཏུ་ཕྱིནད་
པའི་ངོ་བོ་ཉིད་མྱེད་དོ། གང་ལ་བྱུང་ཆུབ་སེམས་དཔའ་སེམས་དཔའ་ཆེན་པོ་གནས་པར་འགྱུར་བའི་

10 བཟོད་པའི་ཕ་རོལད་ཏུ་ཕྱིནད་པའི་ངོ་བོ་ཉིད་མྱེད་དོ། གང་ལ་བྱུང་ཆུབ་སེམས་དཔའ་སེམས་དཔའ་ཆེན་པོ་གནས་པར་འགྱུར་
བའི་བརྩོན་འགྲུས་ཀྱི་ཕ་རོལད་ཏུ་ཕྱིནད་པའི་ངོ་བོ་ཉིད་མྱེད་དོ། གང་ལ་བྱུང་ཆུབ་སེམས་དཔའ་སེམས་

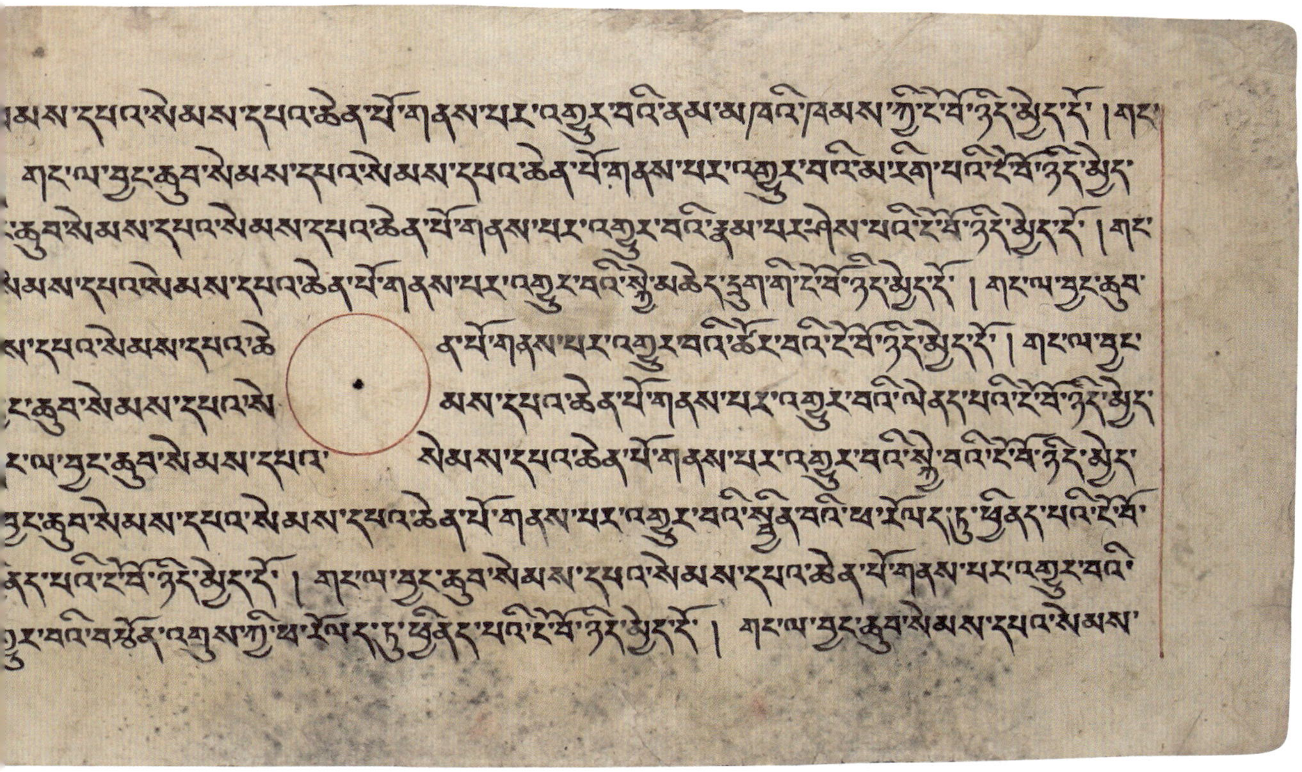

转写

正面，页码：śum brgya bcu tham pa =310

1 dpa' chen po gnas par 'gyur ba'i lus kyi rnam par shes pa'i ngo bo nyid myed do | gang la byang chub sems dpa' sems dpa' chen po gnas par 'gyur ba'i yid kyi rnam par shes pa'i ngo bo nyid myed do | gang

2 la byang chub sems dpa' sems dpa' chen po gnas par 'gyur ba'i myig gi 'dus te reg pa'i ngo bo nyid myed do | gang la byang chub sems dpa' sems dpa' chen po gnas par 'gyur ba'i rna' ba'i 'dus te reg pa'i ngo bo

3 nyid myed do | gang la byang chub sems dpa' sems dpa' chen po gnas par 'gyur ba'i sna'i 'dus te reg pa'i ngo bo nyid myed do | gang la byang chub sems dpa' sems dpa' chen po gnas par 'gyur ba'i lce'i 'dus te reg pa'i

4 ngo bo nyid myed do | gang la byang chub sems dpa' sems dpa' chen po ⊙ gnas par 'gyur ba'i lus kyi 'dus te reg pa'i ngo bo nyid myed do | gang la byang chub sems dpa' sems dpa' chen po gnas par 'gyur ba'i yid

5 kyi 'dus te reg pa'i ngo bo nyid myed do || gang la byang chub sem⊙s dpa' sems dpa' chen po gnas par 'gyur ba'i myig gi ⊙ 'dus te reg pa'i rkyend kyis tshor ba'i ngo bo nyid myed do | gang la

6 byang chub sems dpa' sems dpa' chen po gnas par 'gyur ba⊙'i rna ba'i 'dus te reg pa'i rkyend kyis tshor ba'i ngo bo nyid myed ⊙ do | gang la byang chub sems dpa' sems dpa' chen po gnas

7 par 'gyur ba'i sna'i 'dus te reg pa'i rkyend kyis tshor ba'i ngo bo nyid ⊙ myed do | gang la byang chub sems dpa' sems dpa' chen po gnas ⊙ par 'gyur ba'i lce'i 'dus te reg pa'i rkyend kyis tshor ba'i ngo bo'

8 nyid myed do | gang la byang chub sems dpa' sems dpa' chen po gnas par 'gyur ba'i lus kyi 'dus te reg pa'i rkyend kyis tshor ba'i ngo bo nyid myed do | gang la byang chub sems dpa' sems dpa' chen po gnas par

9 'gyur ba'i yid kyi 'dus te reg pa'i rkyend kyis tshor ba'i ngo bo nyid myed do || gang la byang chub sems dpa' sems dpa' chen po gnas par 'gyur ba'i sa'i khams kyi

ngo bo nyid myed do | gang la byang chub seṃs
10 dpa' sems dpa' chen po gnas par 'gyur ba'i chu'i khams kyi ngo bo nyid myed do |
gang la byang chub sems dpa' sems dpa' chen po gnas par 'gyur ba'i mye'i khams
kyi ngo bo nyid myed do | gang la byang

背面

1 chub sems dpa' sems dpa' chen po gnas par 'gyur ba'i rlung gi khams kyi ngo bo
nyid myed do | gang la byang chub sems dpa' sems dpa' chen po gnas par 'gyur
ba'i nam mkha'i khams kyi ngo bo nyid myed dọ | gang
2 la byang chub sems dpa' sems dpa' chen po gnas par 'gyur ba'i rnam par shes pa'i
khams kyi ngo bo nyid myed do | gang la byang chub sems dpa' sems dpa' chen po
gnas par 'gyur ba'i ma rig pa'i ngo bo nyid myed
3 do | gang la byang chub sems dpa' sems dpa' chen po gnas par 'gyur ba'i 'du byed
kyi ngo bo nyid myed do | gang la byang chub sems dpa' sems dpa' chen po gnas
par 'gyur ba'i rnam par shes pa'i ngo bo nyid myed do | gang
4 la byang chub sems dpa' sems dpa' chen po gnas par 'gyur ba'i mying dang gzugs
kyi ngo bo nyid myed do | gang la byang chub sems dpa' sems dpa' chen po gnas
par 'gyur ba'i skye mched drug gi ngo bo nyid myed do | gang la byang chub
5 sems dpa' sems dpa' chen po gnas par 'gyur ba'i reg pa'i ⊙ ngo bo nyid myed do
| gang la byang chub sems dpa' sems dpa' che⊙n po gnas par 'gyur ba'i tshor ba'i
ngo bo nyid myed do | gang la byang
6 chub sems dpa' sems dpa' chen po gnas par 'gyur ba'i ⊙ sred pa 'i ngo bo nyid
myed do | gang la byang chub sems dpa' se⊙ms dpa' chen po gnas par 'gyur ba'i
lend pa'i ngo bo nyid myed
7 do | gang la byang chub sems dpa' sems dpa' chen po gnas par ⊙ 'gyur ba'i srid
pa'i ngo bo nyid myed do | gang la byang chub sems dpa' ⊙ sems dpa' chen po
gnas par 'gyur ba'i skye ba'i ngo bo nyid myed
8 do | gang la byang chub sems dpa' sems dpa' chen po gnas par 'gyur ba'i rga shi'i

ngo bo nyid myed do || gang la byang chub sems dpa' sems dpa' chen po gnas par 'gyur ba'i sbyin pa'i pha rold tu phyind pa'i ngo bo

9 nyid myed do | gang la byang chub sems dpa' sems dpa' chen po gnas par 'gyur ba'i tshul khrims kyi pha rold tu phyind pa'i ngo bo nyid myed do | gang la byang chub sems dpa' sems dpa' chen po gnas par 'gyur ba'i

10 bzod pa'i pha rold tu phyind pa'i ngo bo nyid myed do | gang la byang chub sems dpa' sems dpa' chen po gnas par 'gyur ba'i brtson 'grus kyi pha rold tu phyind pa'i ngo bo nyid myed do | gang la byang chub sems dpa' sems

说明

1．此为《十万颂般若经》(ཤེས་རབ་ཀྱི་ཕ་རོལ་ཏུ་ཕྱིན་པ་སྟོང་ཕྲག་བརྒྱ་པ།།)，藏译见德格版《甘珠尔》，般若部（ཤེས་ཕྱིན།།），ཁ 函，经号：8，第 112 叶正面第 4 行至第 113 叶正面第 7 行。

2．〔唐〕玄奘译《大般若波罗蜜多经》采取了缩略的翻译方式，参见第四百四十八卷，《大正藏》第 7 册，经号：220，第 261 页上栏第 18 行至第 24 行：

色自性無所有，受、想、行、識自性無所有，如是乃至一切菩薩摩訶薩行自性無所有，諸佛無上正等菩提自性無所有。是菩薩摩訶薩於中不住故，名為轉，由不轉故，說名不退轉菩薩摩訶薩，若菩薩摩訶薩能如是知，是名不退轉菩薩摩訶薩。

BH2-6
《十万颂般若经》

纸质，梵夹装，1 叶，双面墨书，每面 11 行，19×30.1 厘米。左侧残损近二分之一。所用纸张为皮纸。

BH2-6 100 倍纤维图

原文

正面

1 [སའི་ཁམས་ཀྱི་འདུ་ཤེས་ནི་གཉིས་སོ། ཆུའི་ཁམས་ཀྱི་འདུ་ཤེས་ནི་གཉིས་སོ། མེའི་ཁམས་ཀྱི་འདུ་ཤེས་ནི་གཉིས་སོ]། རླུང་གི་ཁམས་ཀྱི་འདུ་ཤེས་ནི་གཉིས་སོ། ནམ་མཁའི་ཁམས་ཀྱི་འདུ་ཤེས་ནི་གཉིས་སོ། རྣམ་པར་ཤེས་

2 [པའི་ཁམས་ཀྱི་འདུ་ཤེས་ནི་གཉིས་སོ། རྟེན་ཅིང་འབྲེལ་བར་འབྱུང་བའི་འདུ་ཤེས་ནི་གཉིས་སོ། མ་རིག་པའི་འདུ་ཤེས་ནི་གཉིས་སོ། འདུ]བྱེད་ཀྱི་འདུ་ཤེས་ནི་གཉིས་སོ། རྣམ་པར་ཤེས་པའི་འདུ་ཤེས་ནི་གཉིས་སོ། མིང་དང་གཟུགས་ཀྱི་འདུ་ཤེས་

3 [ནི་གཉིས་སོ། སྐྱེ་མཆེད་དྲུག་གི་འདུ་ཤེས་ནི་གཉིས་སོ། རེག་པའི་འདུ་ཤེས་ནི་གཉིས་སོ། ཚོར་བའི་འདུ་ཤེས་ནི་གཉིས་སོ། སྲེད་པའི་འདུ་ཤེས་]ནི་གཉིས་སོ། ལེནད་པའི་འདུ་ཤེས་ནི་གཉིས་སོ། སྲིད་པའི་འདུ་ཤེས་ནི་གཉིས་སོ། སྐྱེ་བའི་འདུ་ཤེས་ནི་གཉིས་

4 [སོ། རྒ་ཤིའི་འདུ་ཤེས་ནི་གཉིས་སོ། ལྷུང་བའི་འདུ་ཤེས་ནི་གཉིས་སོ། དོར་བའི་འདུ་ཤེས་ནི་གཉིས་སོ། བསམ་གཏན་དང་པོའི་འདུ་ཤེ]ས་ནི་གཉིས་སོ། བསམ་གཏན་གཉིས་པའི་འདུ་ཤེས་ནི་གཉིས་སོ། བསམ་གཏན་གསུམ་པའི་འདུ་ཤེས་ནི་

5 [གཉིས་སོ། བསམ་གཏན་བཞི་པའི་འདུ་ཤེས་ནི་གཉིས་སོ། བྱམས་པའི་འདུ་ཤེས་ནི་གཉིས་སོ། སྙིང་རྗེའི་འདུ་ཤེས་ནི་]གཉིས་སོ། དགའ་བའི་འདུ་⊙ཤེས་ནི་གཉིས་སོ། བཏང་སྙོམས་ཀྱི་འདུ་ཤེས་ནི་གཉིས་སོ། །ནམ་མཁའ

6 [མཐའ་ཡས་སྐྱེ་མཆེད་ཀྱི་སྙོམས་པར་འཇུག་པའི་འདུ་ཤེས་ནི་གཉིས་སོ། རྣམ་ཤེས་མཐའ་ཡས་སྐྱེ་མཆེད་ཀྱི་སྙོམ]ས་པར་འཇུག་པའི་འདུ་ཤེས་⊙ནི་གཉིས་སོ། ཅུང་ཟད་མེད་པའི་སྐྱེ་མཆེད་ཀྱི་སྙོམས་པར་འཇུག་པའི་

7 [འདུ་ཤེས་ནི་གཉིས་སོ། འདུ་ཤེས་མེད་འདུ་ཤེས་མེད་མིན་སྐྱེ་མཆེད་ཀྱི་སྙོམས་པར་འཇུག་པའི་འདུ་ཤེས་ནི་གཉིས་]

BH2–6 正面

སོ། །སངས་རྒྱས་རྗེས་སུ་དྲན་⊙པའི་འདུ་ཤེས་ནི་གཉིས་སོ། ཆོས་རྗེས་སུ་དྲན་པའི་འདུ་ཤེས་ནི་གཉིས་སོ།
8 [དགེ་འདུན་རྗེས་སུ་དྲན་པའི་འདུ་ཤེས་ནི་གཉིས་སོ། ཚུལ་ཁྲིམས་རྗེས་སུ་དྲན་པའི་འདུ་ཤེས་ནི་གཉིས་སོ། གཏོང་བ་
རྗེས་སུ་དྲ]ན་པའི་འདུ་ཤེས་ནི་གཉིས་སོ། ལྷ་རྗེས་སུ་དྲན་པའི་འདུ་ཤེས་ནི་གཉིས་སོ། སྐྱོ་བ་རྗེས་སུ་དྲན་པའི་འདུ་ཤེས་ནི་
གཉིས་
9 [སོ། དབུགས་ཕྱི་ནང་དུ་རྒྱུ་བ་རྗེས་སུ་དྲན་པའི་འདུ་ཤེས་ནི་གཉིས་སོ། འཆི་བ་རྗེས་སུ་དྲན་པའི་འདུ་ཤེས་ནི་གཉིས་
སོ། ལུས་ཀྱི་]རྣམ་པ་རྗེས་སུ་དྲན་པའི་འདུ་ཤེས་ནི་གཉིས་སོ། །མི་རྟག་པའི་འདུ་ཤེས་ཀྱི་འདུ་ཤེས་ནི་གཉིས་སོ། སྡུག་
བསྔལ་
10 [གྱི་འདུ་ཤེས་ཀྱི་འདུ་ཤེས་ནི་གཉིས་སོ། བདག་མེད་པའི་འདུ་ཤེས་ཀྱི་འདུ་ཤེས་ནི་གཉིས་སོ། མི་སྡུག་བའི་འདུ་ཤེས་ཀྱི་འདུ་
ཤེ]ས་ནི་གཉིས་སོ། དངོས་པོ་མེད་པའི་འདུ་ཤེས་ཀྱི་འདུ་ཤེས་ནི་གཉིས་སོ། །བདག་གི་འདུ་ཤེས་ཀྱི་འདུ་ཤེས་ནི་
11 [གཉིས་སོ། སེམས་ཅན་གྱི་འདུ་ཤེས་ཀྱི་འདུ་ཤེས་ནི་གཉིས་སོ། སྲོག་གི་འདུ་ཤེས་ཀྱི་འདུ་ཤེས་ནི་གཉིས་སོ། སྐྱེ་བའི་འདུ་
ཤེས་]ཀྱི་འདུ་ཤེས་ནི་གཉིས་སོ། གསོ་བའི་འདུ་ཤེས་ཀྱི་འདུ་ཤེས་ནི་གཉིས་སོ། སྐྱེས་བུའི་འདུ་ཤེས་ཀྱི་འདུ་ཤེས་ནི་གཉིས་

背面

1 [སོ། གང་ཟག་གི་འདུ་ཤེས་ཀྱི་འདུ་ཤེས་ནི་གཉིས་སོ། ཤེད་ཅན་གྱི་འདུ་ཤེས་ཀྱི་འདུ་ཤེས་ནི་གཉིས་སོ། ཤེད་བདག་གི་
འདུ་ཤེས་ཀྱི་]འདུ་ཤེས་ནི་གཉིས་སོ། བྱེད་པ་པོའི་འདུ་ཤེས་ཀྱི་འདུ་ཤེས་ནི་གཉིས་སོ། ཚོར་བ་པོའི་འདུ་ཤེས་ཀྱི་འདུ་ཤེས་ནི་
གཉིས་
2 [སོ། ཤེས་པ་པོའི་འདུ་ཤེས་ཀྱི་འདུ་ཤེས་ནི་གཉིས་སོ། མཐོང་བ་པོའི་འདུ་ཤེས་ཀྱི་འདུ་ཤེས་ནི་གཉིས་སོ། རྟག་པའི་འདུ་
ཤེ]ས་ཀྱི་འདུ་ཤེས་ནི་གཉིས་སོ། བདེ་བའི་འདུ་ཤེས་ཀྱི་འདུ་ཤེས་ནི་གཉིས་སོ། སྡུག་པའི་འདུ་ཤེས་ཀྱི་འདུ་ཤེས་ནི་གཉིས་
3 [སོ། བདག་གི་འདུ་ཤེས་ཀྱི་འདུ་ཤེས་ནི་གཉིས་སོ། དྲན་པ་ཉེ་བར་གཞག་པའི་འདུ་ཤེས་ནི་གཉིས་སོ། ཡང་དག་པར་སྤོང་བ]འི་
འདུ་ཤེས་ནི་གཉིས་སོ། རྫུ་འཕྲུལ་གྱི་རྐང་པའི་འདུ་ཤེས་ནི་གཉིས་སོ། དབང་པོའི་འདུ་ཤེས་ནི་གཉིས་སོ། སྟོབས་
4 [ཀྱི་འདུ་ཤེས་ནི་གཉིས་སོ། བྱང་ཆུབ་ཀྱི་ཡན་ལག་གི་འདུ་ཤེས་ནི་གཉིས་སོ། ལམ་གྱི་འདུ་ཤེས་ནི་གཉིས་སོ། སྟོང་པ་ཉིད་ཀྱི་
ཏིང་ངེ་འཛིན་ཀྱི་འདུ་ཤེས་ནི་]གཉིས་སོ། མཚན་མ་མེད་པའི་ཏིང་ངེ་འཛིན་ཀྱི་འདུ་ཤེས་ནི་གཉིས་སོ། སྨོན་པ་མེད་པའི་
ཏིང་ངེ་འཛིན་ཀྱི་འདུ་ཤེས་
5 [ནི་གཉིས་སོ། རྣམ་པར་ཐར་པའི་འདུ་ཤེས་ནི་གཉིས་སོ། མཐར་གྱིས་གནས་པའི་སྙོམས་པར་འཇུག་པའི་འདུ་ཤེས་]ནི་
གཉིས་སོ། །རྟོག་པ་དང་བཅས་དཔྱོད་པ་དང་བཅས་པའི་ཏིང་ངེ་འཛིན་ཀྱི་འདུ་ཤེས་ནི་གཉིས་སོ། རྟོག་པ་
6 [མེད་ལ་དཔྱོད་པ་ཙམ་གྱི་ཏིང་ངེ་འཛིན་ཀྱི་འདུ་ཤེས་ནི་གཉིས་སོ། རྟོག་པ་མེད་ཅིང་དཔྱོད་པ་མེད་པའི་ཏིང་ངེ་འཛིན]ད་ཀྱི་
འདུ་ཤེས་ནི་གཉིས་སོ།⊙།སྡུག་བསྔལ་འཕགས་པའི་བདེན་པའི་འདུ་ཤེས་ནི་གཉིས་སོ། ཀུན་
7 [འབྱུང་བ་འཕགས་པའི་བདེན་པའི་འདུ་ཤེས་ནི་གཉིས་སོ། འགོག་པ་འཕགས་པའི་བདེན་པའི་འདུ་ཤེས་ནི་གཉིས་སོ། ལ]མ་

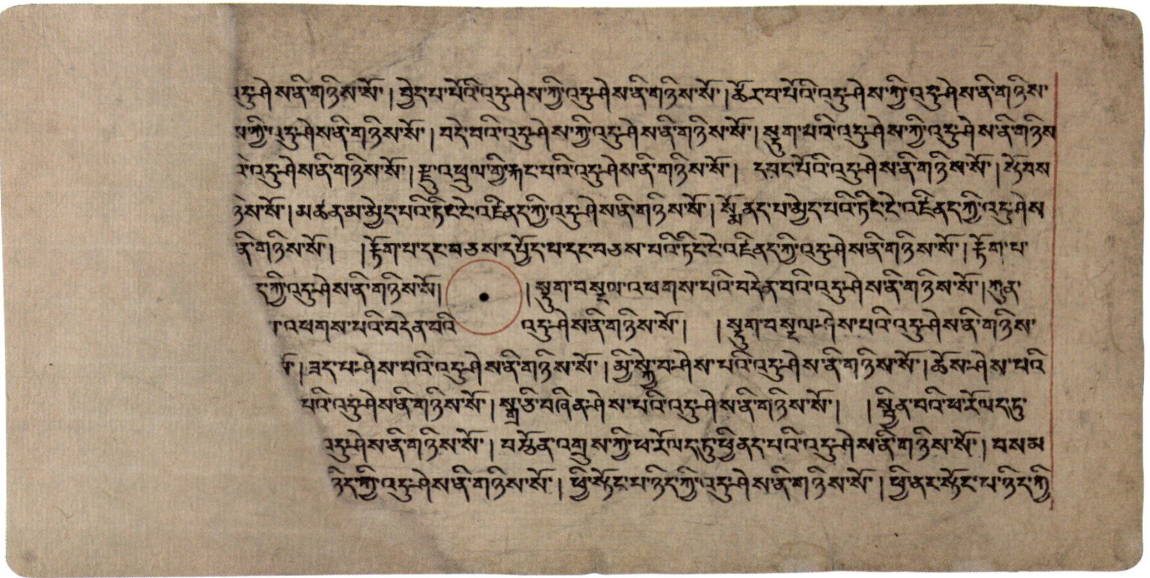

BH2–6 背面

འཕགས་པའི་བདེན་པའི་ ⊙ འདུ་ཤེས་ནི་གཉིས་སོ། །སྡུག་བསྔལ་ཤེས་པའི་འདུ་ཤེས་ནི་གཉིས་
8 [སོ། ཀུན་འབྱུང་བ་ཤེས་པའི་འདུ་ཤེས་ནི་གཉིས་སོ། འགོག་པ་ཤེས་པའི་འདུ་ཤེས་ནི་གཉིས་སོ། ལམ་ཤེས་པའི་འདུ་ཤེས་
ནི་གཉིས་]སོ། ཟད་པ་ཤེས་པའི་འདུ་ཤེས་ནི་གཉིས་སོ། མི་སྐྱེ་བ་ཤེས་པའི་འདུ་ཤེས་ནི་གཉིས་སོ། ཆོས་ཤེས་པའི་
9 [འདུ་ཤེས་ནི་གཉིས་སོ། རྗེས་སུ་འགྲོ་བ་ཤེས་པའི་འདུ་ཤེས་ནི་གཉིས་སོ། ཀུན་རྫོབ་ཤེས་པའི་འདུ་ཤེས་ནི་གཉིས་སོ།
འདྲིས་པ་ཤེས་]པའི་འདུ་ཤེས་ནི་གཉིས་སོ། སྨྲ་ཅི་བཞིན་ཤེས་པའི་འདུ་ཤེས་ནི་གཉིས་སོ། །སྦྱིན་པའི་ཕ་རོལ་དུ་
10 [ཕྱིན་པའི་འདུ་ཤེས་ནི་གཉིས་སོ། ཚུལ་ཁྲིམས་ཀྱི་ཕ་རོལ་དུ་ཕྱིན་པའི་འདུ་ཤེས་ནི་གཉིས་སོ། བཟོད་པའི་ཕ་རོལ་དུ་
ཕྱིན་པའི་]འདུ་ཤེས་ནི་གཉིས་སོ། བརྩོན་འགྲུས་ཀྱི་ཕ་རོལ་དུ་ཕྱིན་པའི་འདུ་ཤེས་ནི་གཉིས་སོ། བསམ་
11 [གཏན་གྱི་ཕ་རོལ་དུ་ཕྱིན་པའི་འདུ་ཤེས་ནི་གཉིས་སོ། ཤེས་རབ་ཀྱི་ཕ་རོལ་དུ་ཕྱིན་པའི་འདུ་ཤེས་ནི་གཉིས་སོ། ནང་
སྟོང་པ་]ཉིད་ཀྱི་འདུ་ཤེས་ནི་གཉིས་སོ། ཕྱི་སྟོང་པ་ཉིད་ཀྱི་འདུ་ཤེས་ནི་གཉིས་སོ། ཕྱི་ནང་སྟོང་པ་ཉིད་ཀྱི་

转写

正面

1 [sa'i khams kyi 'du shes ni gnyis so | chu'i khams kyi 'du shes ni gnyis so | mye'i
khams kyi 'du shes ni gnyis so] | rlung gi khams kyi 'du shes ni gnyis so | nam
mkha'i khams kyi 'du shes ni gnyis so | rnam par shes

2 [pa'i khams kyi 'du shes ni gnyis so | rten cing 'brel bar 'byung ba'i 'du shes ni

gnyis so | ma rig pa'i 'du shes ni gnyis so | 'du] byed kyi 'du shes ni gnyis so | rnam par shes pa'i 'du shes ni gnyis so | mying dang gzugs kyi 'du shes

3 [ni gnyis so | skye mched drug gi 'du shes ni gnyis so | reg pa'i 'du shes ni gnyis so | tshor ba'i 'du shes ni gnyis so | sred pa'i 'du shes] ni gnyis so | lend pa'i 'du shes ni gnyis so | srid pa'i 'du shes ni gnyis so | skye ba'i 'du shes ni gnyis

4 [so | rga shi'i 'du shes ni gnyis so | blang ba'i 'du shes ni gnyis so | dor ba'i 'du shes ni gnyis so | bsam gtan dang po'i 'du she]s ni gnyis so | bsam gtan gnyis pa'i 'du shes ni gnyis so | bsam gtan gsum pa'i 'du shes ni

5 [gnyis so | bsam gtan bzhi pa'i 'du shes ni gnyis so | byams pa'i 'du shes ni gnyis so | snying rje'i 'du shes ni] gnyis so | dga' ba'i 'du ⊙ shes ni gnyis so | btang snyoms kyi 'du shes ni gnyis so || nam mkha'

6 [mtha' yas skye mched kyi snyoms par 'jug pa'i 'du shes ni gnyis so | rnam shes mtha' yas skye mched kyi snyom]s par 'jug pa'i 'du shes ⊙ ni gnyis so | cung zad myed pa'i skye mched kyi snyoms par 'jug pa'i

7 ['du shes ni gnyis so | 'du shes myed 'du shes myed myin skye mched kyi snyoms par 'jug pa'i 'du shes ni gnyis] so || sangs rgyas rjes su dran ⊙ pa'i 'du shes ni gnyis so | chos rjes su dran pa'i 'du shes ni gnyis so |

8 [dge 'dun rjes su dran pa'i 'du shes ni gnyis so | tshul khrims rjes su dran pa'i 'du shes ni gnyis so | gtong ba rjes su dra]n pa'i 'du shes ni gnyis so | lha rjes su dran pa'i 'du shes ni gnyis so | skyo ba rjes su dran pa'i 'du shes ni gnyis

9 [so | dbugs phyi nang du rgyu ba rjes su dran pa'i 'du shes ni gnyis so | 'chi ba rjes su dran pa'i 'du shes ni gnyis so | lus kyi] rnam pa rjes su dran pa'i 'du shes ni gnyis so || myi rtag pa'i 'du shes kyi 'du shes ni gnyis so | sdug bsngal

10 [gyi 'du shes gyi 'du shes ni gnyis so | bdag myed pa'i 'du shes kyi 'du shes ni gnyis so | myi sdug ba'i 'du shes kyi 'du she]s ni gnyis so | dngos po myed pa'i 'du shes kyi 'du shes ni gnyis so || bdag gi 'du shes kyi 'du shes ni

11 [gnyis so | sems can kyi 'du shes kyi 'du shes ni gnyis so | srog gi 'du shes kyi 'du shes ni gnyis so | skye ba'i 'du shes] kyi 'du shes ni gnyis so | gso ba'i 'du shes kyi

’du shes ni gnyis so | skyes bu’i ’du shes kyi ’du shes ni gnyis

背面

1 [so | gang zag gi ’du shes kyi ’du shes ni gnyis so | shed can gyi ’du shes kyi ’du shes ni gnyis so | shed bdag gi ’du shes kyi] ’du shes ni gnyis so | byed pa po’i ’du shes kyi ’du shes ni gnyis so | tshor ba po’i ’du shes kyi ’du shes ni gnyis

2 [so | shes pa po’i ’du shes kyi ’du shes ni gnyis so | mthong ba po’i ’du shes kyi ’du shes ni gnyis so | rtag pa’i ’du she]s kyi ’du shes ni gnyis so | bde ba’i ’du shes kyi ’du shes ni gnyis so | sdug pa’i ’du shes kyi ’du shes ni gnyis

3 [so | bdag gi ’du shes kyi ’du shes ni gnyis so | dran pa nye bar gzhag pa’i ’du shes ni gnyis so | yang dag par spong ba]’i ’du shes ni gnyis so | rdzu ’phrul gyi rkang pa’i ’du shes ni gnyis so | dbang po’i ’du shes ni gnyis so | stobs

4 [kyi ’du shes ni gnyis so | byang chub kyi yan lag gi ’du shes ni gnyis so | lam gyi ’du shes ni gnyis so | stong pa nyid kyi ting nge ’dzind kyi ’du shes ni] gnyis so | mtshan ma myed pa’i ting nge ’dzind kyi ’du shes ni gnyis so | smond pa myed pa’i ting nge ’dzind kyi ’du shes

5 [ni gnyis so | rnam par thar pa’i ’du shes ni gnyis so | mthar kyis gnas pa’i snyoms par ’jug pa’i ’du shes] ni gnyis so || rtog pa dang bcas dpyod pa dang bcas pa’i ting nge ’dzind kyi ’du shes ni gnyis so | rtog pa

6 [myed la dpyod pa tsam gyi ting nge ’dzind kyi ’du shes ni gnyis so | rtog pa myed cing dpyod pa myed pa’i ting nge ’dzin]d kyi ’du shes ni gnyis so |⊙| sdug bsngal ’phags pa’i bden pa’i ’du shes ni gnyis so | kun

7 [’byung ba ’phags pa’i bden pa’i ’du shes ni gnyis so | ’gog pa ’phags pa’i bden pa’i ’du shes ni gnyis so | la]m ’phags pa’i bden pa’i ⊙ ’du shes ni gnyis so || sdug bsngal shes pa’i ’du shes ni gnyis

8 [so | kun ’byung ba shes pa’i ’du shes ni gnyis so | ’gog pa shes pa’i ’du shes ni gnyis so | lam shes pa’i ’du shes ni gnyis] so | zad pa shes pa’i ’du shes ni gnyis so | myi skye ba shes pa’i ’du shes ni gnyis so | chos shes pa’i

9 ['du shes ni gnyis so | rjes su 'gro ba shes pa'i 'du shes ni gnyis so | kun rdzob shes pa'i 'du shes ni gnyis so | 'dris pa shes] pa'i 'du shes ni gnyis so | sgra ci bzhin shes pa'i 'du shes ni gnyis so || sbyin pa'i pha rold tu

10 [phyind pa'i 'du shes ni gnyis so | tshul khrims kyi pha rold tu phyind pa'i 'du shes ni gnyis so | bzod pa'i pha rold tu phyind pa'i] 'du shes ni gnyis so | brtson 'grus kyi pha rold tu phyind pa'i 'du shes ni gnyis so | bsam

11 [gtan gyi pha rold tu phyind pa'i 'du shes ni gnyis so | shes rab kyi pha rold tu phyind pa'i 'du shes ni gnyis so | nang stong pa] nyid kyi 'du shes ni gnyis so | phyi stong pa nyid kyi 'du shes ni gnyis so | phyi nang stong pa nyid kyi

《大般若波罗蜜多经》(《大正藏》第6册，经号：220，第916上栏第9行至下栏第13行)

善現！地界想為二，地界想空為不二；水、火、風、空、識界想為二，水、火、風、空、識界想空為不二。

善現！因緣想為二，因緣想空為不二；等無間緣、所緣緣、增上緣想為二，等無間緣、所緣緣、增上緣想空為不二。

善現！無明想為二，無明想空為不二；行、識、名色、六處、觸、受、愛、取、有、生、老死愁歎苦憂惱想為二，行乃至老死愁歎苦憂惱想空為不二。

善現！布施波羅蜜多想為二，布施波羅蜜多想空為不二；淨戒、安忍、精進、靜慮、般若波羅蜜多想為二，淨戒乃至般若波羅蜜多想空為不二。

善現！內空想為二，內空想空為不二；外空、內外空、空空、大空、勝義空、有為空、無為空、畢竟空、無際空、散空、無變異空、本性空、自相空、共相空、一切法空、不可得空、無性空、自性空、無性自性空想為二，外空乃至無性自性空想空為不二。

善現！四念住想為二,四念住想空為不二；四正斷、四神足、五根、五力、七等覺支、八聖道支想為二,四正斷乃至八聖道支想空為不二。

善現！苦聖諦想為二，苦聖諦想空為不二；集、滅、道聖諦想為二，集、滅、道聖諦想空為不二。

善現！四靜慮想為二,四靜慮想空為不二；四無量、四無色定想為二,四無量、四無色定想空為不二。

善現！八解脫想為二,八解脫想空為不二；八勝處、九次第定、十遍處想為二,八勝處、九次第定、十遍處想空為不二。

善現！一切三摩地門想為二,一切三摩地門想空為不二；一切陀羅尼門想為二,一切陀羅尼門想空為不二。

善現！空解脫門想為二，空解脫門想空為不二；無相、無願解脫門想為二，無相、無願解脫門想空為不二。

善現！極喜地想為二，極喜地想空為不二；離垢地、發光地、焰慧地、極難勝地、現前地、遠行地、不動地、善慧地、法雲地想為二，離垢地乃至法雲地想空為不二。

善現！五眼想為二,五眼想空為不二；六神通想為二,六神通想空為不二。

善現！佛十力想為二，佛十力想空為不二；四無所畏、四無礙解、十八佛不共法想為二,四無所畏、四無礙解、十八佛不共法想空為不二。

善現！大慈想為二，大慈想空為不二；大悲、大喜、大捨想為二，大悲、大喜、大捨想空為不二。

善現！無忘失法想為二，無忘失法想空為不二；恒住捨性想為二，恒住捨性想空為不二。

善現！一切智想為二,一切智想空為不二；道相智、一切相智想為二，道相智、一切相智想空為不二。

善現！預流想為二，預流想空為不二；一來、不還、阿羅漢、獨覺想為二,一來、不還、阿羅漢、獨覺想空為不二。

善現！預流果想為二，預流果想空為不二；一來、不還、阿羅漢果、獨覺菩提想為二,一來、不還、阿羅漢果、獨覺菩提想空為不二。

善現！菩薩摩訶薩想為二，菩薩摩訶薩想空為不二；如來、應、正等覺想為二，如來、應、正等覺想空為不二。

善現！菩薩摩訶薩行想為二，菩薩摩訶薩行想空為不二；無上正等菩提想為二，無上正等菩提想空為不二。

善現！有為界想為二，有為界想空為不二；無為界想為二，無為界想空為不二。

善現！乃至一切想皆為二，乃至一切二皆是有，乃至一切有皆有生死，有生死者不能解脫生老病死愁歎苦憂惱。

善現！諸想空者皆為無二，諸無二者皆是非有，諸非有者皆無生死，無生死者則能解脫生老病死愁歎苦憂惱。

说明

此为《十万颂般若经》(ཤེས་རབ་ཀྱི་ཕ་རོལ་ཏུ་ཕྱིན་པ་སྟོང་ཕྲག་བརྒྱ་པ།།)，藏译见德格版《甘珠尔》，般若部（ཤེས་ཕྱིན།།），ད函，经号：8，第287叶背面第3行至第289叶正面第5行。汉译参见〔唐〕玄奘译《大般若波罗蜜多经》第三百七十一卷，《大正藏》第6册，经号：220，第916页上栏第9行至下栏第13行。

BH2-12
《二万五千颂般若经》

纸质，梵夹装，1 叶，双面墨书，每面 10 行，17.6×59.9 厘米。左侧稍有残损。所用纸张为皮纸。

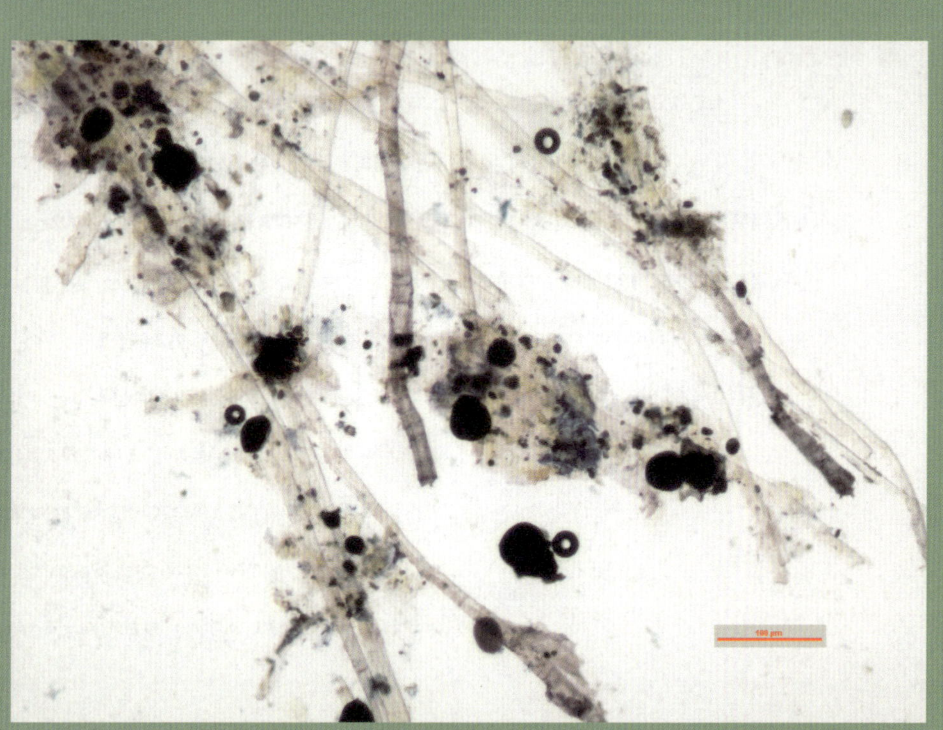

BH2-12 100 倍纸张纤维图

原文

正面

1 +། །རྨྀ་ལམ་ན་ཡང་ཉན་ཐོས་ཀྱི་ས་འམ། རང་སངས་རྒྱས་ཀྱི་ས་འམ། ཁམས་གསུམ་པ་ལ་འདོད་པ་སྐྱེད་ཅིང་། ཕན་ཡོན་ཀྱི་སེམས་སྐྱི་སྐྱེད་ལ། ཆོས་ཐམས་ཅད་རྨྀ་ལམ་ལྟ་བུ་ཉིད་དུ་ལྟ་ཞིང་། ཆོས་ཐམས་ཅད་བྲག་ཆ་ལྟ་བུ་དང་། སྨིག་རྒྱུ་ལྟ་བུ་དང་།

2 [སྒྱུལ]ད་པ་ལྟ་བུ་ཉིད་དུ་ལྟ་ལ། མངོན་གསུམ་དུ་ཡང་མི་བྱེད་ན། རབ་འབྱོརད་དེ་ཡང་ཕྱིར་མི་ལྡོག་པའི་བྱང་ཆུབ་སེམས་དཔའ་སེམས་དཔའ་ཆེན་པོ་འི་ཕྱིར་མི་ལྡོག་པའི་མཚན་ཉིད་དུ་རིག་པར་བྱའོ། །རབ་འབྱོརད་གཞན་ཡང་གལ་ཏེ་བྱང་ཆུབ་སེམས་དཔའ་

3 [སེམས་]དཔའ་ཆེན་པོས་རྨི་ལམ་ན། དེ་བཞིན་གཤེགས་པ་འཁོར་བརྒྱ་ཕྲག་དུ་མ་དང་། འཁོར་སྟོང་ཕྲག་དུ་མ་དང་། འཁོར་འབུམ་ཕྲག་དུ་མ་དང་། འཁོར་བྱེ་བ་ཁྲག་ཁྲིག་འབུམ་ཕྲག་དུ་མ་མངའ་བ། དགེ་སློང་དང་། དགེ་སློང་མ་དང་། དགེ་བསྙེན་དང་། དགེ་བསྙེན་

4 [མ་] ..ས་དང་། ལྷ་དང་། ཀླུ་དང་། གནོད་སྦྱིན་དང་། དྲི་ཟ་དང་། ལྷ་མ་ཡིན་དང་། ནམ་⊙མཁའ་ལྡིང་དང་། མི་འམ་ཅི་དང་། ལྟོ་འཕྱེ་ཆེན་པོ་དག་གིས་ཡོངས་སུ་བསྐོར་རད་ཅིང་མདུན་ཀྱིས་བལྟས་ཏེ། དེ་བཞིན་གཤེགས་པ་དགྲ་བཅོམ་པ་ཡང་

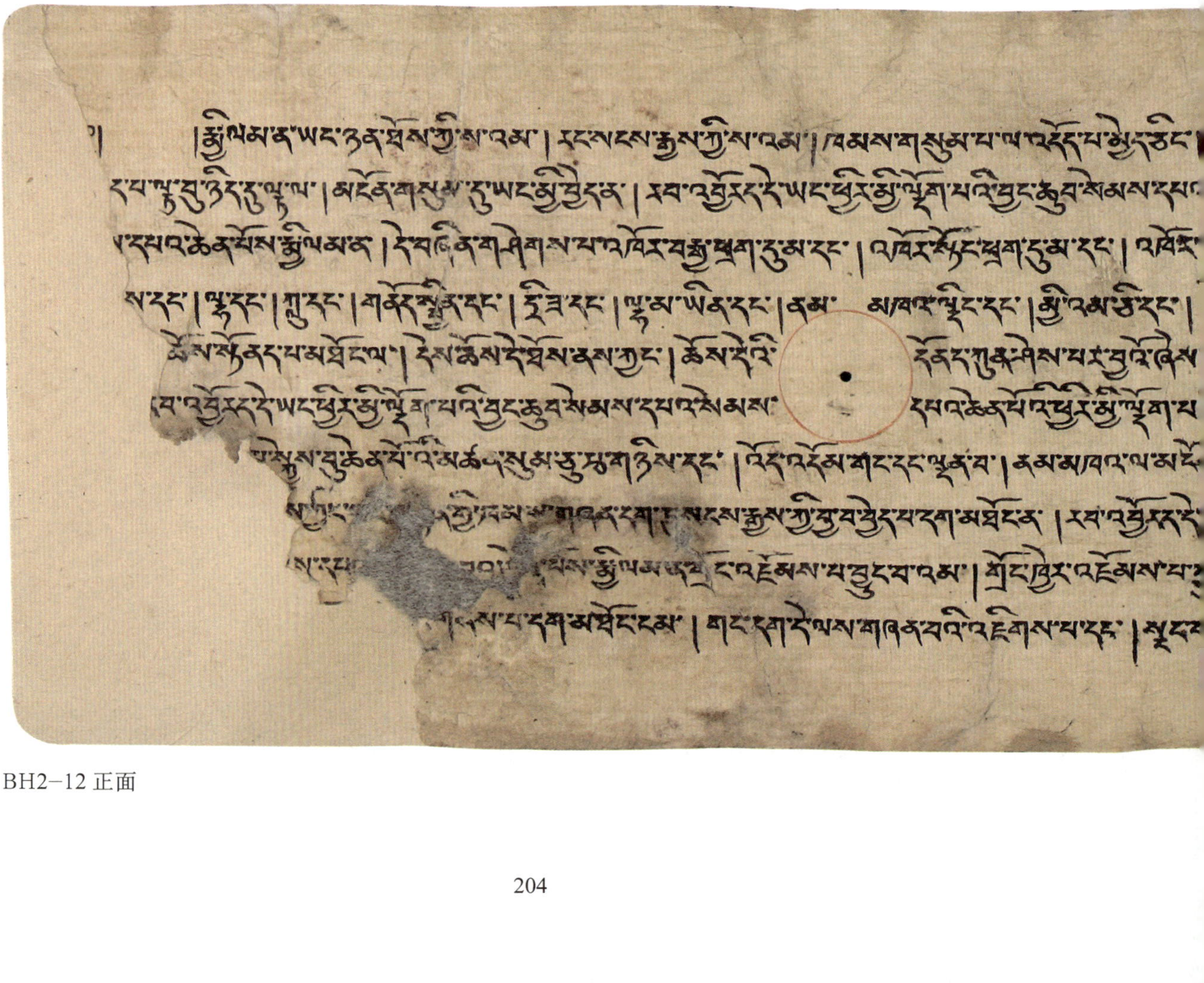

BH2-12 正面

དག་པར་རྫོགས་པའི་

5 [སངས་རྒྱས་]ཆོས་སྟོན་པ་མཐོང་ལ། དེས་ཆོས་དེ་ཐོས་ནས་ཀྱང་། ཆོས་དེའི་⊙དོན་ཀུན་ཤེས་པར་བྱའོ་ཞེས། ཆོས་
དང་རྗེས་སུ་འཐུན་པའི་ཆོས་ལ་ཞུག⊙ས་ཤིང་གནས་པ་དང་། འཐུན་པར་ཞུགས་ཤིང་རྗེས་སུ་འཐུན་པའི་ཆོས་ལ་

6 + + རབ་འབྱོརད་དེ་ཡང་ཕྱིར་མི་ལྡོག་པའི་བྱང་ཆུབ་སེམས་དཔའ་སེམས་⊙དཔའ་ཆེན་པོའི་ཕྱིར་མི་ལྡོག་པའི་མཚན་
ཉིད་དུ་རིག་པར་བྱའོ། །རབ་འབྱོ⊙རད་གཞན་ཡང་གལ་ཏེ་བྱང་ཆུབ་སེམས་དཔའ་སེམས་དཔའ་ཆེན་པོས་རྨི་ལཾ་

7 + + + + .. སྐྱེས་བུ་ཆེན་པོ་འི་མཚན་སུམ་ཅུ་རྩ་གཉིས་དང་། འོད་འདོམ་གང་དང་ལྡན་པ། ནམ་མཁའ་ལ་མངོན་པར་
འཕགས་ཏེ། དགེ་སློང་གི་དགེ་འདུན་ལ་ཆོས་སྟོན་ཅིང་། རྫུ་འཕྲུལ་གྱི་ཆོ་འཕྲུལ་སྟོན་པ་དང་། སྤྲུལ་པ་སྤྲུལ་པར་མཛད་

8 + + + + ..ས་ཀྱང་[འཇིག་རྟེན་]གྱི་ཁམས་གཞན་དག་ཏུ་སངས་རྒྱས་ཀྱི་བྱ་བ་བྱེད་པ་དག་མཐོང་ན། རབ་འབྱོརད་དེ་
ཡང་ཕྱིར་མི་ལྡོག་པའི་བྱང་ཆུབ་སེམས་དཔའ་སེམས་དཔའ་ཆེན་པོ་འི་ཕྱིར་མི་ལྡོག་པའི་མཚན་ཉིད་དུ་རིག་པར་བྱའོ། །རབ་
འབྱོརད་

9 [གཞན་ཡང་གལ་ཏེ་བྱང་ཆུབ་སེམ]ས་དཔ[འ་སེམས་དཔའ་ཆེན]་པོས་རྨི་ལམ་ན་གྲོང་འཇོམས་པ་བྱུང་བ་འམ། གྲོང་ཁྱེར་
འཇོམས་པ་བྱུང་བ་འམ། མེ་ཤོར་བར་གྱུརད་པ་འམ། གཅན་ཟན་གདུག་པ་དག་མཐོང་ངམ། དེ་དག་ལས་གཞན་པའི་གཅན་

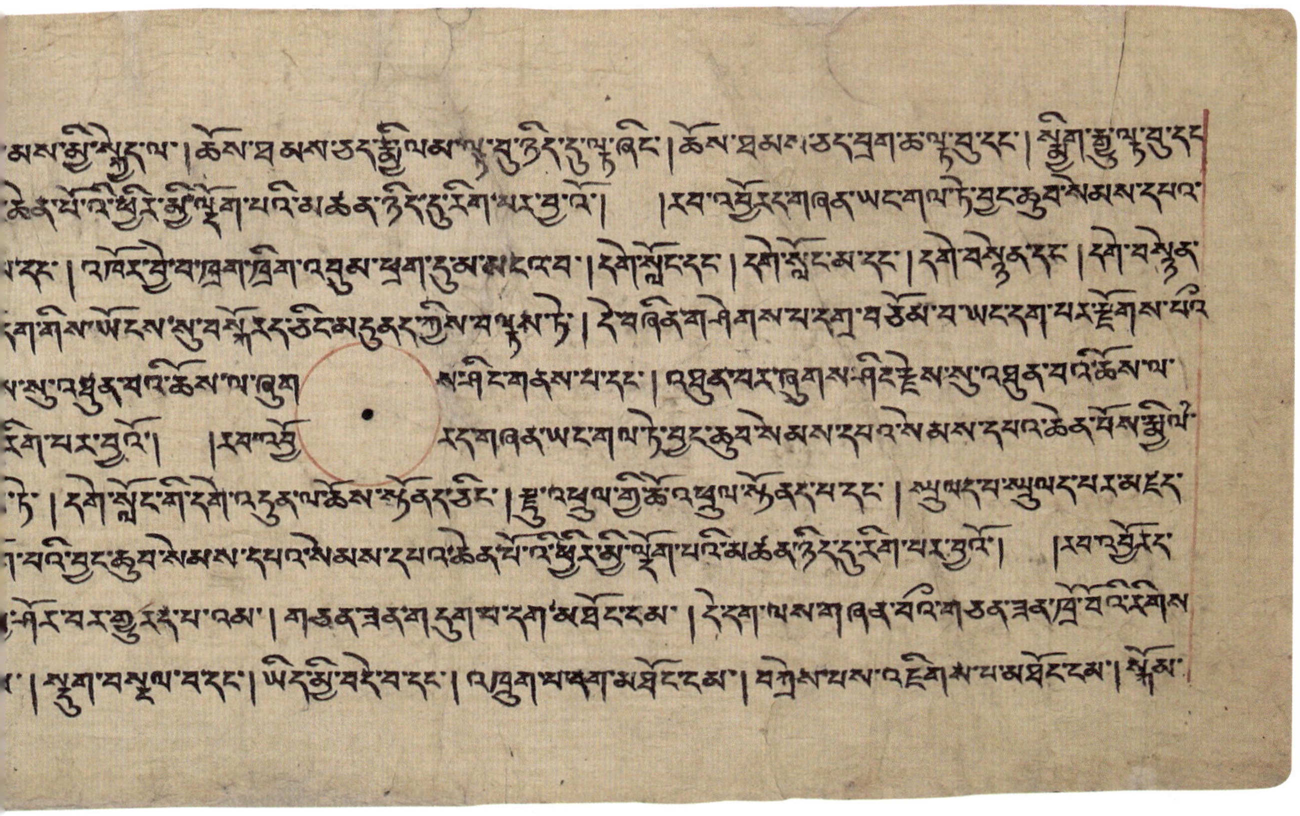

ཟན་ཁྲོ་བོའི་རིགས་

10 + + + + + + + + ...ས་པ་དག་མཐོང་ངམ། གང་དག་དེ་ལས་གཞན་པའི་འཛིགས་པ་དང་། སྔང་བ་དག་མཐོང་ངམ། སྡུག་བསྔལ་བ་དང་། ཡིད་སྐྱི་བདེ་བ་དང་། འཁྲུག་པ་དག་མཐོང་ངམ། བཀྲེས་པས་འཛིགས་པ་མཐོང་ངམ། སྐོམ་

背面

1 + + + + + + + + + [པ་]མཐོང་ངམ། ཕ་ཤི་བ་མཐོང་ངམ། ཕུ་ནུ་ཤི་བ་མཐོང་ངམ། སྲིང་མོ་ཤི་བ་མཐོང་ངམ། མཛའ་བཤེས་དང་། བློན་པོ་དང་། ཉེ་དུ་དང་། སྣག་གི་གཉེན་མཚམས་དག་ཤི་བ་མཐོང་ན་མྱ་ངན་དང་འཛིགས་པ་དང་། སྐྲག་པ་དང་། དངང་

2 + + + + + .. སྐྱིད.. + + .. [མི་]འགྱུར་ཞིང་། རྨྱི་ལམ་དེ་རྨྱིས་པའི་འོག་ཏུ་སད་ནས་ཀྱང་། འདི་སྙམ་དུ་ཀྱེ་མ་ཁམས་གསུམ་པ་འདི་དག་ཐམས་ཅད་ནི་རྨྱི་ལམ་ལྟ་བུ་སྟེ། བདག་བླ་ན་མེད་པ་ཡང་དག་པར་རྫོགས་པའི་བྱང་ཆུབ་མངོན་པར་རྫོགས་

3 [པར་སངས་རྒྱས་ནས།] ཁམ[ས་གསུམ]་པའི་ཆོས་ཐམས་ཅད་རྨྱི་ལམ་ལྟ་བུ་འོ་ཞེས། ཆོས་བསྟན་པར་བྱ་འོ་སྙམ་དུ་སེམས་ན། རབ་འབྱོར་དེ་ཡང་ཕྱིར་མྱི་ལྡོག་པའི་བྱང་ཆུབ་སེམས་དཔའ་སེམས་དཔའ་ཆེན་པོ་འི་ཕྱིར་མྱི་ལྡོག་པའི་མཚན་

BH2–12 背面

ཉིད་དུ་རིག་པར་བྱའོ་

4 [རབ་འབྱོར་དད་གཞན་ཡང་ཇི་ལྟར་]ཕྱིར་མི་ལྡོག་པའི་བྱང་ཆུབ་སེམས་དཔའ་སེམས་དཔའ་ཆེན་པོ་བླ་ན་མེད་པ་ཡང་དག་པར་རྫོགས་པའི་བྱང་ཆུབ་མངོན་པར་རྫོགས་པར་སངས་རྒྱས་པའི་སངས་རྒྱས་ཀྱི་ཞིང་དེར་ངན་སོང་གསུམ་པོ་དག་ཐམས་ཅད་ཀྱི་ཐམས་ཅད་རྣམ་པ་ཐམས་

5 [ཅད་ཀྱི་ཐམ]ས་ཅད་དུ་འབྱུང་བར་མི་འགྱུར་བར་ཅི་ལྟར་ཤེས་པར་བྱ་ཞེ་ན། རབ་འབྱོ⊙རད་གལ་ཏེ་བྱང་ཆུབ་སེམས་དཔའ་སེམས་དཔའ་ཆེན་པོས་རྨི་ལམ་ན། སེམས་⊙ཅན་དམྱལ་བ་པའི་སེམས་ཅན་མཐོང་ངམ། དུད་འགྲོ་འི་སྐྱེ་གནས་པ་འམ།

6 [གཤིན་རྗེའི་འ]ཇིག་རྟེན་པའི་སེམས་ཅན་མཐོང་ན། འདི་ལྟ་བུའི་དྲན་པ་སྐྱེད་པར་⊙འགྱུར་ཏེ། དྲན་པ་སྐྱེད་ནས་ཀྱང་། འདི་སྐད་དུ་བདག་བླ་ན་མེད་པ་ཡང་དག་པ⊙ར་རྫོགས་པའི་བྱང་ཆུབ་མངོན་པར་རྫོགས་པར་སངས་རྒྱས་པའི་སངས་རྒྱས་ཀྱི་

7 [ཞིང་དེ་]ནས་ཀྱང་། ངན་སོང་གསུམ་པོ་ཐམས་ཅད་ཀྱི་ཐམས་ཅད་རྣམ་པ་ཐམས་⊙ཅད་ཀྱི་ཐམས་ཅད་དུ་འབྱུང་བར་མི་འགྱུར་བ་དེ་ལྟར་བྱའོ་སྙམ་དུ་སེམས་སོ། །དེ་ཅིའི་ཕྱིར་ཞེ་ན། འདི་ལྟར་རྨི་ལམ་གང་ཡིན་པ་དང་། རྨི་ལམ་གྱི་མཐའ་གང་ཡིན་པའི་ཆོས་

8 + + ནི་གཉིས་སུ་མེད་ཅིང་། གཉིས་སུ་དབྱེར་མེད་པའི་ཕྱིར་ཏེ། རབ་འབྱོར་དད་དེ་ཡང་ཕྱིར་མི་ལྡོག་པའི་བྱང་ཆུབ་སེམས་དཔའ་སེམས་དཔའ་ཆེན་པོའི་ཕྱིར་མི་ལྡོག་པའི་མཚན་ཉིད་དུ་རིག་པར་བྱའོ། །རབ་འབྱོར་དད་གཞན་ཡང་ཕྱིར་མི་ལྡོག་པའི་

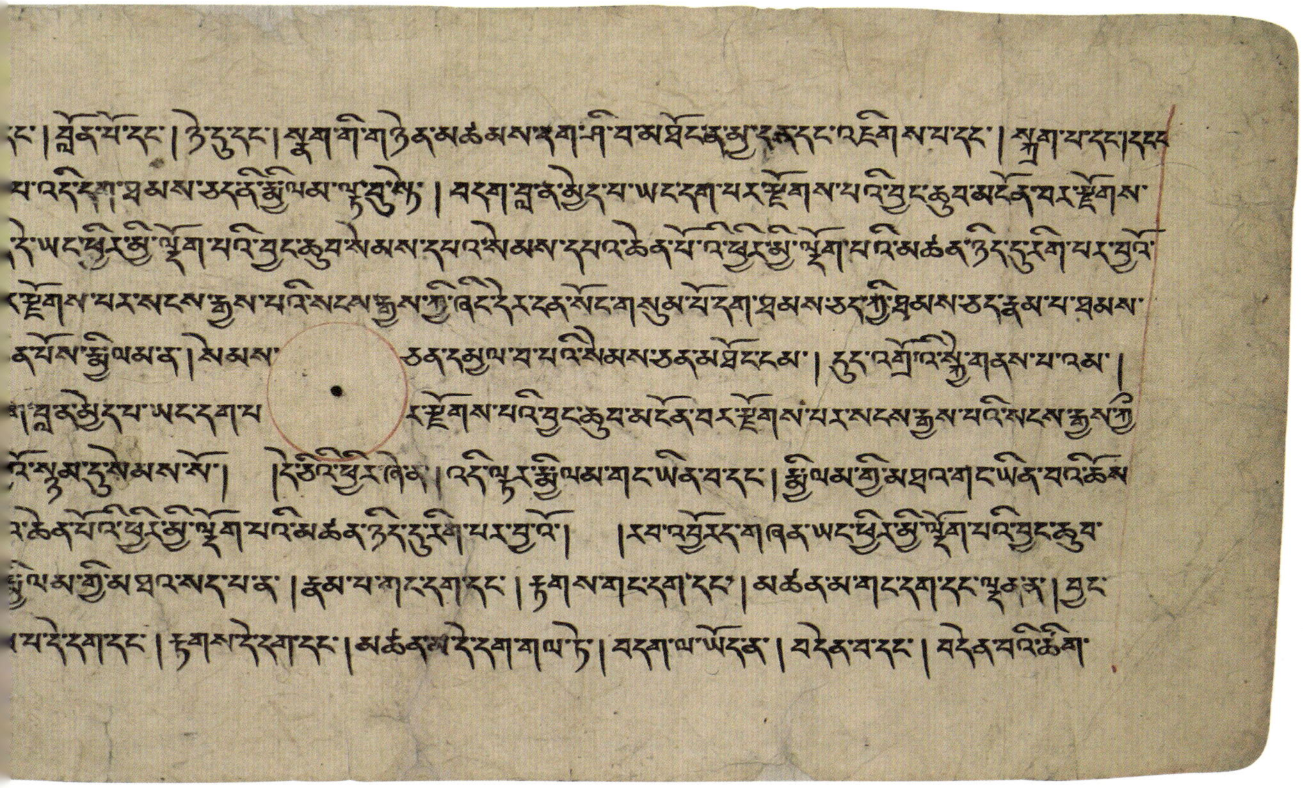

བྱང་ཆུབ་

9 [སེམས་དཔ]འ་སེམས་དཔའ་ཆེན་པོ་རྨྱི་ལམ་འམ། སད་པ་ན་གྲོང་ཁྱེར་ཚིག་པ་མཐོང་ན་འདི་སྙམ་དུ་སེམས་ཏེ། གང་བདག་གིས་རྨྱི་ལམ་འམ། རྨྱི་ལམ་གྱི་མཐའ་སད་པ་ན། རྣམ་པ་གང་དག་དང་། རྟགས་གང་དག་དང་། མཚན་མ་གང་དག་དང་ལྡན་ན། བྱང་

10 [ཆུབ་སེ]མས་དཔའ་སེམས་དཔའ་ཆེན་པོ་ཕྱིར་མྱི་ལྡོག་པར་འགྱུར་བའི་རྣམ་པ་དེ་དག་དང་། རྟགས་དེ་དག་དང་། མཚན་མ་དེ་དག་མཐོང་བའི་རྣམ་པ་དེ་དག་དང་། རྟགས་དེ་དག་དང་། མཚན་མ་དེ་དག་གལ་ཏེ། བདག་ལ་ཡོད་ན། བདེན་པ་དང་། བདེན་པའི་ཚིག་

转写

正面

1 + || rmyi lam na yang nyan thos kyi sa ’am | rang sangs rgyas kyi sa ’am | khams gsum pa la ’dod pa myed cing | phan yon gyi sems myi skyed la[1]| chos thams cad rmyi lam lta bu nyid du lta zhing[2]| chos thams cad brag cha lta bu dang[3]| smyig rgyu lta bu dang[4]

2 [sprul]d pa lta bu[5] nyid du lta la | mngon gsum du yang[6] myi byed na | rab ’byord de yang[7] phyir myi ldog pa’i byang chub sems dpa’ sems dpa’ chen po ’i phyir myi ldog pa’i mtshan nyid du rig par bya ’o || rab ’byord gzhan yang gal te byang chub sems dpa’

3 [sems] dpa’ chen pos rmyi lam na |[8] de bzhin gshegs pa ’khor[9] brgya phrag du ma dang | ’khor[10] stong phrag du ma dang | ’khor ’bum[11] phrag du ma dang | ’khor bye

---

1 *’dod pa myed cing | phan yon gyi sems myi skyed la:* D *’dod sems mi skyed | legs pa’i sems mi skyed cing.*

2 *rmyi lam lta bu nyid du lta zhing:* D *rmi lam dang ’dra ba nyid du lta.*

3 *chos thams cad brag cha lta bu dang:* D *sgra brnyan dang ’dra ba dang | gzugs brnyan dang ’dra ba dang.*

4 *smyig rgyu lta bu dang:* D *smig rgyu dang ’dra ba dang.*

5 *lta bu:* D *dang ’dra ba.*

6 *mngon gsum du yang: D mngon du.*

7 *de yang:* D *’di ni.*

8 *na |:* D *na yang.*

9 *de bzhin gshegs pa ’khor:* D *de bzhin gshegs pa dgra bcom pa yang dag par rdzogs pa’i sangs rgyas zhabs ’brig.*

10 *’khor:* D *zhabs ’bring.*

11 *’khor ’bum: D zhabs ’bring brgya stong.*

ba khrag khrig ’bum[1] phrag du ma mnga’ ba | dge slong dang | dge slong ma dang |
dge bsnyen dang | dge bsnyen
4 [ma] ..s dang | lha dang | klu dang | gnod sbyin dang | dri za dang | lha ma yin dang
| nam ⊙ mkha’ lding dang | myi ’am ci dang | lto ’phye chen po dag gis yongs su[2]
bskord cing mdund kyis bltas te | de bzhin gshegs pa dgra bcom pa yang dag par
rdzogs pa’I
5 [sangs rgyas[3]] chos stond pa mthong la | des chos de thos nas kyang[4] | chos de’i ⊙
dond kun[5] shes par bya’o zhes | chos dang rjes su ’thun pa’i[6] chos la zhug⊙s shing
gnas pa dang | ’thun par zhugs shing rjes su ’thun pa’i[7] chos la
6 + +[8] rab ’byord de[9] yang phyir myi ldog pa’i byang chub sems dpa’ sems ⊙ dpa’
chen po’i phyir myi ldog pa’i mtshan nyid du rig par bya’o || rab ’byo⊙rd gzhan
yang gal te[10] byang chub sems dpa’ sems dpa’ chen pos rmyi laM
7 + + + + ..[11] skyes bu[12] chen po ’i mtshan sum cu rtsa gnyis dang[13] | ’od ’dom gang
dang ldan pa[14] | nam mkha’ la mngon par ’phags te | dge slong gi dge ’dun la chos

---

1 *’khor bye ba khrag khrig ’bum:* D *zhabs ’bring bye ba phrag du ma dang | zhabs ’bring bye ba brgya phrag du ma dang | zhabs ’bring bye ba stong phrag du ma dang | zhabs ’bring bye ba brgya stong prag du ma dang | zhabs ’bring bye ba khrag khrig brgya stong.*

2 *dag gis yongs su:* D *mang pos kun nas.*

3 *kyis bltas te | de bzhin gshegs pa dgra bcom pa yang dag par rdzogs pa’I sangs rgyas:* D *du byas te.*

4 *nas kyang:* D *nas.*

5 *kun:* D 阙。

6 *rjes su ’thun pa’i:* D *gnyer ba’i.*

7 *shing rjes su ’thun pa’i:* D *te gnyer ba’i.*

8 参考 D *spyod pa mthong na |*。

9 *de:* D *’di.*

10 *gal te:* D 阙。

11 参考D *na yang | de bzhin gshegs pa dgra bcom pa yang dag par rdzogs pa’i sangs rgyas nam mkha’ la ’phags shing | dge slong gi dge ’dun la chos ston pa.*

12 *skyes bu:* D *mi.*

13 *dang:* D *dang ldan pa.*

14 *gang dang ldan pa:* D *gang ba mnga’ ba.*

stond cing[1] | rdzu 'phrul gyi cho 'phrul stond pa dang | spruld pa spruld par mdzad[2]

8 + + + +[3] ..s kyang ['jig rten] gyi khams gzhan dag tu sangs rgyas kyi bya ba byed pa dag[4] mthong na | rab 'byord de[5] yang phyir myi ldog pa'i byang chub sems dpa' sems dpa' chen po 'i phyir myi ldog pa'i mtshan nyid du rig par bya'o || rab 'byord

9 [gzhan yang gal te byang chub sem]s dpa[' sems dpa' chen] pos rmyi lam na grong 'joms pa byung ba 'am[6]| grong khyer 'joms pa byung ba 'am[7]| mye shor bar gyurd pa 'am[8] | gcan zan gdug pa dag[9] mthong ngam | de dag las gzhan pa'I gcan zan khro bo'i rigs[10]

10 + + + + + + + + +[11] .. ..s pa dag mthong ngam | gang dag de las gzhan pa'i 'jigs pa dang | sngang ba dag[12] mthong ngam | sdug bsngal ba dang | yid myi bde ba dang | 'khrug pa dag[13] mthong ngam | bkres pas 'jigs pa mthong ngam[14] | skom

背面

1 + + + + + + + + + + [pa] mthong ngam | pha shi ba mthong ngam | phu nu shi ba mthong ngam | sring mo shi ba mthong ngam | mdza' bshes dang | blon po dang |

---

1 *nam mkha' la mngon par 'phags te | dge slong gi dge 'dun la chos stond cing:* D 出现在不同的位置。

2 *rdzu 'phrul gyi cho 'phrul stond pa dang | spruld pa spruld par mdzad ...:* D *rdzu 'phrul dang cho 'phrul mang po ston pa | sprul pa mang po sprul mdzad cing.*

3 参考 D *sprul pa de dag.*

4 *dag:* D 阙。

5 *de:* D *'di.*

6 *grong 'joms pa byung ba 'am:* D *yang grong bcom pa'am.*

7 *'joms pa byung ba 'am:* D *bcom pa'am.*

8 *mye shor bar gyurd pa 'am:* D *me thar pa'am.*

9 *gdug pa dag:* D *khro bo.*

10 *de dag las gzhan pa'I gcan zan khro bo'i rigs ...:* D *de ma yin pa'i gcan zan gtum po'i rnam pa mthong dam.*

11 参考 D *mgo bcad par gyur pa.*

12 *gang dag de las gzhan pa'i 'jigs pa dang | sngang ba dag:* D *de mi yin pa'i 'jigs shing mi bzad pa dang sngang bar 'gyur ba.*

13 *dag:* D 阙。

14 *bkres pas 'jigs pa mthong ngam:* D *bkres pa dang.*

nye du dang | snag gi gnyen mtshams dag[1] shi ba mthong na mya ngan dang 'jigs pa dang | skrag pa dang | dngang[2]

2 + + + + + .. myi d.. + + .. [m]i 'gyur zhing[3] | rmyi lam de rmyis pa'i 'og tu sad nas kyang | 'di snyam du[4] kye ma khams gsum pa 'di dag thams cad ni[5] rmyi lam lta bu ste | bdag[6] bla na myed pa yang dag par rdzogs pa'i byang chub[7] mngon par rdzogs

3 [par sangs rgyas nas |] kham[s gsum] pa'i chos thams cad rmyi lam lta bu 'o zhes | chos bstand par bya 'o snyam du sems na[8] | rab 'byord de[9] yang phyir myi ldog pa'i byang chub sems dpa' sems dpa' chen po 'i phyir myi ldog pa'i mtshan nyid du rig par bya'o

4 [rab 'byord gzhan yang ji ltar] phyir myi ldog pa'i byang chub sems dpa' sems dpa' chen po bla na myed pa yang dag par rdzogs pa'i byang chub[10] mngon par rdzogs par sangs rgyas pa'i[11] sangs rgyas kyi zhing der[12] ngan song gsum po dag thams cad kyi[13] thams cad rnam pa thams

5 [cad kyi tham]s cad du 'byung bar myi 'gyur bar ci ltar shes par bya zhe na | rab 'byo⊙rd[14] gal te byang chub sems dpa' sems dpa' chen pos rmyi lam na |[15] sems ⊙

---

1 *pha shi ba mthong ngam | phu nu shi ba mthong ngam | sring mo shi ba mthong ngam | mdza' bshes dang | blon po dang | nye du dang | snag gi gnyen mtshams dag:* D *pha shi ba'am | ma shi ba'am | phu nu shi ba 'am | bu sring shi ba'am | grogs po'am | gnyen bshes.*

2 *pa dang | skrag pa dang | dngang:* D *shing.*

3 *+ + + + + .. myi d.. + + .. [m]i 'gyur zhing:* 参考 D *zad pa dang | sngang bar mi 'gyur la.*

4 *du:* D *ste |.*

5 *thams cad ni:* D *kun kyang.*

6 *bdag:* D *bdag gis kyang.*

7 *byang chub:* D *byang chub tu.*

8 *lta bu 'o zhes | chos bstand par bya 'o snyam du sems na:* D *lta bur bstan par bya'o snyam na.*

9 *de:* D *'di.*

10 *byang chub:* D *byang chub tu.*

11 *pa'i:* D *nas | de'i.*

12 *der:* D *na.*

13 *dag thams cad kyi: D thams cad du.*

14 *'byung bar myi 'gyur bar ci ltar shes par bya zhe na | rab 'byord:* D *cad du thams cad med par 'gyur bar rig par bya zhe na |.*

15 *na |:* D *du.*

can dmyal ba pa'i sems can mthong ngam | dud 'gro 'i skye gnas pa 'am[1]|

6 [gshin rje'i ']jig rten pa'i sems can mthong na | 'di lta bu 'i dran pa rnyed par ⊙ 'gyur te |[2] dran pa rnyded[3] nas kyang | 'di snyam du bdag bla na myed pa yang dag pa⊙r rdzogs pa'i byang chub[4] mngon par rdzogs par sangs rgyas pa'i[5] sangs rgyas kyI

7 [zhing de] nas kyang |[6] ngan song gsum po thams cad kyi[7] thams cad rnam pa thams ⊙ cad kyi[8] thams cad du 'byung bar myi 'gyur ba de ltar bya'o snyam du sems so[9] || de ci'i phyir zhe na | 'di ltar[10] rmyi lam gang yin pa dang | rmyi lam gyi mtha' gang yin pa'i chos

8 + + ni[11] gnyis su myed cing |[12] gnyis su dbyer myed pa'I phyir te[13] | rab 'byord de[14] yang phyir myi ldog pa'i byang chub sems dpa' sems dpa' chen po'i phyir myi ldog pa'i mtshan nyid du rig par bya 'o || rab 'byord gzhan yang phyir myi ldog pa'i[15] byang chub

9 [sems dpa]' sems dpa' chen po[16] rmyi lam 'am | sad pa na[17] grong khyer tshig pa mthong na 'di snyam du sems te | gang[18] bdag gis rmyi lam 'am | rmyi lam gyi mtha'

---

1 *dud 'gro 'i skye gnas pa 'am:* D *byol song gi skye gnas pa'i sems can nam.*

2 *rnyed par 'gyur te |:* D *'thob cing.*

3 *rnyded:* D *thob.*

4 *byang chub:* D *byang chub tu.*

5 *pa'i:* D *nas |.*

6 *nas kyang |:* D *na.*

7 *kyi:* D *du.*

8 *kyi:* D *du.*

9 *du 'byung bar myi 'gyur ba de ltar bya'o snyam du sems so:* D *med par 'gyur ba de ltar spyod do.*

10 *'di ltar:* D *de ni 'di ltar.*

11 *chos + + ni:* D *pa de la.*

12 *cing |:* D *de.*

13 *dbyer myed pa'I phyir te:* D *byar med do snyam na.*

14 *de:* D *'di.*

15 *phyri myi ldog pa'i:* D *gal te.*

16 *po:* D *pos.*

17 *sad pa na:* D *sad pa'i tshe |.*

18 *tshig pa mthong na 'di snyam du sems te | gang:* D *tshig par gyur na 'di snyam du.*

sad pa na[1] | rnam pa gang dag dang | rtags gang dag dang | mtshan ma gang dag dang ldan na |[2] byang

10 [chub se]ms dpa' sems dpa' chen po phyir myi ldog par 'gyur ba'i[3] rnam pa de dag dang | rtags de dag dang | mtshan ma de dag mthong ba'i rnam pa de dag dang | rtags[4] de dag dang | mtshan ma de dag gal te | bdag la yod na | bden pa dang[5] | bden pa'i tshig

《摩诃般若波罗蜜经》(《大正藏》第8册，经号：223，第351页下栏第9行至第352页上栏第16行)

佛告須菩提：若菩薩摩訶薩乃至夢中不貪聲聞、辟支佛地，亦不貪三界，觀諸法如夢、如幻、如響、如焰、如化亦不作證。須菩提！當知是阿惟越致菩薩摩訶薩、阿惟越致相。

復次，須菩提！菩薩摩訶薩夢中見佛與無數百千萬億比丘、比丘尼、優婆塞、優婆夷、天、龍、鬼神、緊那羅等說法，從佛聞法，即解中義、隨法行。須菩提！當知是阿惟越致菩薩摩訶薩、阿惟越致相。

復次，須菩提！菩薩摩訶薩夢中見佛三十二相、八十隨形好，放大光明踊在虛空，於大比丘僧中說法，現大神力化作化人，到他國土施作佛事。須菩提！當知是阿惟越致菩薩摩訶薩、阿惟越致相。

復次，須菩提！若菩薩摩訶薩夢中見兵起，若破聚落、若破城邑、若失火時，若見虎狼師子猛害之獸，若見欲來斷其頭者，若見父母喪亡、兄弟姊妹及諸親友知識死者，見如是等種種愁苦之事而不驚不怖亦不憂惱。從夢覺已，即時思惟："三界虛妄皆如夢耳，我得阿耨多羅三藐三菩提時，亦當為眾生說三界如夢。"須菩提！當知是阿惟越致菩薩摩訶薩、阿惟越致相。

---

1 *rmyi lam gyi mtha' sad pa na:* D *sad pa'i tshe.*

2 *rnam pa gang dag dang | rtags gang dag dang | mtshan ma gang dag dang ldan na |:* D *nam pa gang dang tshul gang dang | mtshan ma gang dang mthong ba'i rnam pa dang | tshul dang mtshan ma de dag dang ldan pa'i.*

3 *'gyur ba'i:* D *rig par bya ba'i.*

4 *rtags de dag dang | mtshan ma de dag mthong ba'i rnam pa de dag dang | rtags:* D *tshul.*

5 *dang:* D *de dag dang.*

復次，須菩提！云何當知是阿惟越致菩薩摩訶薩得阿耨多羅三藐三菩提時國中無三惡道？須菩提！菩薩摩訶薩若夢中見地獄、畜生、餓鬼，作是念："我當勤精進，得阿耨多羅三藐三菩提時，令我國中無一切三惡道。何以故？是夢及諸法無二無別。"須菩提！當知是阿惟越致菩薩摩訶薩、阿惟越致相。

復次，須菩提！菩薩摩訶薩夢中見地獄火燒眾生，作是誓："若我實是阿惟越致者，是火當滅，是火即滅。"若地獄火即滅，是阿惟越致相。復次，若菩薩晝日見城郭火起，作是念："我夢中見阿惟越致行、類、相貌。我今實有是者。"自立誓言："是火當滅。"若火滅者，當知是菩薩得受阿耨多羅三藐三菩提記，住阿惟越致地。

说明

1．此为《二万五千颂般若经》(ཤེས་རབ་ཀྱི་ཕ་རོལ་ཏུ་ཕྱིན་པ་སྟོང་ཕྲག་ཉི་ཤུ་ལྔ་པ།།)，藏译见德格版《甘珠尔》，般若部（ཤེས་ཕྱིན།)，ག 函，经号：9，第 14 叶背面第 2 行至第 15 叶背面第 7 行。汉译参见〔姚秦〕鸠摩罗什译《摩诃般若波罗蜜经》第十八卷，《大正藏》第 8 册，经号：223，第 351 页下栏第 9 行至第 352 页上栏第 16 行。

2．写本和《甘珠尔》通行本有一定的差异。

BH2–2
密教仪轨文献

纸质，梵夹装，1 叶，双面墨书，每面 11 行，完整，8.7×34.2 厘米。字体为无头字（དབུ་མེད།）。正面左侧边缘标有页码 3。所用纸张为皮纸。

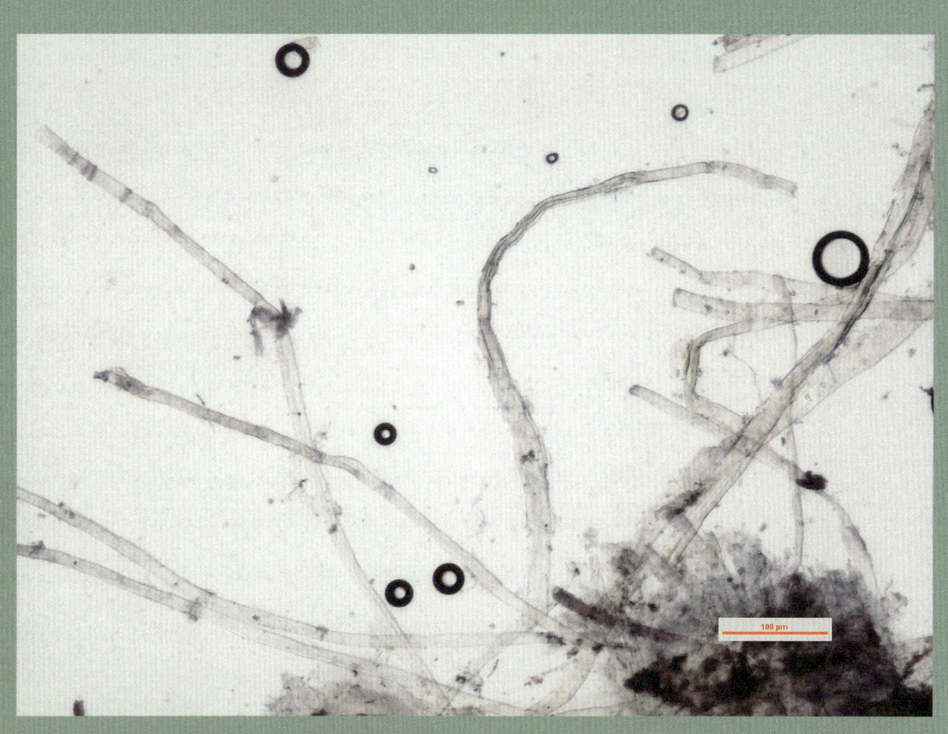

BH2–2 100 倍纸张纤维图

原文

正面

1 ༄༅།། །།བྲོ། དེ་ནས་གཟུངས་ཐག་ལ་སྨྲུགས་འབྲིལ་ཞིང་སྦུཾ་པའི་ནང་གི་ལྷ་མོའི་ཐུགས་ཀར་ཞུགས་པས། དེའི་ལྟེ་བའི་ཝཾ་ལས་ཡིས་ཀྱི་ཆུ་རྒྱུན་བྱུང་ནས་སྦུཾ་པ་ཁྲེངས་པར་བསམས་ལ། བརླས་པ་མ་ཡེངས་པར་བྲོ། །ཨོཾ་བཛྲ་ཧཱ་རི་ཧེ་ཆེ་གེ་མོའི་ས་ནྟ་པ་

2 ཟཾ་ཤཱན་ཏི་ཀུ་རུ་ཧི་སྭཱ་ཧཱ། ཅེས་པས་ཐུན་རེ་ལ་སྟོང་ཕྲ་རེ་ཙམ་བཟླའོ། །དེ་ནས་ཚེ་འདས་པ་དེ་མྱིང་གི་ཡི་གེ་དང་པོ་ལས་བསྐྱེད་ལ། བདག་ཉིད་ལྷར་གསལ་བའི་ལྟེ་བའི་ཝཾ་ལས་འོད་ཟེར་ལྕུགས་ཀྱུ་ལྟ་བུས། དེ་སྲིད་པ་བར་འདོའ་ལོས་ན་ཨ་ཤུང་གི་ཚུལ་དུ་ཤེས་པ་གནས་པ་ནས་

3 བཀུག་ལ་རྟེན་དེ་ལ་ཡི་གེ་རྣམ་བསྡིམ་མོ། །དེ་ནས་ཉ་པ་ནི་དེའི་ལུས་སྨྲ་ཅི་འདྲ་བ་དེར་གསལ་བཏབ་ལ། ཡོད་ན་ཉེ་འབྲེལ་ཐཾ་ཆོས་འབྲེལ་ཡོད་པས་བཟུང་ལ་ཆགས་སྡང་གཤེད་དང་དབྲལ་བ་ནི། ཕྱིའི་གཤེད་གདོན་སྒྲིན་འཛིགས་པའི་ཚུལ་དུ་ཡོད་པ་དེ་ལྕུགས་

4 ཀྱུའི་མུ་དྲ་དང་། ཚེ་འདས་པ་ལ་གནོད་པར་བྱེད་པའི་གདོན་དགེགས་གང་ཡིན་བ་ཧཱུཾ་ཊ་ཀི་ར་ཙ་ཛ་ཛ་ཛ། ཨོཾ་བཛྲ་ཨང་ཀུ་ཤ་ཛ། ཅེས་པ་དང་། ཝཾ་ལས་འོད་ཟེར་ལྕུགས་ཀྱུ་ལྟ་བུ་བྱུང་ནས་དེ་རང་དབང་སྨ་པར་དགུག་པར་བསམ། སྟོར་ཆུང་༧་བྱིན་ལ་བདེན་པ་བདར་ཆོས་

BH2–2 正面

5 བཤད་ལ། ཞུངས་ཀར་དང་ཨོཾ་བཛྲ་ཝཱ་ར་ཧི་ན་ན་ན་ཏ་ཡ་ན་ཏ་ཡ། ས་ཏྭ་ཧྲིག་ཏྟན་ས་ཏྭ་དུ་ལྟན། ཏན་ཏན། ཏྲ་ཏ་ཏྲ་ཏ། མ་ར་
ཡ་ཧཱུཾ་ཕཊ། ཅེས་པས་དགེགས་བསྐྲད་དོ། །ཧྲ་པ་ནི་དེ་ནས་ཉིམ་གཡས་ནས་བསྐོར་ལ་མེར་གཞུག། ཞུངས་ཀར་གཡོན་
6 ནས་བསྐོར་ལ་ཆུར་གཞུག། ཨོཾ་བཛྲ་ཝཱ་ར་ཧི་ཆེ་གེ་མོ་ཞེས་བྱ་བའི་ས་ཏྭ་པ་པཾ་ན་ཏན་བཛྲ་ཡ་ཧཱ་སྨི་ཀུ་ཏུ་ཡེ་སྭཱ་ཧཱ། ཅེས་པ་
དང་སྦྱངས་སྐྱེད་ནས་ཕུཾ་ནང་གི་ལྷ་མོའི་ལྟེ་བའི་པཾ་ལས་འོད་ཟེར་འཕྲོས་པས་དཔའ་དང་རྗེ་ལ་མ་རྟོས་སྟེང་གི་ནཾ་ཁར་ཕྱིན་པ་ལ་
7 མཆོད་བསྟོད་གསོལ་བ་བཏབ་ལ། ཐུགས་རྗེས་སྐྱོར་བ་མཛད་པའི་སྐྱོར་འཚམས་ལས་བྱུང་སེ་ཀར་དམར་གྱི་རྒྱུན་བབས་ནས་
ཕུཾ་པའི་ལྷ་མཉེས། དེའི་པཾ་ལས་ཡེས་ཀྱི་ཆུ་རྒྱུན་བབས་ནས། ཚེ་འདས་པའི་ལུས་ངག་ཡིད་ར་གྱི་སྡིག་སྒྲིབ་ཐོད་སྦྱངས་པར་
8 བསམ་ས་ལ། ཨོཾ་བཛྲ་ཝཱ་ར་ཧི་ཨ་བེ་ཤ་ཡ་ཆེ་གེ་མོའི་ས་ཏྭ་པ་པཾ་བྲི་ཤོ་ན་ཡེ་ཧི་སྭཱ་ཧཱ། ཅེས་པའི་ཕྱགས་དང་བྱང་བུ་དེ་
བཀུག། དེ་ནས་ཡི་གེ་བརྒྱའ་པ་དང་བཀུག། དེ་ནས་ངན་སོང་སྦྱོང་བའི་ཕྱགས་དང་བཀུག། སྨོན་ལྟ་བུ་ཡིན་ན་རྩེ་ར་སྙིང་པོ་
དང་བཀུག། དེ་ནས་ལུས་
9 ངག་ཡིད་ར་གྱི་སྡིག་པ་དག་པར་བསམ་ས་ལ། སྐྱབས་འགྲོ་ནས་སེམས་བསྐྱེད་ཀྱི་བར་དུ་སློབ་མ་རྗེས་སུ་འཛིན་པ་ལྟར་བྱའོ། དེ་
ནས་སྟོར་མ་བཏང་ལ་ཡི་གེ་བརྒྱའ་པས་དྲི་ཆིག་བརྒྱད། ཡེས་གཤེགས་སུ་གསོལ། ཕུཾ་པ་དང་གནས་ཁང་བསྲུང་བ་བྱ། སློབ་
མ་ཤུ་ཉ་ཏས་སྦྱངས་
10 ལ་སྟོང་པ་ཆོས་སྐུར་བསམ། བདག་ཉིད་ཐུན་འཚམས་ཀྱི་ཆོ་ག་དང་སྦྱར་རོ། དེ་ལྟར་ཐུན་ནར་སྒྲུབ་པར་བྱའོ། །དེ་ནས་ཉུས་
ན་འའ་ནས་སྦྱིན་སྲེག་རེ་རེ་བྱའོ། དེ་ནས་ཞག་འའ་སྟ་བ+བུ་བདུ(ན)་ལ་དངོས་གཞི་སྒྲུབ་པར་བྱའོ།། །།ཉ་པ་དངོས་གཞི་བྱིན་
ཀྱིས་བརླབ་

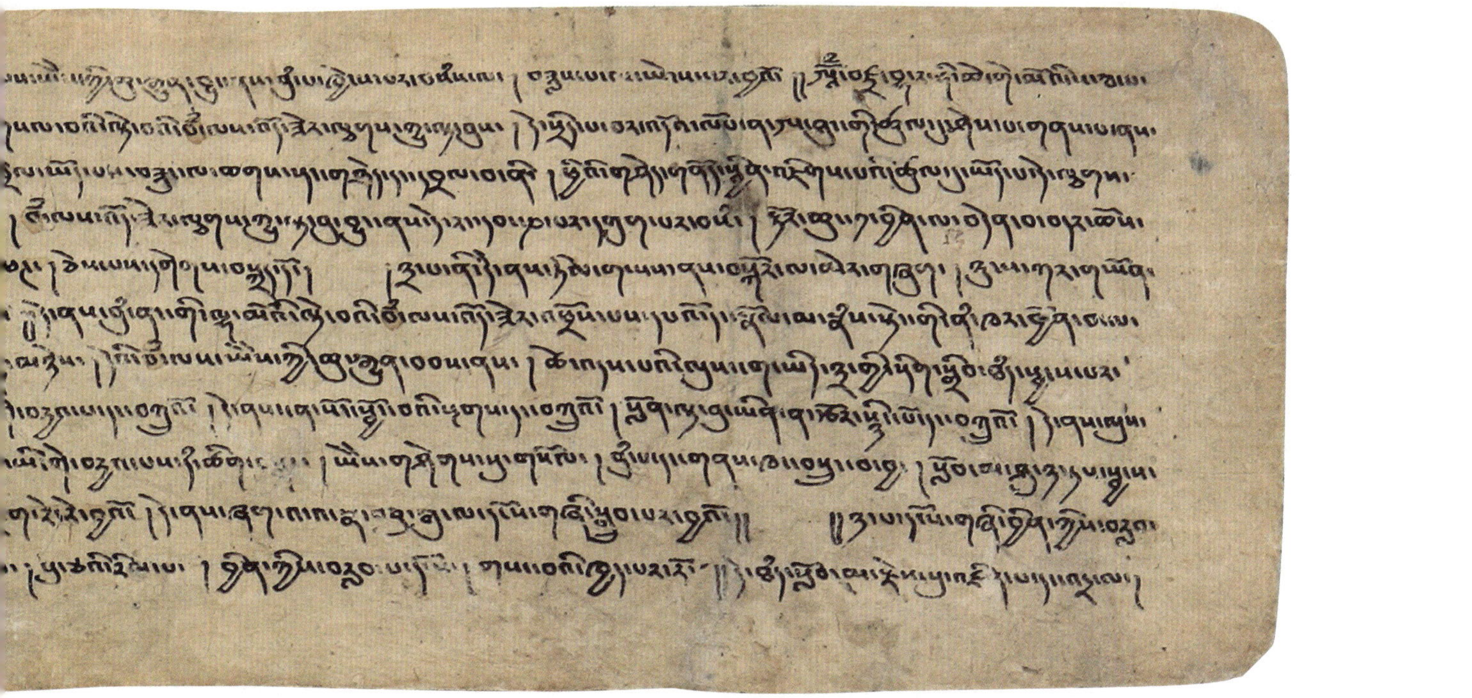

11 ཅིང་མན་ངག་བསྟན་ནས་ལཾ་བསྟན་པ་ལ་དོན་འ་སྟེ། དུས་ཀྱི་ཁྱད་པར་དང་། བྱ་བའི་རིམ་པ། རྟེན་གྱི་ཁྱད་པར། མངོན་པར་རྟོགས་པའི་རིམ་པ། ཕྱུ་ཅིའི་རིམ་པ། བྱིན་ཀྱིས་བརླབ་པ་དངོས། གསང་བའི་ཁྱད་པར་རོ། །དེ་ཚོད་སློབ་མ་རྗེས་སུ་འཛིན་པ་དང་འདྲ་ལ།

背面

1 ཁྱད་པར་དུ་བྱིན་བརླབས་དང་དབང་རྣའི་བར་དུ་བསྐུར་ལ། ཡིས་ཛོ་སྤྱོད་པའི་དུས་སུ་སིན་དུ་རའི་ལྷའི་ཐུགས་ཀར་འཕངས་ལ་འོག་མྱིན་དུ་གཤེགས་སུ་གསོལ་ལོ། དེ་ནས་བྱང་བུ་དེ་ཆོས་འབྱུང་གི་དབུས་སུ་བསྲེག་གོ། དེ་ནས་སྐོར་མ་བཏང་ལ་རྒྱས་བཏབ་པ་ཡིན་གསུང་ངོ།། །།

2 ཉ་པ་རྗེས་ཤེ་ཁ་བཅད་པའི་ཕྱིར་བྲ་ཤིས་དང་ཞི་བའི་སྦྱིན་སྲེག་དང་། རྗེ་འི་གླུ་བླངས་ལ་རྟེན་འཁོར་དང་བཅས་པ་ཕྱགས་ཚུལ་བསྒྲུང་བར་བྱའོ།། །།ཉ་པ་ཚ་ཚ་གདབ་ཅིང་དཔལ་བཞེངས་པ་ནི། གཞན་དོན་སློབ་མ་རྗེས་སུ་འཛིན་པ་ལྟར་སྟེན་པ་བྱས་ལ། དངོས་

3 གཞི་ལ་འ་སྟེ། དུས་ཀྱི་ཁྱད་པར། བྱ་བའི་རིམ་པ། རྟེན་གྱི་ཁྱད་པར། རྗེ་ལ་མངོན་རྟོགས། ཕྱུ་ཅིའི་རིམ་པ། བྱིན་ཀྱིས་བརླབ་ཅིང་ཚ་ཚ་གདབ་པ་དངོས། གསང་བའི་ཁྱད་པར་རོ། །གཞན་འདྲ་བ་ལས། བྱིན་ཀྱིས་བརླབ་ཅིང་ཚ་ཚ་གདབ་པ་ལ་ཉ་ཏེ།

4 དང་པོ་བྱིན་ཀྱིས་བརླབ་པ་ནི། གསོན་པོའི་ཚེ་ག་ལྟར་དབང་རྣ་བའི་བར་དུ་བྱས་ལ། དེ་ནས་ཉ་པ་ཚ་ཚ་གདབ་པ་ནི། སྔར་ནས་སྟེན་པ་བཅས་པའི་ཐུ་བའི་ཕྱགས་ཚུལ་རུས་པ་དེ། ཚེ་འདས་པའི་ལུས་སུ་བསྐྱེད་པ་དེ་ལ་བླུགས་ལ། དག་དུ་ཨོཾ་བཛྲ་ཧྣ་ར་ཏེ་

BH2-2 背面

5 ཚེ་འདས་པའི་ས་ཏྭ་པ་ཕཾ་ཤཱན་ཏི་ཀུ་རུ་སྭཱ་ཧཱ། ཞེས་བཟླས་པས། ཚེ་འདས་པ་དེའི་སྒྲིབ་པ་ཐིད་བཀྲུས་པར་བསམས་སོ། དེ་ནས་
ཤུ་ཉ་ཏའི་སྔགས་ཀྱིས་སྦྱངས་པ་ལ། སྟོང་པའི་ས་ལས་མ་ཡེངས་པར་ཞེན་པར་བཏགས་ནས། ཁར་གཞོང་ལ་སོའི་སྟོད་གཙང་
6 མར་བླུགས་ལ་རྡད་ན་ལྷ་བདར་བའི་དྲི་ཆུ་ལ་སོ་བཏབ་ལ། ས་སྦྱི་མོ་དང་བསྲེས་ནས་རང་ཉིད་ལྷར་གསལ་བས། ཨོཾ་བཛྲ་ཧྣ་ར་
ཧྣེ་སྭཱ་སྭཱ་སྭཱ་ཏ་ཡ་སྭཱ་ཏ་ཡ། ས་ཏྭ་དུ་སྟན་ཧཱུཾ་ཕཊ། ཅེས་པས་ཁྲུངས་ཀར་དང་དགེགས་བསྐྲད། སུམྦྷ་པས་སྟོང་པའི་ས་ལས་
7 ཧེན་དང་ཧེན་པ་གསལ་བའི་རང་ལུས་སུ་བསྐྱེད། དེ་ནས་ཨ་ཀར་ཤ་ཡ་ཛ་ཛ་ཞེས་པས་དེའི་ཤེས་པ་བཀུག་ལ་ཛ་ཧཱུཾ་བཾ་ཧོས་དེ་
ལ་བསྟིམ་སོ། དེ་ནས་དེའི་གནས་ར་དུ་ཡི་གེ་ར་ལྟེ་བར་ཕཾ་བྲི་ཞིང་བཀོད་པས། དེ་ལས་ལྷར་བསྐྱེད་ལ་ལུས་ངག་ཡིད་ར་དག
8 པའི་ངོ་བོར་བསྒོམ། སུ་ཙ་ལྷས་མཆོད་ནས། བདག་གི་ཕཾ་གི་འོད་ཟེར་གྱིས་ཡེས་སྤྱན་དྲངས་ལ་དགུག་གཞུག་བྱ། དབང་
བསྐུར་རྒྱས་བཏབ། དེ་ནས་སྔར་གྱི་སྦྱིན་བུ་དེ་ལ་དམིགས་པ་གཏད་ལ། འབར་བའི་མུ་ཏྲས་དཔལ་རྣལ་ནི་ཁར་སྤྱན་དྲངས་
ལ། མཆོད
9 བསྟོད་གསོལ་བ་བཏབ་པས་སྡོམ་འཛུག་མཛད་པའི་སྦྱོར་འཚམས་ནས་བྱུང་སེ་ཀར་དམར་བབས་སྤེ་ཕུ་པའི་བདུད་རྩི་དང་
འདྲེས་པར་བསམས་ལ། དག་ཏུ་ཨོཾ་བཛྲ་ཧྣ་ར་ཧེ་ཨ་སྨི་ཏེ་ཨ་བེ་ཤ་ཡ་ཧི་སྭཱ་ཧཱ། ཅེས་ཉི་ཤུ་རྩ་༧་བཟླས་ལ་སྔགས་ཆུ་དེར་བླུག
གོ། དེར་
10 བྱང་སེམས་ཀྱི་གོང་བུར་བསམས་ལ། དག་ཏུ་ཨོཾ་བཛྲ་ཧྣ་ར་ཧེ་ས་ཏྭ་ཏ་ཐ་ག་ཏ་ཧྣ་ཧྨ་ཀ་ཡ། སཾ་རྐྱོ་ཀ་ཡ། ཉེར་མ་ཀ་ཡ། མ་ཏ་སུ་ཁ
ཀ་ཡ་བཛྲ་ཨ་བེ་ཤ་ཡ་ཧི་ཨོཾ་ཨ་ཧཱུཾ་ཅེས་པས། སྐུ་ར་དབྱེར་སྦྱངས་བདེ་བ་ཆེན་པོའི་སྐུ། ས་ཏྭ་བྱིད་ས་ཏྭ་པ་ཕཾ་ཧྲི་ཤོ་ཧྣ་

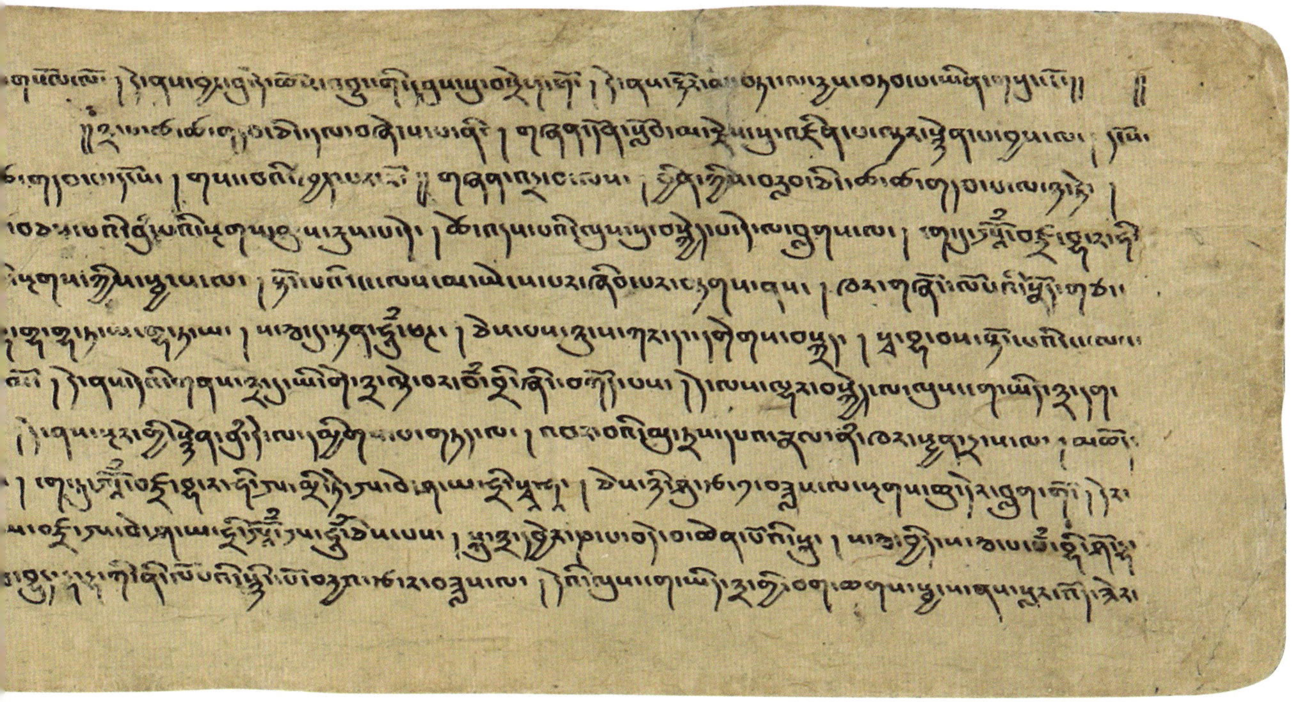

11 ནེ་ཧྲི་སྭཱ་ཧཱ། ཅེས་པས་སྦྲུས་ལ། འཛིམ་པ་དེ་པང་པར་བཞག་ལ་ལག་པ་གཡོན་པའི་སྲིན་ལག་གིས་རེག་བཞིན་དུ། ཨོཾ་ཨོཾ་ཨོཾ་ས་ཏ་བླུད་ཧྣ་ཧྣ་ཀི་ནི་ལམོའི་སྙིང་པོ་བརྒྱལ་ཙ་ཤ་བཟླས་ལ། དེའི་ལུས་ངག་ཡིད་ར་གྱི་བག་ཆགས་སྦྱངས་ནས་སྐར་འོད་ཟེར་

转写

正面

1 bya'o | de nas gzungs thaśg la sngags 'khril zhing bum̩ pa'i nang gi lha mo'i thugs kar zhugs pas | de'i lte ba'i bam̩ las yais[1] kyi chu rgyun byung nas bum̩ pa khyengs par bsam̩s la | bzlas pa 'ang yengs par bya'o || om̩ badzra bha ra hi che ge mo'i sa rba pa

2 pam̩ shan ti ku ru hri svā hā | ces pas thun re la stong rtsa re tsam bzla'o || de nas tshe 'das pa de mying gi yi ge dang po las bskyed la | bdag nyid lhar gsal ba'i lte ba'i bam̩ las 'od zer lcags kyu lta bus | de srid pa bar 'do' los na a shung[2] gi tshul du shes pa gnas pa nas

3 bkug la rten de la yi ge rnas bstim mo || de nas nya pa ni de'i lus sngar ci 'dra ba der gsal btab la | yod na nye 'brel lam̩ chos 'brel yod pas bzung la chags sdang gshed dang dbral ba ni | phyi'i gshed gnod sbyin 'jigs pa'i tshul du yod pa de lcags

4 kyu'i mu tra dang | tshe 'das pa la gnod par byed pa'i gdon dgegs gang yin ba hūm̩ ta ki ra tsa dza dza dza | om̩ badzra ang gu sha dza | ces pa dang | bam̩ las 'od zer lcags kyu lta bu byung nas de rang dbang spa pa[3]r dgug par bsam̩ | stor[4] chung 1 byin la bden ba bdar chos

5 bshad la | nyungs kar dang om̩ badzra bha ra hi gha gha gha ta ya gha ta ya | sa rba bhig ñjan[5] sa rba du stan | ha na ha na | dha ha dha ha | ma ra ya hūm̩ phat̩ | ces pas dgegs bskrad do || 3 pa ni de nas tim[6] g.yas nas bskor la mer gzhug | nyungs kar g.yon

---

1 *yais: ye shes* 的缩写。

2 *a shung:* 词义不清楚。

3 *spa par:* 读作 *spar par?*

4 *stor = tor ma.*

5 *bhig ñjan:* 可能读作 *vighnan*。

6 *tim = til ma.*

6 nas bskor la chur gzhug | oṃ badzra bha ra hi che ge mo zhes bya ba'i sa rba pa paṃ gha ha na badzra ya bha smi ku ru ye svā hā | ces pa dang sbyangs skyed nas buṃ nang gi lha mo'i lte ba'i baṃ las 'od zer 'phros pas dpa'o dang rnol[1] ma rnaṃs steng gi naṃ khar phyin ba la

7 mchod bstod gsol ba btab la | thugs rjes sbyor ba mdzad pa'i sbyor 'tshams las byang se[2] kar dmar gyi rgyun bpas nas buṃ pa'i lha mnyes | de'i baṃ las yais kyi chu rgyun bbas nas | tshe 'das pa'i lus ngag yid 3 gyi sdig sgrib thaṃd[3] sbyangs par

8 bsaṃs la | oṃ badzra bha ra hi a be sha ya che ge mo'i sa rba pa paṃ byi sho dha na ye hri svā hā | ces pa'i sngags dang byang bu de bkru'o | de nas yi ge brgya' pa dang bkru'o | de nas ngan song sbyong ba'i sngags dang bkru'o | slon lta bu yin na rtsor snying po dang bkru'o | de nas lus

9 ngag yid 3 gyi sdig pa dag par bsaṃs la | skyabs 'gro nas seṃs bskyed kyi bar du slob ma rjes su 'dzin pa ltar bya'o | de nas stor ma btang la yi ge brgya' pas daṃ tshig brgyad[4] | yais gshegs su gsol | buṃ pa dang gnas khang bsrung ba bya | slob ma shu nya tas[5] sbyangs

10 la stong pa chos skur bsaṃ | bdag nyid thun 'tshams kyi cho ga dang sbyar ro | de ltar thun nar sgrub par bya'o || de nas nus na 'a 'a nas sbyin sreg re re bya'o | de nas zhag 'a 'a sna <bbu> bdu(n) la dngos gzhi sgrub par bya'o || || nya pa dngos gzhi byin kyis brlab

11 cing man ngag bstan nas laṃ bstan pa la don 'a ste | dus kyi khyad par dang | bya ba'i rim pa | rten gyi khyad par | mngon par rtogs pa'i rim pa | pu tsa'i rim pa | byin kyis brlab pa dngos | gsang ba'i khyad par ro || de thaṃd slob ma rjes su 'dzin pa dang 'dra la |

---

1 *rnol: rnal 'byor* 的缩写。

2 *byang se: byang chub kyi sems* 的缩写。

3 *thaṃd: thams cad* 的缩写。

4 *brgyad:* 写本此处有擦痕，导致该词无法清晰识读。

5 *shu nya tas: shu nya ta* 是梵文 *śūnyatā* 的转写。

背面

1 khyad par du byin brlabs dang dbang rna'i bar du bskur[1] la | yais ngo sprod pa'i dus su sin du ra'i lha'i thugs kar 'thangs[2] la 'og myin du gshegs su gsol lo | de nas byang bu de chos 'byung gi dbus su bsreg go | de nas stor ma btang la rgyas btab pa yin gsung ngo || ||

2 3 pa rjes shi kha bcad pa'i phyir gra shis[3] dang zhi ba'i sbyin sreg dang | rdo rje'i glu blangs la rten 'khor dang bcas pa sngags chus bsrung bar bya'o || || 3 pa tsha tsha gdab cing dal[4] bzhengs pa ni | gzhan don slob ma rjes su 'dzin pa ltar snyen pa byas la | dngos

3 gzhi la 'a ste | dus kyi khyad par | bya ba'i rim pa | rten gyi khyad par | rnol mngon rtogs | pu tsa'i rim pa | byin kyis brlab cing tsha tsha gdab pa dngos | gsang ba'i khyad par ro || gzhan 'dra ba las | byin kyis brlab cing tsha tsha gdab pa la nya[5] te |

4 dang po byin kyis brlab pa ni | gson po'i cho ga ltar dbang rna pa'i bar du byas la | de nas nya pa tsha tsha gdab pa ni | sngar nas snyen pa bcas pa'i buṃ pa'i sngags chus rus pa[6] de | tshe 'das pa'i lus su bskyed pa de la blugs la | ngag du oṃ badzra bha ra hi

5 tshe 'das pa'i sa rba pa paṃ shan ti ku ru svā hā | zhes bzlas pas | tshe 'das pa de'i sgrib pa thaṃd bkrus par bsaṃ lo | de nas shu nya ta'i sngags kyis sbyangs la | stong pa'i sa las ma yengs par zhib par btags nas | khar gzhong laso'i[7] snod gtsang

6 mar blugs la rad na[8] lnga bdar ba'i dri chu laso btab la | sa spyi mo[9] dang bsres nas rang nyid lhar gsal bas | oṃ badzra bha ra hi gha gha gha ta ya gha ta ya | sa rba du

---

1 *dbang rna'i bar du bskur:* 词义不清楚。

2 *'thangs:* 词义不清楚，从上下文看，似乎应该读作 *'thims*。

3 *gra shis = bkra shis.*

4 *dal: mandala* 的缩写。

5 *nya:* 可能应该读作 *nyon*。

6 *rus pa:* 意思是骨头，但是这个词义不符合上下文的语境，或许应该理解为骨灰。

7 *laso'i = la sogs pa.*

8 *rad na = ratna.*

9 *spyi mo = phye ma?*

stan hūṃ phaṭ | ces pas nyungs kar dang dgegs bskrad | swa bha bas stong pa'i sa
las
7 rten dang rten pa gsal ba'i rang lus su bskyed | de nas a kar sha ya dza dza zhes pas
de'i shes pa bkug la dza hūṃ baṃ hos de la bstim mo | de nas de'i gnas 3 du yi ge 3
lte bar baṃ bri zhing bkod pas | de las lhar bskyed la lus ngag yid 3 dag
8 pa'i ngo bor bsgoṃ | pu tsa lngas mchod nas | bdag gi baṃ gi 'od zer gyis yais
spyan drangs la dgug gzhug bya | dbang bskur rgyas btab | de nas sngar gyi snyen
buṃ de la dmyigs pa gtad la | 'bar ba'i mu tras dpa' rnal[1] naṃ khar spyan drangs la
| mchod
9 bstod gsol ba btab pas snyoṃs 'jug mdzad pa'i sbyor 'tshams nas byang se kar
dmar bbas ste buṃ pa'i bdud rtsi dang 'dres par bsaṃs la | ngag tu oṃ badzra bha
ra hi a mri te a be sha ya hri svā hā | ces nyi shu rtsa 1 bzlas la sngags chu der blug
go | der
10 byang sems kyi gong bur bsaṃs la | ngag tu oṃ badzra bha ra hi sa rba ta tha ka ta
dha rma ka ya | saṃ bho ka ya | nir ma ka ya | ma ha su kha ka ya badzra a be sha
ya hri oṃ a hūṃ ces pas | sku 3 dbyer spangs bde ba chen po'i sku | sa rba byid sa
rba pa paṃ bhi sho dha
11 ne hri svā hā | ces pas sbrus la | 'jim pa de pang par bzhag la lag pa g.yon pa'i srin
lag gis reg bzhin du | oṃ oṃ oṃ sa rba bhud dha dha ki ni los'i snying po brgya'
rtsa 2 bzlas la | de'i lus ngag yid 3 gyi bag chags sbyangs nas slar 'od zer

翻译[2]：

然后将咒线缠以真言，置入瓶内天女之心间，观想从其脐间的 baṃ 字中出现智慧水流，充盈瓶（内），一心念诵："唵！金刚婆罗醯！平息某某之一切罪恶！诃哩！莎诃！（oṃ vajrabharahi ... sarvapāpaṃ śantikuru hri svāhā）"每一座（应）念诵大约千遍。

然后从（亡者）名字的第一个字生起亡者，（观想）自身（如）尊神（一般）清晰，

1 *dpa' rnal = dpa' bo dang rnal 'byor ma.*

2 因为没有对应的文本，且写本中有一些词义并不明确，此处的翻译绝非提供一个完全无误的译本，而仅仅旨在提供一个文献内容的概貌。

从脐间的 baṃ 字（出现）如铁钩一般的光明，在此期间，呼召被认知为 a shung 方式的中阴，文字融入此所依。

然后禅修者（观想亡者）身体如先前一般清晰地显现，若有的话则有联系或法缘，远离贪嗔敌人，以外敌药叉恐惧的方式存在，（施）勾召手印，对任何对亡者造成损害的魔障念诵“吽！空行王！闍！闍！闍！唵！金刚钩！闍！（hūṃ ḍākirāja ja ja ja ja oṃ vajra-aṃkuśa ja）”观想从 baṃ 字出现如铁钩一般的光明，其自我炽燃，呼召（魔障），施以一小小的食子，说真实（语）而讲法，（使用）白芥子，（口诵）：“唵！金刚婆罗醯！伽！伽！灭除！灭除！一切障碍，一切恶，杀！杀！死亡！吽！发咤！（oṃ vajrabharahi gha gha ghātaya ghātaya | sarvavighnan sarvaduṣṭan | hana hana | dhaha dhaha | māraya hūṃ phaṭ）”（以此）驱除魔障。

第三：然后将蓖麻油从右方旋转，投入火中；将白芥子从左方旋转，投入水中。（念诵）：“唵！金刚婆罗醯！灭除某某之一切罪恶！以金刚（使之）变成灰！耶！莎诃！（oṃ vajrabharahi ... sarvapāpaṃ sarvaghahana vajrāya bhasmīkuru ye svāhā）”使清净生起后，观想从瓶中的天女的脐间的 baṃ 字流射出光明，（由此召请）诸英雄和瑜伽女莅临上方之虚空，对之进行供养、赞颂、祈请，配合以大悲，从配合之时际流出红白菩提，取悦瓶中之尊神，从其 baṃ 字流出智慧水流，亡者的身语意三者的一切罪障均得以清净。（念诵）真言：“唵！金刚婆罗醯！进入！清净某某之一切罪恶！耶！诃哩！莎诃！（oṃ vajrabharahi āveśāya ... sarvapāpaṃviśodhana ye hri svāhā）”并且清洗签牌，然后（念诵）百字明（咒）而清洗，然后（念诵）恶趣清净真言而清洗。如果像补缀的话，（以）根本心（咒）而清洗。

然后观想身语意三者的罪恶得以清净，从皈依到发心之间（的仪轨）应该如同随摄弟子一样施行。然后抛食子，以百字（明咒）祈请八部具誓、智慧（萨埵）前来，护持瓶子和禅房。以空性清净弟子，观想空为法身，自身配合以座间的仪轨。如此座中就会成就。可以的话，应该随处施行火供，这样七日之内应该成就主体部分（正行）。

禅修者加持主体部分，宣示窍诀后，示现道的内涵为：时际差别，行法次第，所依差别，现证次第，供养次第，真实加持，秘密差别。这一切类似于随摄弟子，特别是加持和灌顶，在引介智慧（萨埵）的时候，祈请（其）融入黄丹（绘制的）尊神的心间，无碍而入。然后将签牌（置入）法基中央焚烧[1]。然后抛食子而封印。

第三：为了断除之后的死亡，应该（通过）吉祥和息（灾）的火供，以及念诵金刚（道）歌，以咒水保护所依及其眷属。

第三：（关于）摹制擦擦和安立曼荼罗。其他内容与随摄弟子类似，（如此）修持，对于主体部分而言，有时际差别，行法次第，所依差别，瑜伽现证，供养次第，加持，真实摹制擦擦，秘密差别。其他一致，（接下来）请听加持和摹制擦擦。首先是加持。如同生者的仪轨，施行灌顶，然后禅修者摹制擦擦，用以前修持的瓶子的咒水（观想亡者的）骨（灰）生成为亡者的身体，倾注（咒水于）其上，口中念诵："唵！金刚婆罗醯！平息亡者之一切罪恶！莎诃！（oṃ vajrabharahi ... sarvapāpaṃ śantikuru svāhā）"观想亡者的一切障碍得以涤除。然后用空性真言清净，对（观想为）空的粘土不散乱地细细研磨，倒入碟子等干净的容器，加以五宝研磨的香水等等，混合以细土，（观想）自身示现为尊神，（念诵）："唵！金刚婆罗醯！伽！伽！灭除！灭除！一切恶，吽！发吒！（oṃ vajrabharahi gha gha ghātaya ghātaya | sarvaduṣṭan hūṃ phaṭ）"（辅之以）白芥子驱除魔障。让能依所依从自性空土中出生在光明的自身上，然后（念诵）"为了召引，闍！闍！（ākarṣāya ja ja）"来呼召其神识，以"ja hūṃ baṃ ho"融入其中。然后在其（头喉心）三处书写配置（ja hūṃ ho）三个文字，脐间书写配置baṃ，由此如尊神般生起，以身语意三者清净的本性观修。供以五供后，应该以自身baṃ字的光明召请安置智慧（萨埵），灌顶封印，然后关注先前修持的baṃ字，以炽燃手印迎请英雄、瑜伽女至虚空，进行供养、赞颂、祈请，观想从施行入定之配合之时际流出红白菩提，与瓶中的甘露相混合，口中（念诵）："唵！金刚婆罗醯！进入甘露！诃哩！莎诃！（oṃ vajrabharahi amrṭe āveśāya hri svāhā）"二十一遍，将咒水倒入（粘土）。将（粘土）观想为菩提心丸，口中（念诵）："唵！金刚婆罗醯！一切如来法身、受用身、化身、大乐身！金刚！进入！诃哩！唵！啊！吽！（oṃ vajrabharahi sarvatathāgata-dharmakāya-sambhogakāya-nirmāṇakāya-mahāsukhakāya vajra āveśāya hri oṃ āḥ hūṃ）"（然后说）："弃除三身分别大乐身，全知清净一切罪，诃哩！莎诃！（sarvavid sarvapāpaṃ viśodhane hri svāhā）"，揉捏（粘土），将粘土置于怀中，一边用左手无名指触摸，一边念诵"唵！唵！唵！一切佛陀、空行母（oṃ oṃ oṃ

1 法基应该指的是三角形的火灶。

sarvabuddha-ḍākinī)” 等等的心（咒）一百零二遍，清净其身语意三者之习气，光明再次……

说明

1. 该叶文献为密教仪轨文献，从拼写来看，保留了一些古藏文的拼写特征，例如，མྱིང 的下加字 ཡ，འདོའ 的后加字 འ。值得注意的是，写本中还出现了一些藏文称之为隐字（སྐུང་ཡིག）的缩略拼写形式，例如，ཡེ་ཤེས 被写作 ཡིས，ཐམས་ཅད 被写作 ཐིད，རྡོ་རྗེ 被写作 རྗེ 等等。

2. 从内容来看，该叶写本应该是对印度相关文献的翻译，但目前还未发现对应的文本。

3. 此叶内容涉及亡者的超度和制作擦擦的仪轨，其中涉及诸多咒语，部分咒语在其他密教文献中也有出现。

BH4–52
残片

纸质，残片，双面墨书，一面 17 行，一面 9 行，20 × 25 厘米。行距不匀，间有墨绘小图像。约有二分之一的部分残损。一面藏文既有正书，亦有倒书，残损部分的左上角有两方红色钤印，内容不详，中间留白处还墨绘有小幅的五只卧牛或卧羊；另一面写满藏文，起始处残损较多，文书冠有标题，标题以镂空的藏文正体书写。

BH4–52 100 倍纸张纤维图

A 面

正书

原文

1 ༄༅།།བདག་ལ་སྲུང་ཤྀག་སྲུ[ང]་...

2 བདག་ ...

3 ༄༅།།རྒྱ་གར་སྐ[ད]

4 ... བདག་ཅག་ངནད་...

转写

1 bdag la srung shIg sru[ng] ...

2 bdag ...

3 rgya gar ska[d]

BH4−52A 面

4 ... bdag cag ngand ...

翻译

1 保护我们！ . . .

2 我 . . .

3 印度语

4 我们恶 . . .

倒书

原文

1 ༄༅།།ནང་རྗེ་ ༄༅།།གནམ་ཡས་ཕུབ་ན། ཡུལ་དང་ཆེན་པོ་..ས་ཕུབ། །ས་མས་བཏིང་ན་སྨྲ་བཏིང་ཆེན་མོ་མས་བཏིང་

2 ཡུལ་སྣམ་དྲུག། .. .. གཞུང་གསུམ་

3 ༄༅།།ཀྱེ་བ་རབ་ཅག་གསེར་བཟངས་ན། གསེར་ཀྱི་ཅག་ཁང་

4 ༄༅།།ནང་རྗེ་༄༅།།ནང་རྗེ་པོ་བློན་མང་པོ་རྗེའི་ཞ་སྔར། །དགྲོ་འབྲུག་རྩན་ཀྱི་མཆིད་ག.. ... ///

5 བདག་ངནད་པ་ཡ.. ... ..བཅུ་ཙམ་དུ་ཏེ་ལགས། །ནམ་ ... ///

6 ༄༅།།རྒྱ་གར་སྐདུ་ད་ཐ་ཏ་གཏོ་ཨུ་ཥྞཱི་ཥ་སིད་ཏ་པ་ཡང་མ་མཆིས་ན། ... འ་བདགི་ལོ་སྒྲི་གསུན་ ... ///

7 ༄༅།།ཁ་རབ་ .. ... བཟངས་ན། གསེར་ཀྱི་ཅག་ .. ..ང་ཁང་ཅག་རིམ་ .. ... ///

8 བདག་ཅ.. ... ///

9 /// ... .. དམ་འདིམ.. ... ///

转写

1 nang rje gnam yas phub na | yul dang chen po ..s phub || sa mas bting na smra bting chen mo mas bting

2 yul snam drug | .. .. gzhung gsum

3 kye ba rab cag gser bzangs na | gser kyi cag khang

4 nang rje nang rje po blon mang po rje'i zha sngar || dgro 'brug rtsan kyi mchid g.. ... ///

5 bdag ngand pa y.. ... ..o bcu tsam du te lags || nam ... ///

6 rgya gar skadu da tha ta gto u shṇI sha sid ta pa yang ma mchis na | ... 'a bdagi lo

myi gsu na ... ///

7 ba rab .. ... bzangs na | gser kyI cag .. ..ng khang cag rim .. ... ///

8 bdag ca.. ... ///

9 /// ... .. dam 'dI m.. ... ///

说明：这 9 行文字为杂抄，内容不甚连贯，部分似乎为军政命令，释读较为困难。

B 面《佛顶大白伞盖陀罗尼经》

原文

1 /// .. .. གདུགས་ཿདཀར་པོའི་གཙུངས་ཏོག[ས་] ... ///

2 ༄༅།།སངས་[རྒྱས་དང་བྱང་]ཆུབ་སེམས་པ་ཐམས་ཅད་ལ་ཕྱག་འཚལ་ལོ། [།ཡང་དག་པ]ར་རྫོགས་[པའི་སངས་
རྒྱས་བྱེ་བ་ཕྲག་བདུན་ཉན་ཐོས་ཀྱི་དགེ་]

3 འདུན་དང་ .. ... ཕྲག་རྣམས་ལ་ཕྱག་འཚལ་ལོ། །འཇིག་[རྟེན་ན་ད]གྲ་བཅོམ་པའ་རྣམས་[ལ་ཕྱག་འཚལ་ལོ། །རྒྱུན་]

4 དུ་ཞུགས་[པ་རྣམས་ལ་ཕྱ]ག་འཚལོ། ལན་གཅིག་ཕྱོན་པའི་རྣམ[ས་ལ་ཕྱག་]འཚལོ། །~~ཚངས་པ་ལ་ཕྱག~~[ཕྱིར་མི་འོང་]

5 [བ]འི་རྣམ[ས་ལ་ཕྱག་འཚལ་ལོ།] །འཇིགས་རྟེན་ན་ཡང་ཐག་པར་ཞུག[ས་པ་རྣམ]ས་ལ་ཕྱག་འཚལོ། །ཡ[ང་དག་པར་
ཞུགས་པ་རྣམས་]

6 ལ་ཕྱག་[འ]ཚལ་ ... དམོད་པའི་རྣམས་ལ་ཕྱག་འ[ཚལོ་] ... ..ན་ནུས་པའི་རྣམས་ལ་ ... ///

7 འི་རྣམས་ལ་ཕྱག... དབང་པོ་ལ་ཕྱག་འཚལོ། །བཅོམ་ལྡན... པོ་ཨུ་མར་དང་བཅས་ .. ... ///

8 ལྡན་འདས་མཐུ་བོ་ .. .. རྒྱ་ཆེན་པོས་ཕྱག་བྱས་པའི་རྣམས་[ལ་ཕྱག་འ]ཚལོ། །བཅོམ་ལྡན་འདས་ ... ///

9 ཁྱེར་གསུམ་རྟེགས་འཇིགས་པར་བྱེད་པ་དུར་ཁྲོད་ན་གནས་པར་[མོས་པ། མ་]མོ་ཚོགས་ཀྱིས་ཕྱག་བྱས་[པ་ལ་ཕྱག་འཚལོ།]

10 བཅོམ་ལྡན་འདས་དེ་བཞིན་གཤེགས་པའི་གདུང་ལ་ཕྱག་འཚལོ། །[བཅོམ་]ལྡན་འདས་པད་མོའི་ག[དུང་ལ་ཕྱག་འཚལོ།]

11 བཅོམ་ལྡན་འདས་རྡོ་རྗེའི་གདུང་ལ་ཕྱག་འཚལོ། །ནོར་བུའི་གདུང་ལ་ཕྱག་འཚལོ། །གླ་གླང་གི་གདུང་ལ་[ཕྱག་]འཚལོ། །གཞོ་

12 གཞོན་ནུའི་གདུང་ལ་ཕྱག་འཚལོ། །ཀླུའི་གདུང་ལ་ཕྱག་འཚལོ། །བཅོམ་ལྡན་འདས་དཔའ་བརྟན་པའི་སྡེ་གེ་དབ་རྒྱལ།

13 པོ་དེ་བཞིན་གཤེགས་པ་དགྲ་བཅོམ་པ་ཡང་ཐག་པར་རྫོགས་པའི་སང་རྒྱས་ལའ། ཕྱག་འཚལོ། །བཅོམ་ལྡན་འདས་སྣང་བ།

14 མཐའ་ཡས་དེ་བཞིན་གཤེགས་པ་དགྲ་བཅོམ་པ་ཡང་དག་པར་རྫོགས་པའི་~~རྒྱུངས་~~སངས་རྒྱས་ལ་ཕྱག་འཚལོ་

15 བཅོམ་ལྡན་འདས་མྱི་འཁྲུགས་པ་དེ་བཞིན་གཤེགས་པའ་དགྲ་བཅོམ་པ་ཡང་ཐག་པར་རྫོགས་སངས་རྒྱས་ལ་ཕྱག་

16 འཚལོ། །བཅོམ་ལྡན་འདས་སྨན་གྱི་བླ་བྱེ་དུ་རྱ་བའི་འོད་ཀྱི་རྒྱལ་པོ་དེ་བཞིན་གཤེགས་པ་ ༄༅།།...བཙན་བཞེལ།

17 དགྲ་བཅོམ་པ་ཡང་དག་པར་རྫོགས་པའི་སང་རྒྱས་ལ་ཕྱག་འཚལོ་

BH4—52B 面

转写

1 /// .. .. gdugs dkar po'i gzungs rdzog[s] ... ///

2 sangs [rgyas dang byang] cub sems pa thams cad la phyag 'tshal lo [|| yang thag pa]r rdzogs pa'i [sangs rgyas bye ba phrag bdun nyan thos kyi dge][1]

3 'dun dang .. ... phrag rnams la phyag 'tshal lo[2]|| 'jIg [rten na d]gra bcom pa' rnams [la phyag 'tshal lo || rgyun]

---

1 || *yang dag pa]r rdzogs pa'i [sangs rgyas bye ba phrag bdun nyan thos kyi dge]:* 参考 D *sangs rgyas la phyag 'tshal lo || chos la phyag 'tshal lo || dge 'dun la phyag 'tshal lo || yang dag par rdzogs pa'i sangs rgyas bye ba phrag bdun nyan thos kyi dge.*

2 *'dun dang ... phrag rnams la phyag 'tshal lo:* 参考 D *'dun la phyag 'tshal lo || yang dag par rdzogs pa'i sangs rgyas bye ba phrag bdun nyan thos kyi dge 'dun dang bcas pa rnams la phyag 'tshal lo.*

4 du zhugs [pa rnams la phya]g 'tshalo || lan gcIg byon pa'I[1] rnam[s la phyag] 'tshalo || ~~tshangs pa la phyag~~[2] [phyir mi 'ong]

5 [ba]'I rnam[s la phyag 'tshal] lo|]| 'jIgs rten na yang thag par zhug[s pa rnam]s[3] la phyag 'tshalo || ya[ng dag par zhugs pa rnams]

6 la phyag [']tshal ... dmod pa'i rnams la phyag '[tshalo] ... ..n nus pa'i rnams la ... ///[4]

7 'I rnams la phyag ...[5] [d]bang po la phyag 'tshalo || bcom lda[n] ... po u mar dang bcas .. ... ///[6]

8 ldan 'das mthu bo .. .. rgya chen pos phyag byas pa'i rnams [la phyag ']tshalo || bcom ldan 'das ... ///[7]

9 khyer gsum rtsegs 'jigs par byed pa[8] dur khrod na gnas par [mos pa | ma] mo tsogs gyIs phyag byas [pa la phyag 'tshalo ||]

10 bcom ldan 'das de bzhin gshegs pa'I gdung la phyag 'tshalo || [bcom] ldan 'das[9] pad mo'i gd[ung la phyag 'tshalo ||]

11 bcom ldan 'das[10] rdo rje'i gdung la phyag 'tshalo || nor bu'I gdung la phyag 'tshalo || bad glang gI[11] gdung la [phyag] 'tshalo || gzho[12]

---

1 *gcIg byon pa'I:* D *cig phyir 'ong ba.*

2 *tshang pa la phyag:* 不见于 D，写本有划去的痕迹。

3 *zhug[s ba rnam]s:* D *song ba rnams.*

4 *dmod pa'i rnams la phyag '[tshalo] ... ..n nus pa'i rnams la ... ///:* 参考 D *lha'i drang srong dmod pa 'dor ba dang phan 'dogs nus pa rnams la phyag 'tshal lo ||.*

5 *'I rnams la phyag ...:* 参考 D *rig sngags 'chang grub pa rnams la phyag 'tshal lo || tshangs pa la phyag 'tshal lo ||.*

6 *bcom lda[n] ... po u mar dang bcas .. ... ///:* 参考 D *legs ldan drag po dka' thub zlog pa'i bdag po dang lhan cig pa la phyag 'tshal lo ||*，需要注意的是，写本似乎反映出对梵文 umā（湿婆配偶）的音译，而现行的《甘珠尔》诸本则对该词采取了意译的形式：遮止苦行（*dka' thub zlog pa*），反映出藏族译师对雪山女神乌摩破坏湿婆苦行这一典故的熟悉，这一译法已经见于吐蕃时期的梵藏辞书《翻译名义大集》，参见该书第 3172 条。

7 关于该行，参考 D *legs ldan sred med kyi bu phyag rgya chen po lngas phyag byas pa la phyag 'tshal lo || legs ldan nag po chen po grong.*

8 *gsum rtsegs 'jigs par byed pa:* D *sum brtsegs 'jig par byed pa.*

9 *[bcom] ldan 'das:* D 阙。

10 *bcom ldan 'das:* D 阙。

11 *bad glang gI:* D *glang po'i.*

12 *gzho:* 写在页面边缘处，应为衍文，D 阙。

12 gzhon nu'i gdung la phyag 'tshalo || klu'I gdung la phyag 'tshalo || bcom ldan 'das dpa' brtan pa'I sde ge dab rgyal |[1]

13 po[2] de bzhin gshegs pa dgra bcom pa yang thag par rdzogs pa'I sang rgyas la' | phyag 'tshalo[3] || bcom ldan 'das snang ba |[4]

14 mtha' yas[5] de bzhin gshegs pa dgra bcom pa yang dag par rdzogs pa'I ~~rgyangs~~[6] sangs rgyas[7] la phyag 'tshalo

15 bcom ldan 'das myI 'khrugs pa[8] de bzhin gshegs pa' dgra bcom pa yang thag par rdzogs sangs rgyas[9] la phyag

16 'tshalo || bcom ldan 'das sman gyi bla bye du rya ba'i 'od gyi rgyal po[10] de bzhin gshegs pa[11]

17 dgra bcom pa yang dag par rdzogs pa'I sang rgyas[12] la phyag 'tshalo

《佛顶大白伞盖陀罗尼经》(《大正藏》第19册，经号：976，第401页中栏第3－20行)

南謨一切諸佛諸大菩薩眾！南謨佛陀耶！南謨達摩耶！南謨僧伽耶！南謨七俱胝佛諸大聲聞眾！南謨世間所有阿羅漢眾！南謨一切預流眾！南謨一切一來眾！南無一切不還眾！南謨世間諸正行眾！南謨諸向正行眾！南謨以呪詛厭禱亦能饒益諸大天仙眾！南謨成就持明眾！南謨大梵天王眾！南謨天主帝釋眾！南謨嚧陀囉(二合)耶烏摩般

---

1 *bcom ldan 'das dpa' brtan pa'I sde ge dab rgyal |*: 根据德格版，应有夺文，参考D *bcom ldan 'das de bzhin gshegs pa dgra bcom pa yang dag par rdzogs pa'i sangs rgyas dpa' brtan pa'i sde mtshon cha'i rgyal po la phyag 'tshal lo ||*.

2 *po:* D *bcom ldan 'das*。

3 *de bzhin gshegs pa dgra bcom pa yang thag par rdzogs pa'I sang rgyas la' | phyag 'tshalo:* D 阙。

4 *snang ba |:* D 阙。

5 *mtha' yas:* D 阙。

6 *rgyangs:* 写本增加该词后又将其划掉，应是误写。

7 *sangs rgyas:* D *sangs rgyas 'od dpag med.*

8 *myI 'khrugs pa:* D 阙。

9 *rdzogs sangs rgyas:* D *rdzogs pa'i sangs rgyas mi 'khrugs pa.*

10 *sman gyi bla bye du rya ba'i 'od gyi rgyal po:* D 阙。

11 写本在此处留白处倒书有几个藏文，字迹不甚清晰：*||.. btsan bzhrel |*。

12 *sang rgyas:* D *sangs rgyas sman gyi bla bai ḍūrya'i 'od kyi rgyal po.*

帝娑醯夜耶眾！南謨無愛子五大手印而敬禮眾！南謨摧三界城樂處寒林母鬼恭敬摩訶迦辣眾！南謨婆伽梵如來俱囉耶　南謨蓮華俱囉耶！南謨金剛俱囉耶！南謨寶珠俱囉耶！南謨大象俱囉耶！南謨孺童俱囉耶！南謨龍種俱囉耶！南謨婆伽梵如來應正等覽勇堅部器械王佛！南謨婆伽梵如來應正等覺無量光佛！南謨婆伽梵如來應正等覺不動尊佛！南謨婆伽梵如來應正等覺藥師瑠璃光王佛！

说明

1．写本内容为《佛顶大白伞盖陀罗尼经》，(འཕགས་པ་དེ་བཞིན་གཤེགས་པའི་གཙུག་ཏོར་ནས་བྱུང་བའི་གདུགས་དཀར་པོ་ཅན་གཞན་གྱིས་མི་ཐུབ་པ་ཞེས་བྱ་བའི་གཟུངས།།)的开头部分，藏译见德格版《甘珠尔》，十万续部（རྒྱུད་འབུམ།），ཕ 函，经号：592，第 219 叶背面第 7 行至第 220 叶正面第 2 行。汉译参见〔元〕沙啰巴译《佛顶大白伞盖陀罗尼经》，见《大正藏》第 19 册，经号：976。

2．今《甘珠尔》传本中题名为《佛顶大白伞盖陀罗尼经》者凡有四种，即德格版经号 590－593 号。各本均有写本中的上述文字，但内容、行文稍有差异。另外，普扎版《甘珠尔》还保存有相当于德格版 590 号的另一个译本。

3．关于《佛顶大白伞盖陀罗尼经》敦煌藏文写本的情况，参见才让的《白伞盖经》，才让著：《菩提遗珠——敦煌藏文佛教文献的整理与解读》，上海：上海古籍出版社，2016 年，第 96—140 页。

4．在汉传佛教语境中，该段文字也往往被当作咒语处理而予以音译，参见〔唐〕般刺蜜帝译《大佛顶如来密因修证了义诸菩萨万行首楞严经》第七卷之“中印度那兰陀曼荼罗灌顶金刚大道场神呪”，即“楞严咒”，《大正藏》第 19 册，经号：945。内容较略的类似文句也可参见〔唐〕不空译《大佛顶如来放光悉怛多钵怛啰陀罗尼》，《大正藏》第 19 册，经号：944A。

BH4–134
残片

纸质，残片，单面墨书，字体为草体，现存文字9行，13×23.2厘米。首尾均残，右侧亦残。所用纸为麻纸。

BH4–134 100倍纸张纤维图

原文

1 .. ཀ་སྣག་འཚལ་འཚལ་བ་འི་ཞིང་ཏུ་བྱོནད་རྒྱན་ + + ///

2 ནས། །ལྷའི་དཔྱལ་གྲལ་ཡང་རྟག་ཏུ་དབུལ་འཚ[ལ་] + ///

3 ལས་གྲཾ། རབ་ཏུ་ཕོངས་ཉམ་ཐག་ཆེང་མཆིས་ནའ།། .. ///

4 གྲལ་ནར་མ་དང་གསྨུང་ཅང་གི་གསྨུང་། བདག་ངན་པ་ག.. ///

5 དེ་མ་ལགས་པའི་ཐུགས་ཁྲལ་འཕྲན་ཆེག[ས་]སྐྱེ་ད.. ///

6 ཅམ་དུ་བུ་ཉེན་མཛད་ཆེང་། རྗེ་མངའ་བདག་གི་ + + ///

7 འདབ་དུ་བུ་ཉེན་ཇི་ར་གཟིགས། །ཕྱག་ .. + + + ///

8 སྐྱེ་གནང་ནའ། ཁ་ཡོ་དང་སྤྱུར་ཞིང་དགུང་ + + ///

9 ག་ཅམ་སྐྱེ་དབབ་པ་ཚམ་དུ་ཐུགས་རྗེ་ + + + ///

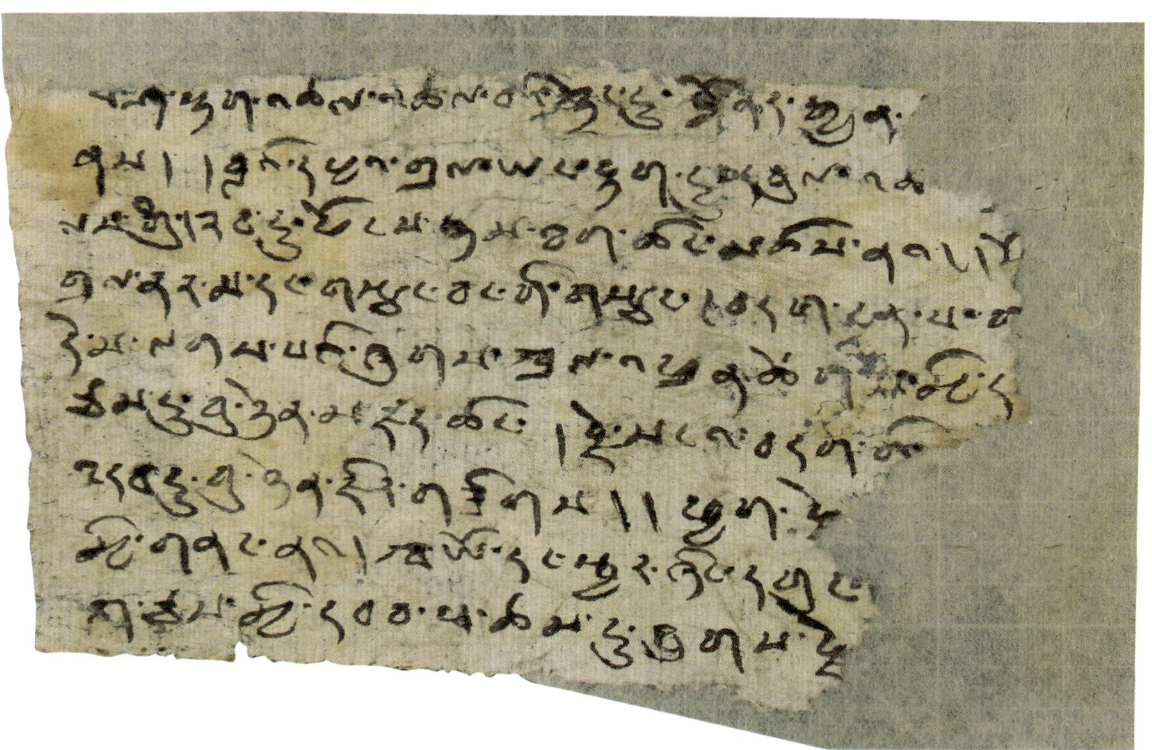

BH4–134 正面

转写

1 .. sha stag ’tshal ’tshal ba ’i zhing tu byond rgyun + + ///

2 nas || bla’i dpya’ gral[1] yang rtag tu dbul ’tsha[l] + ///

3 las graṃ | rab tu phongs nyam thag ching mchis na’a || .. ///

4 gral nar ma dang gstsang[2] cang gi gstsang | bdag ngan pa g.. ///

5 de ma lags pa’i thugs khral ’phran tsheg[s] myi d.. ///

6 tsam du bu nyen[3] mdzad ching | rje mnga’ bdag gi + + ///

7 ’dab[4] du bu nyen jir gzigs || phyag .. + + + ///

8 myi gnang na’a | kha yo[5] dang sbyar zhing dgung .. + + ///

9 ga tsam myi dbab pa tsham du thugs rje + + + ///

汉译

1 全部做。去往做（事）的田地中，连续

2 后，寺院（？）的赋税也一直缴纳

3 如果存在极度贫穷、困顿（的情况），

4 无论如何都净除日常的赋税。鄙人

5 不好的担心一点点（也）不

6 稍微做了危害（？），至尊主宰

7 无论如何都会观察到成倍的危害（？）

8 如果不施行的话，结合周遭（？），中间

9 一点也不落实，怜悯

---

1 *bla’i dpya’ gral: dpya’ gral* 应读作 *dpya khral*（税赋），但此处 *bla* 的含义于我而言并不清楚。

2 *gstsang:* 不清楚该词的含义。*gtsang* 有洁净之意，在这里可能指净（除赋税）。

3 *bu nyen:* 不清楚该词的含义。写本中该词出现了两次，*nyen ka* 有危险之意，但在这里似乎文义不合。

4 *’dab:* 应读作 *ldab*（倍、番）。

5 *kha yo:* 不清楚该词的含义，*kho yog* 有栽赃之意，但在这里似乎文义不合，会不会读作 *khor yug*（周围）？

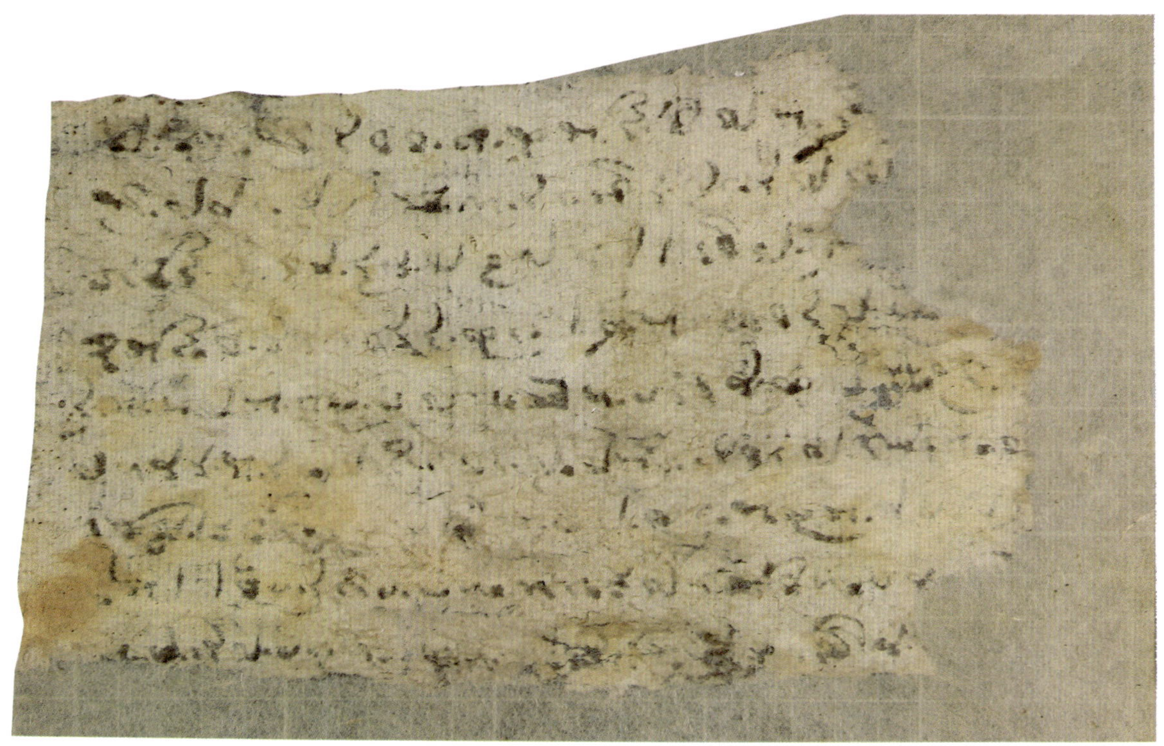

BH4—134 背面

说明

从内容判断，该件残页应为世俗文书，内容似乎与赋税有关，因为文书有残损，文义并非很连贯，给出的汉译仅供参考。

BH2—31
简牍

木质，2.5×19.5 厘米。正面有藏文 2 行，但第 2 行文字仅上部可见，无法识读。

BH2—31 正面

原文

1 ༄༅།།[ནང་]རྗེ་པོ་ཆེན་པོ་བློན་གཉན་སྒྲོ་འི་ཞ་སྔར་ ///

2 .. .. ///

转写

1 [nang] rje po chen po blon gnyan sgro ’i zha sngar ///

2 .. .. .o .. .e .. .o ... ///

翻译

内大杰波、论念卓之口谕

说明

“内大杰波、论”是头衔，“念卓”是人名，类似的表述在我们前面的写本 BH4–52 第 4 行中可以看到：༄༅།།ནང་རྗེ་པོ་བློན་མང་པོ་རྗེའི་ཞ་སྔར།།（nang rje po blon mang po rje’i zha sngar）。敦煌藏文文献中也可以看到类似的表述，例如，伯希和藏文写卷第 538 号，内容为完整的《海龙王问经》，但在经文起始的第一行写有 ༄༅།།ནང་རྗེ་པོ་བློན་སྟག་བཞེར་གྱི་ཞ་སྔར།།（nang rje po blon stag bzher gyI zha sngar）。

附录：简牍

馆藏西域文献中存多件残片，藏文文献亦不例外，尤其木简，残碎或字迹模糊者甚多，不易释读，仅作为附件公布其图片，供学界深入研究。因纸质碎片，过碎，大多无文字或者仅存一字半字，公布意义甚小，故未附，此次所附皆为木简和木牍，均附正背图。

BH3-132

木简，15.7×1.9厘米。

BH3-133

木简,11.9×2.3厘米。

BH3-134

木简残片，9.9×2.4厘米。

BH3-135

木牍残片，9.3×3.5厘米。

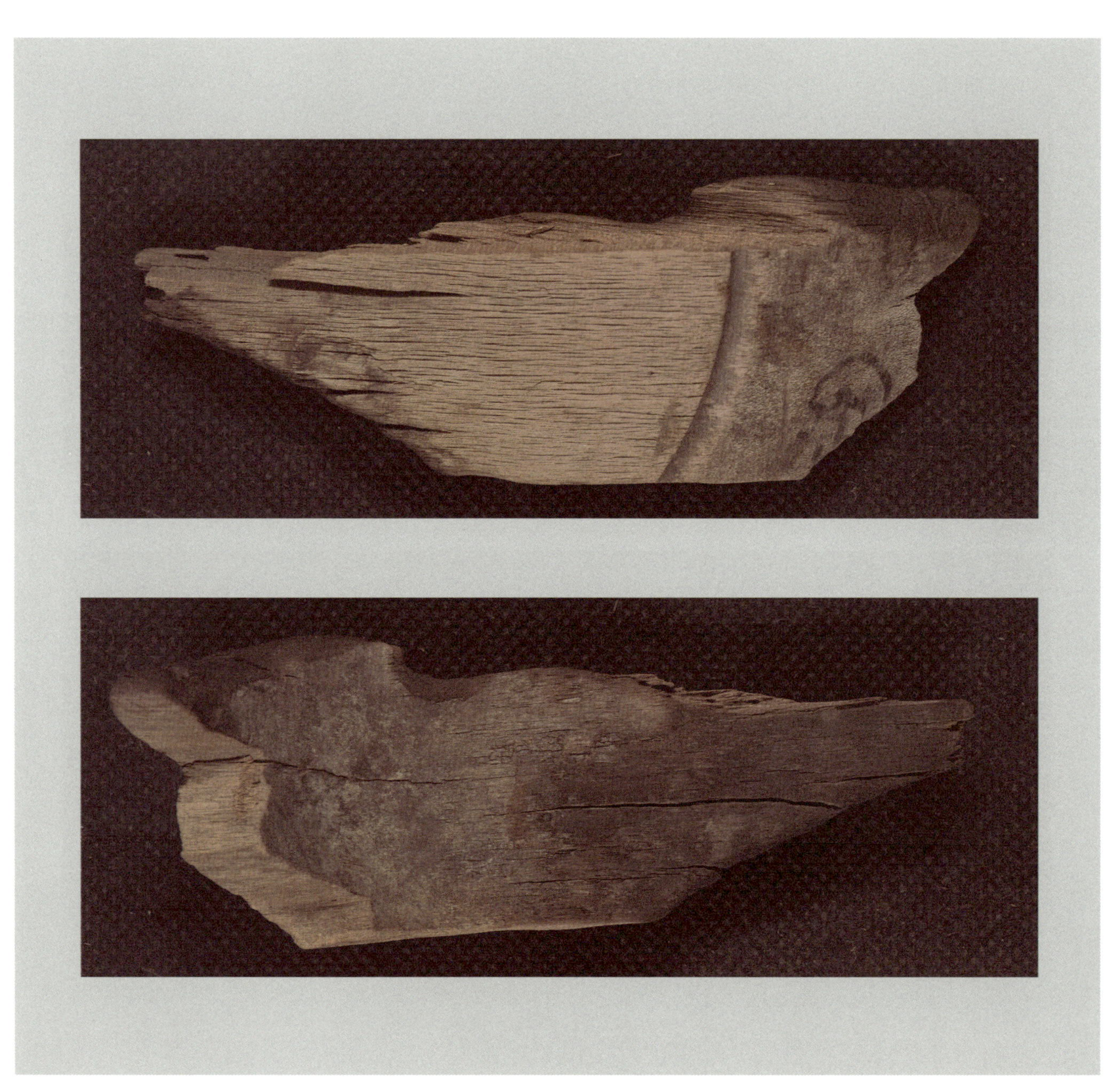

BH3-136

木简残片，10.2×2.5厘米。

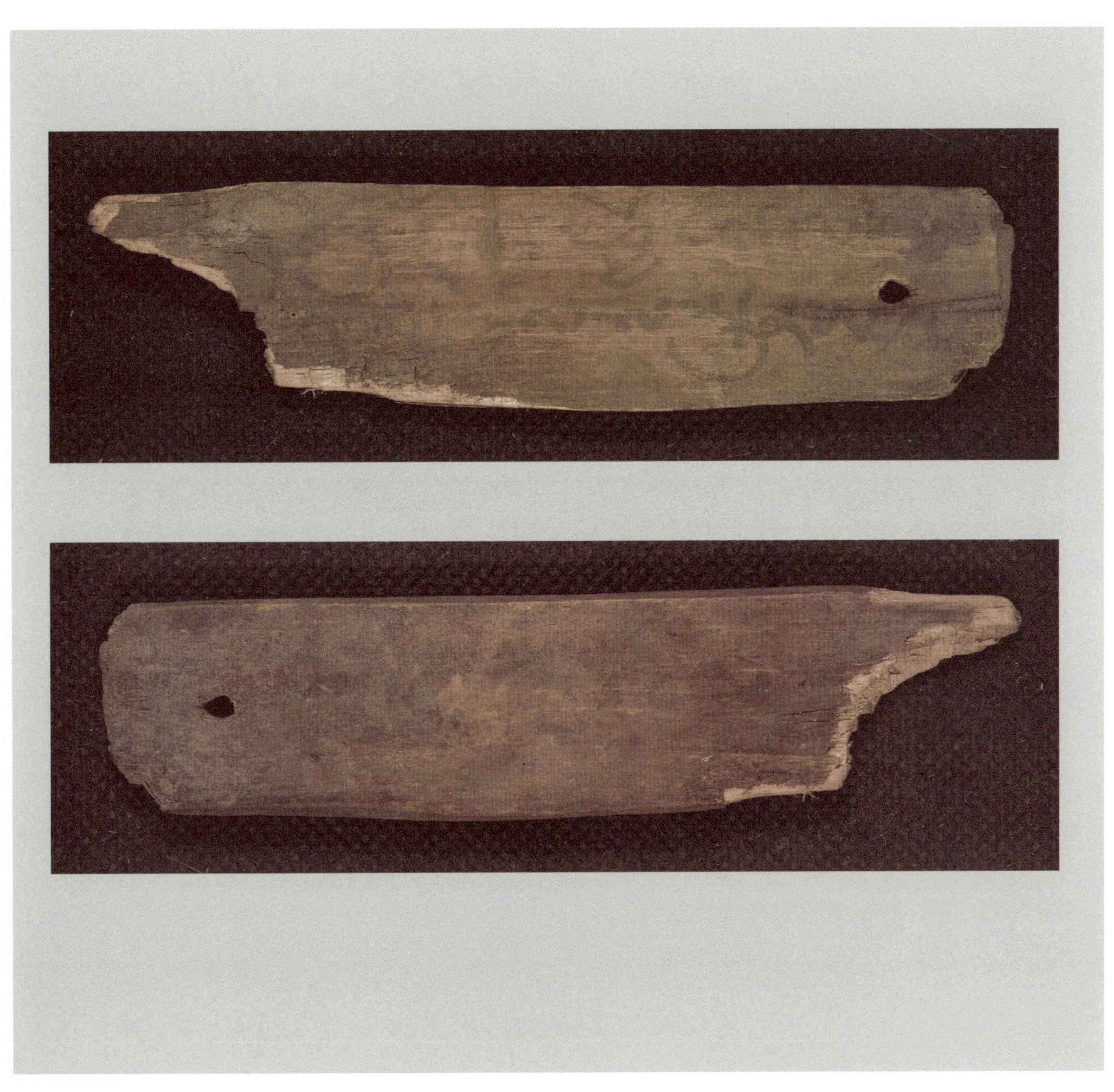

BH3-137

木简残片，8.6×1.9厘米。裂为二片，入馆时已有粘连痕迹。

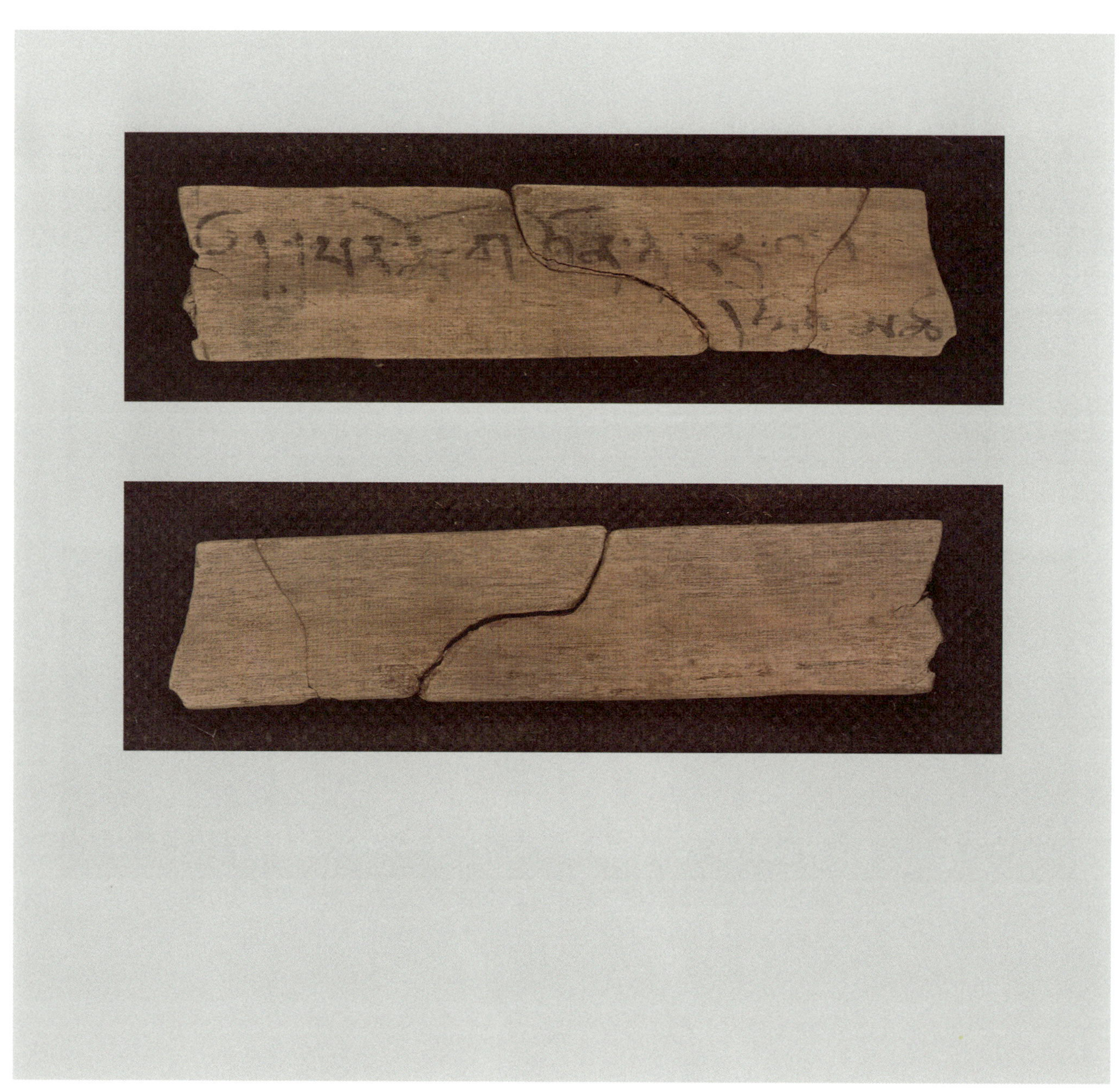

BH3－138

木简残片，9.5×1.4厘米。

BH3-139

木简残片，7.7×2.2厘米。入馆时已有粘连痕迹。

BH3–140

木牍残片，7.8×2.9厘米。

BH3-141

木牍残片，7.2×3.0厘米。

BH3-142

木牍残片，7.1×2.4厘米。

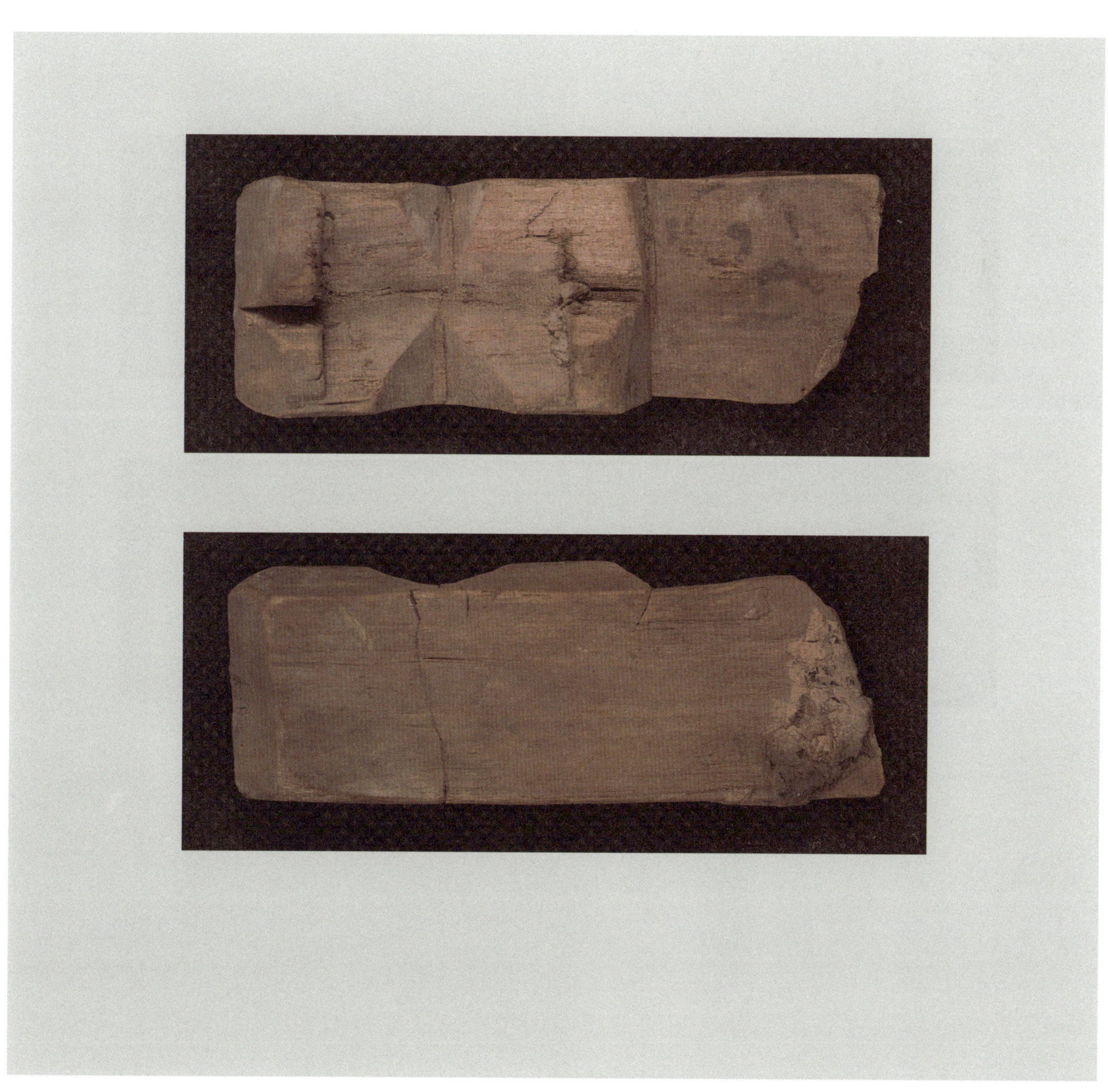

BH3–143

木简残片，7.2×1.4厘米。

BH3-144

木简残片，7.2×1.7厘米。

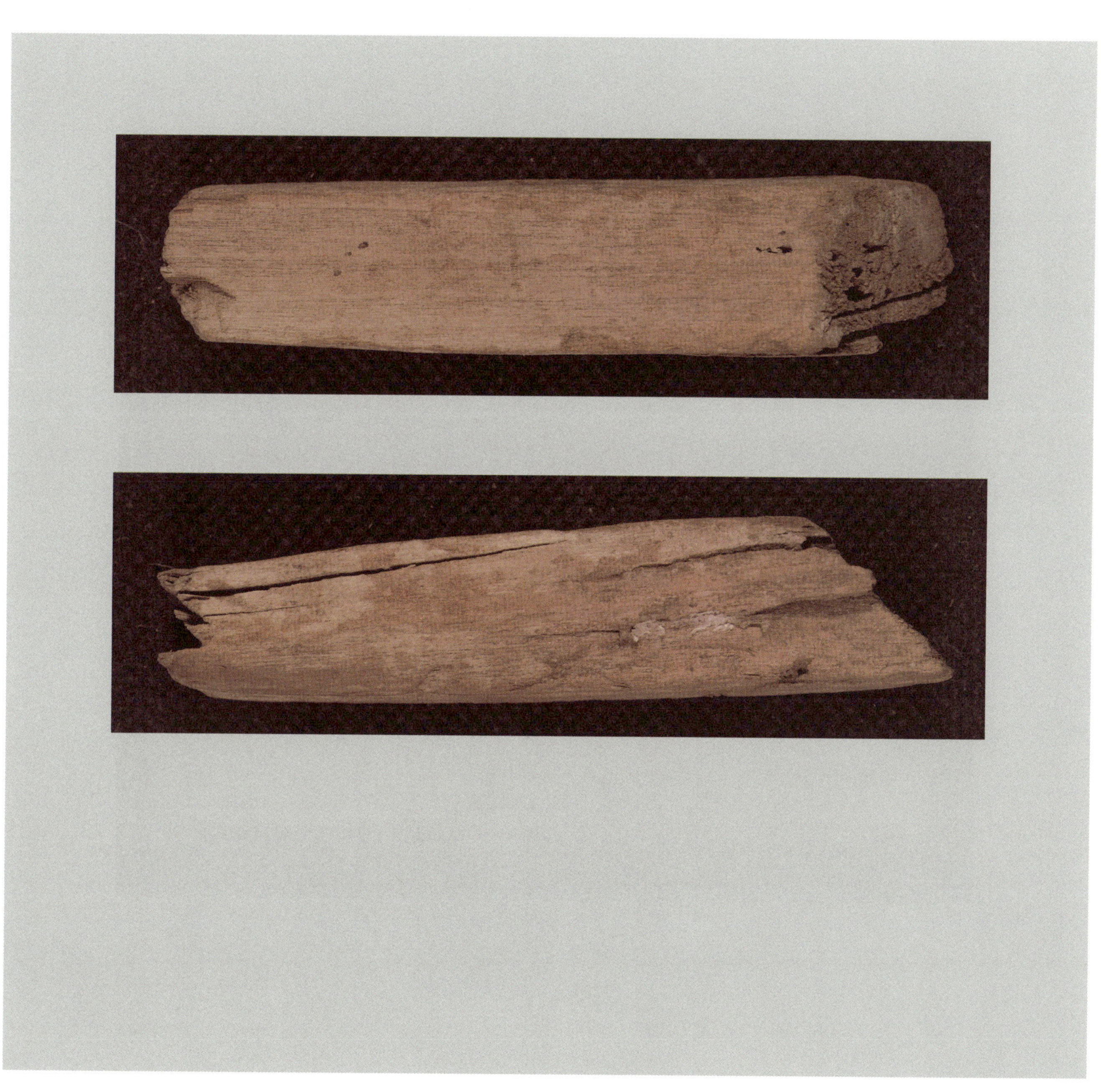

BH3-144

木简残片，7.2×1.7厘米。

BH3-145

木简残片，7.1×2.3厘米。入馆时已有粘连痕迹。

BH3-146

木牍残片，8.4×2.3厘米。

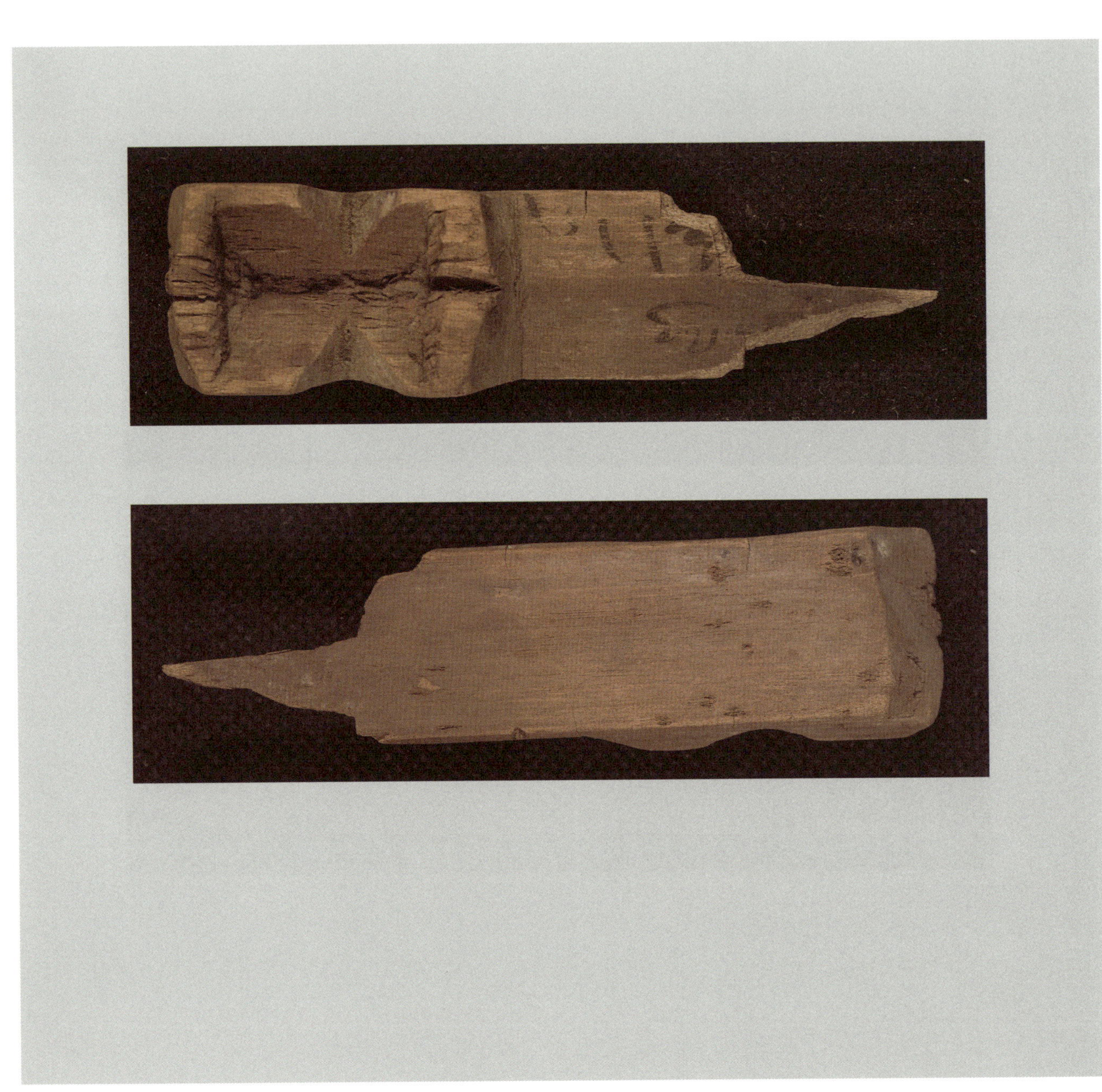

BH3–147

木简残片，7.9×2.5厘米。

BH3-148

木简残片，6.1×2.2厘米。入馆时已有粘连痕迹。

BH3-149

木简残片，6.7×2.4厘米。

BH3-150

木简残片，6.5×2.0厘米。

BH3-151

木简残片，5.1×2.1厘米。入馆时已有粘连痕迹。

BH3-152

木简残片，5.9×2.3厘米。入馆时已有粘连痕迹。

BH3–153

木简残片，6.6×1.9厘米。

BH3-154

木简残片，6.4×1.8厘米。

BH3-155

木简残片，6.3×2.1厘米。

BH3-156

木简残片，6.1×2.0厘米。入馆时已有粘连痕迹。

BH3–157

木简残片，6.0×1.9厘米。

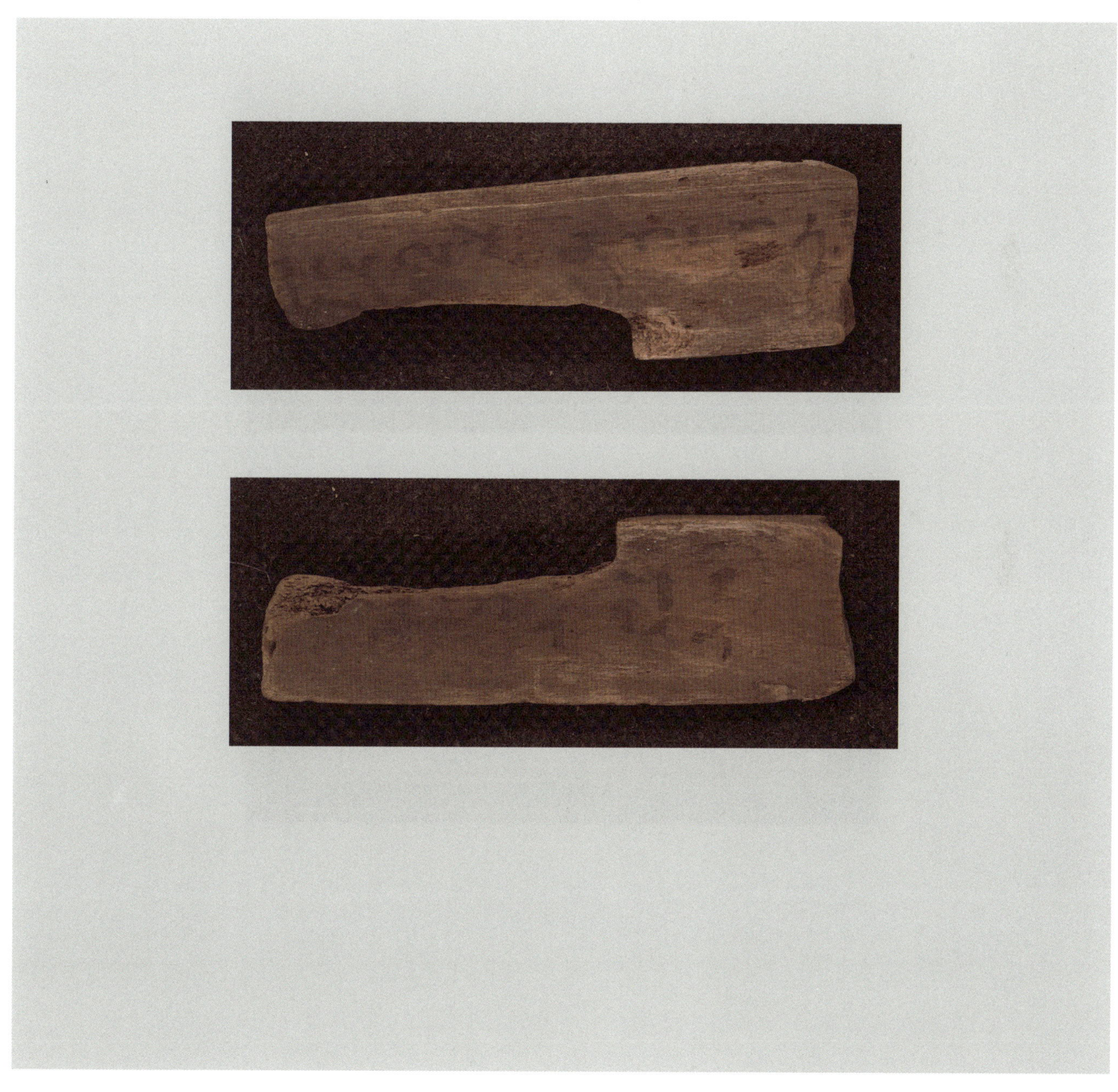

BH3-158

木简残片，5.8×2.5厘米。

BH3-159

木简残片，5.8×2.0厘米。

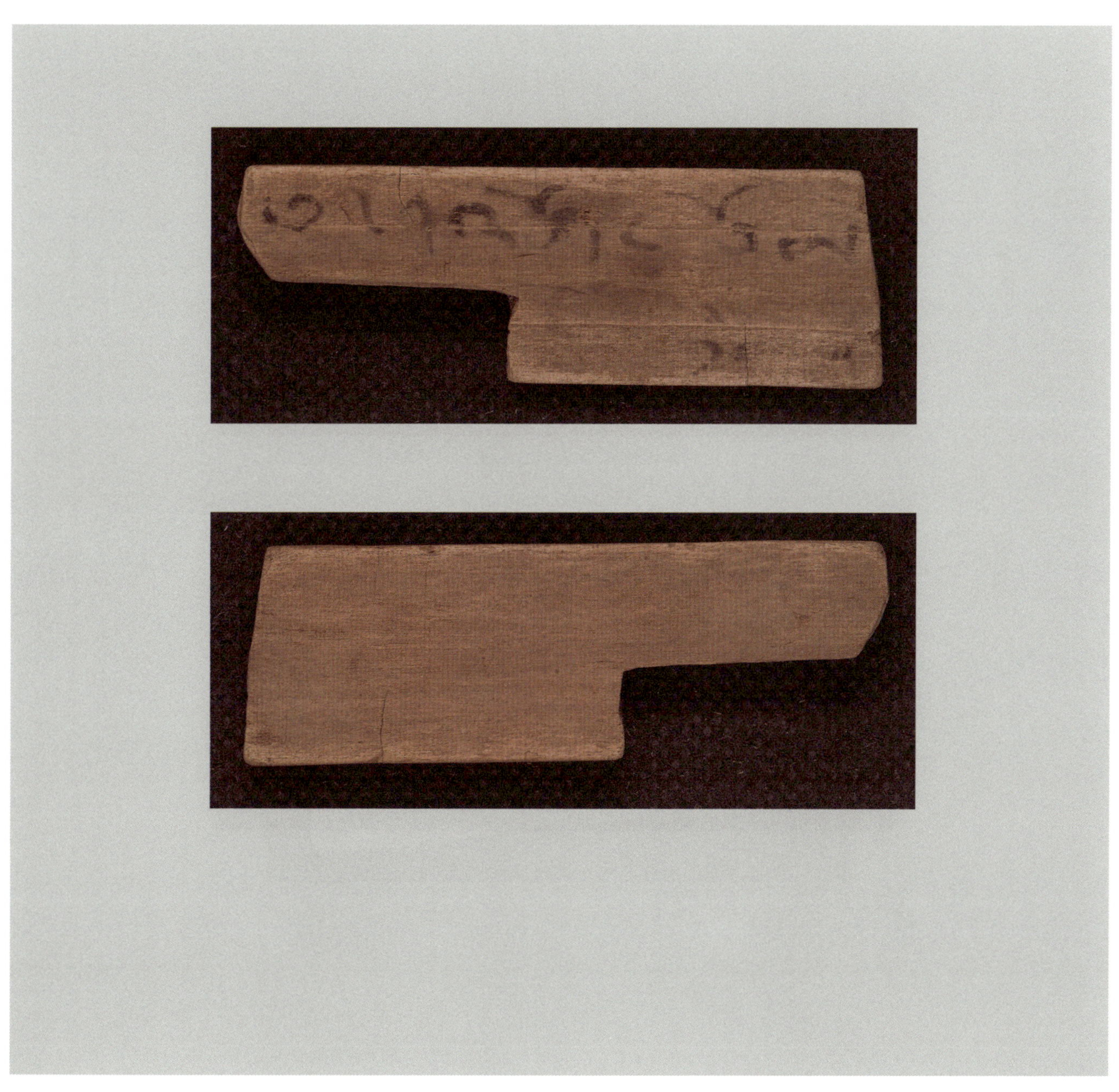

BH3-160

木简残片，6.0×2.3厘米。入馆时已有粘连痕迹。

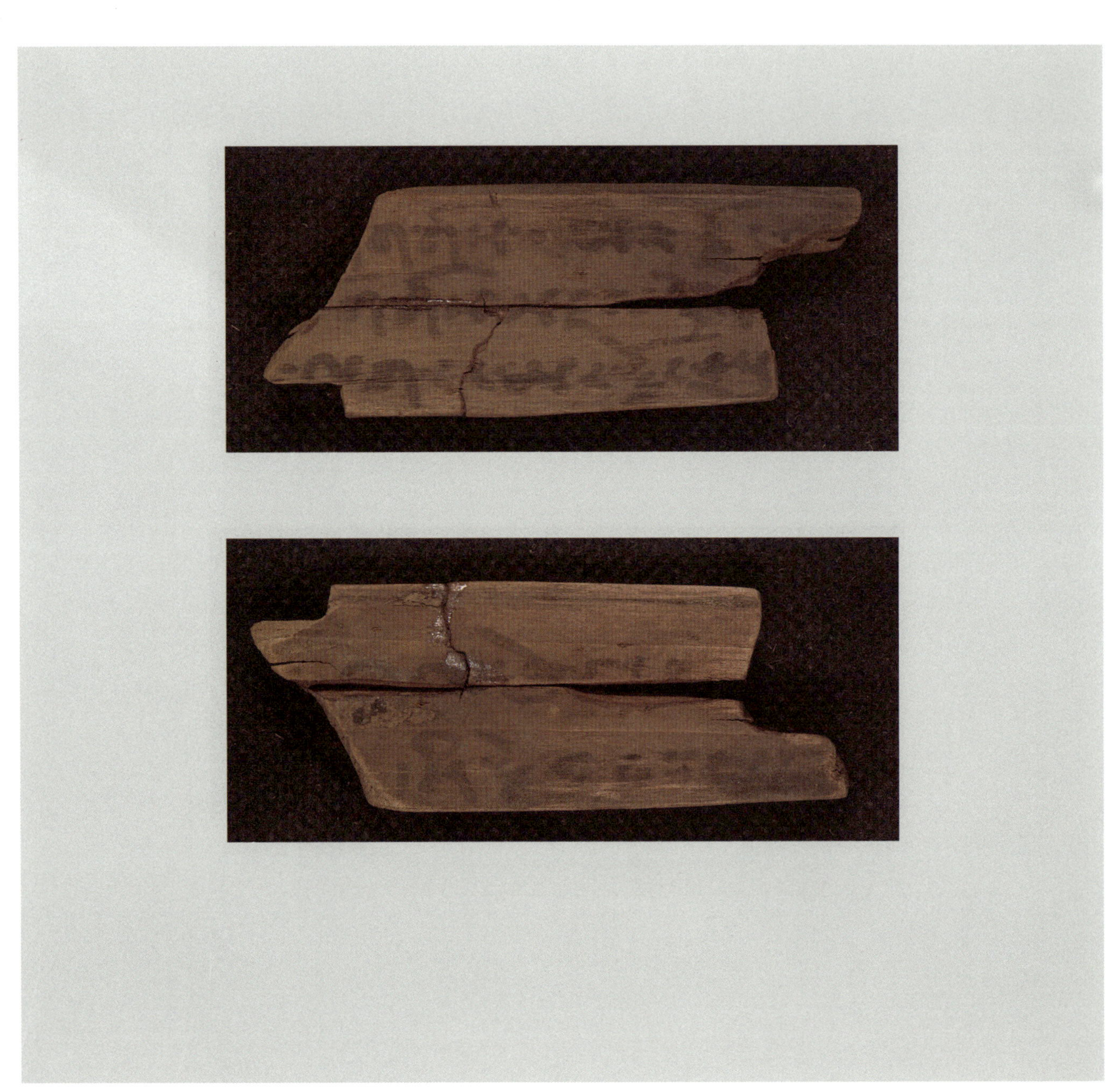

BH3−161

木简残片，5.6×1.9厘米。

BH3-162

木简残片，4.7×2.0厘米。

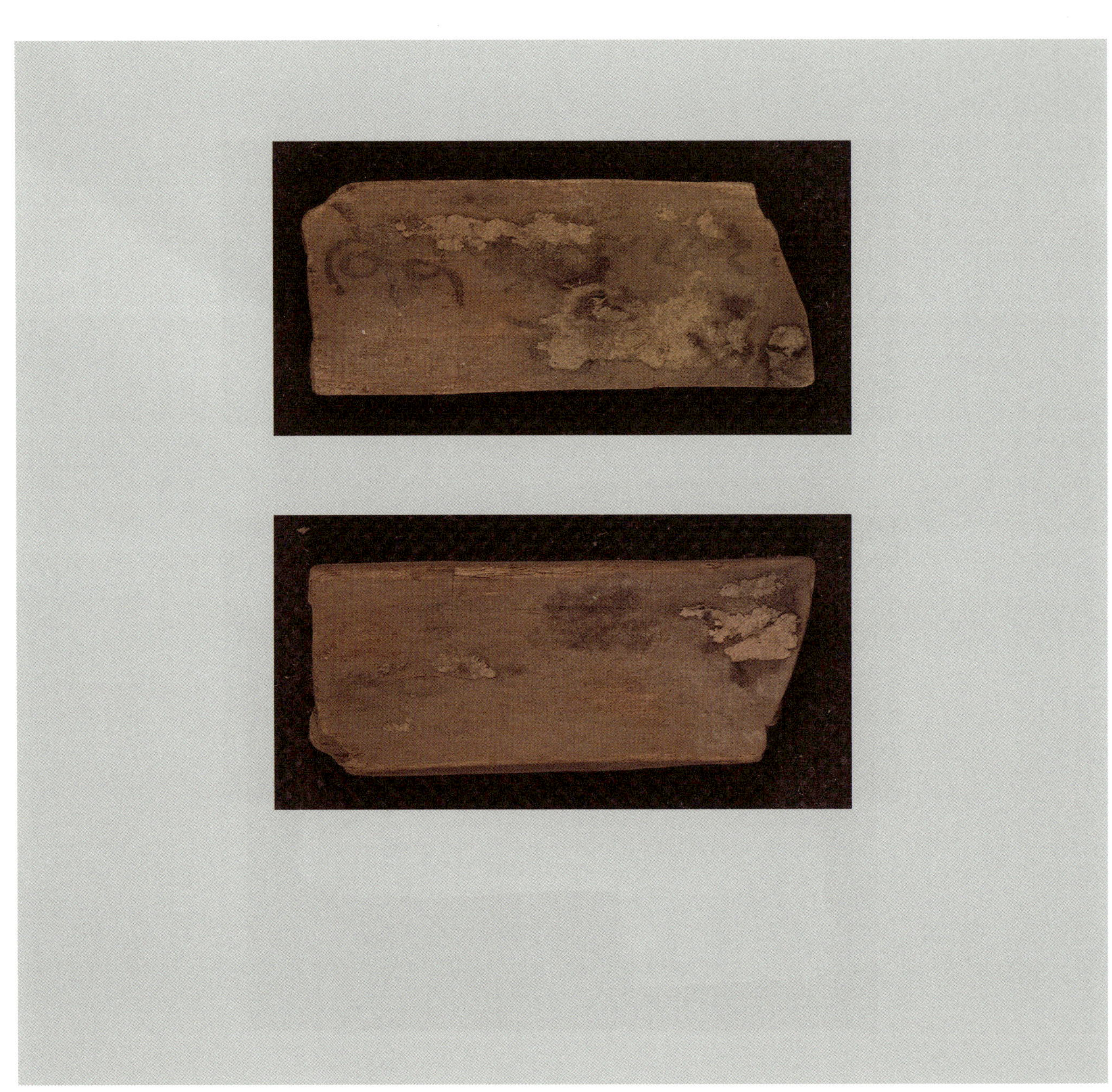

BH3-163

木简残片，5.2×2.0厘米。

BH3-164

木简残片，5.2×1.4厘米。入馆时已有粘连痕迹。

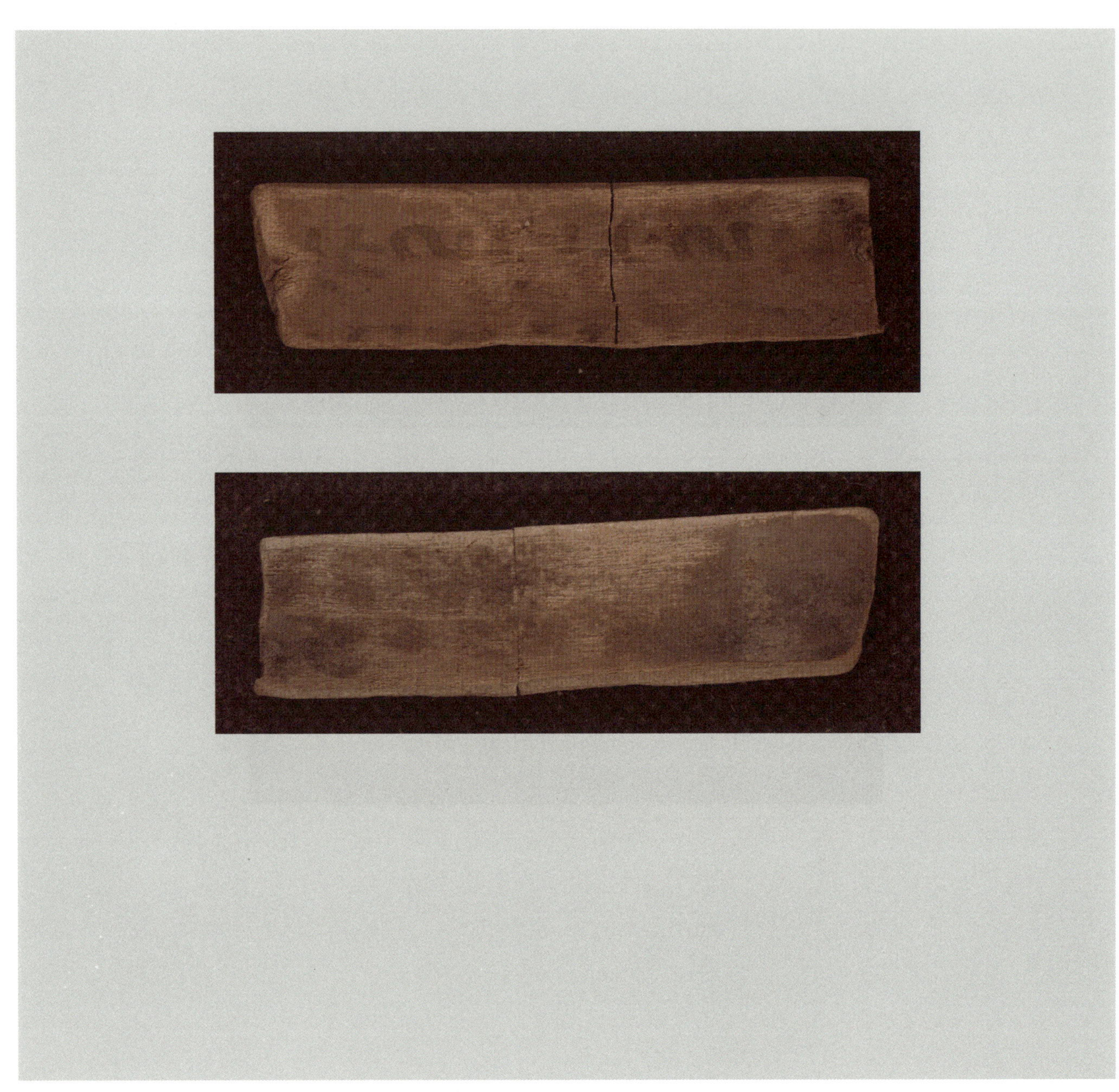

BH3–165

木简残片，4.8×2.0厘米。

BH3-166

木简残片，5.6×1.8厘米。入馆时已有粘连痕迹。

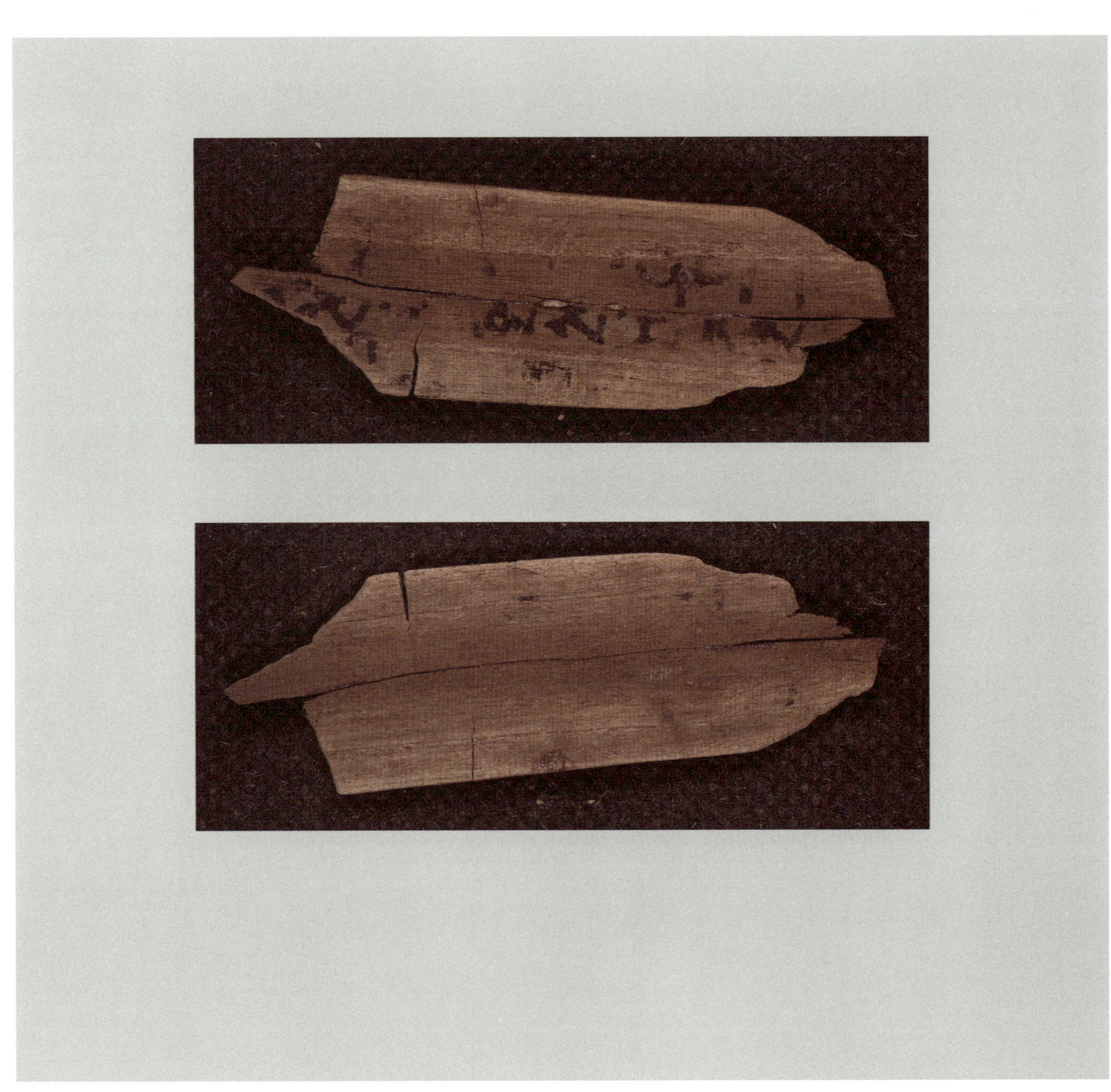

BH3-167

木简残片，5.2×2.1厘米。入馆时已有粘连痕迹。

BH3-168

木简残片，4.9×2.2厘米。入馆时已有粘连痕迹。

BH3–169

木简残片，4.7×2.1厘米。

BH3-170

木简残片，4.5×1.9厘米。

BH3-171

木简残片，4.5×2.5厘米。

BH3-172

木简残片，4.3×1.7厘米。入馆时已有粘连痕迹。

BH3-173

木简残片，4.3×1.9厘米。

BH3-174

木简残片，4.5×2.2厘米。

BH3-175

木简残片，4.1×2.1厘米。入馆时已有粘连痕迹。

BH3—176

木简残片，3.4×2.1厘米。

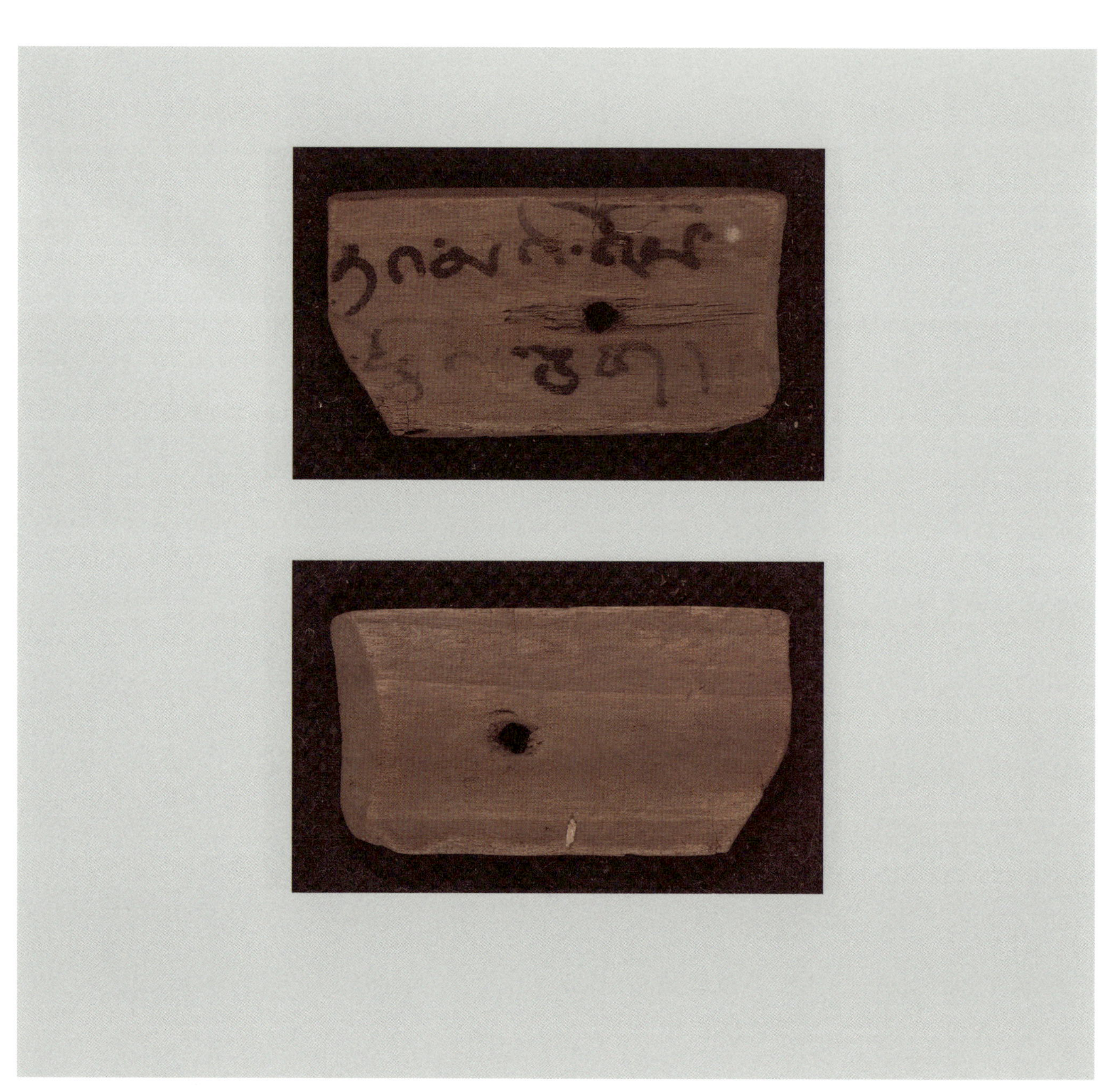

BH3-177

木简残片，4.4×1.6厘米。

BH3-178

木简残片，4.5×2.5厘米。

BH3-179

木简残片，3.9×1.9厘米。入馆时已有粘连痕迹。

BH3-180

木简残片，5.4×2.3厘米。

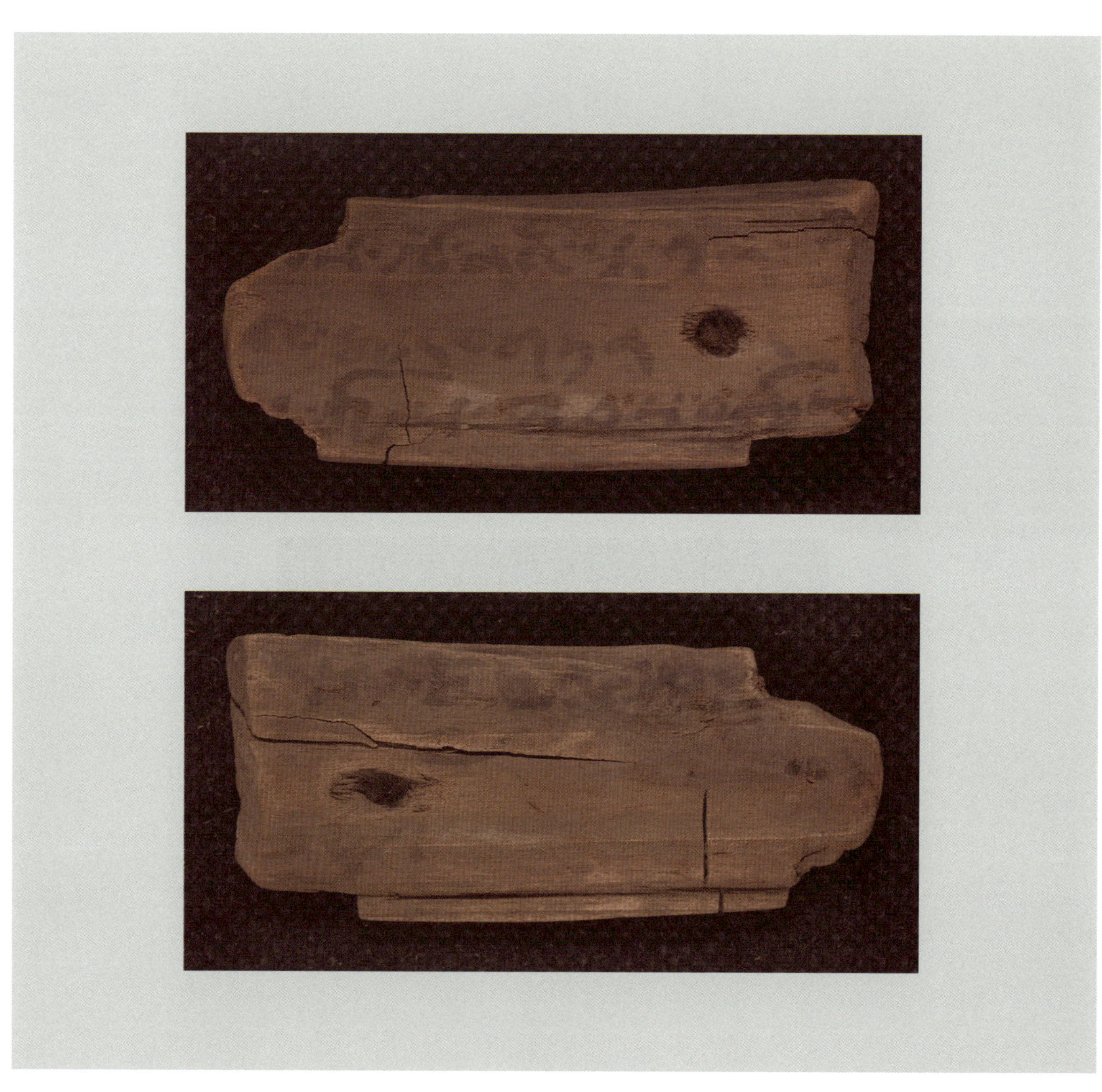

BH3–181

木简残片，4.7×2.3厘米。入馆时已有粘连痕迹。

BH3-182

木简残片，4.5×1.4厘米。入馆时已有粘连痕迹。

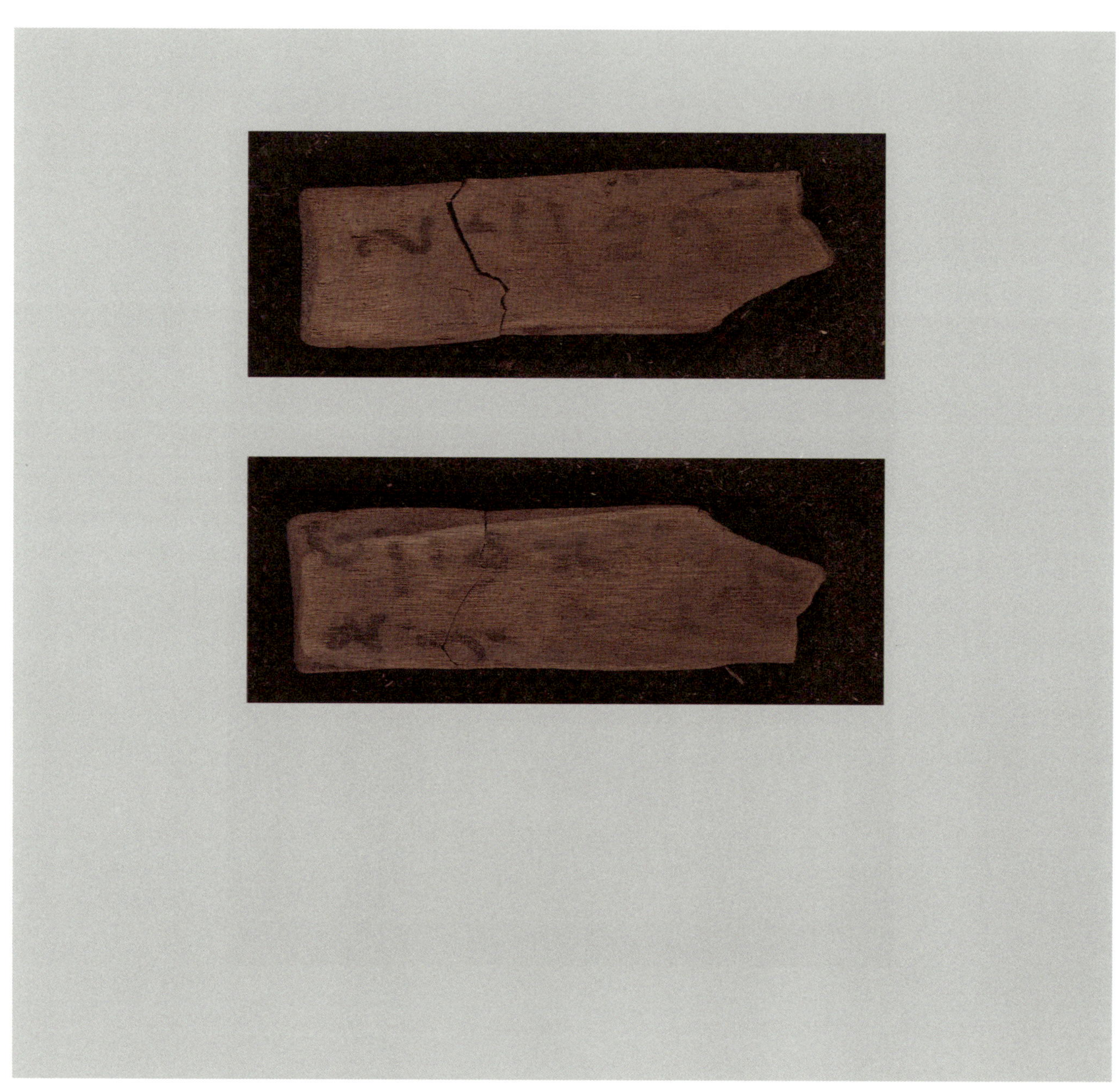

BH3-183

木简残片，4.6×2.4厘米。入馆时已有粘连痕迹。

BH3-184

木简残片，4.1×2.1厘米。

BH3-186

木简残片，4.1×1.8厘米。

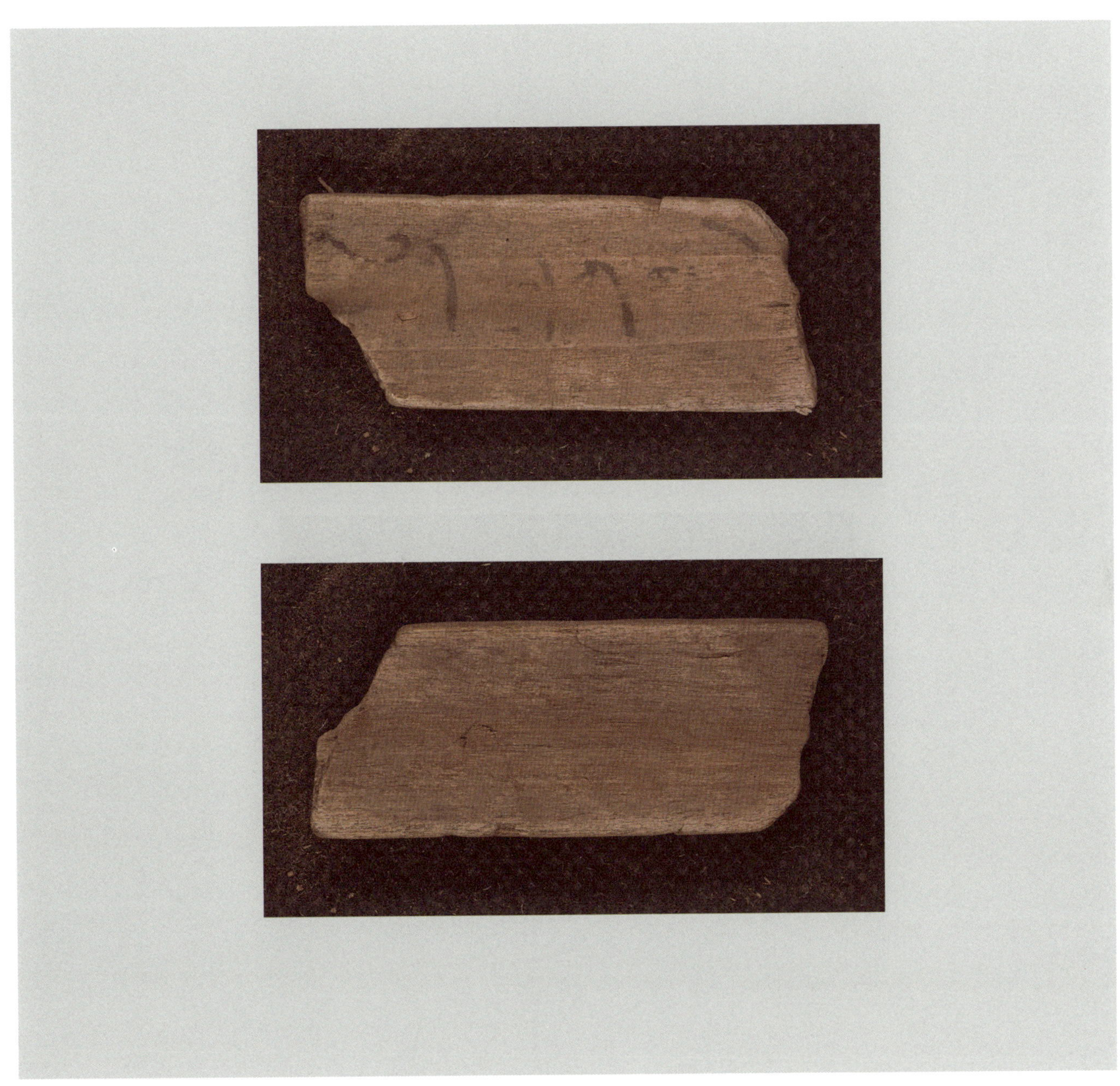

BH3—187

木简残片，4.0×1.9厘米。

BH3-188

木简残片，4.2×2.0厘米。

BH3-189

木简残片，3.7×2.1厘米。

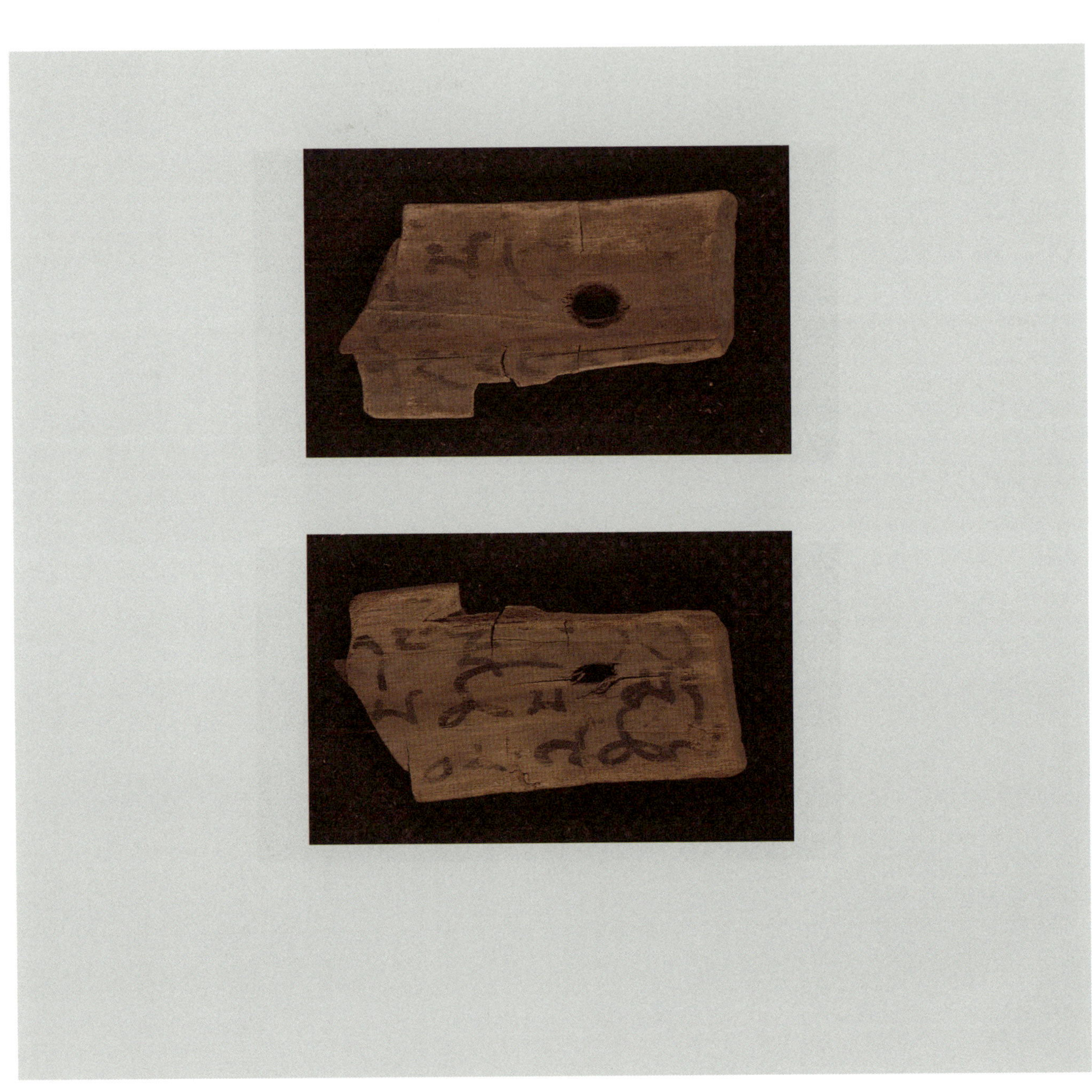

BH3-190

木牍残片，4.4×1.9厘米。

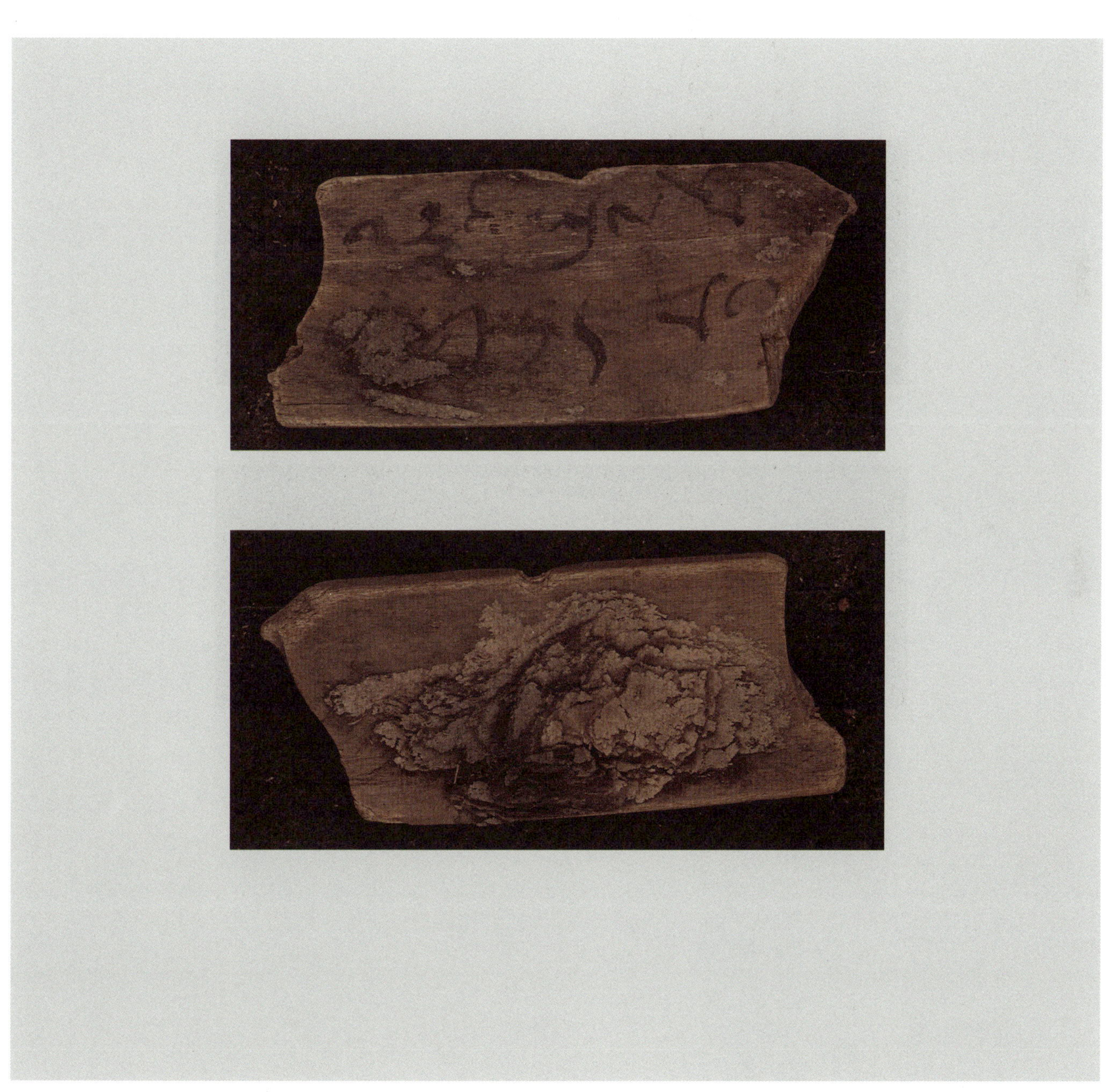

BH3-191

木简残片，4.8×1.2厘米。

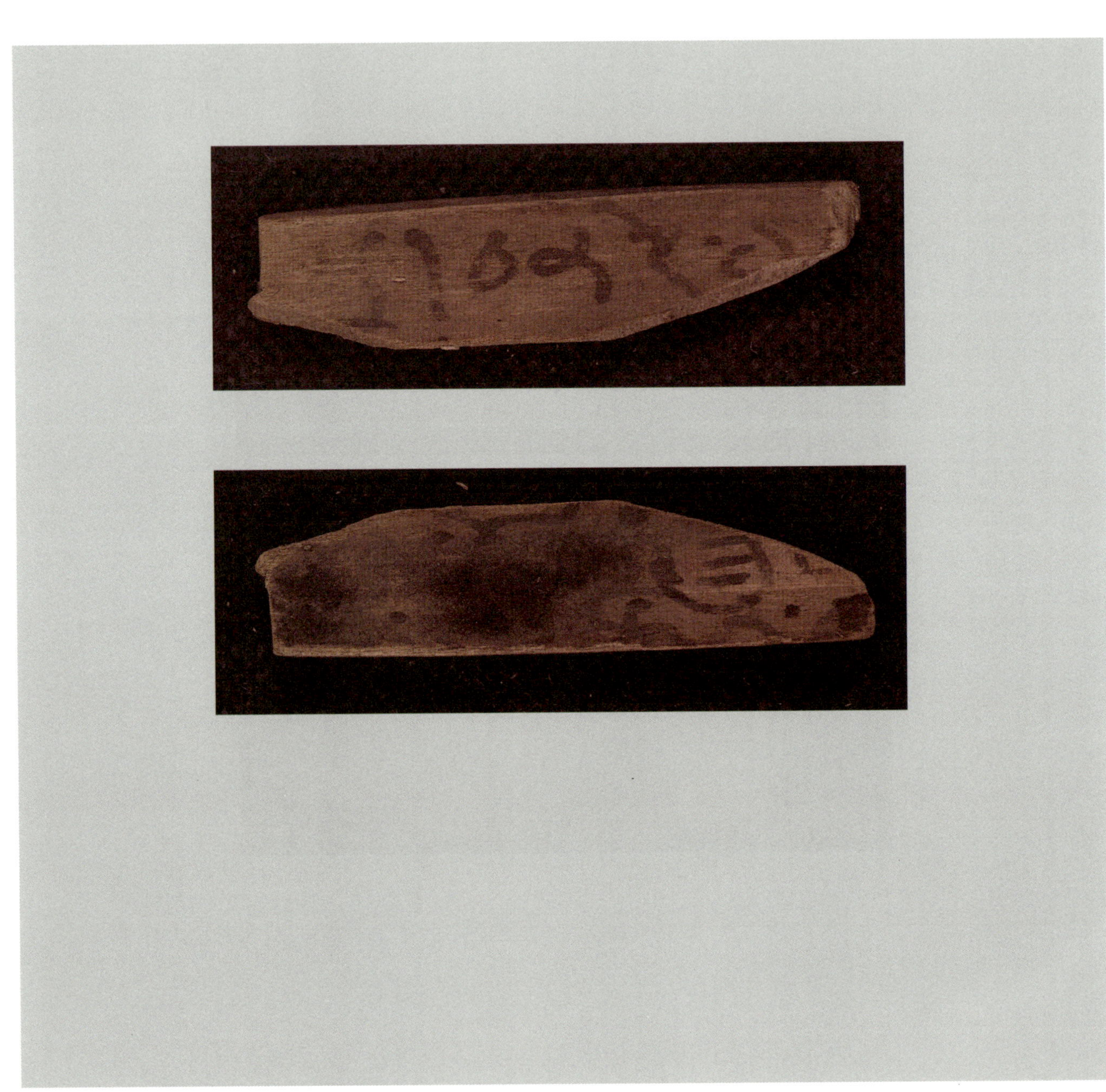

BH3-192

木简残片，3.5×2.3厘米。

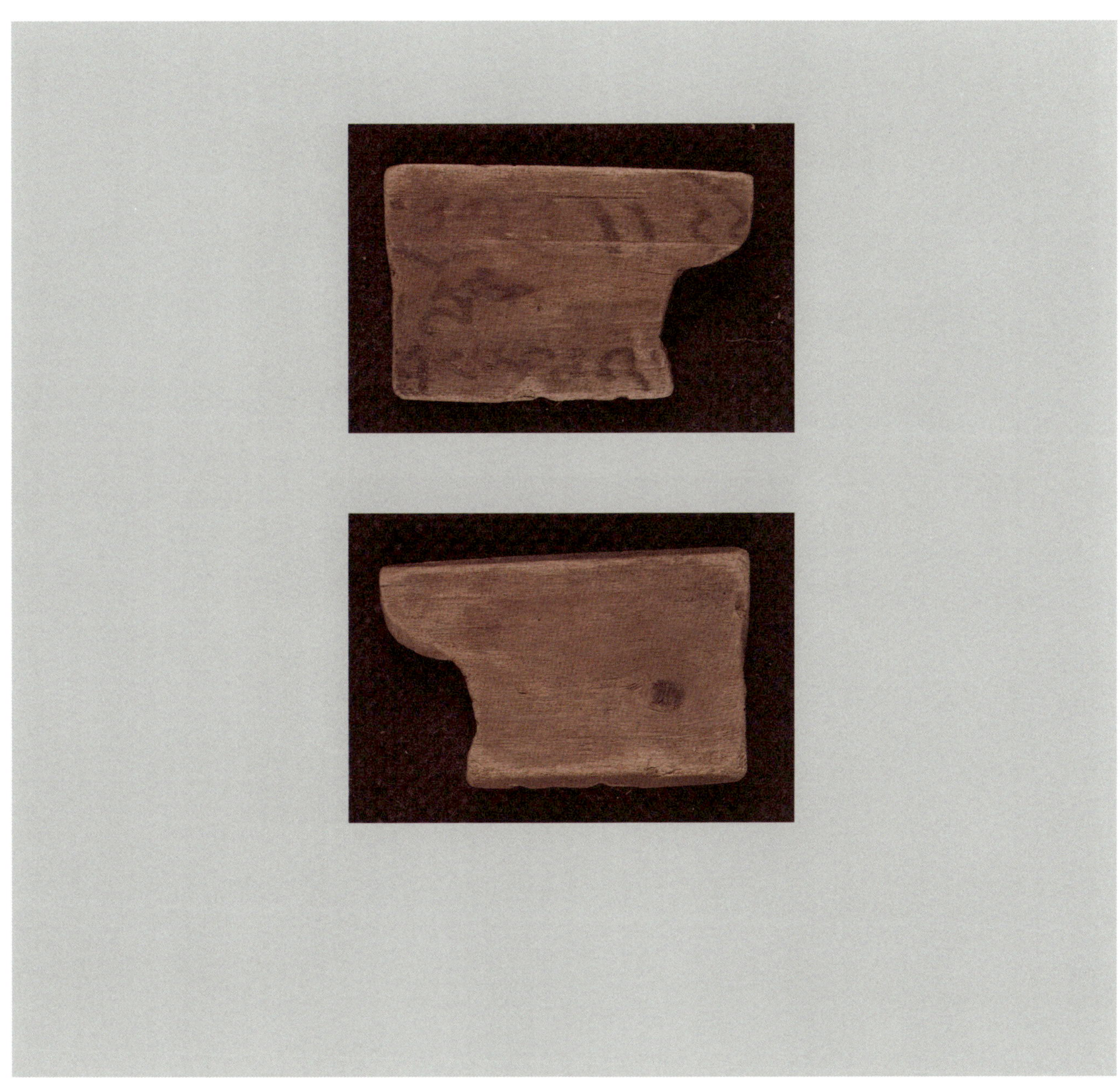

BH3–193

木简残片，3.7×1.7厘米。

BH3-194

木简残片，3.7×1.6厘米。

BH3–195

木简残片，3.7×2.4厘米。

BH3–196

木简残片，4.1×2.2厘米。

BH3-197

木牍残片，4.0×2.0厘米。

BH3-198

木简残片，3.6×1.1厘米。

BH3-199

木简残片，3.8×2.2厘米。

BH3－200

木简残片，4.3×1.7厘米。

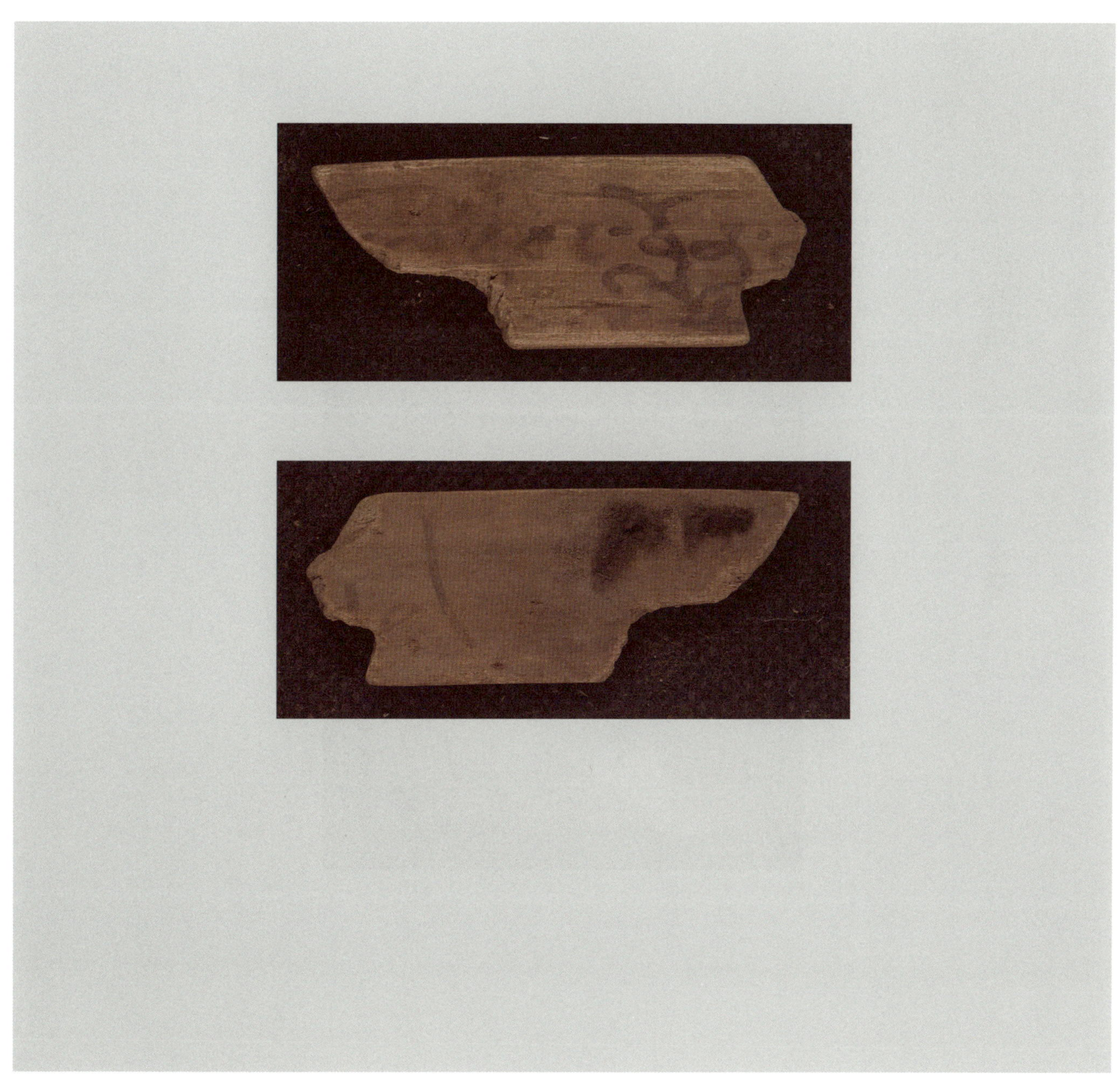

BH3-201

木简残片，3.5×2.2厘米。

BH3–202

木简残片，3.9×1.4厘米。

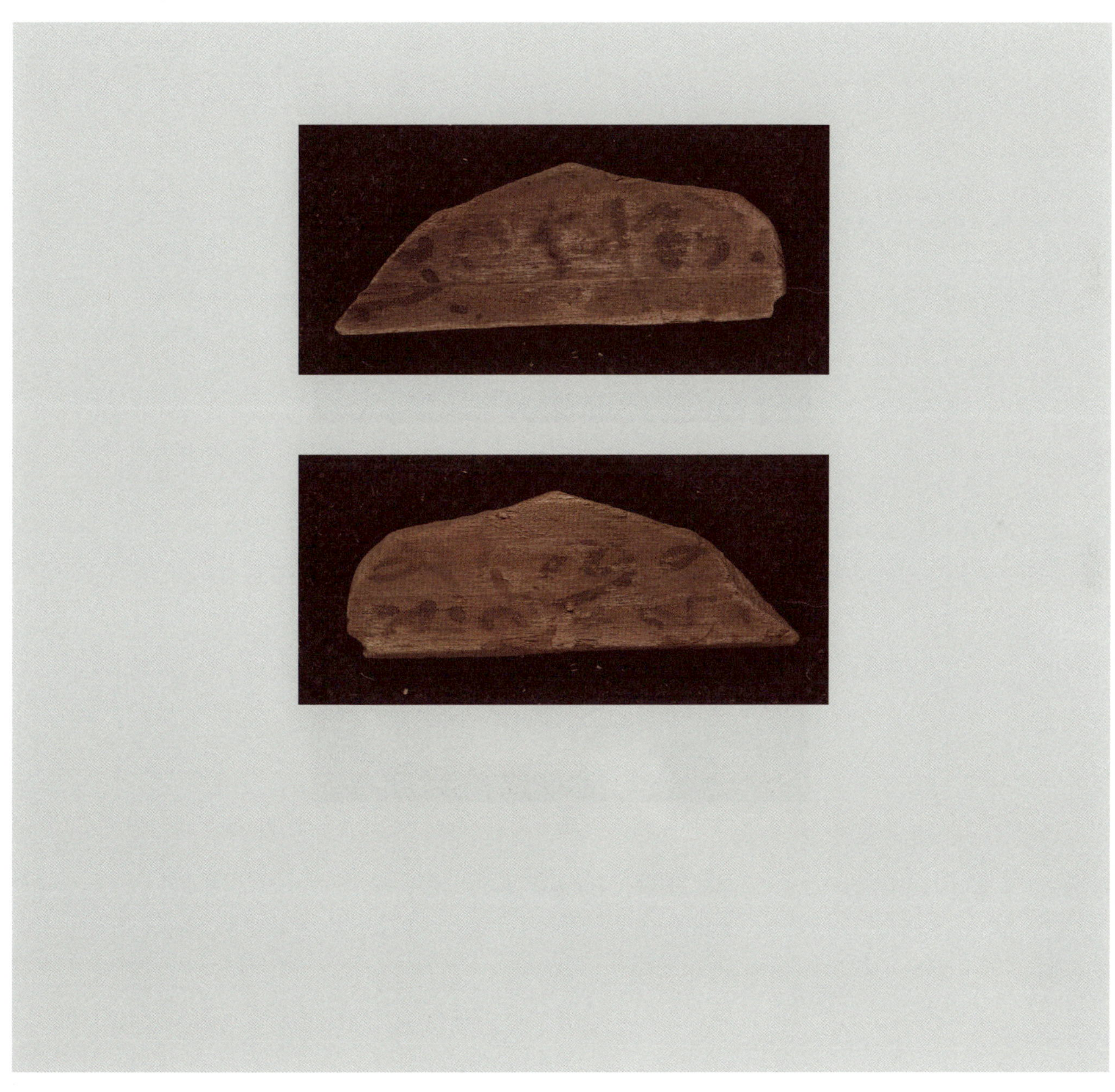

BH3–203

木简残片，3.8×2.1厘米。

BH3−204

木简残片，3.3×2.4厘米。

BH3–205

木简残片，3.7×2.0厘米。

BH3-206

木简残片，3.8×2.1厘米。

BH3-207

木简残片，3.7×1.1厘米。

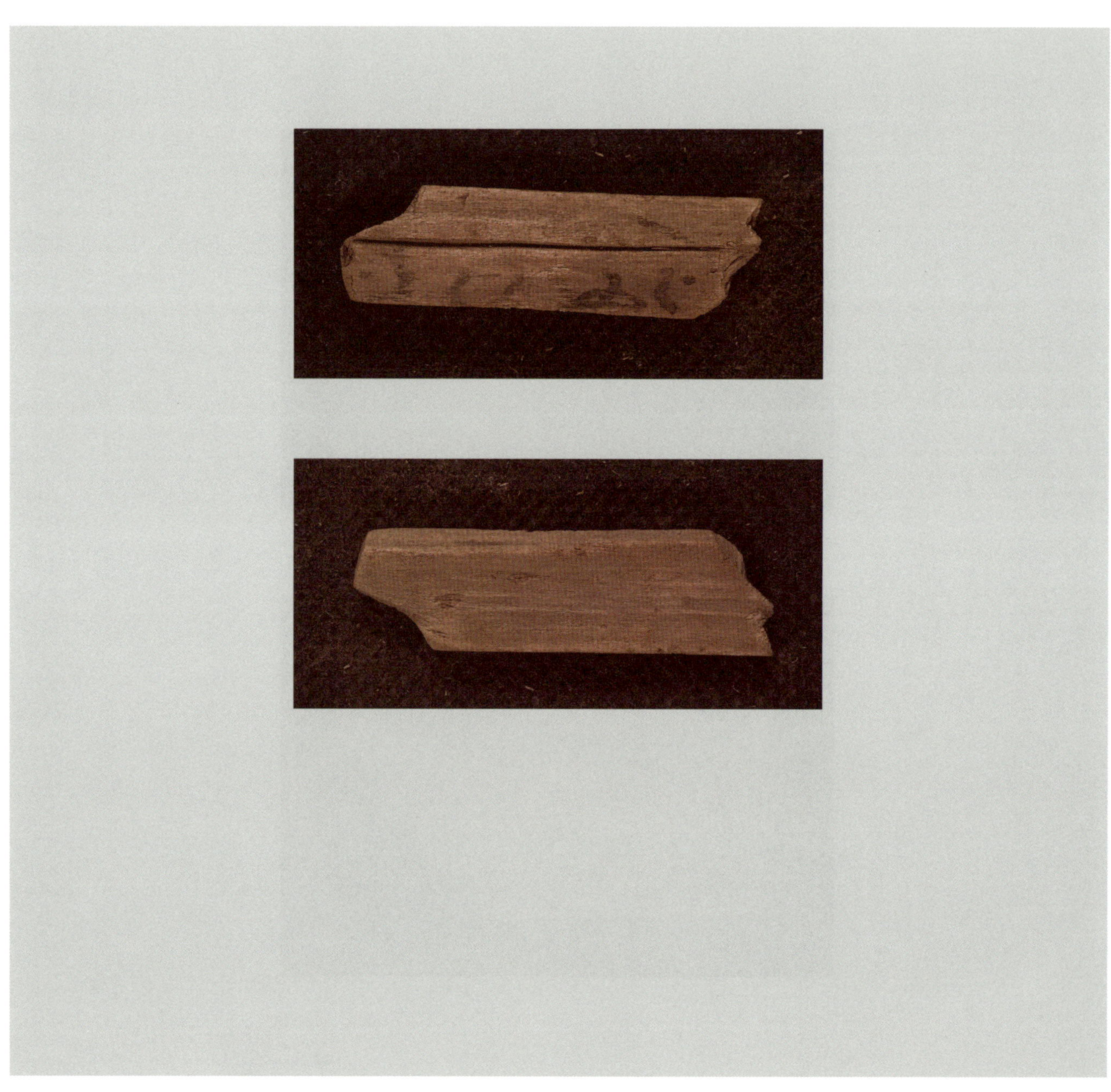

BH3-208

木简残片，4.6×1.6厘米。

BH3-209

木简残片，3.6×2.2厘米。

BH3-210

木简残片，3.4×2.5厘米。

BH3-211

木简残片，3.7×1.8厘米。

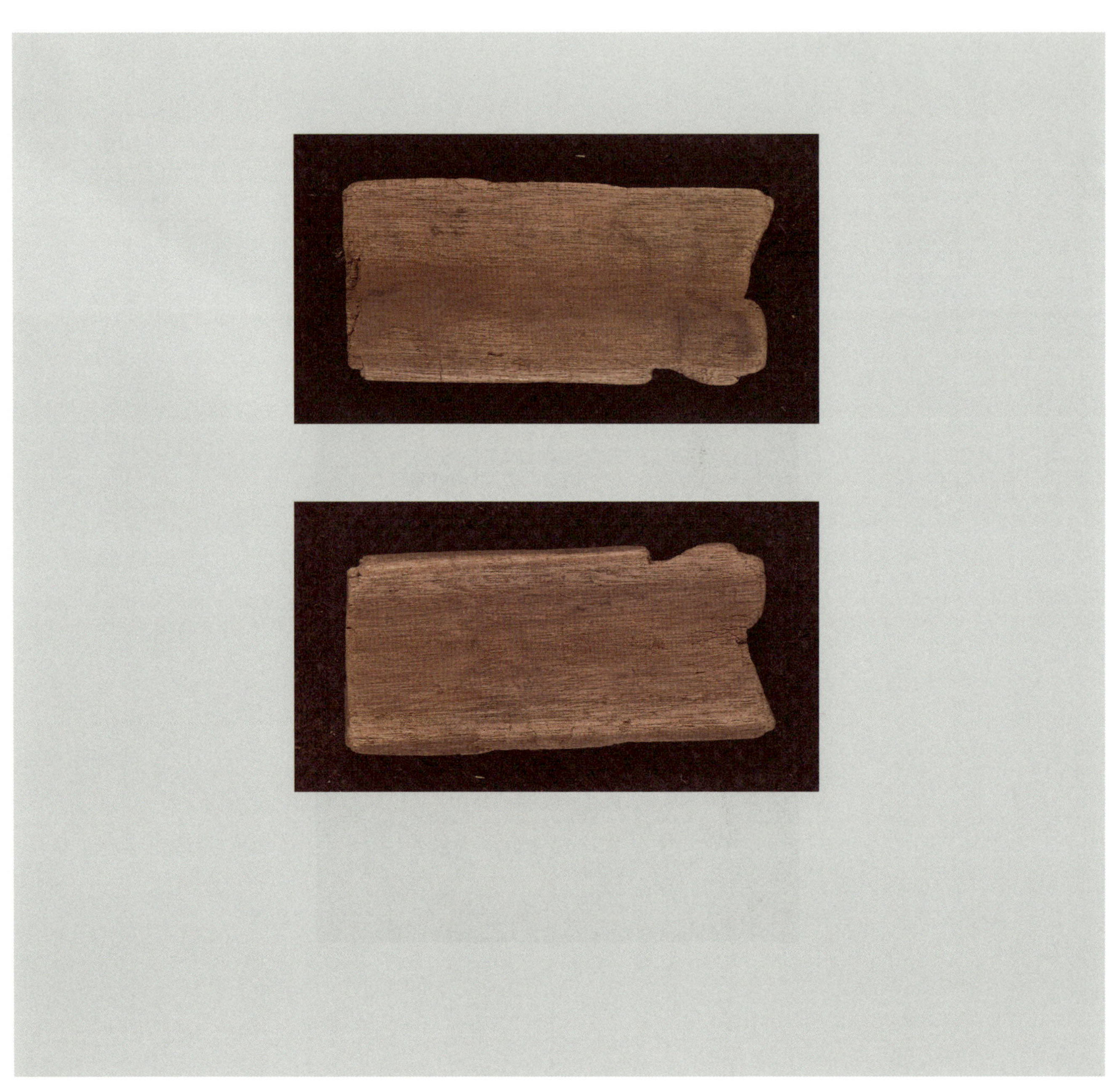

BH3-212

木简残片，3.0×2.8厘米。

BH3−213

木简残片，3.2×2.4厘米。

BH3-214

木简残片，3.1×2.2厘米。

BH3–215

木简残片，3.7×2.1厘米。

BH3−216

木简残片，4.1×2.0厘米。

BH3-217

木简残片，3.4×2.1厘米。

BH3-218

木简残片，3.7×1.3厘米。

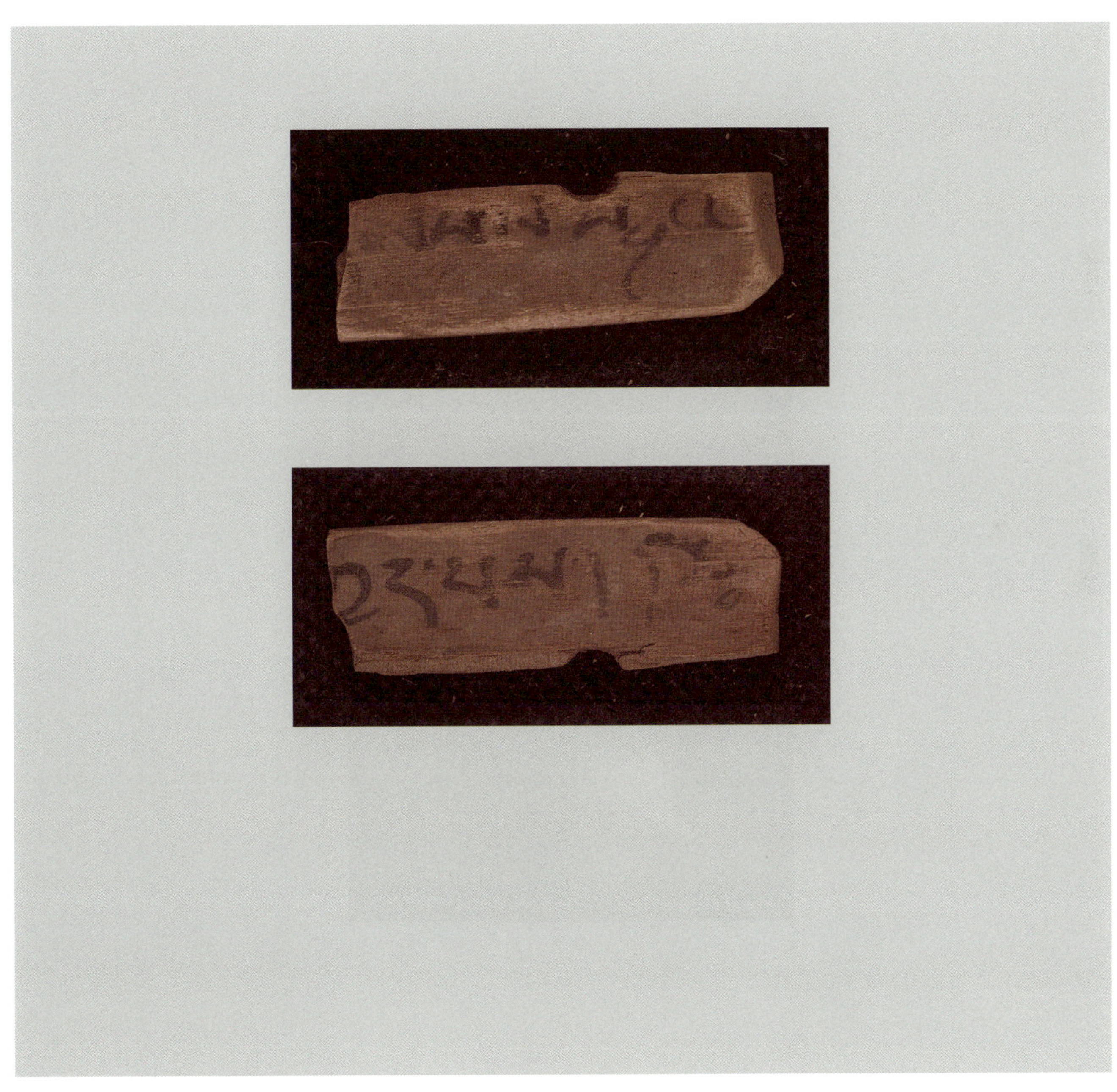

BH3-219

木简残片，3.2×2.4厘米。

BH3-220

木简残片，4.0×2.0厘米。

BH3-221

木简残片，4.1×2.2厘米。

BH3-222

木简残片，3.6×2.1厘米。

BH3-223

木牍残片,3.6×2.0厘米。

BH3-224

木简残片，3.3×2.0厘米。

BH3-225

木简残片，3.4×2.0厘米。

BH3-226

木简残片，3.3×2.0厘米。

BH3-227

木简残片，3.2×1.9厘米。

BH3-228

木简残片，3.8×1.3厘米。

BH3–229

木简残片，3.1×1.9厘米。

BH3–230

木简残片，3.5×2.4厘米。

BH3-231

木简残片，3.4×2.0厘米。

BH3–232

木简残片，3.4×1.9厘米。

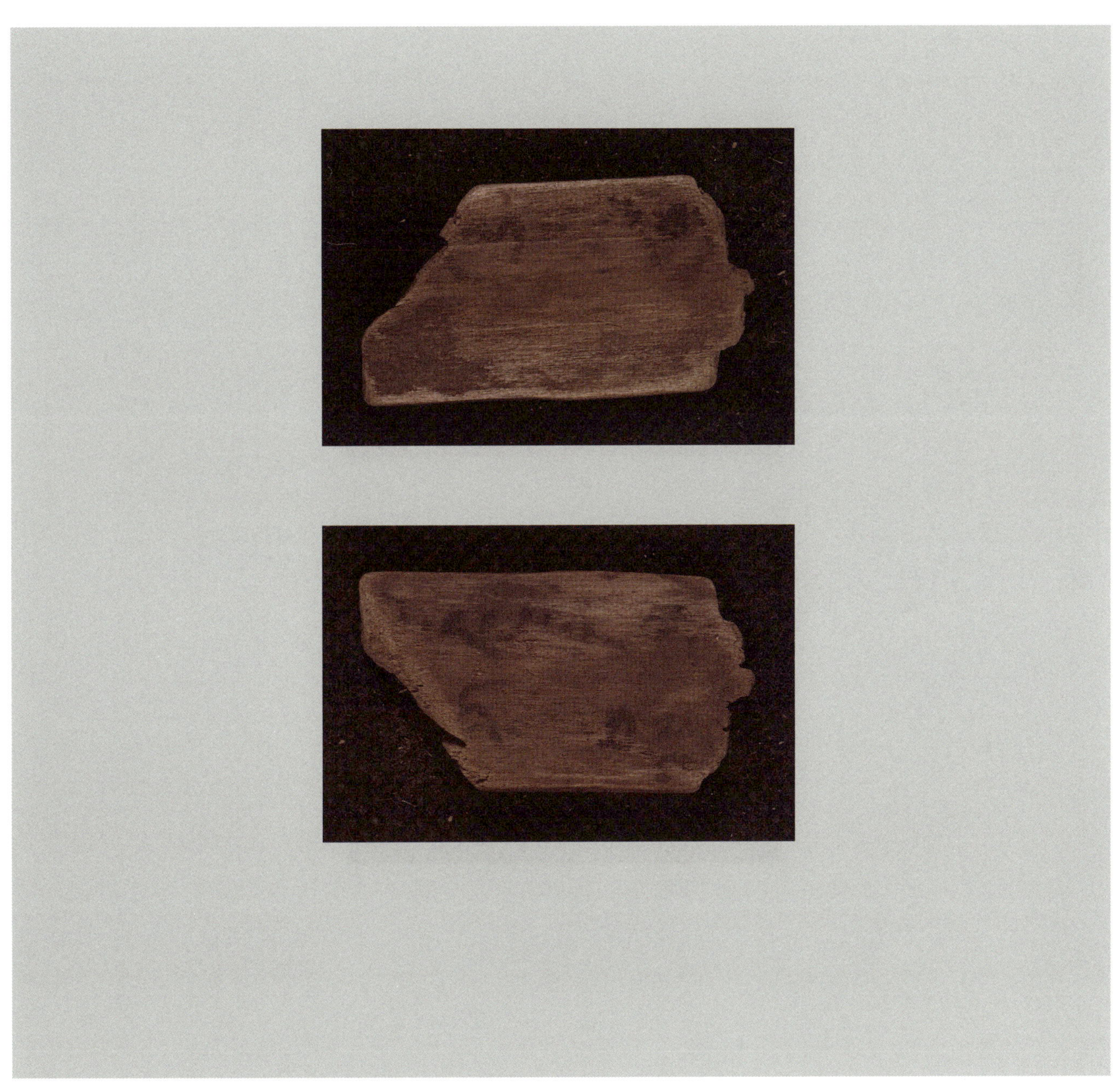

BH3-233

木牍残片，3.0×2.1厘米。

BH3-234

木牍残片，3.2×1.7厘米。

BH3-235

木简残片，3.2×1.7厘米。

BH3-236

木简残片，3.2×2.1厘米。

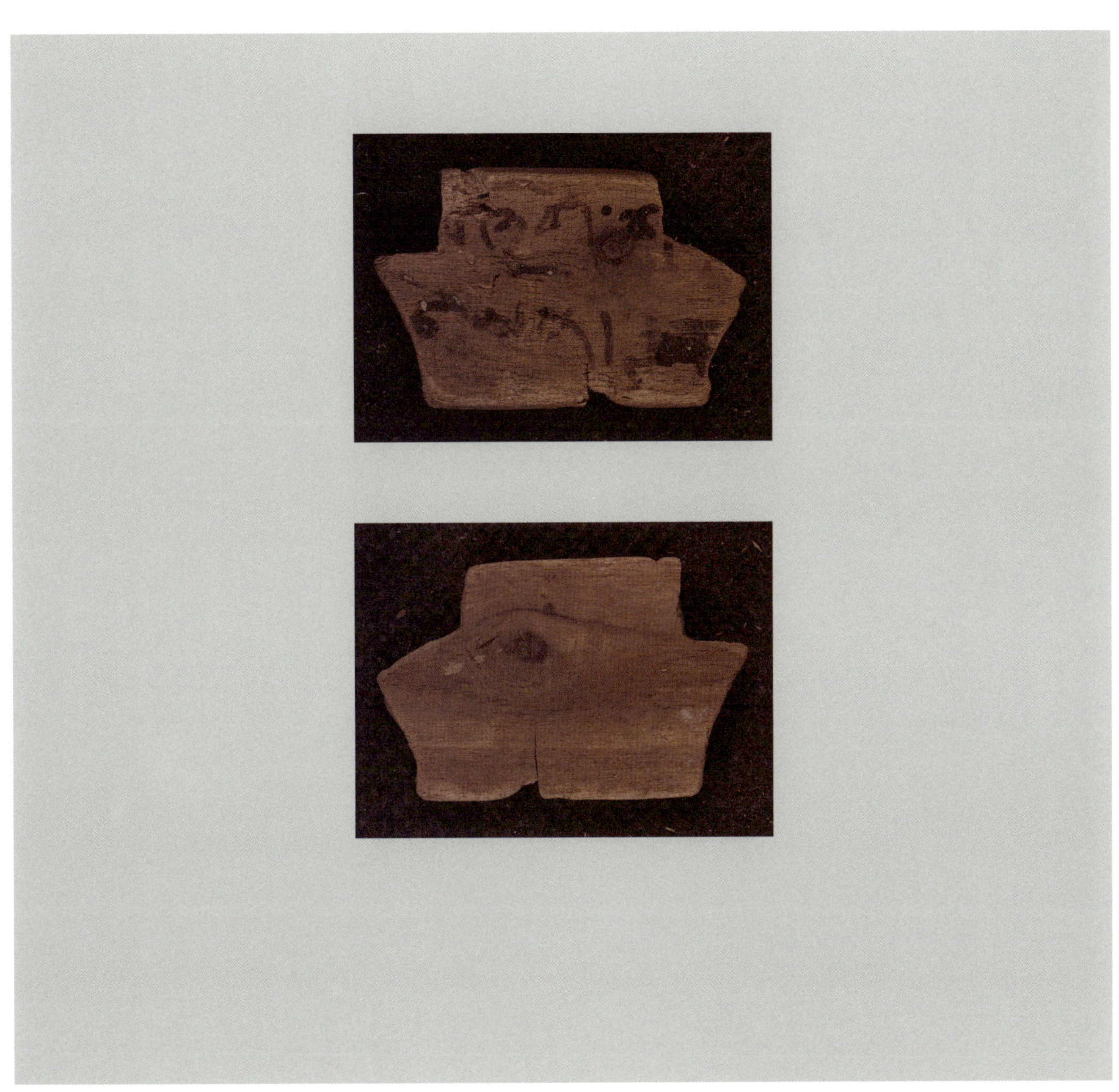

BH3-237

木简残片，2.7×2.1厘米。

BH3−238

木简残片，3.3×1.0厘米。

BH3-239

木简残片，2.7×2.0厘米。

BH3-240

木简残片，3.0×1.1厘米。

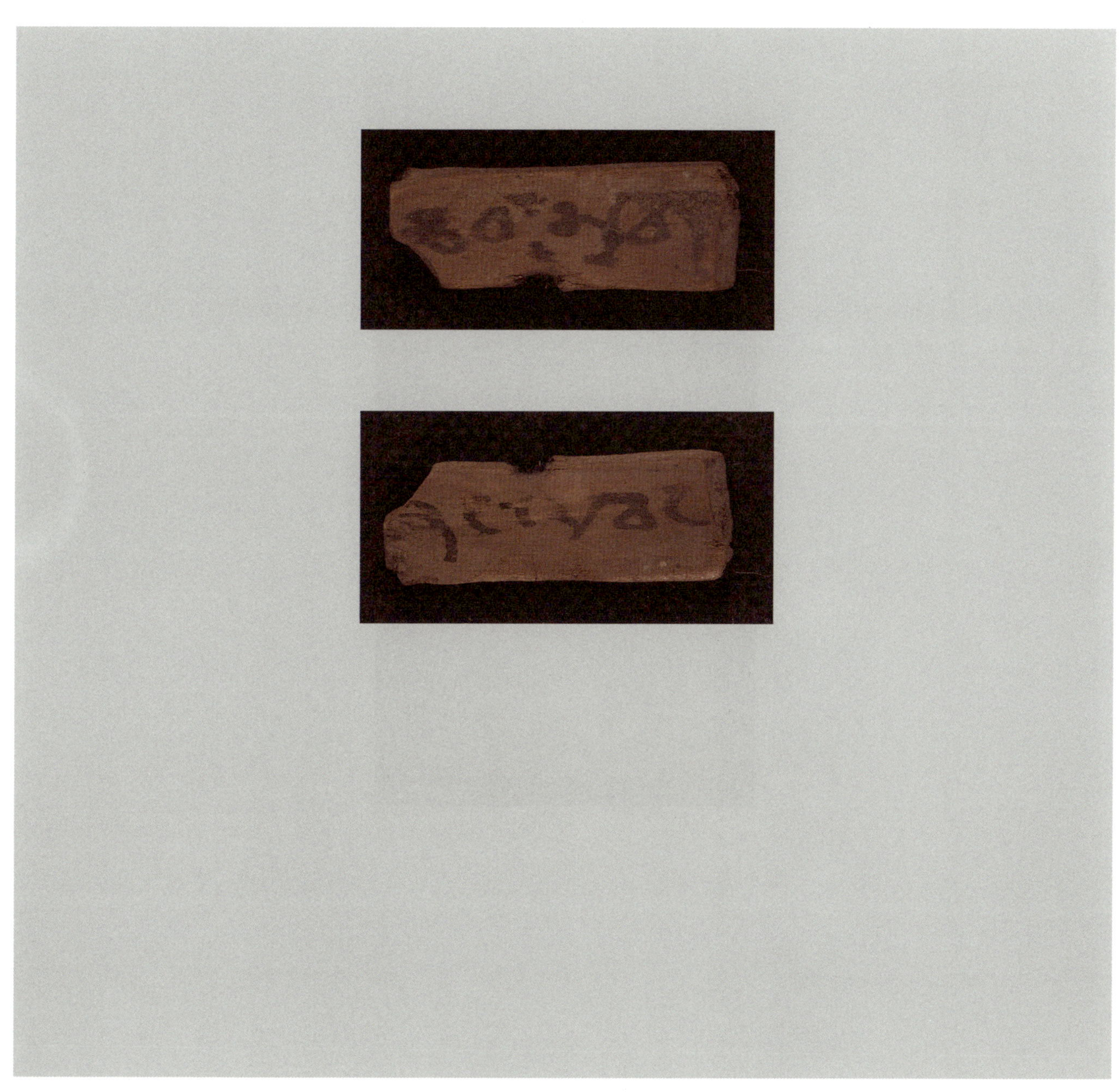

BH3-241

木简残片，2.6×2.1厘米。

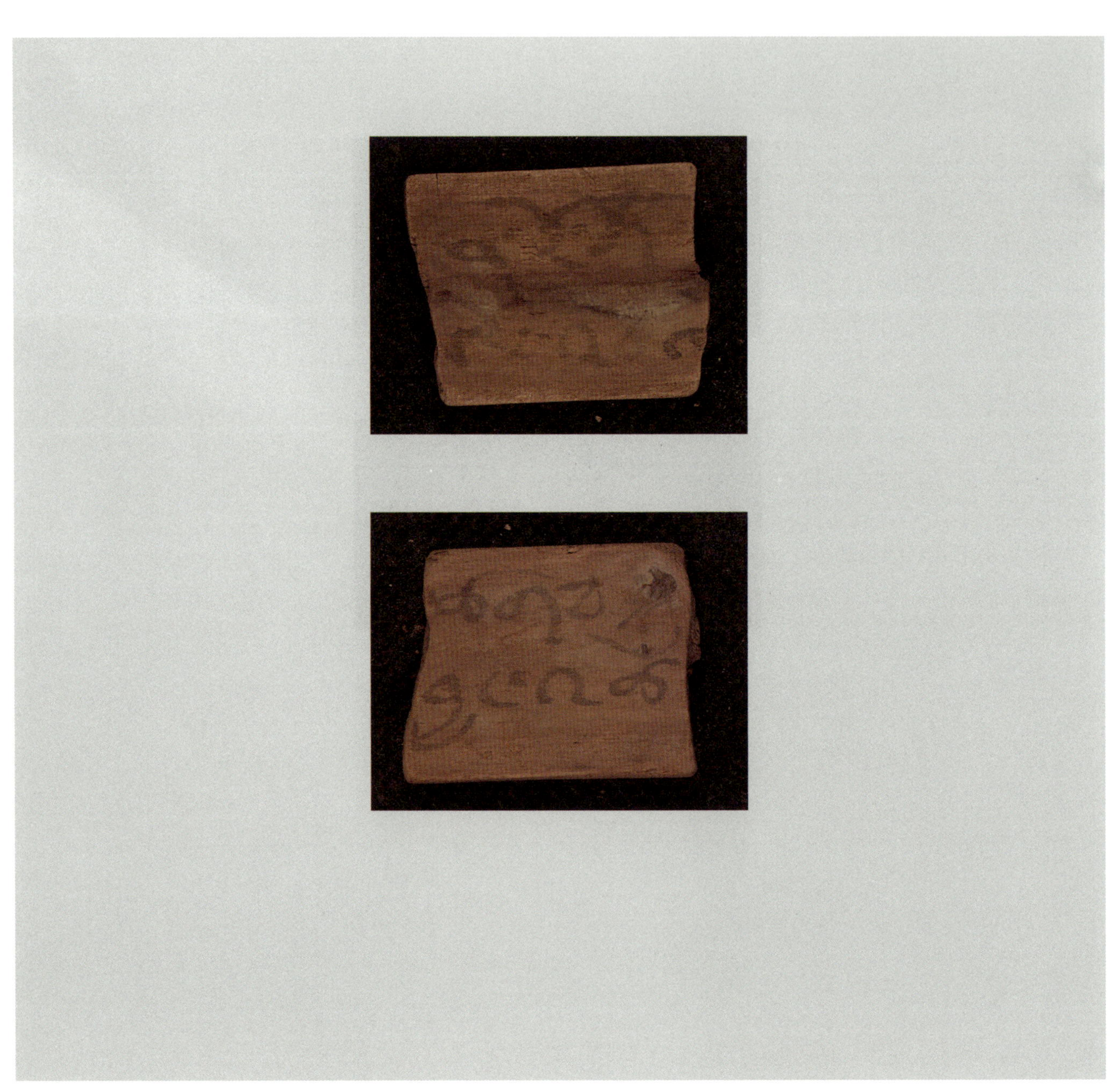

BH3–242

木简残片，2.5×2.1厘米。

BH3-243

木简残片，3.0×1.8厘米。

BH3-244

木简残片，2.6×2.5厘米。

BH3–245

木简残片，2.8×1.1厘米。

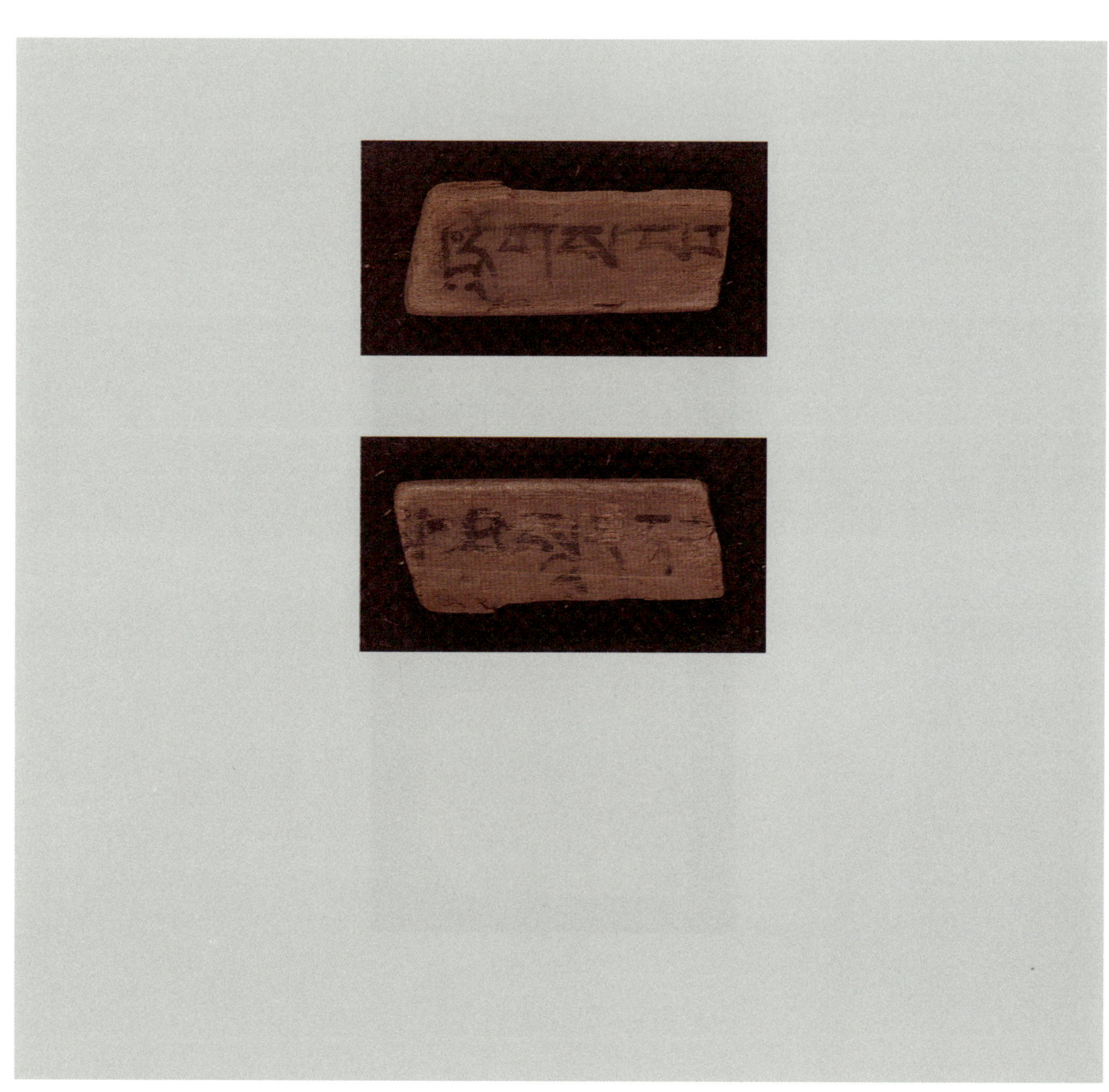

BH3-246

木简残片，2.8×1.1厘米。

BH3-247

木简残片，2.9×1.1厘米。

BH3−248

木简残片，2.7×2.0厘米。

BH3-249

木简残片，2.7×2.1厘米。

BH3-250

木简残片，4.0×2.0厘米。

BH3-251

木简残片，2.8×2.2厘米。

BH3–252

木简残片，2.4×1.9厘米。

BH3-253

木简残片，2.8×2.0厘米。

BH3–254

木简残片，2.5×1.3厘米。

BH3–255

木简残片，2.7×2.0厘米。

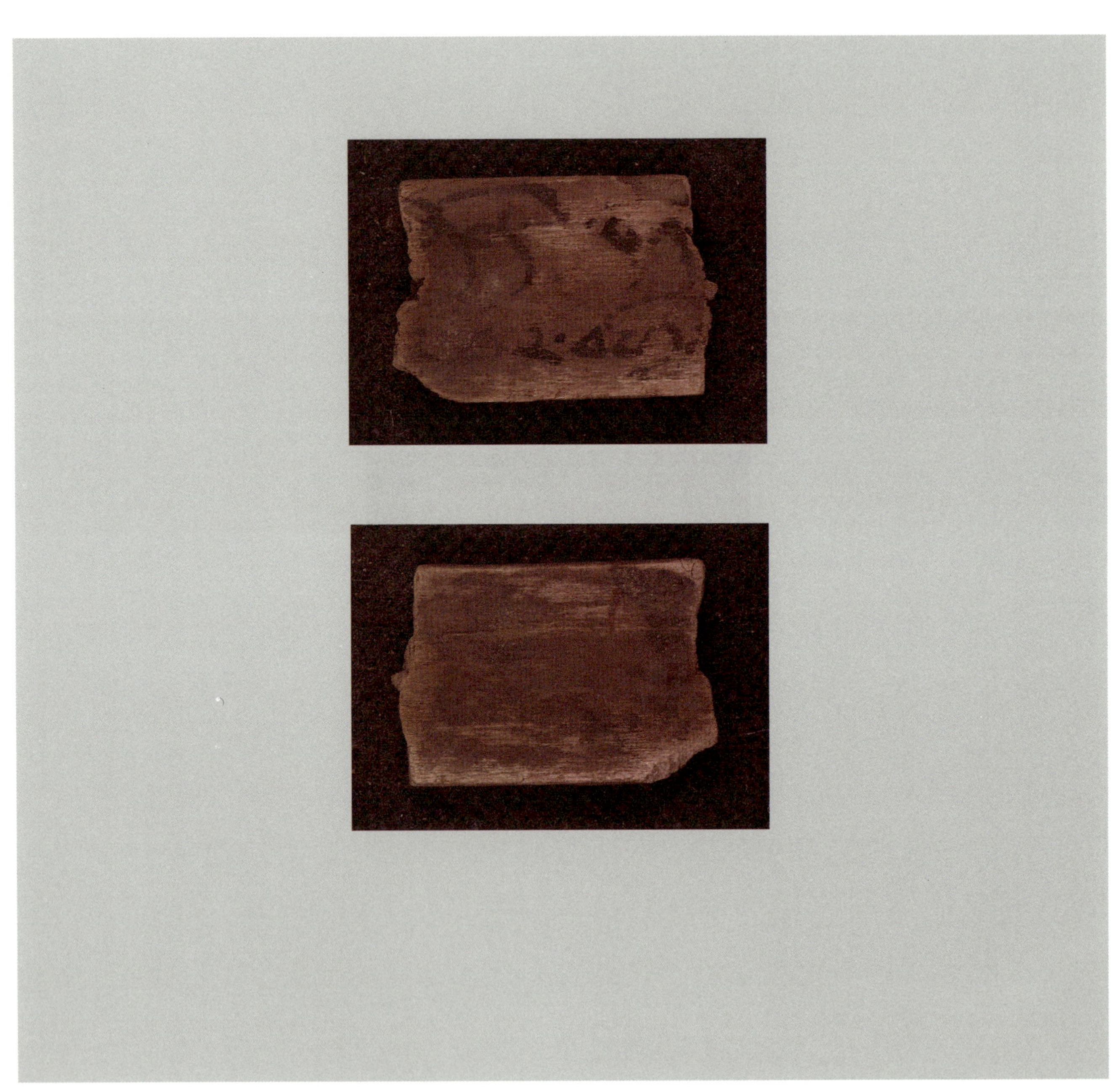

BH3–256

木简残片，2.6×2.0厘米。

BH3-257

木简残片，3.2×1.8厘米。

BH3–258

木简残片，2.7×2.2厘米。

BH3-259

木简残片，3.5×1.3厘米。

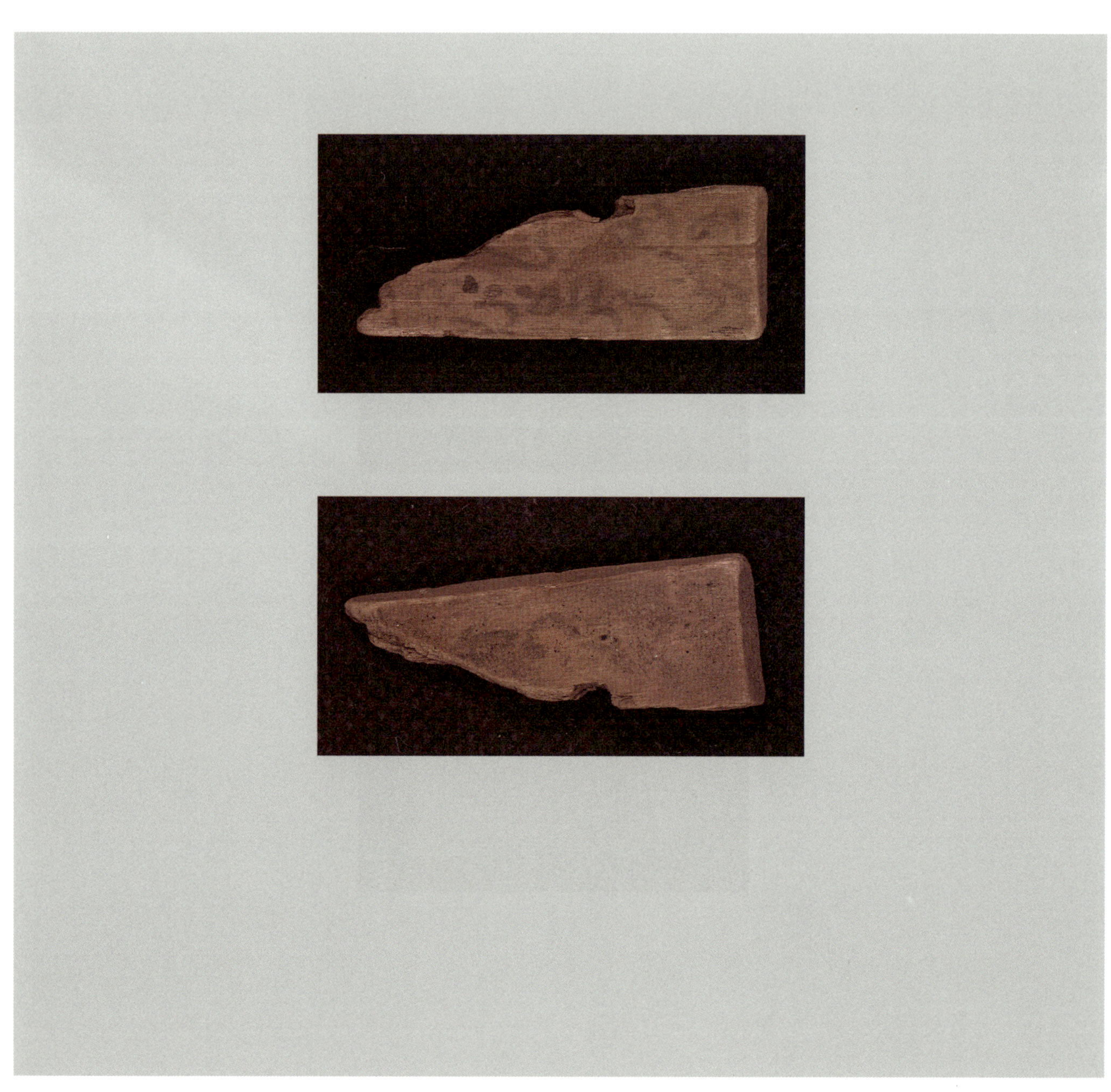

BH3-260

木简残片，2.3×1.8厘米。

BH3-261

木简残片，2.3×2.2厘米。

BH3-262

木简残片，2.6×2.0厘米。

BH3-263

木简残片，2.4×1.1厘米。

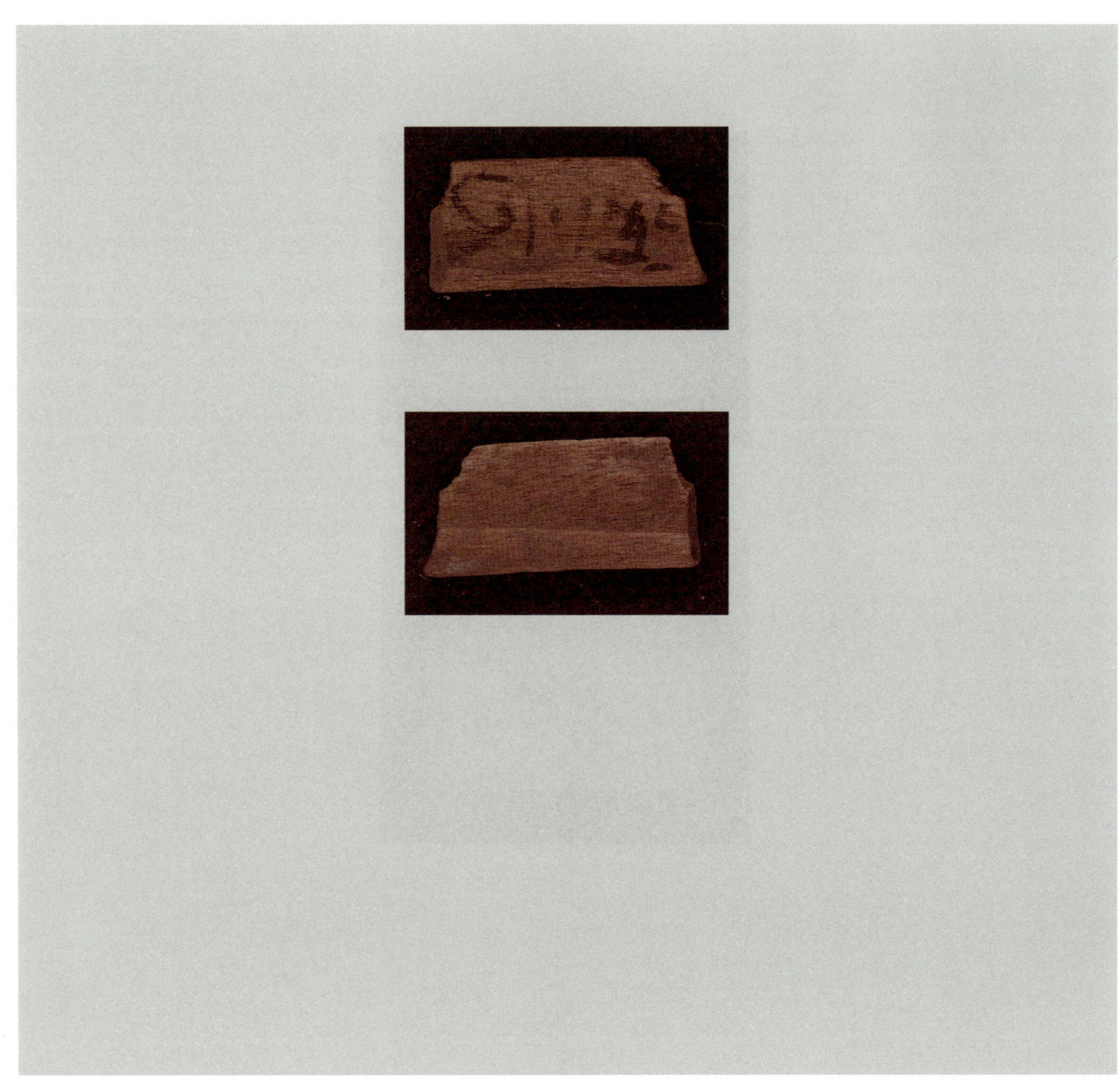

BH3-265

木简残片，2.5×1.2厘米。

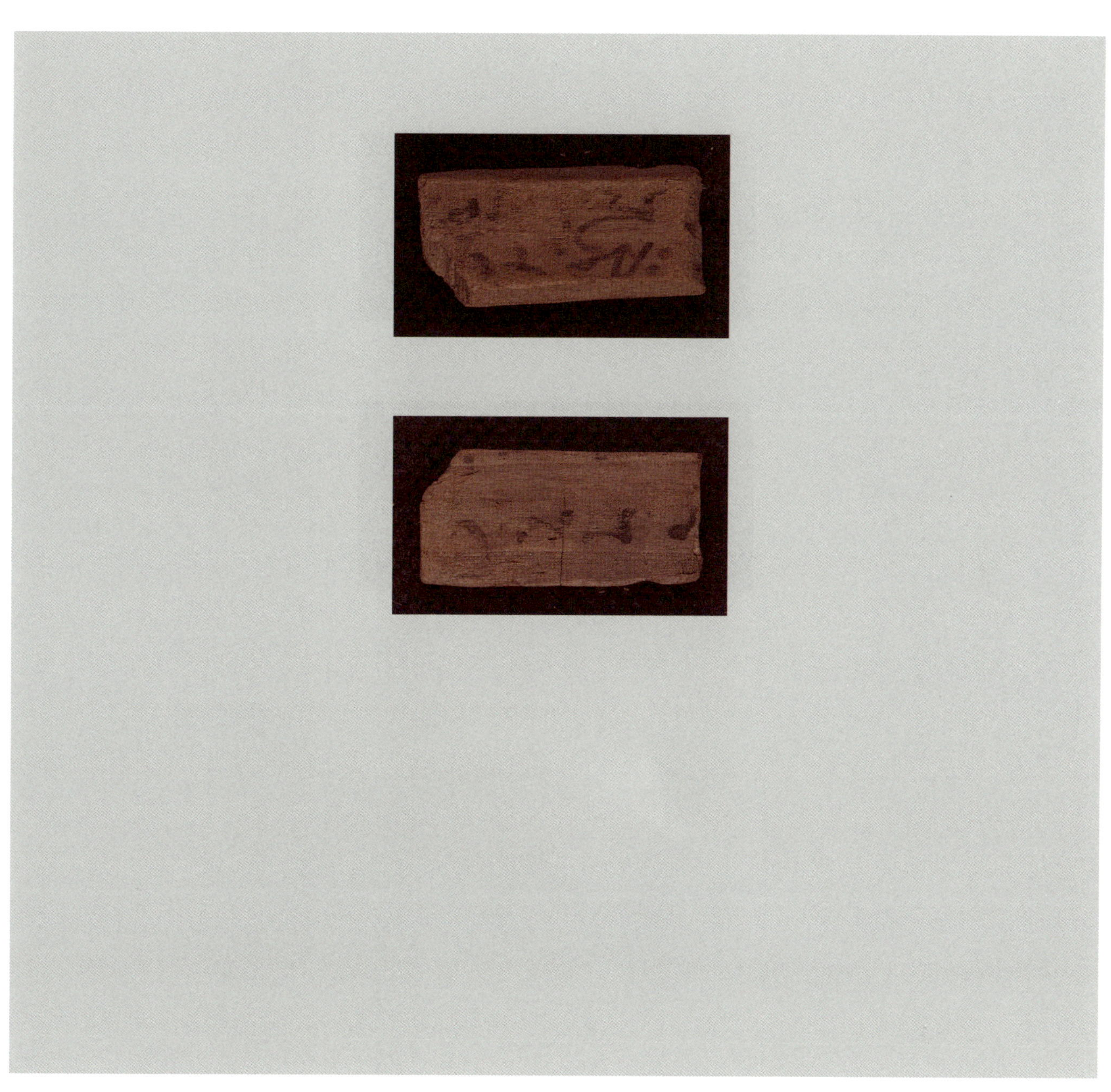

BH3-266

木简残片，2.8×1.1厘米。

BH3-267

木简残片，6.0×1.6厘米。入馆时已有粘连痕迹。

BH3-268

木简残片，4.6×2.1厘米。入馆时已有粘连痕迹。

BH3-269

木简残片，5.2×1.2厘米。入馆时已有粘连痕迹。

BH3-270

木简残片，2.2×2.1厘米。

BH3-271

木简残片，2.3×2.1厘米。

BH3－272

木简残片，4.7×1.4厘米。

BH3-273

木简残片，3.7×1.7厘米。

BH3-274

木简残片，2.3×1.8厘米。

BH3–275

木简残片，2.6×2.0厘米。

BH3-276

木简残片，2.6×1.2厘米。

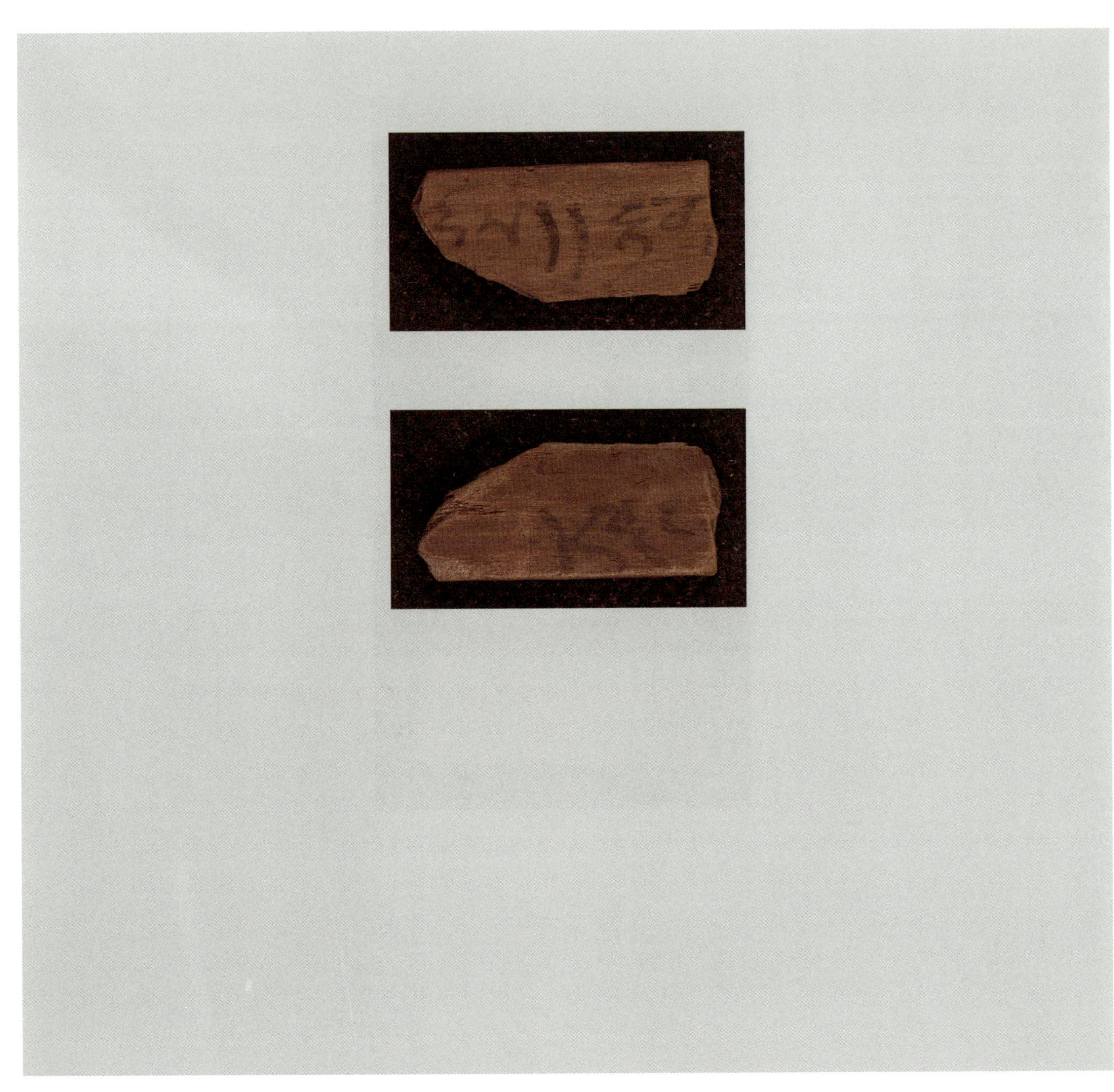

BH3–277

木简残片，2.8×1.2厘米。

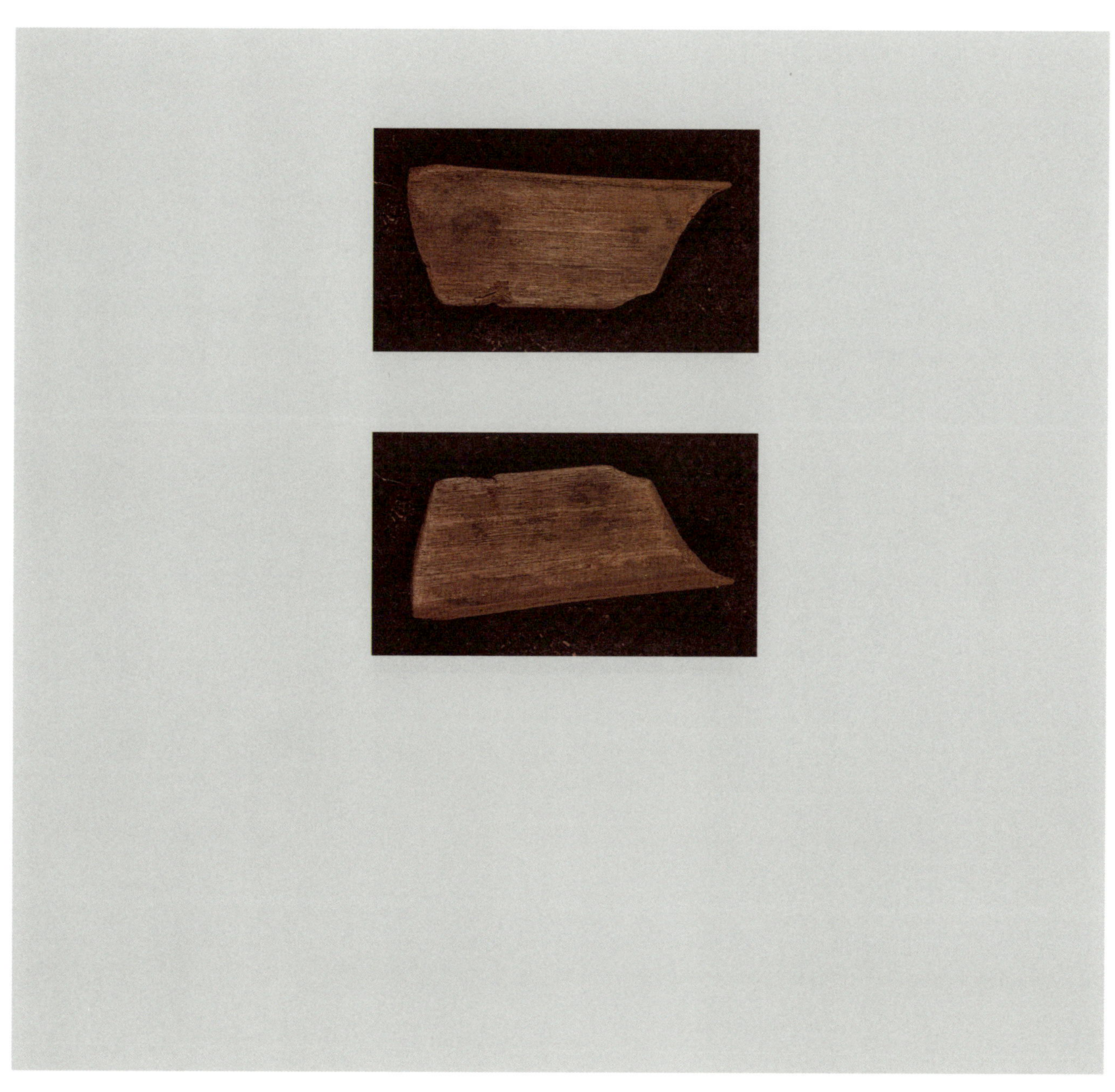

BH3-278

木简残片，2.5×1.3厘米。

BH3-279

木简残片，2.2×1.9厘米。

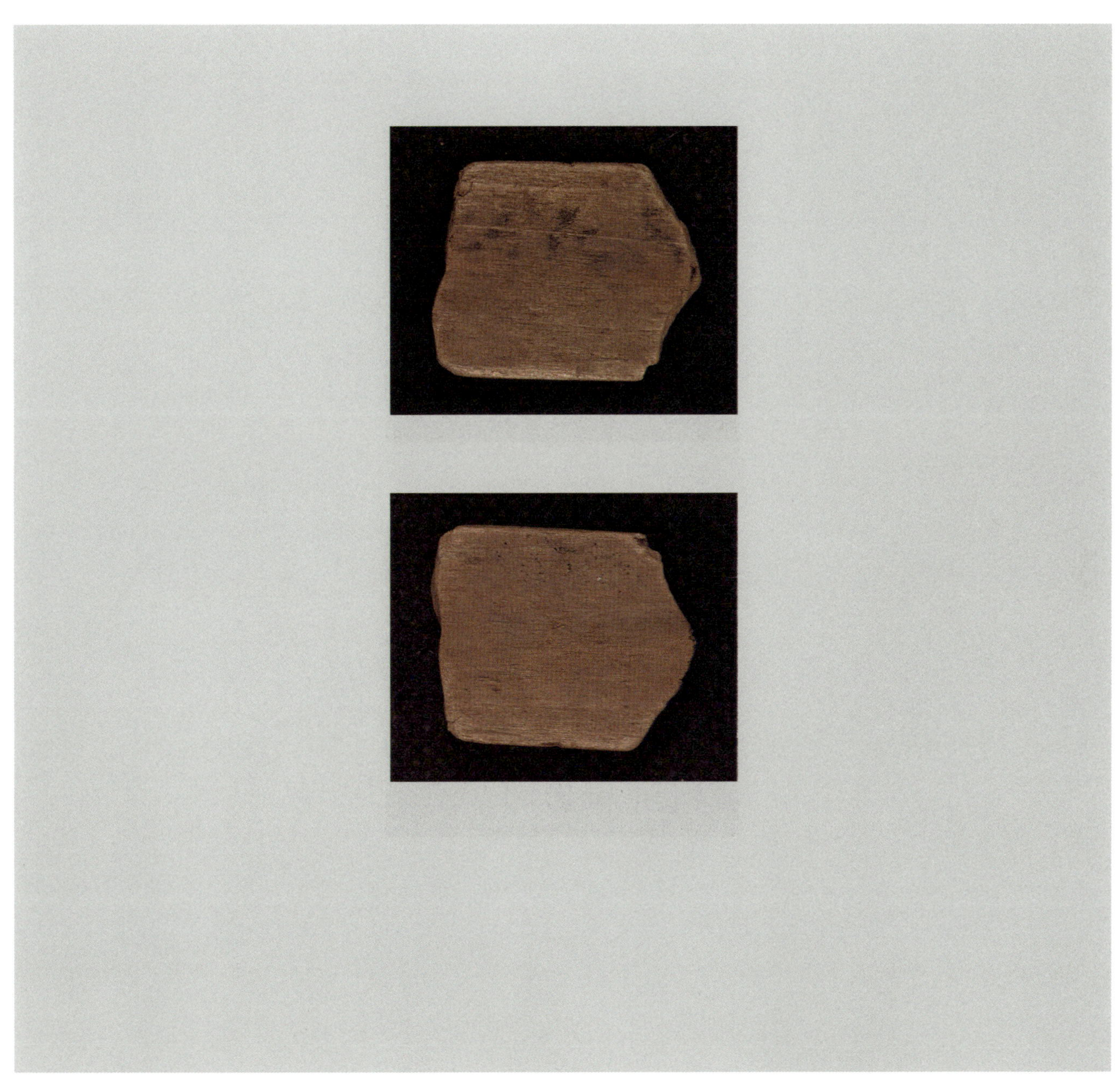

BH3–280

木简残片，2.4×1.9厘米。

BH3-281

木简残片，2.3×2.2厘米。

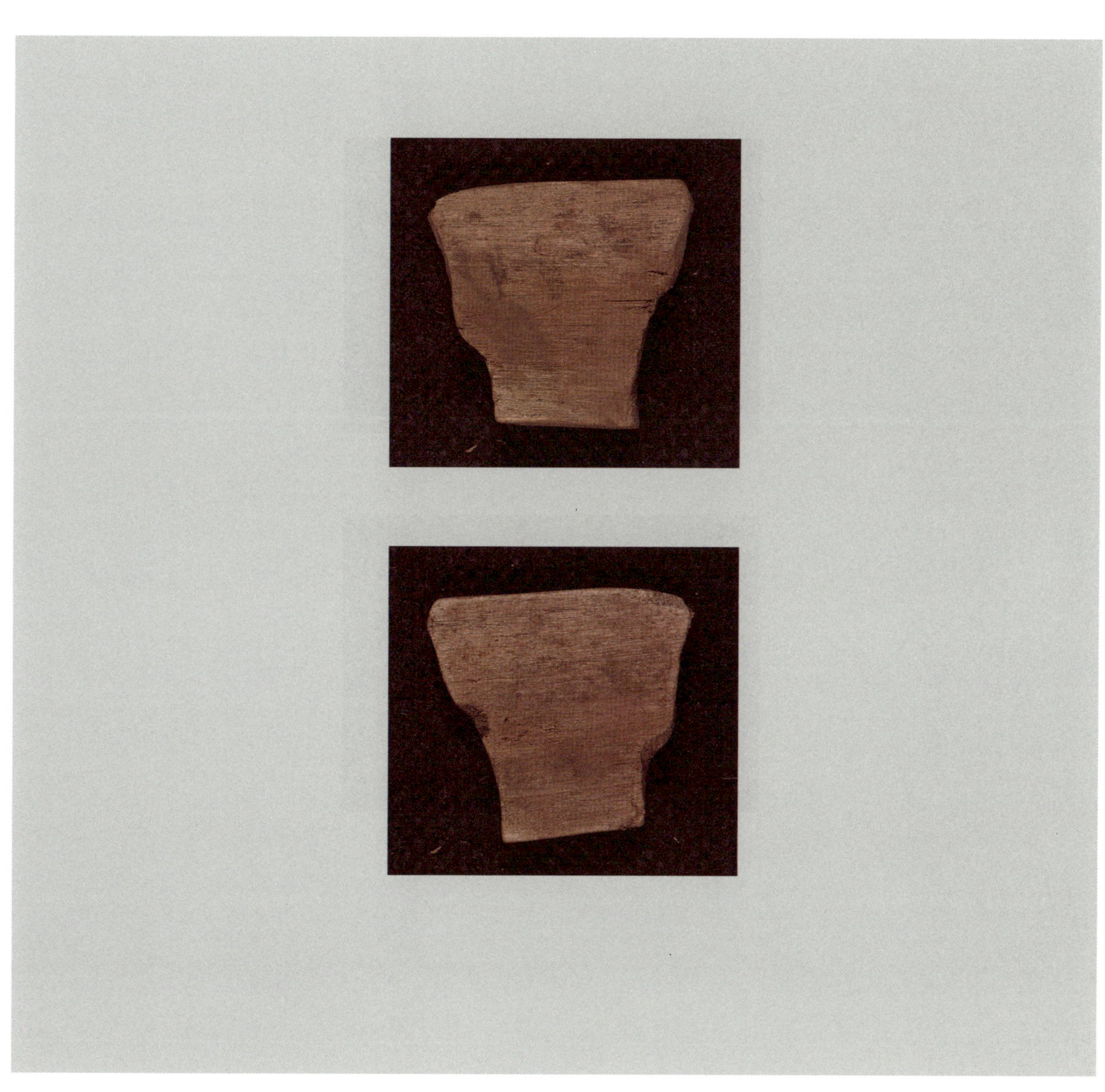

BH3-282

木简残片，2.8×1.9厘米。

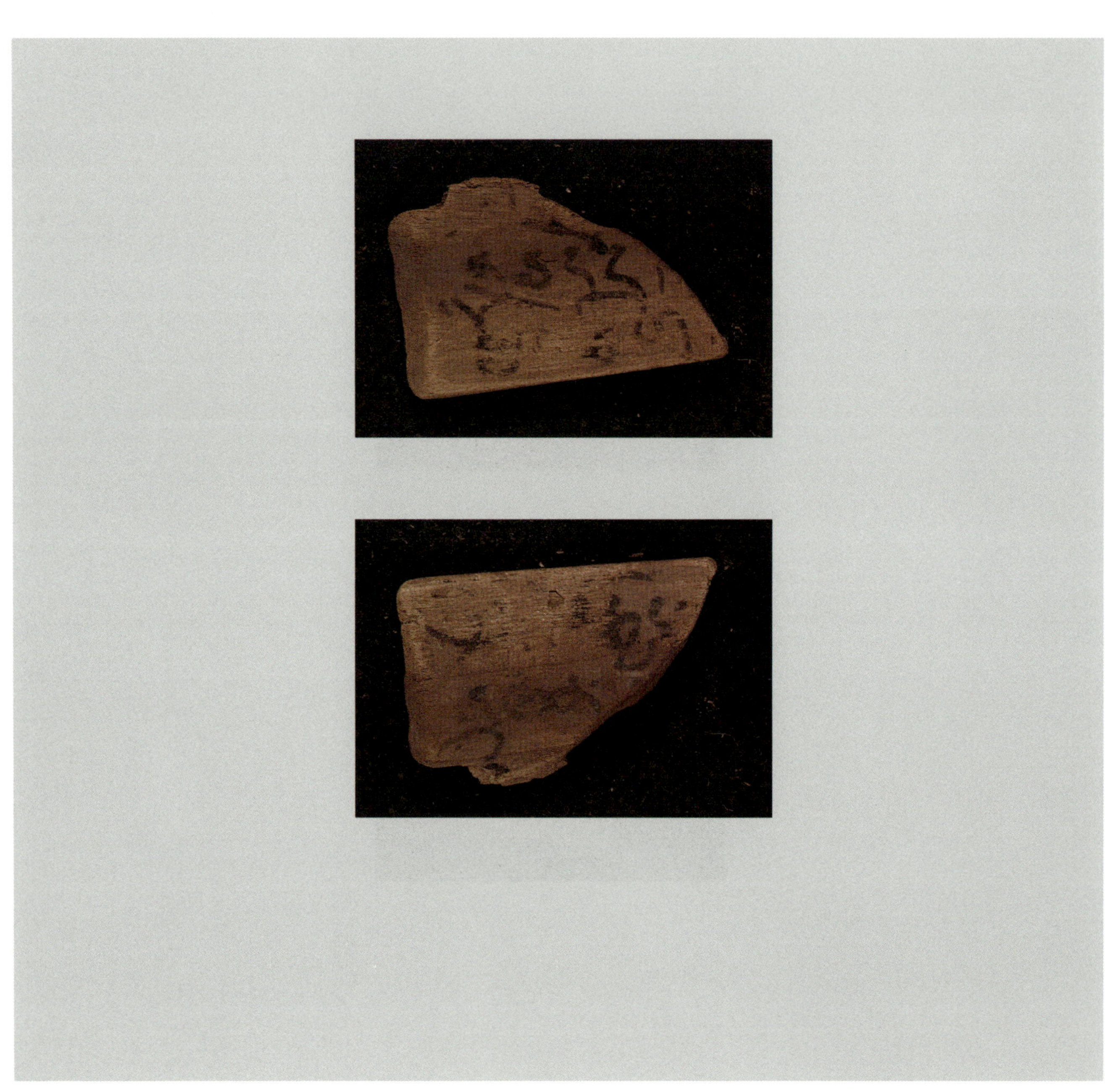

BH3-283

木简残片，2.0×2.0厘米。

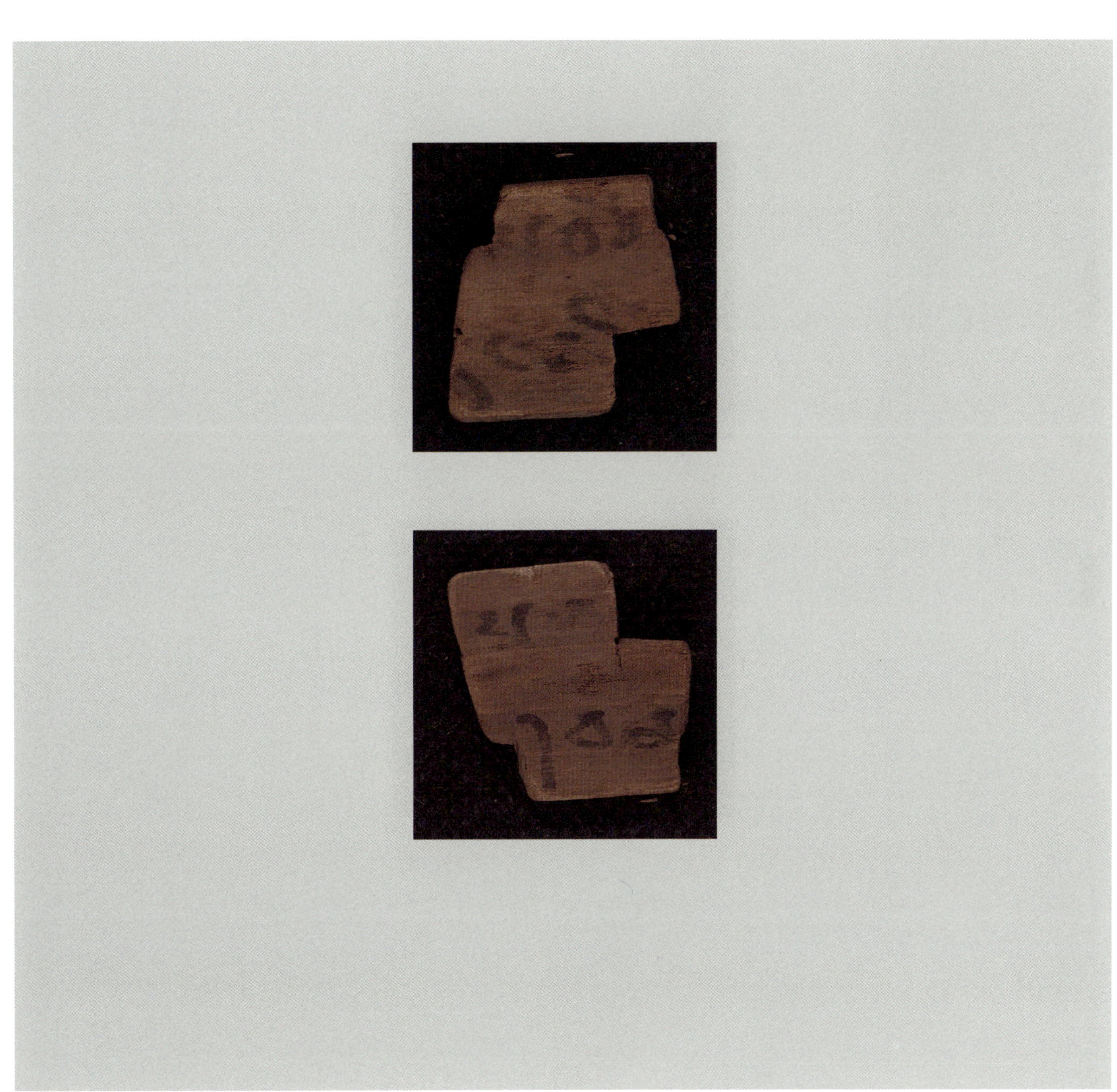

BH3–284

木简残片，2.3×1.8厘米。

BH3–285

木简残片，2.4×2.2厘米。

BH3–286

木简残片，2.1×1.8厘米。

BH3-287

木简残片，2.2×1.2厘米。

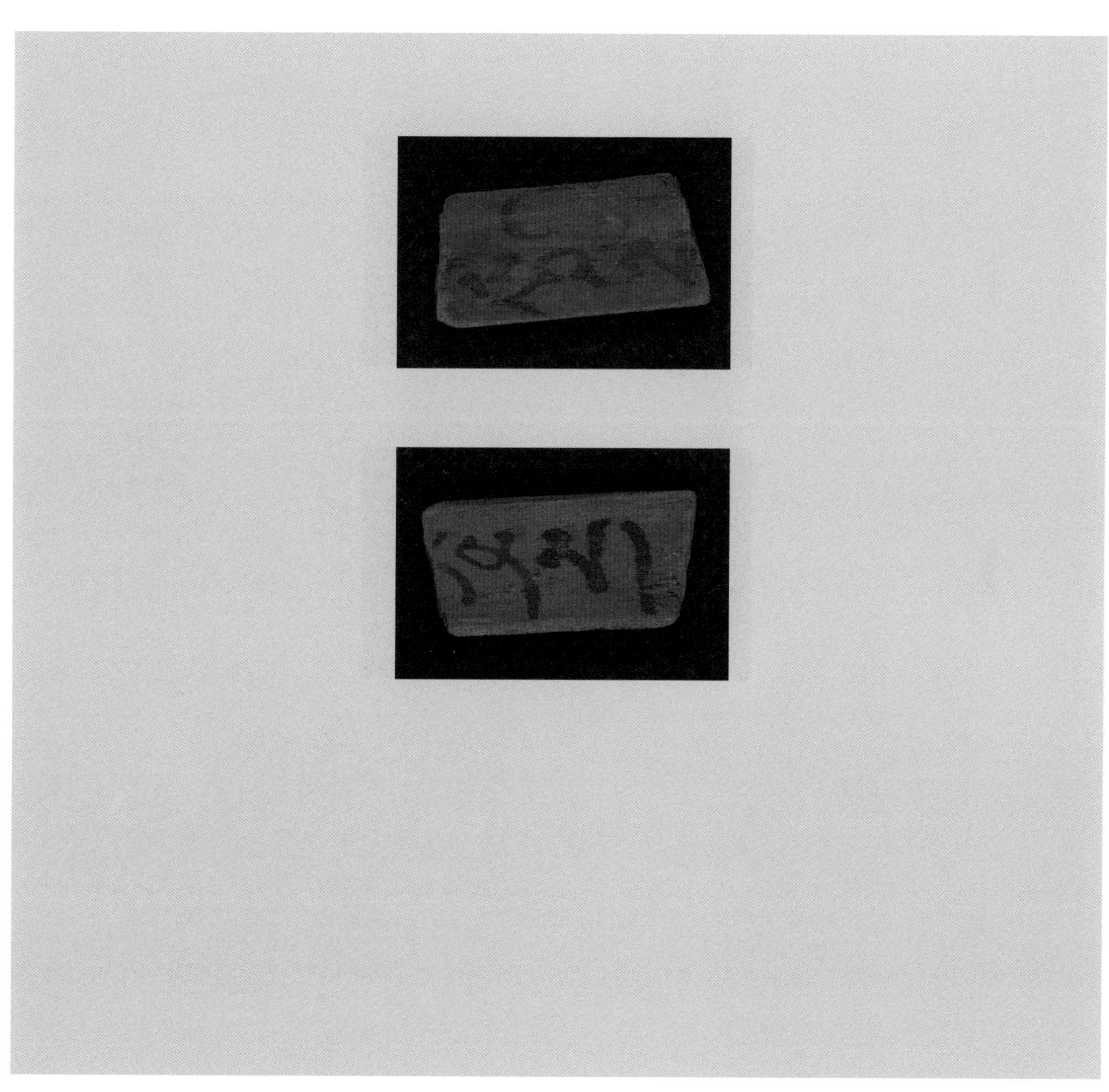

BH3-288

木简残片，2.8×1.2厘米。

BH3-289

木简残片，2.4×1.2厘米。

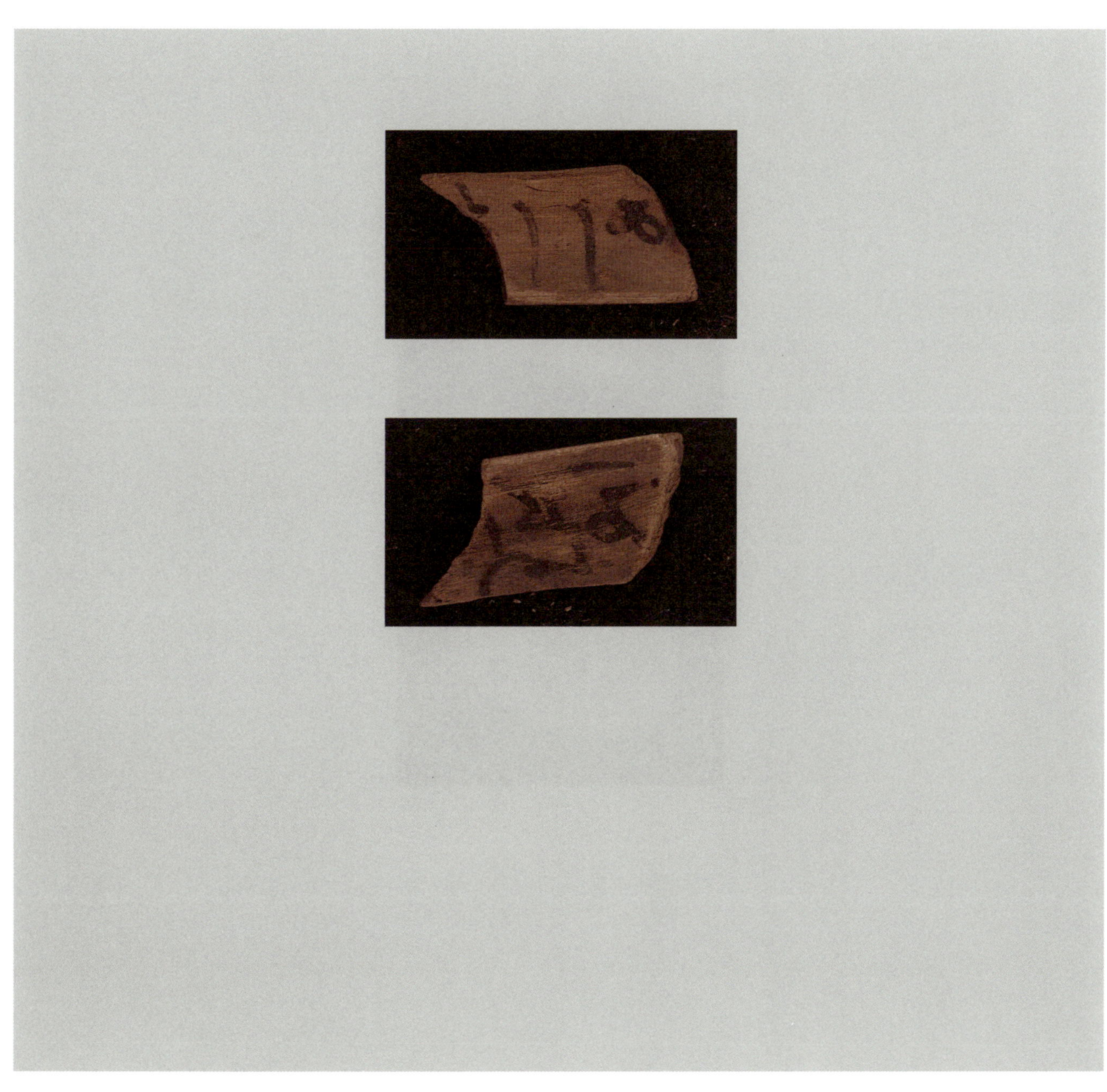

BH3-290

木简残片，2.0×1.7厘米。

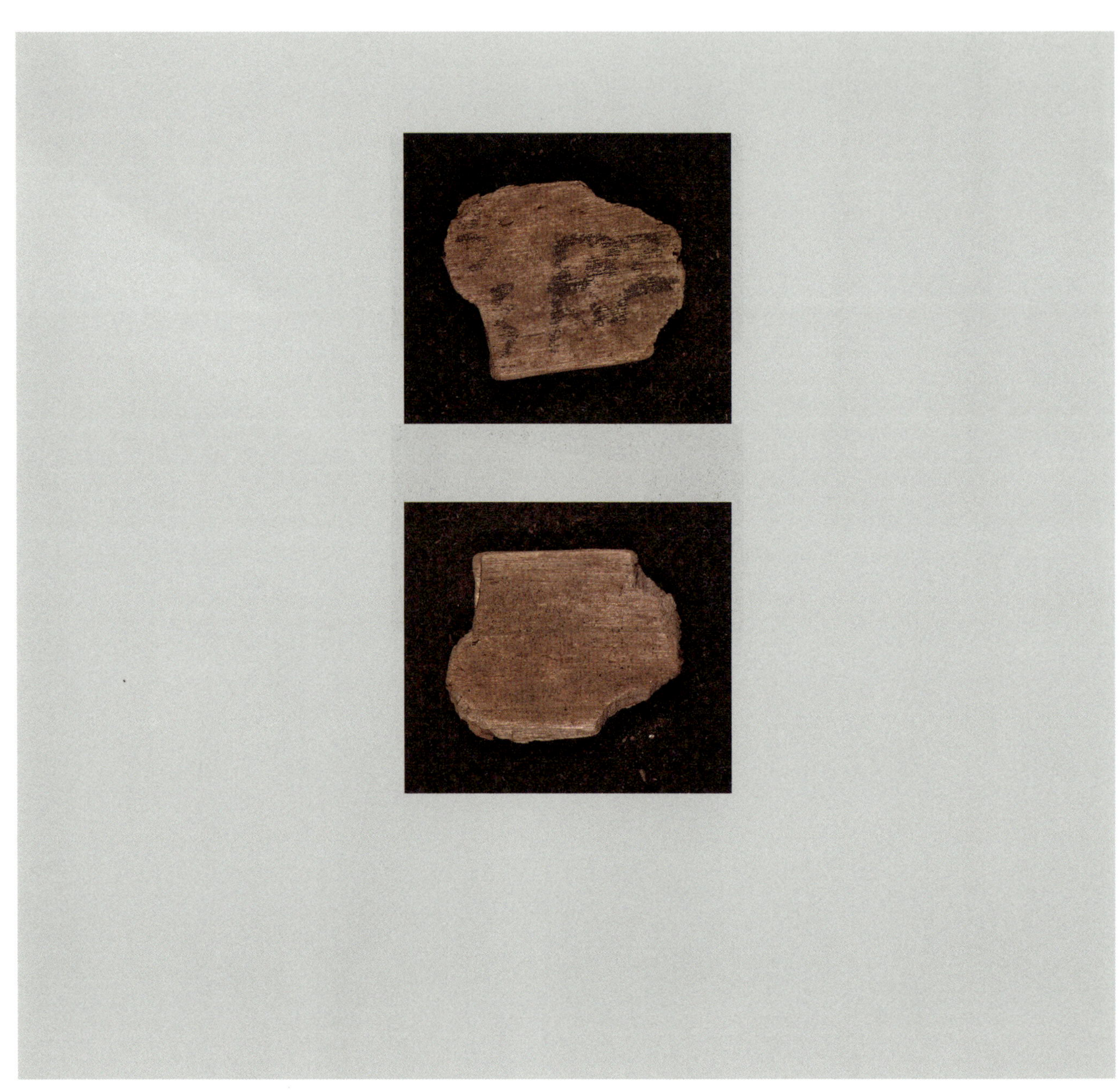

BH3–291

木简残片，2.3×1.2厘米。

BH3-292

木简残片，2.5×1.2厘米。

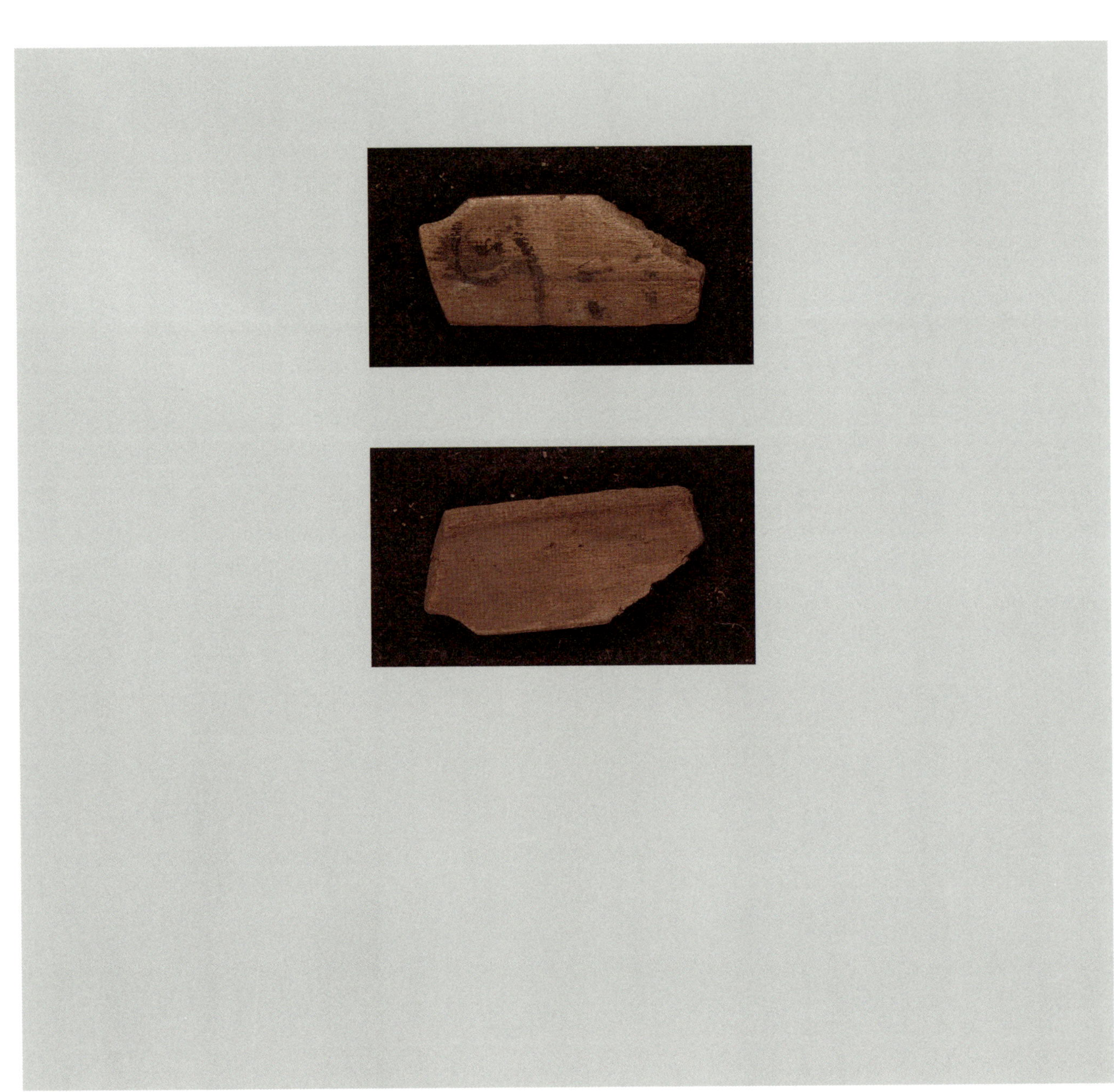

BH3-293

木简残片，2.1×1.7厘米。

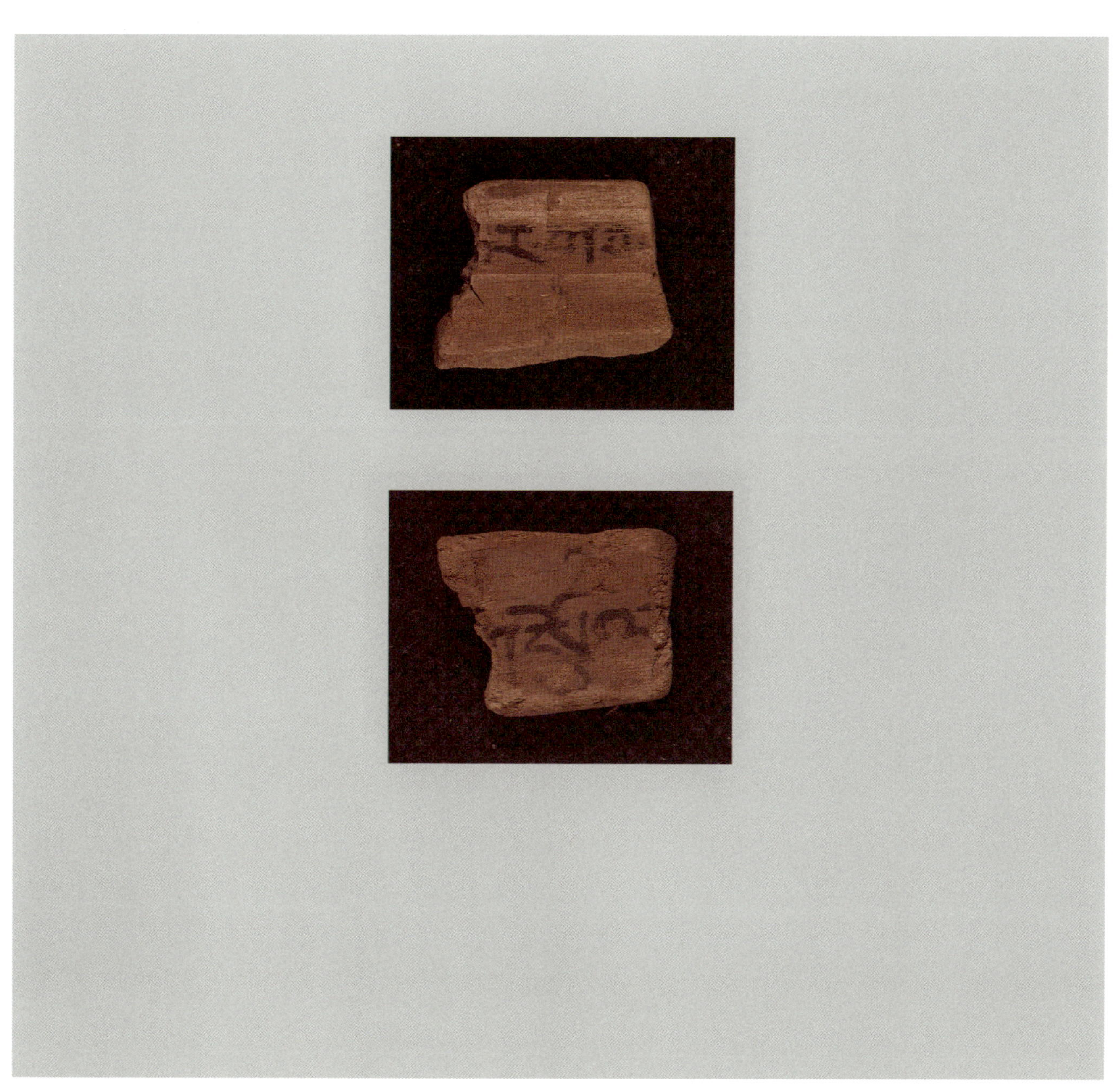

BH3-294

木简残片，2.4×1.5厘米。

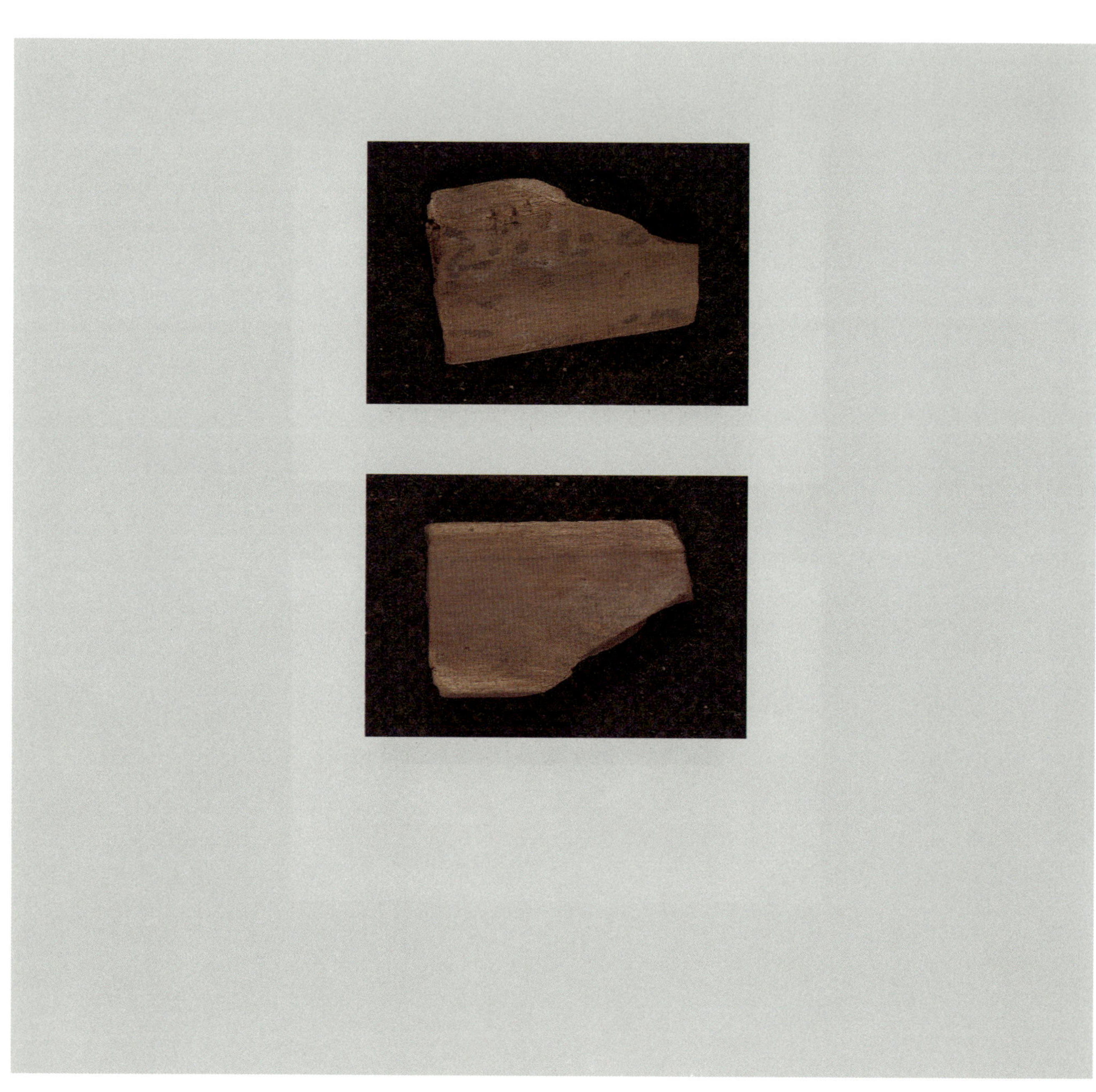

BH3–295

木简残片，2.2×1.4厘米。

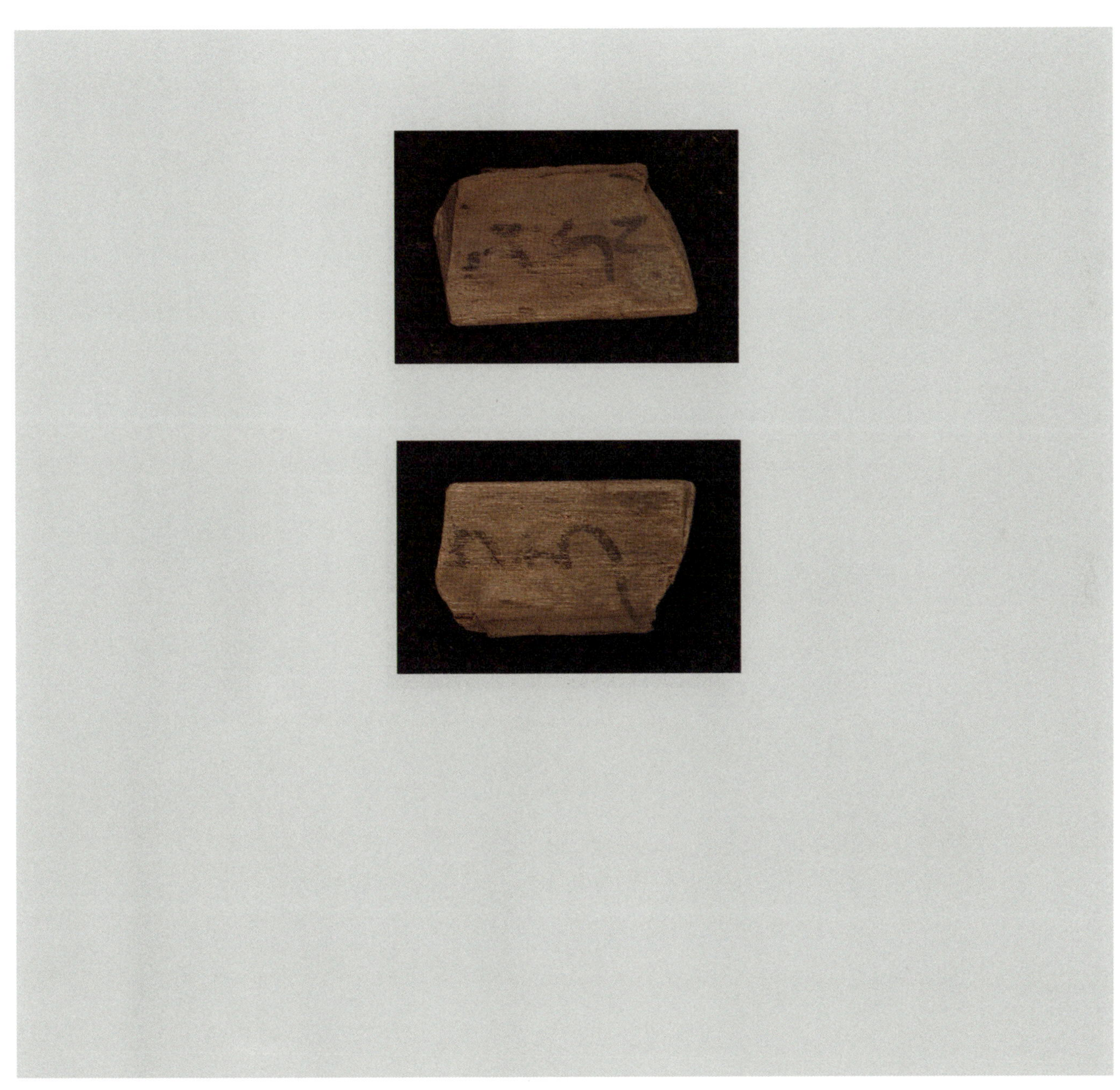

BH3-296

木简残片，2.2×1.2厘米。

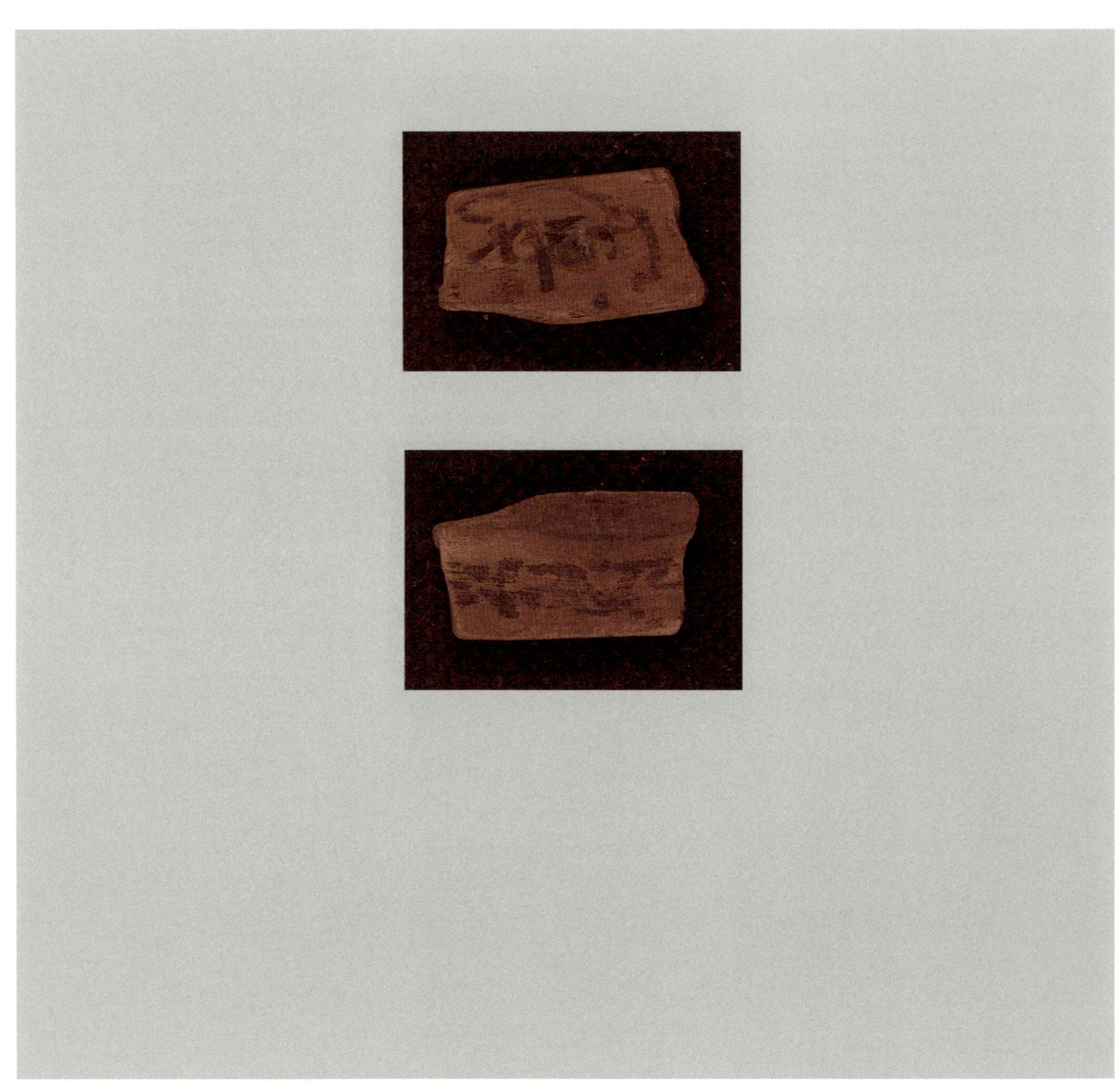

BH3-297

木简残片，2.7×1.3厘米。

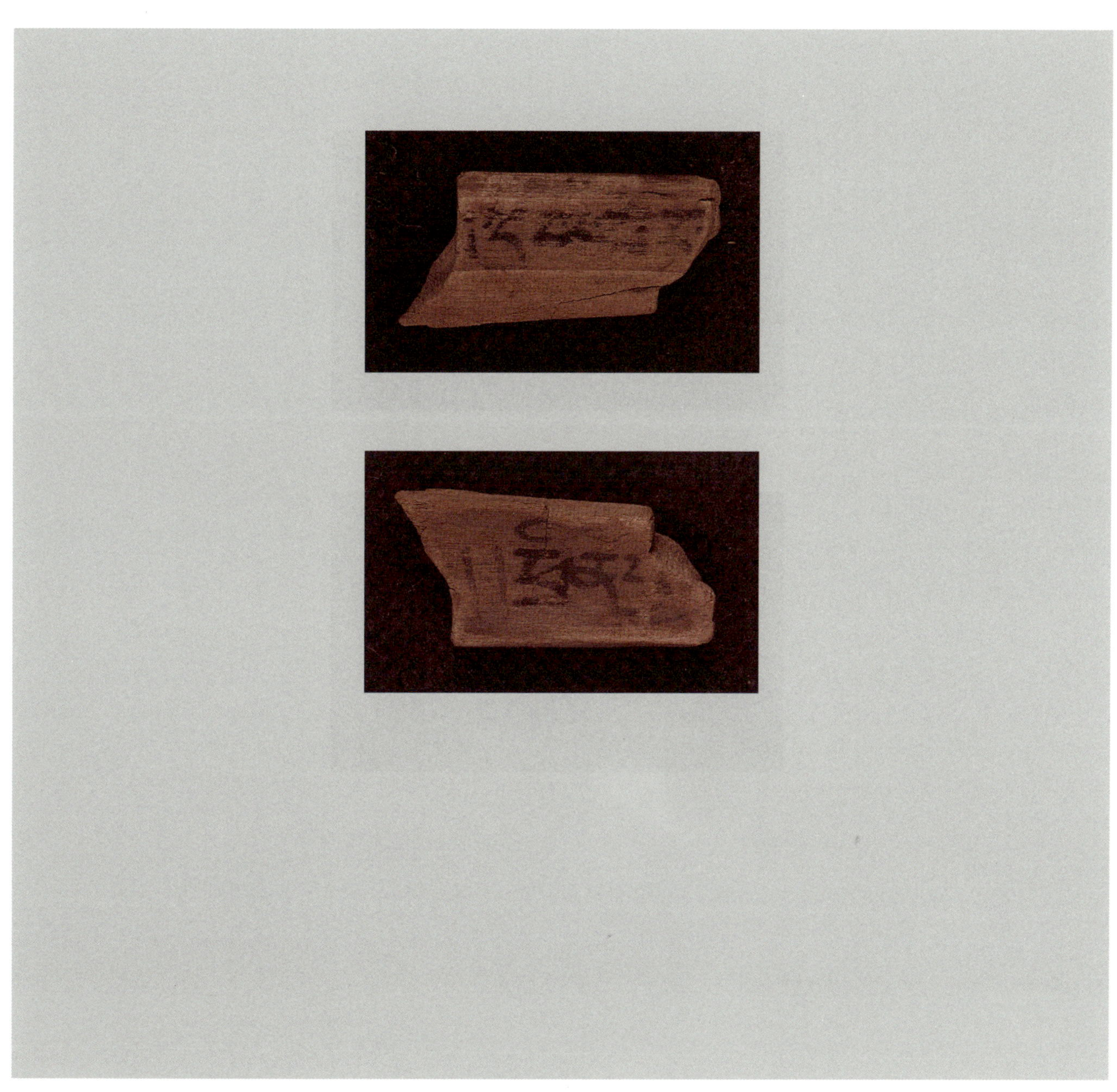

BH3-298

木简残片，2.6×1.1厘米。

BH3–299

木简残片，3.2×0.7厘米。

BH3-300

木简残片，1.7×1.5厘米。

BH3-301

木简残片，2.0×1.1厘米。

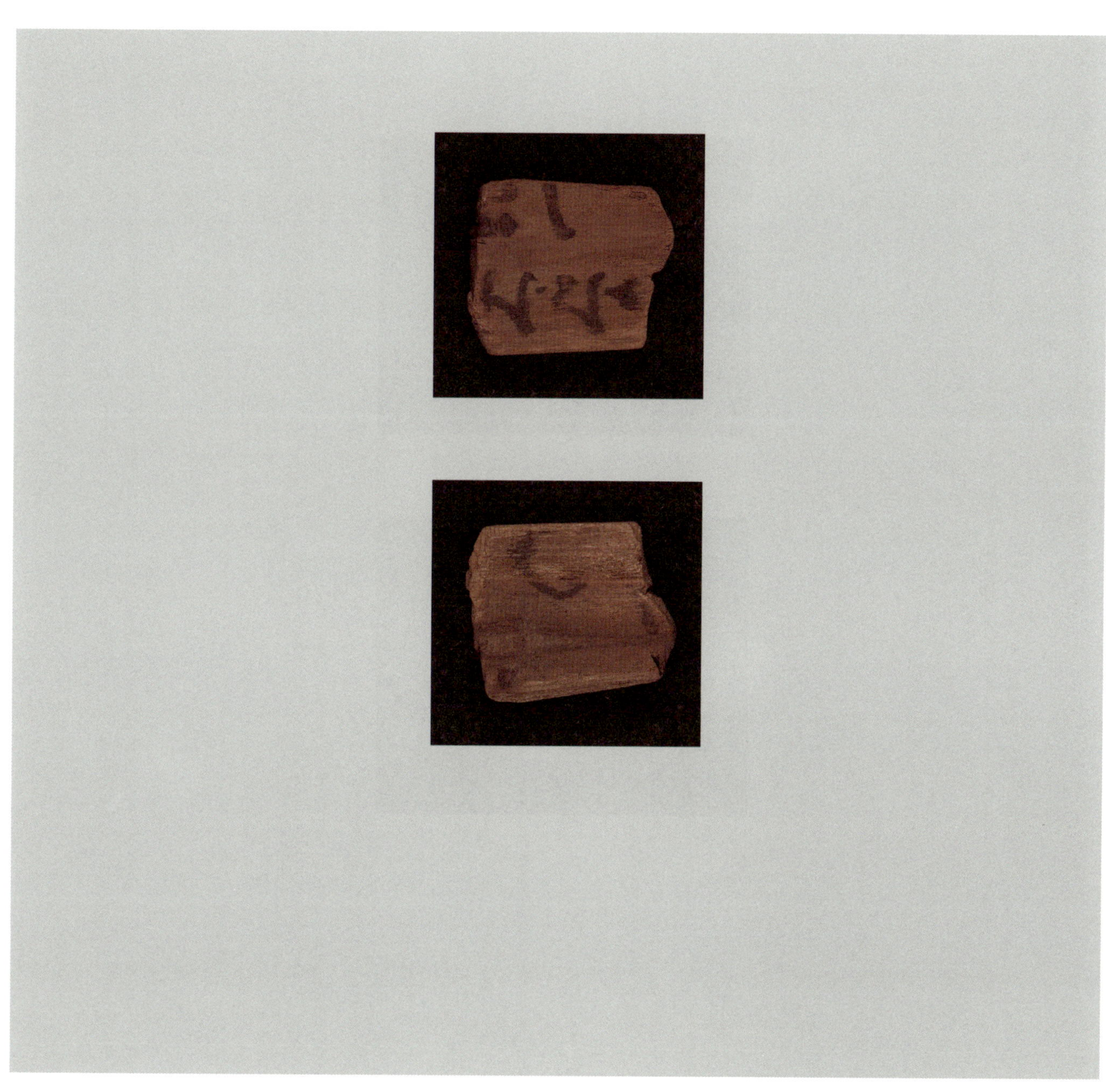

BH3–302

木简残片，1.8×1.2厘米。

BH3-303

木简残片，1.7×1.3厘米。

BH3–304

木简残片，1.5×1.1厘米。

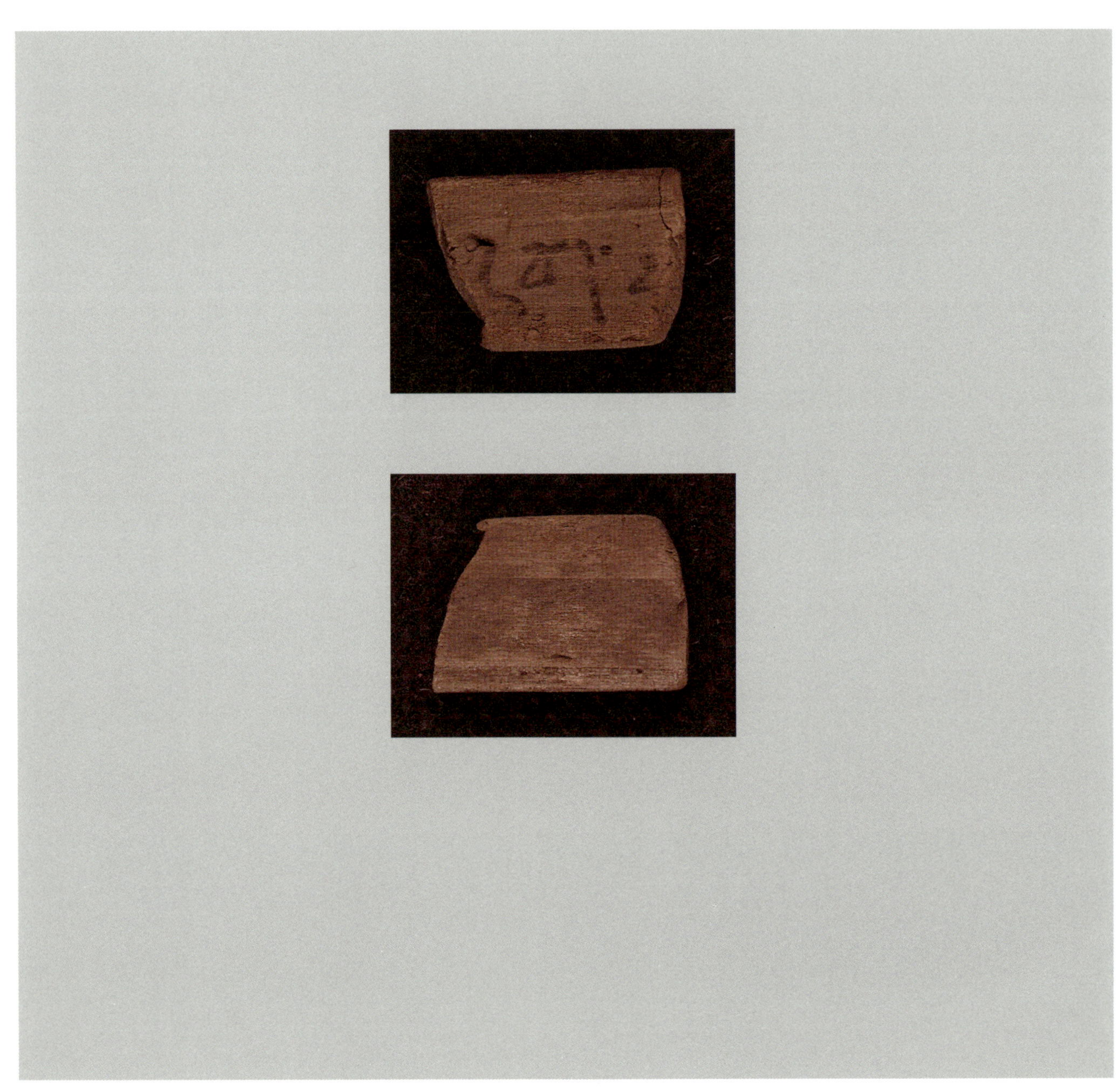

BH3-305

木简残片，1.0×1.2厘米。

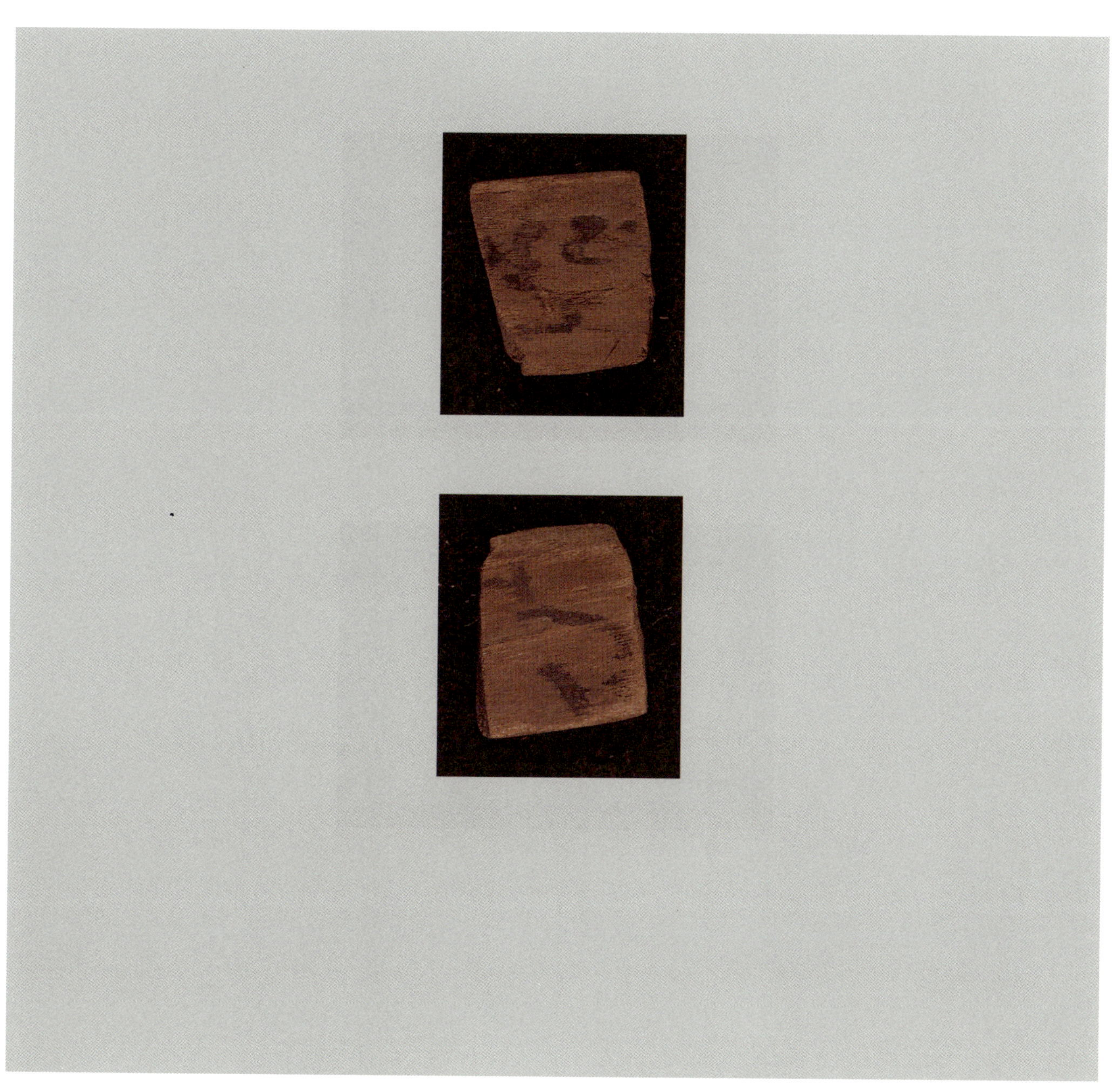

BH3-306

木简残片，3.2×2.2厘米。

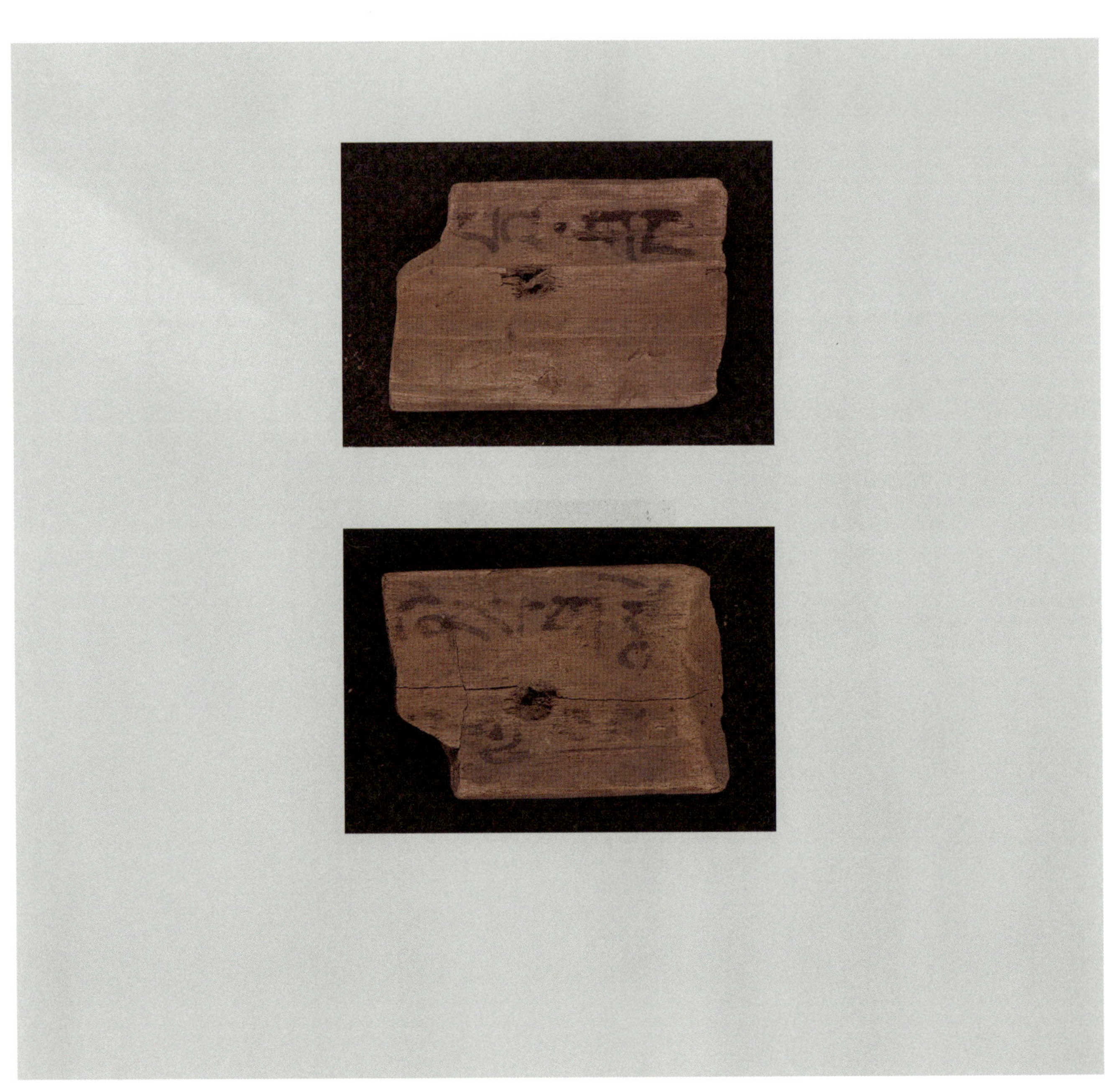

BH3–307

木简残片，2.9×2.2厘米。

BH3-308

木简残片，2.4×1.1厘米。

BH3-309

木简残片，2.3×1.1厘米。裂为二片。

BH3-310

木牍残片，4.0×2.2×1.2厘米。实为封泥槽残片，有封泥。

BH3-311

木牍残片，5.1×2.1×1.3厘米。实为封泥槽残片。

BH3–312

木牍残片，5.2×2.2×1.1厘米。实为封泥槽残片。

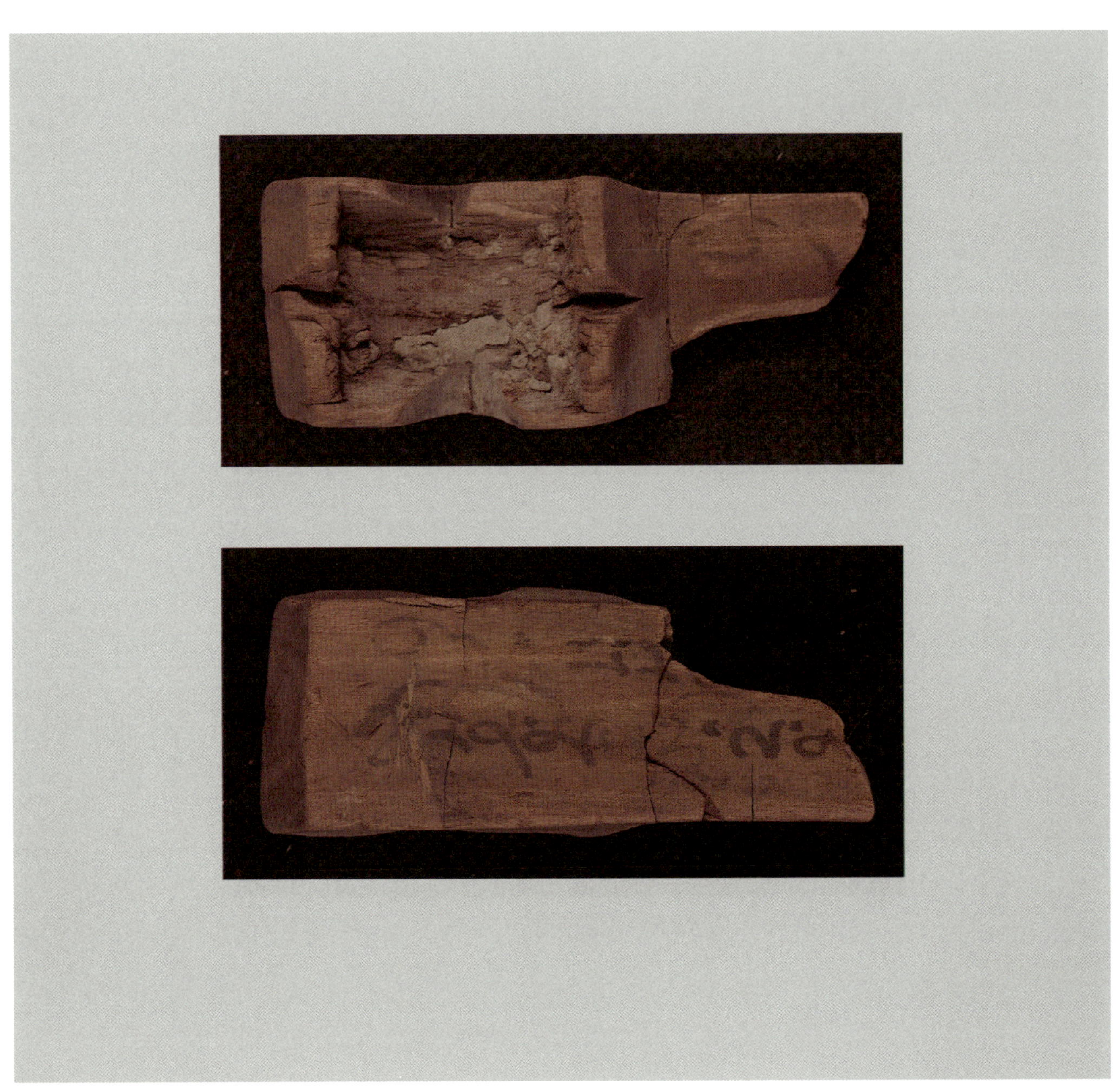

BH3-313

木牍残片，4.2×2.1×0.9厘米。实为封泥槽残片。

BH3-314

木牍残片，3.3×2.3×1.2厘米。实为封泥槽残片，有封泥。

BH3–315

木牍残片，4.4×2.2×1.2厘米。实为封泥槽残片。

BH3–316

木牍残片，5.1×1.7×1.1厘米。实为封泥槽残片，有封泥。

BH3−317

木牍残片，6.1×1.7×1.0厘米。实为封泥槽残片。

BH3−318

木牍残片，4.7×2.7×1.2厘米。实为封泥槽残片，裂为二片。

BH3–319

木牍残片，5.0×2.2×1.0厘米。实为封泥槽残片。

BH3－320

木牍残片，5.7×2.0×1.1厘米。实为封泥槽残片。

BH3-321

木牍残片，5.1×2.2×0.9厘米。实为封泥槽残片。入馆时有粘贴痕迹。

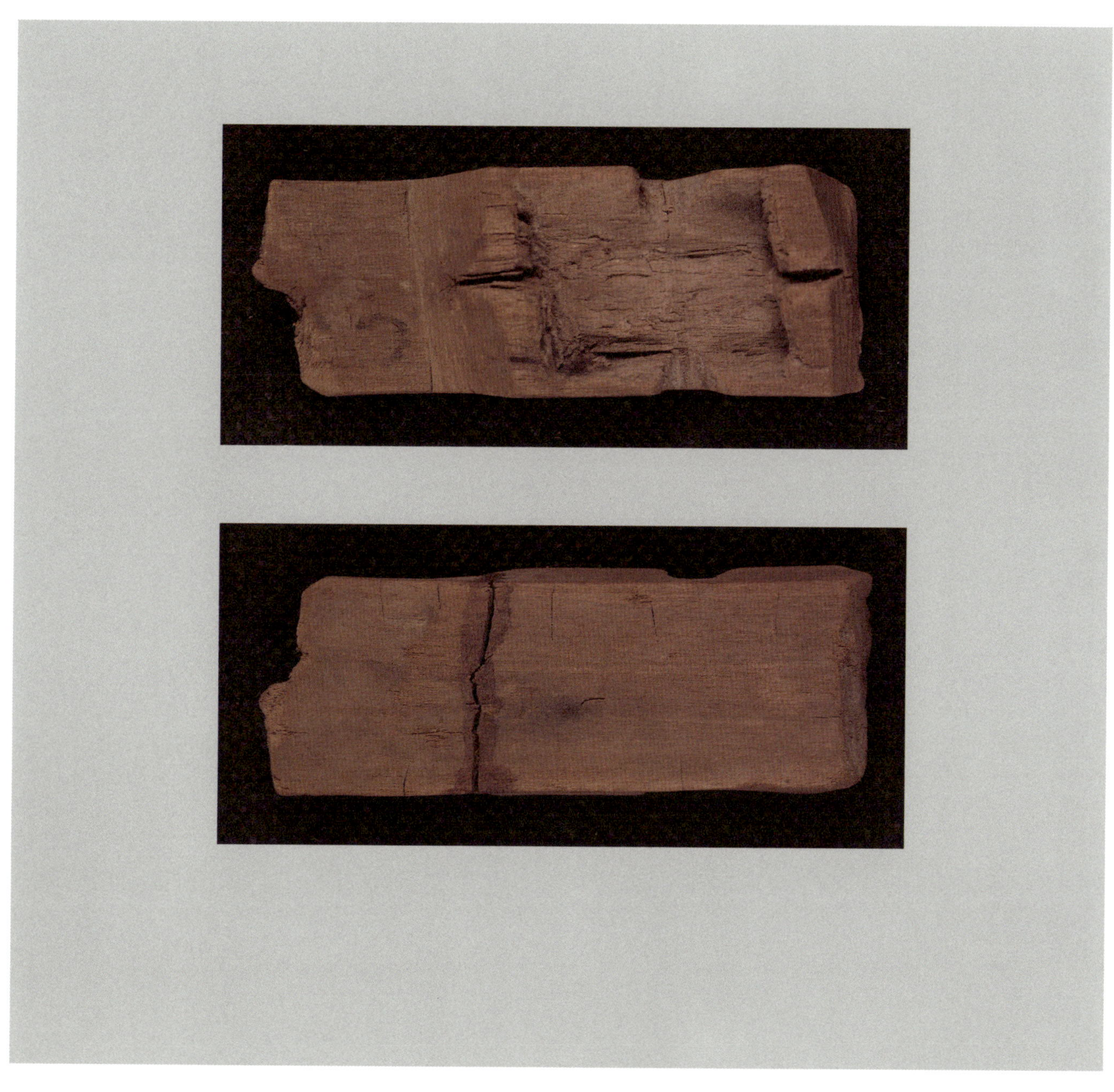

BH3-322

木牍残片,4.4×2.3×1.2厘米。实为封泥槽残片。

BH3—323

木牍残片，4.2×2.0×0.7厘米。实为封泥槽残片。

BH3-324

木简残片，3.5×1.9厘米。

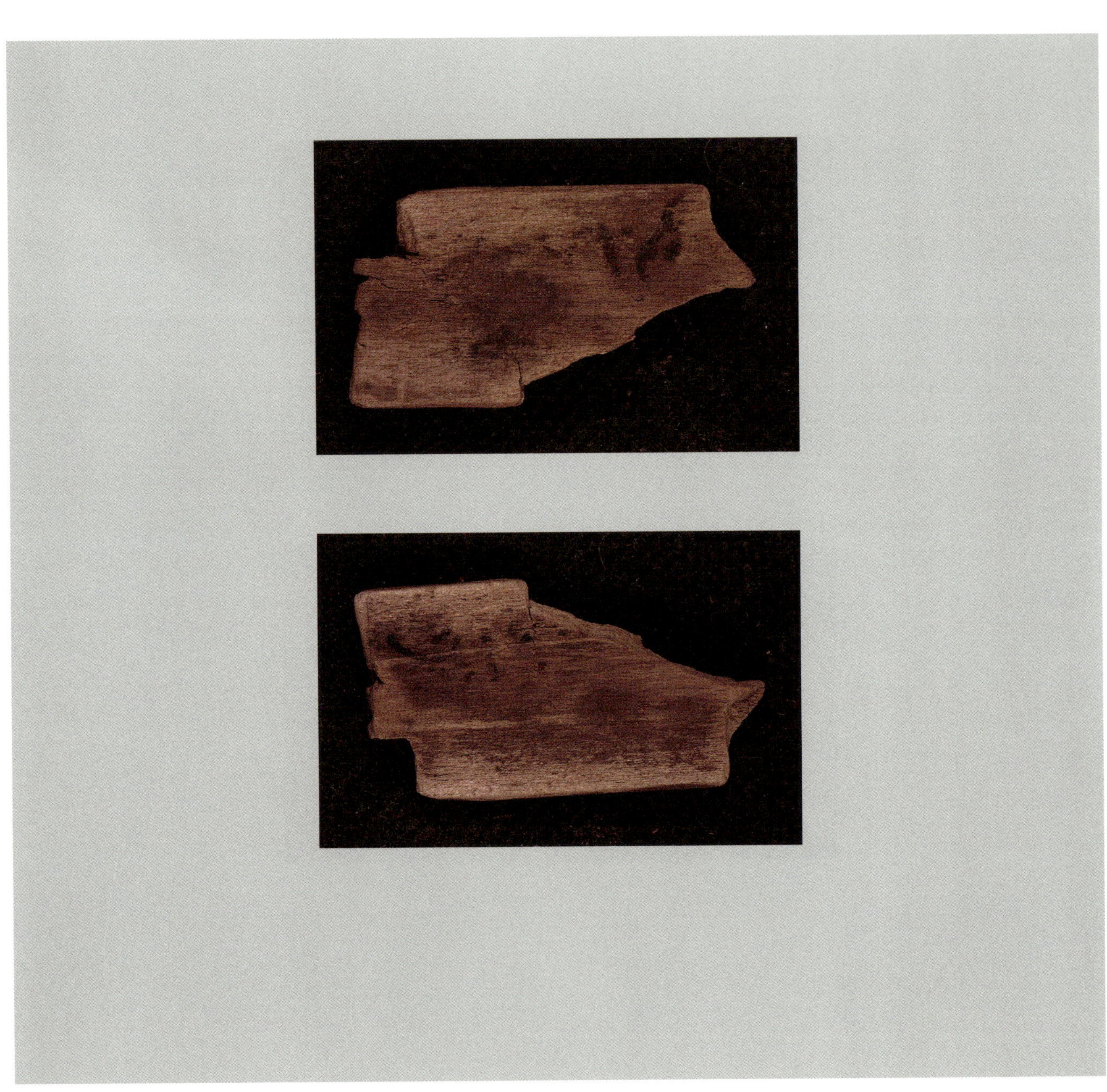

BH3－325

木简残片，2.2×1.8厘米。

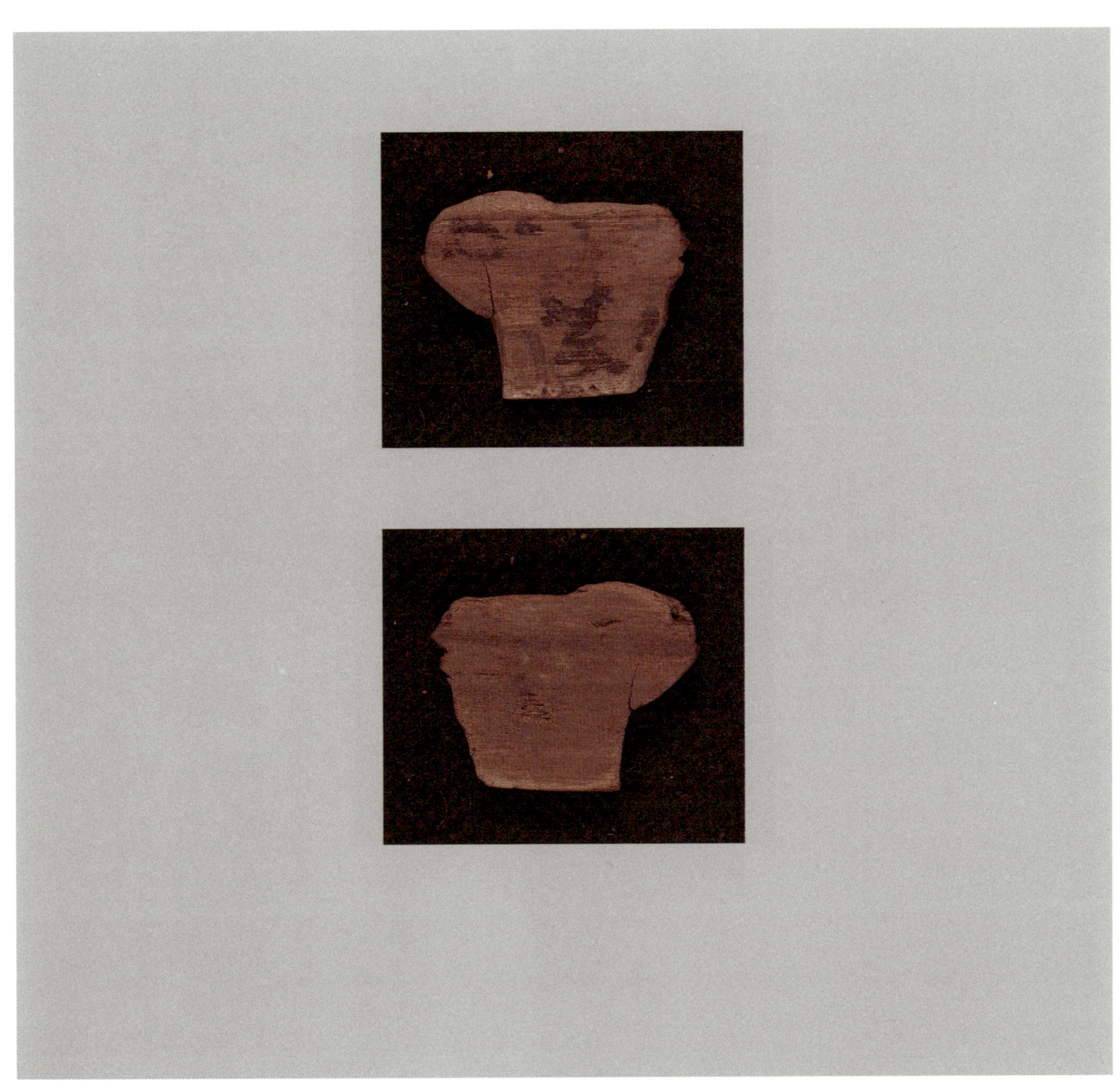

BH3-326

木简残片，2.8×2.0厘米。

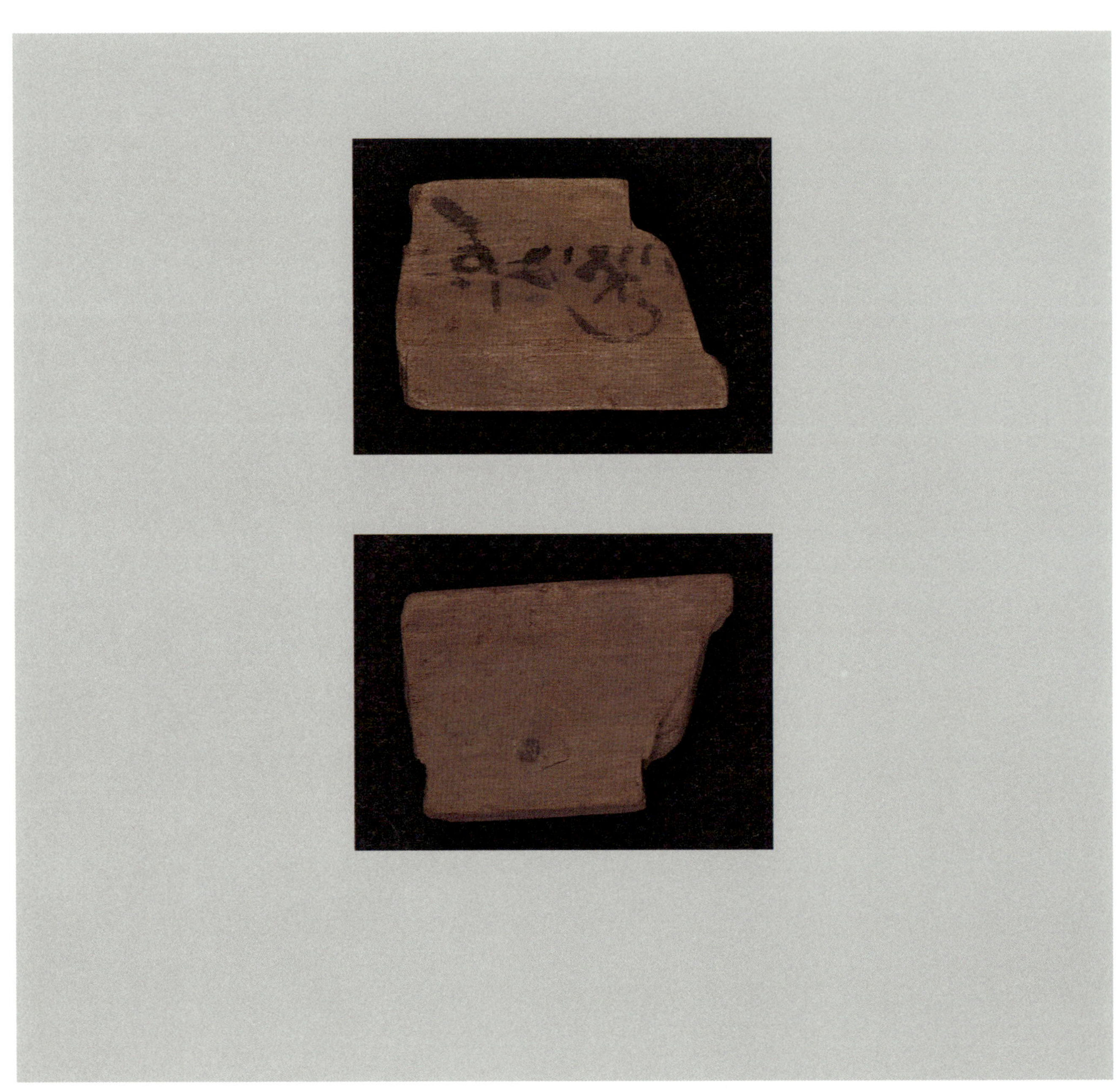

BH3−327至BH3−387

散碎无字木简残片，共计61片。

BH4–60

木简，双面书写，一面1行，一面2行。11×2.8厘米。

BH4-61

木简，双面书写，一面3行，一面2行。18.5×2.2厘米。

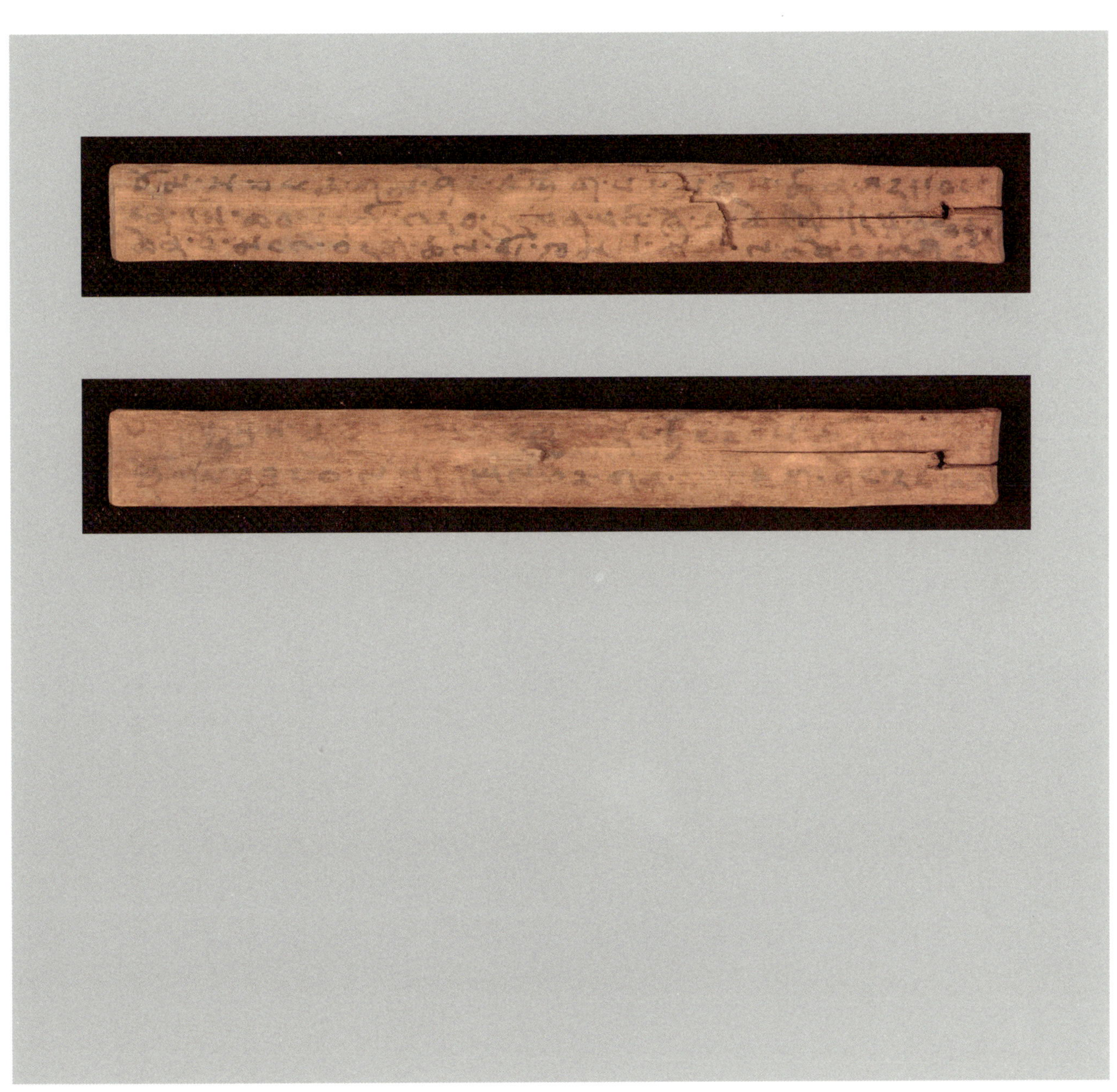

BH4–62

木简，双面书写，一面1行，一面2行。13.2×2.6厘米。

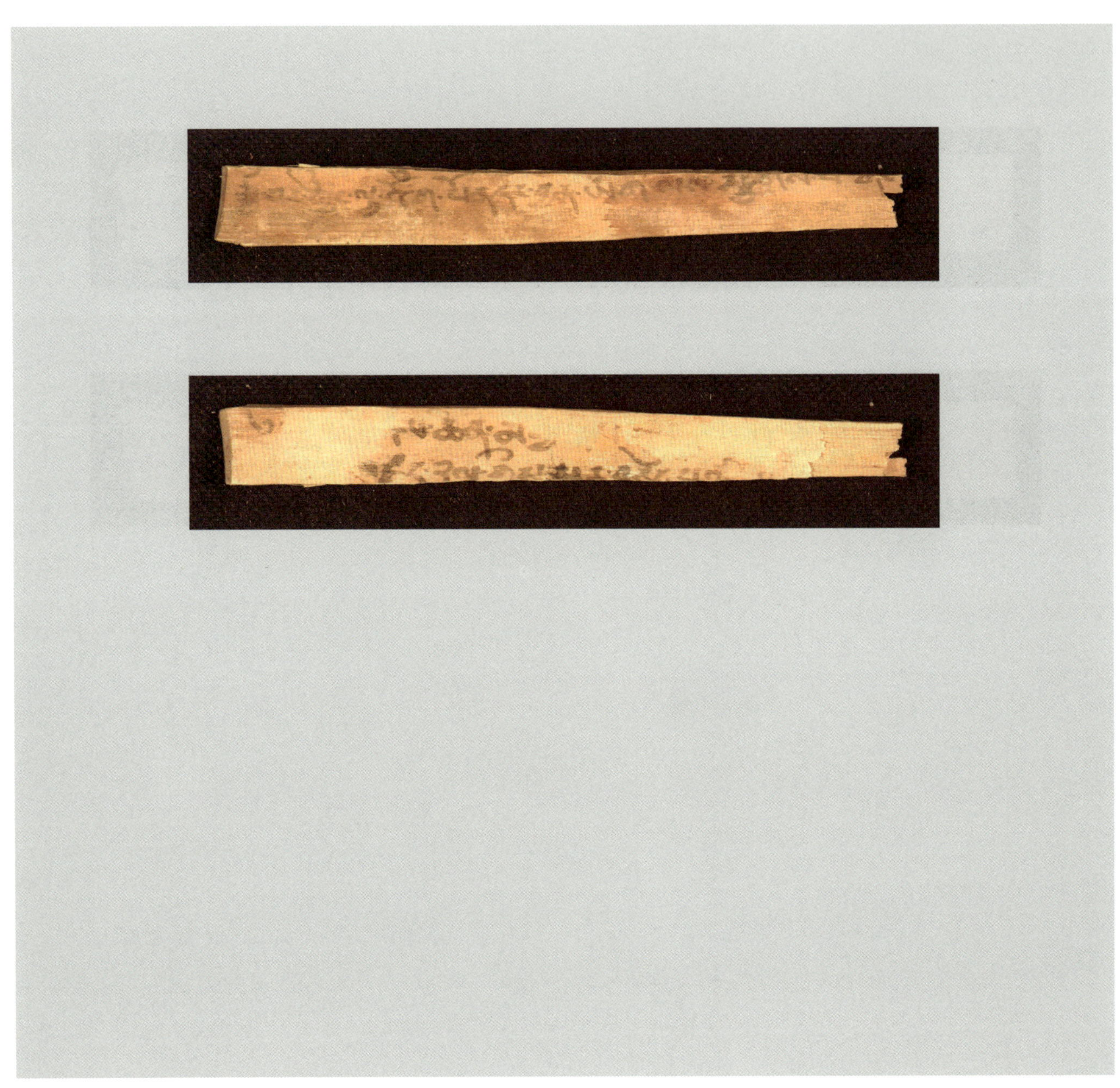

BH4-63

木简，单面书写，1行。13.1×1.8厘米。

BH4-64

木简，双面书写，各2行。8.7×2厘米。

BH4–65

木简，四面书写，每面各1行。13.6×2×1.8厘米。

BH4-119

木简，单面书写，2行。8.3×1.4厘米。

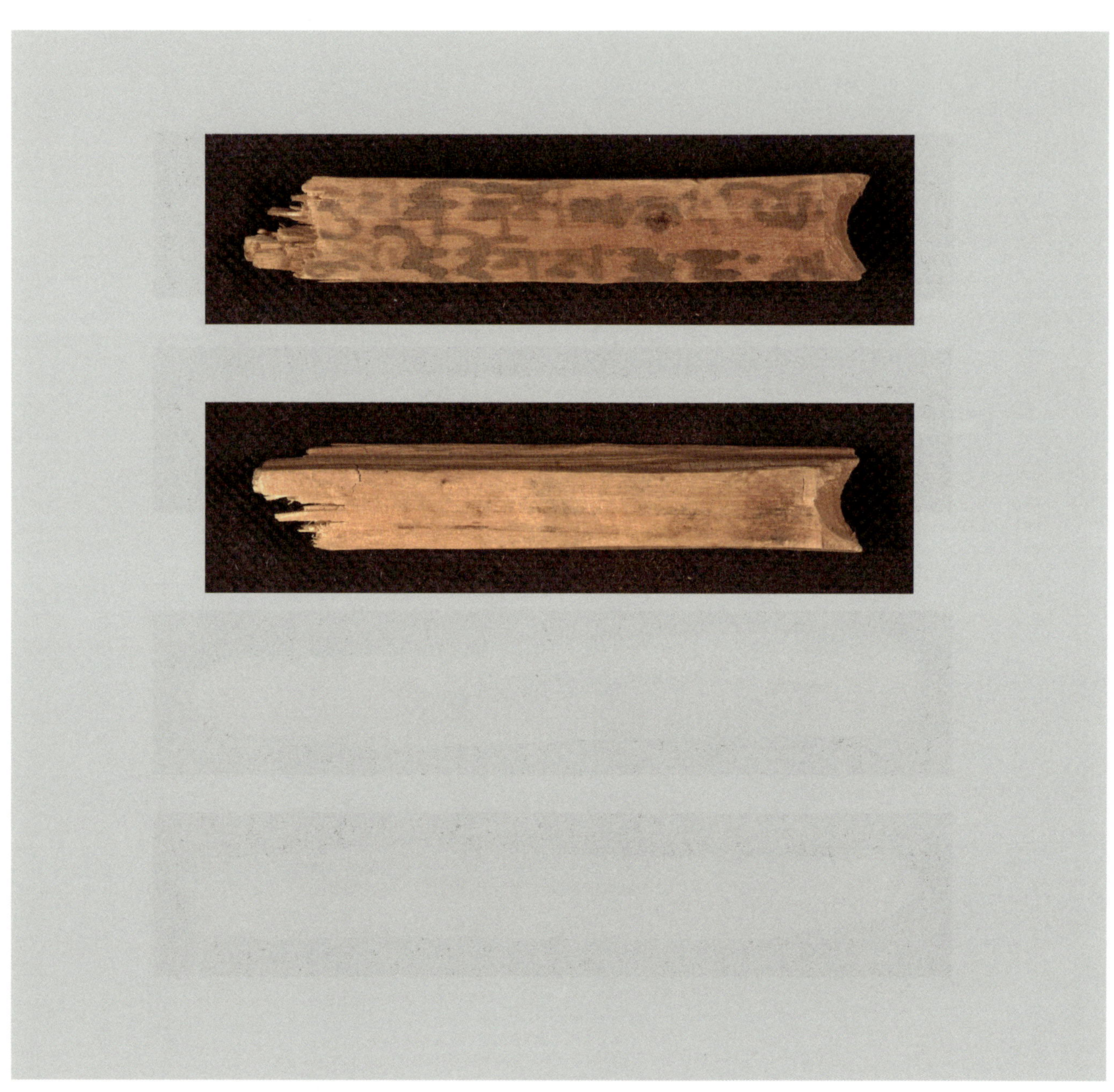

BH4-120

木简，双面书写，各3行。3×2.7厘米。

BH4-131

木简，单面书写，2行。19.9×2.6厘米。

BH4-132

木简，双面书写，各2行。8×2.5厘米。

BH4-133

木简，双面书写，各3行。5.9×2.55厘米。